南水北调中线一期工程文物保护项目

河北省考古发掘报告第二号

唐县高昌墓地发掘报告

南水北调中线干线工程建设管理局

河北省南水北调工程建设委员会办公室　　编著

河北省文物局

南水北调一期工程文物保护项目报告
河北省编辑委员会

南水北调中线一期工程文物保护项目报告

河北省考古发掘报告第二号

唐县高昌墓地发掘报告

主编

王会民

项目承担单位

河北省文物研究所

文物出版社

封面设计　张希广
责任印制　陈　杰
责任编辑　杨冠华

图书在版编目（CIP）数据

唐县高昌墓地发掘报告／南水北调中线建设干线建设
管理局，河北省南水北调工程建设委员会办公室，河北
省文物局编著．—北京：文物出版社，2010.10
　ISBN 978-7-5010-3036-1

　Ⅰ.①唐…　Ⅱ.①南…②河…③河…　Ⅲ.①墓葬（考
古）-发掘报告-唐县　Ⅳ.①K878.85

　中国版本图书馆 CIP 数据核字（2010）第 185330 号

唐县高昌墓地发掘报告

南水北调中线建设干线建设管理局
河北省南水北调工程建设委员会办公室　编著
河　北　省　文　物　局

*

文 物 出 版 社 出 版 发 行
（北京市东直门内北小街 2 号楼）
http://www.wenwu.com
E-mail：web@wenwu.com

北京美通印刷有限公司印刷
新 华 书 店 经 销
889×1194　1/16　印张：25.75　插页：3
2010 年 10 月第 1 版　2010 年 10 月第 1 次印刷
ISBN 978-7-5010-3036-1　定价：260.00 元

An Excavation Report on Gaochang Cemetery

(With an English Abstract)

by

Construction and Administration Bureau of South – to – North Water
Diversion Middle Route Project

Office for Hebei Provincial Construction Commission of
South – to – North Water Diversion Construction Project

Bureau of Cultural Relics of Hebei Province

Cultural Relics Press

Beijing · 2010

目　　录

插图目录

彩版目录

图版目录

序　言

　　为缓解京津冀地区严重缺水这一民生问题，国家正在实施南水北调工程，这是一项举世瞩目的宏大水利基础设施建设工程。南水北调中线工程是这一项目的重要组成部分，其总干渠河北段沿太行山山前地带开肠破肚，南北纵向穿越，全长 464 千米。天津干渠自徐水向东北至天津，长 130 余千米。通过考古调查勘探，最终确定 98 处文化遗存需要进行考古发掘工作。为确保文物保护工程的质量和进度，我们邀请北京大学、吉林大学、中国社会科学院考古研究所、北京市文物研究所等 20 多个单位与河北同仁，组织起 40 余支专业队伍，基本完成了南水北调中线的考古发掘任务。这是河北省建国以来最为宏大的文化遗产保护工程，也是河北省考古发掘史上的一大盛事。

　　沿线发现发掘的文化遗址、墓葬，除不见旧石器时代文化遗存外，新石器、商周、秦汉、北朝、隋唐、宋元乃至明清，各个时期都有典型代表。其中，汉代的古遗址、古墓葬最为丰富，在 98 个发掘项目中，至少有 55 处见有汉代文化遗迹和遗物。唐县高昌墓地就是一处以汉代墓葬为主的大型平民墓地。

　　高昌墓地的考古发掘工作由王会民领队负责，在时间紧、人手少、任务重的情况下，考古队用自己的勤奋和智慧，坚持科学发掘，规范操作，比较圆满的完成了任务。高昌墓地共发掘 131 座墓葬，包含了战国（7 座）、两汉（112 座）、北朝至隋（6 座）、宋（1座）、清（1 座）、年代不明（4 座）等不同时期的墓葬。发掘者较多地注意了诸如墓葬形制、墓圹结构、墓葬填土结构、填土中包含物、棺椁结构、葬式、随葬品摆放、个别随葬品外部包裹痕迹以及陶器上的刻划文字符号、一些陶器内仍留存的动物骨头、粮食腐烂痕迹等考古信息，这无疑是十分可贵的。

　　《唐县高昌墓地发掘报告》使用了时下比较流行的三段式编写形式，共分三章：第一章概述，第二章墓葬资料，第三章初步研究。第一章中分别介绍了墓群概况及工作方法、工作概况及内容、材料整理与编写三方面的内容；第二章墓葬资料部分以时代为章节，再以发掘时的墓葬编号顺序逐一叙述，分别配有墓葬平、剖面图和随葬器物图。如此，显得条理清晰，便于查阅；第三章初步研究部分是作者对高昌墓葬资料的总结和归纳，特别是两汉墓葬分期讨论是作者用笔较多的一章，从中可以看出作者对高昌墓地两汉资料较为详尽的理解、深刻的认识和细致的工作态度。在河北地区，两汉墓葬分期一直是考古界在努力研究的课题，特别是平民墓葬。诚如作者所言，虽然两汉时期平民墓葬在全国范围内出土数量很多，但纪年资料却相对缺乏，加上那个特定历史时期的人们，在思想背景、思维惯性以及经济发展不平衡等方面的原因，同时期相同或相近地域的可资参照的资料非常有限，很多资料可以说是相似而不相同，甚至相同却不同时等等，所以有关分期等方面还有探讨和研究的广大空间，还需要更多的资料和更大的努力。

在高昌墓地的发掘资料中，土坑墓葬向砖室墓葬过渡的考古信息较为抢眼，这也是考古学界所关注的一个学术课题。对此，高昌墓地报告中给予了足够的重视和比较明确的答复。但应该说，这也只是特定区域内的早期砖室墓形式，而其他地区土坑墓向砖室墓过渡的研究，还需要更多的资料和更大的发现。作者对两汉时期夫妻并穴埋葬的夫妻位置给予了较大的关注，进行了较为深入的探讨，也有独到的见解，结合周边其他地区同时期、同类型的墓葬资料，得出了"西汉时期存在这种'男右女左'的历史现象和事实，是当时全社会很大范围内'右贵左贱'思想意识在埋葬上的真实体现"的结论。可以说，作者利用高昌墓群所取得的这批丰富而珍贵的资料，就汉代平民墓葬分析研究中，在多方面做了有益的尝试。

对于秦汉考古研究，我基本上还是外行，本是没有资格为本报告作序的。但是，有两个因素迫使我不得不藉此啰嗦几句。南水北调河北段考古发掘工作基本结束，考古资料整理和科学报告出版工作任务艰巨而繁重。"南水北调中线一期工程文物保护项目"——河北省考古发掘报告第一号：《徐水西黑山——金元时期墓地发掘报告》业已出版，中国社会科学院考古研究所董新林先生开了好头。河北省文物研究所王会民先生编著的《唐县高昌墓地发掘报告》付梓，其非"南水北调中线一期工程文物保护项目——河北省考古发掘报告第二号"莫属。他们两个单位和两位领队的做法值得肯定、赞许，参与南水北调考古发掘工作的其他单位和领队应该向他们学习，制定计划，按时完成发掘报告的整理和出版工作。否则，被人讨债的滋味是不好受的。

王会民先生是河北省文物研究所的老同志，自从1984年入所以来，我们共事20多年，私交一直很好。在上世纪90年代初，我们共同完成了定州北庄子商周遗址及其墓葬群的发掘工作，其中，也有不少东汉和其他时期的墓葬，特别是清理了早年发掘过的中山简王刘焉墓。在历时半年多的工作中，我从他身上学到不少东西，也初步掌握了考古钻探技术。去年有一段时间，我发现他上班早起晚归，劲头十足，便开玩笑问他是不是在追求进步，原来，他是在倾心整理《唐县高昌墓地发掘报告》。报告初稿完成后，他命我作序，作为老朋友的确难以推辞，只好硬着头皮完成任务。同时，我也渴望早日阅读王会民先生负责的定州北庄子和内邱邢窑遗址的发掘报告。

谢飞

2010年8月3日

第一章 概述

第一节 墓地概况及工作方法

唐县位于河北保定市西，东、南、北三面分别与望都、定州、顺平（完县）等毗邻。《唐县县志》① 载："县境山居十之五，水十之二，平原仅十之三四。唐之命名，肇于上古。夏商时为冀州域，周为并州域，春秋属燕、鲜于地，战国属中山，秦属上谷郡，两汉时为中山国唐县。北齐后隶属虽屡经改变，但唐县之名一直沿用下来。"

北高昌村位于唐县城东北约 7500 米的高昌镇，是镇政府所在地。墓地位于北高昌村西的唐河灌渠两岸，且向北绵延数千米至放水村一带（图一）。这里地处太行山山前丘陵平原地带，偶有不大的石丘突兀而起，给平淡的原野增添了些许色彩（彩版一）。在村西北方向约 2000 米有太行余脉"望都山"或"庆都山"②，传为尧帝母亲"庆都"曾居之地。从北高昌村往北到放水村，在南北约 2500 米的区间内，都或多或少的有古墓存在，灌渠东面的北高昌村过去从事建房等活动时也经常挖掘出古墓葬。

此次发掘的墓地主要集中在唐河灌渠西面的黄土台地上，地理坐标为东经 115°1′30″，北纬 38°47′10″，高程 67.9～72.8 米。台地周围经老百姓施土成不规则形。其中部有一低缓的石岗，南、东两面呈明显的下坡，地表由于种植庄稼的需要被村民修整成阶梯状。今台地大致南北长约 600、东西宽 120～300、高 3～4 米。发掘前台地一带主要种植有苹果树、桃树等果木，由于南水北调渠线通过的需要，大部分果树已被砍伐或移走（图版一）。本报告只限于唐河灌渠西北长约 600 米以及南水北调渠线经过的宽约 100 米区域内的墓葬资料。

从 20 世纪 80 年代开始，由于雨水冲刷和人类活动的原因，高昌一带的墓葬陆续被发现和认识，并吸引了盗墓团伙和文物贩子的眼球，由此上演了一幕幕闹剧、悲剧。据传，有时甚至在一定的组织下，全家上下一起出动，男女老幼齐上阵，其场面几乎可以和农村赶庙会相"媲美"。到 80 年代中期这种活动愈演愈烈，达到了空前的规模。之后由于公安和文物部门等的介入和制止，盗墓活动和文物买卖才得到一定的控制，但是这种不

---

① 《唐县县志》，光绪四年刊本。

② 高昌墓地西北方向约 2500 米有山曰"庆都山"，《唐县县志》光绪四年刊本"疆域图说条"："望都山俗名孤山，在县东北十八里高昌村东，平地突出，不连他山。一名豆山，亦名尧山，尧母庆都所居。孤、都声相近，疑即《水经注》所谓都山也。"县志所记高昌村东可能有误。

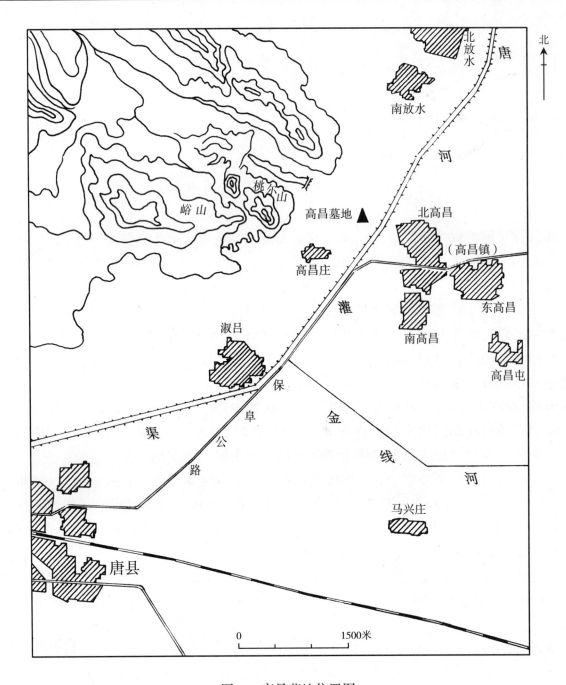

图一　高昌墓地位置图

光彩的活动一刻也没有停止过，只是由原来的公开转入地下，成了一种真正的"鼠类"活动，所以规模也小多了，当然其原因之一是可供发现和盗取的有价值物品越来越少了。

　　这批墓葬以土坑墓为主，砖室墓大部被盗，只有很少的墓尚存墓顶，我们全部采取了自上而下的发掘方法层层清理到底。清理过程中随时注意了解并记录墓壁的加工情况、填土的颜色、土质变化、夯层厚度、夯窝的大小和有无等，同时注意收集填土中的包含物。露出棺椁朽木痕迹时在发掘平面上尽可能的弄清棺椁范围和棺（椁）板厚度等，并且尽可能的弄清棺（椁）两端的形制结构。

　　为了有利于工地的发掘管理和昼夜的看护等，发掘工作采取了分区、分片的推进式方法进行，根据工地现有的工作人员力量，考虑每天的发掘进度，让每个墓葬的发掘和墓底清理（图版二，1）、照相、摄像、绘图、记录、随葬品提取（图版二，2）等成为近乎流水式作业，尽可能不让清理出的未被盗扰过的墓葬露天过夜。

　　发掘过程中首先是集中力量把一定区域内连片探方和单独的探方根据墓葬开口情况先发掘到一定深度后，铲平露出所有墓葬开口并划出开口线，再摄影、照相、绘制草图、编号、记录等，之后才开始逐个在划好的墓圹内进行发掘（图版三，1）。

　　第二是当墓葬发掘到露出木椁或土椁时，即收至椁内发掘（图版三，2），同时尽量保留椁内棺的高度、板的厚度等，把椁内和棺内的塌陷土清理走，全部暴露出人骨架和所有的随葬品。

　　第三，根据墓葬保存情况进行有选择的摄像、照相（图版四，1），接着是无选择的绘图、记录、编号（图版四，2），之后是取出随葬品按号分装。最后在现场进行人骨鉴定，再看死者口中和头部周围是否有钱币等随葬品遗漏（图版四，3）。

　　第四，清理人骨，铲平，看有无垫棺木槽等下葬时的痕迹等。

　　第五，带回的随葬品以墓为单位分别放置，设专人进行核对、清洗、拼对粘接、编号登记等。

　　第六，工地发掘以外的时间，负责单个墓葬发掘的工作人员要尽快整理出发掘记录、墓葬登记表、出土文物登记表、墓葬发掘日记等，经领队通过后以墓为单位分装资料袋。

第二节　工作概况及内容

　　高昌墓地在20世纪80年代末被公布为县级文物保护单位。1990年，为配合西大洋水库引水入保定市区工程，保定市文物保管所和唐县文物保管所共同对工程经过的高昌墓地进行了考古调查、勘探、发掘，在这次发掘的墓地之南和唐河灌渠之间的工程线路上共发掘战国、汉代墓葬30余座，第一次通过正式发掘对高昌墓地有了较为深刻的了解。

　　为配合南水北调中线工程建设，2002年7月，本着"保护为主、抢救第一"的文物工作方针，受河北省文物局委托，河北省文物研究所会同沿线各市、县文物部门分别组成考古队对总干渠和相关支渠进行了首次文物调查，各考古队分别提交了分段调查报告。

　　首次调查时，南水北调线路尚未明确划定，地面也未做标记，所以调查资料存在很大局限，故2003年11月至2004年1月，重新组队再一次对总干渠进行了复查，河北段共计发现包括高昌墓地在内的文物遗存地点或文物丰富区段136处。

　　2004年9至10月，受河北省文物局和河北省南水北调工程建设委员会办公室的委托，在前两次调查工作的基础上，又一次对总干渠和天津干渠河北段文物点进行了调查、复查和有选择的试掘工作，结果共核实与渠线有关的文物遗存点或丰富区段114处，并根据要求划定了遗存的保护级别，其中 A 级 12 处、B 级 31 处、C 级 44 处、D 级 26 处、待定级 1 处，高昌墓地被定为 B 级文物保护单位（见河北省文物研究所编《南水北调中线工程总干渠暨天津干渠河北省文物调查报告》）。

在三次调查的基础上，2006 年 5～10 月，受河北省文物局委托，河北省文物研究所承担了高昌墓地的勘探和发掘任务。发掘工作期间得到了各级文物部门的关怀和支持，省文物局和文物研究所领导还数次到发掘现场检查指导工作（图版五），指示除按时完成勘探面积 9600、发掘面积 5000 平方米外，着重强调了一定要按照考古发掘操作规程进行发掘，同时注意工地各项安全等。

考古队根据高昌墓地的实际情况，先后进行了考古勘探和发掘工作。2006 年 5 月 11 日～5 月 26 日勘探，采用 2×2 米的梅花式布孔方法对渠线经过的区域进行普探（图版六，1），随时绘制草图并记录下已探出墓葬的大小、深浅以及保存状况等大致情况（图版六，2）。最终共勘探出墓葬 123 座，完成勘探面积 50000 余平方米。

发掘工作从 2006 年 5 月 28（图版七）日开始至 9 月 30 日结束。2006 年 10 月上旬，高昌墓地通过了国家文物局专家组的验收（见图版五，2）。

发掘前的地表有不少盗墓分子留下的长方形或不规则形的盗坑，深浅不一，盗坑周围还有一些被盗出的随葬品碎片。根据这种情况，我们对一部分墓葬进行了取舍，放弃发掘一部分被盗严重的墓葬。发掘中采取了多个墓连片布方和单个墓单独布方相结合的方法，探方的大小因墓葬大小而定。共计正向布方 78 个，发掘墓葬 131 座，其中战国时期土坑墓 7 座，西汉时期土坑墓 92 座，两汉砖室墓 20 座，北朝至隋代砖室墓 6 座，宋代砖室墓 1 座，清代土坑墓 1 座，年代不明墓葬 4 座，发掘面积超过 5000 平方米，共出土陶器、铜器、铁器、玛瑙器、瓷器、骨器、玻璃器、漆器等编号随葬品 710 件套（详见附表一）。

根据墓地中部的一高约 10 多米的石丘，正好把整个墓地分为南北两区。南区（Ⅰ区）即从石丘开始，由北往南渐次坡下，南端为施土断崖。该区共布连片探方 21 个（T2～T22），单体探方 12 个（T1、T23～T33），发掘墓葬 47 座，集中在南北约 80、东西 100 米的范围内，其中西汉时期土坑墓 39 座，北朝至隋代砖室墓 6 座，清代墓 1 座，年代不明墓葬 1 座（图二）。墓葬编号如下。

西汉时期土坑墓：M1～M17、M20、M23、M25、M27～M43、M45、M46。

北朝至隋代墓葬：M18、M19、M21、M22、M24、M26。

清代墓葬：M47。

年代不明墓葬：M44。

北区（Ⅱ区），西南为石丘，由西南往东北方向渐次低下，东、北为施土断崖。该区共计布单体探方 45 个（T34～T78），发掘墓葬 84 座，集中在南北约 180、东西 100 米的范围内（彩版二），其中战国时期土坑墓 7 座，西汉时期土坑墓 53 座，两汉时期砖室墓 20 座，北宋时期砖室墓 1 座，年代不明 3 座（图三）。墓葬编号如下。

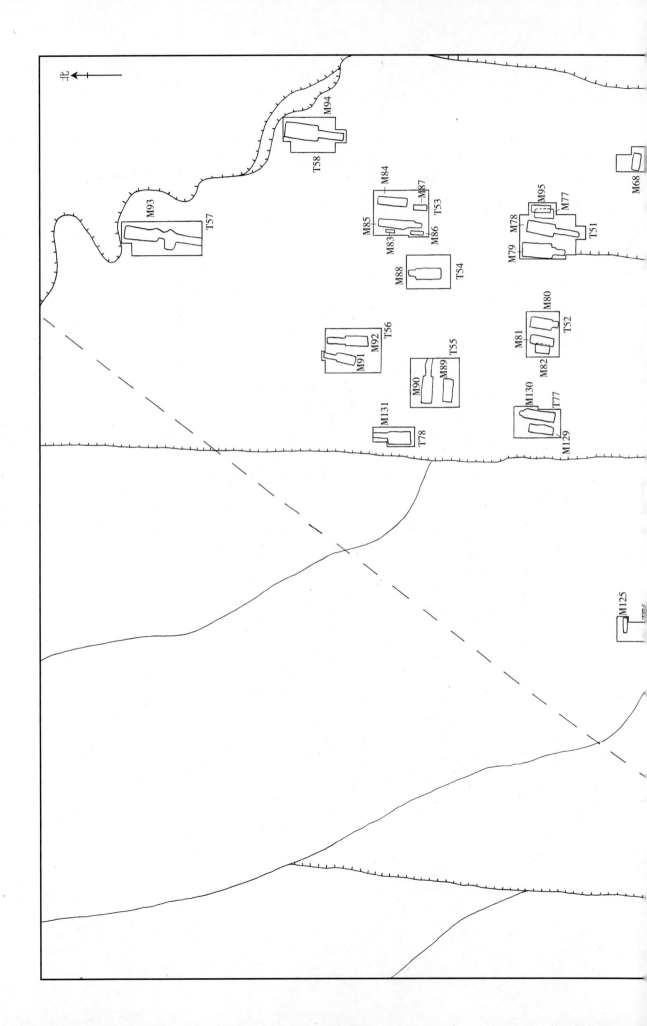

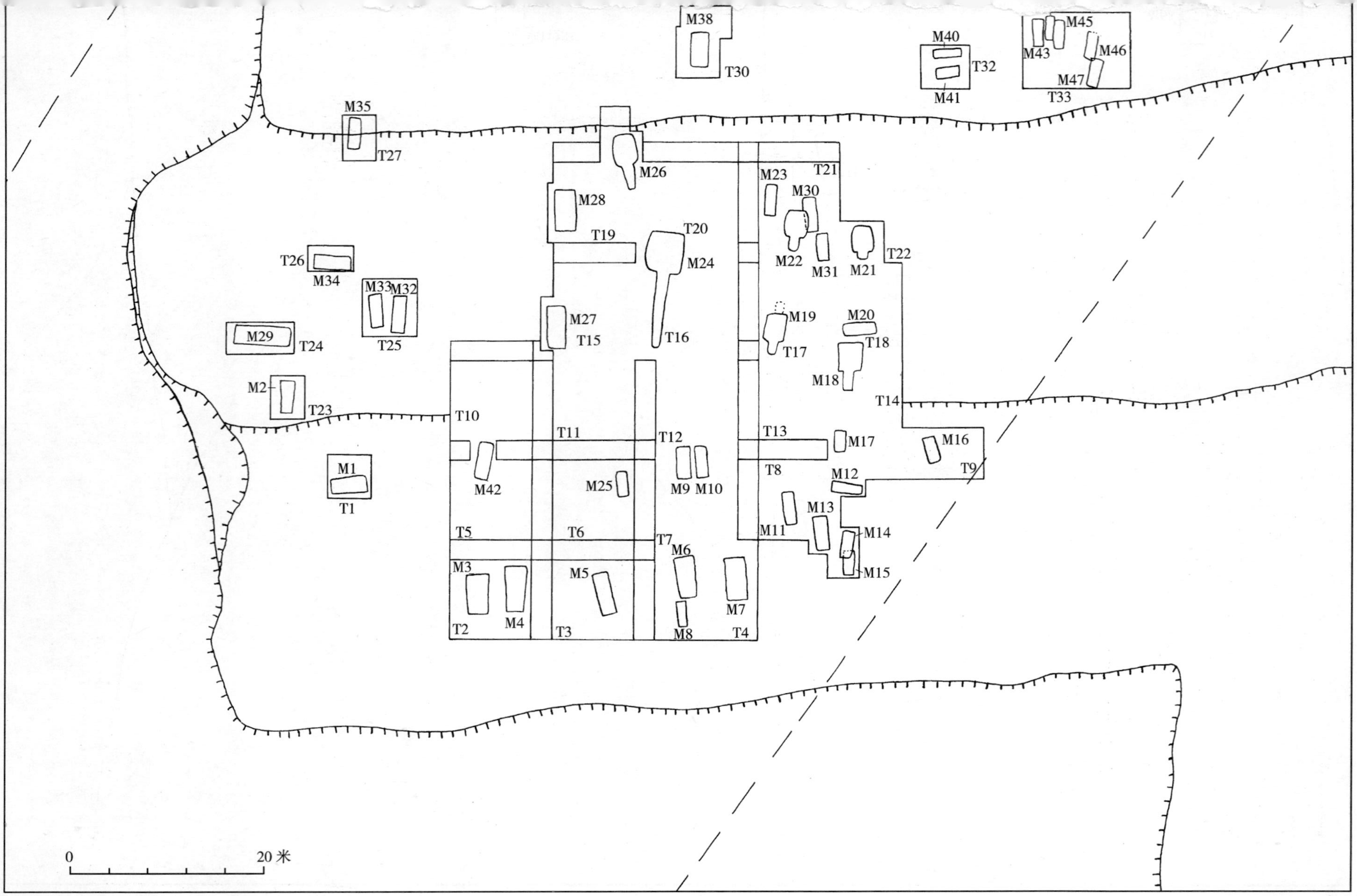

图二　I区墓葬发掘平面示意图

0　20 米

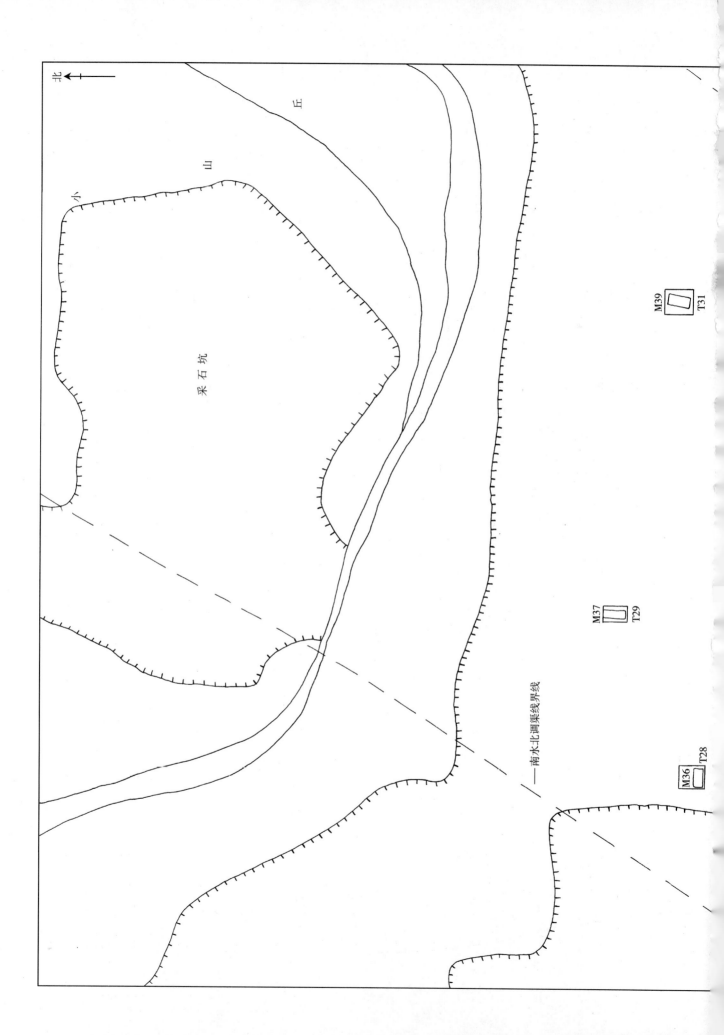

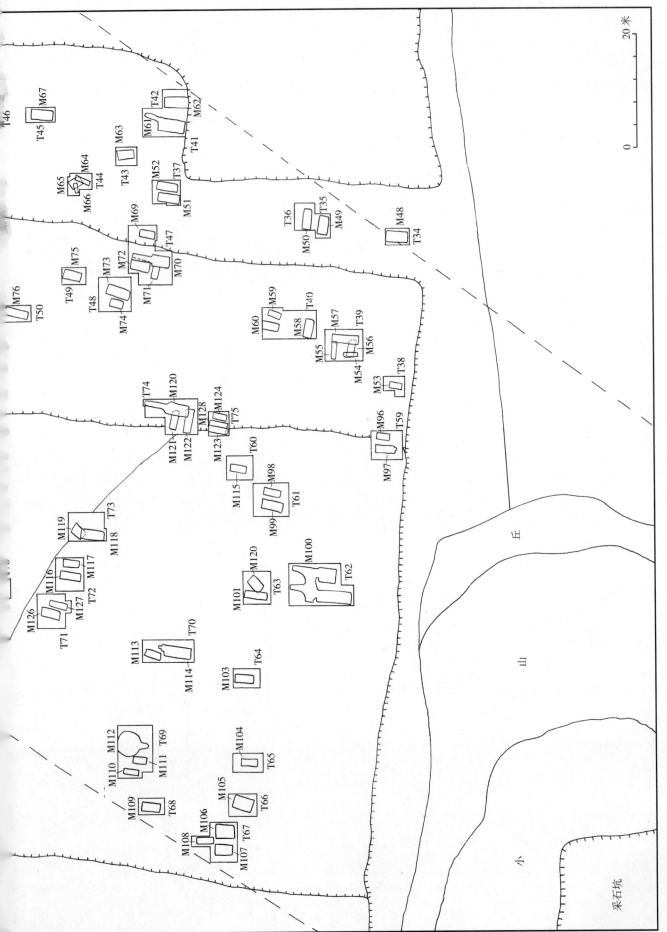

图三　II区墓葬发掘平面示意图

战国时期土坑墓：M65、M77、M82、M102、M105、M106、M128。

西汉时期土坑墓：M48～M60、M62、M63、M66～M69、M71～M76、M81、M83、M86、M87、M89、M95～M99、M101、M103、M104、M107～M109、M113、M115～M118、M121～M127。

两汉时期砖室墓：M61、M64、M70、M78、M79、M80、M84、M85、M88、M90～M94、M100、M114、M120、M129、M130、M131。

北宋时期砖室墓：M112。

年代不明墓葬：M110、M111、M119。

第三节 材料整理与编写

131座墓葬中，汉代墓葬有112座之多，说高昌墓地是一处汉代墓群当不为过。河北省在汉代虽距京畿较远，但固有的燕、赵、中山国经济、文化的发达众所周知，并不逊色于当时全国政治、经济、文化的中心多少，满城汉墓、定州汉墓、望都汉墓等的出土都是有力的证据，它代表了河北地区汉代上层贵族的丧葬制度和规格，直接或间接地反映出汉代该地区经济、文化的发展水平，可以说在很多方面都与当时的京畿地区是同步的。

但是多年来，河北地区大多比较注重大型贵族墓葬的发掘、整理和宣传，对小型平民墓葬的发掘和研究有所忽略，使人们很少看到大片平民墓葬群的发掘和整理，以至于人们对汉代平民丧葬方面的认识有较多的局限，比如陶器组合、陶器变化、不同区域的墓葬形制以及土坑墓向砖室墓的过渡等方面，这些都有待我们去发掘、去研究。鉴于此，我们认为很有必要把高昌墓地这100多座平民墓葬进行整理和公布，尽可能给研究者提供真实、可靠的资料。

本报告的131座墓葬皆采用发掘时的原来编号，为了便于叙述，报告中把131座墓葬按时代顺序分为战国时期土坑墓、西汉时期土坑墓、两汉砖室墓、宋代砖室墓、清代墓和年代不明墓葬等几个部分，因为每部分墓葬和随葬品出土数量上多寡悬殊，且随葬品器形种类、器物形态变化很大，所以在墓葬形制和器物型式上各自独立分出，没有统一划分型式。

报告分三部分。第一部分是墓地概况、工作方法、工作概况、工作内容、材料整理与编写。第二部分是把131座墓葬的资料逐一描述，叙述时先以时代为序分开，再以墓号的大小由小到大依次记述。第三部分是编者依据材料对其中的一些问题的初步认识。限于水平，仅供读者参考，不当之处，敬请读者批评指正。

编写方面为了材料的真实性，每座墓皆以发掘时的原始资料为准，对每座墓的大体位置、发掘时间、形制、填土、葬具、葬式、墓主性别、年龄等一一叙述，同时配合以墓葬平剖面图。每座墓的随葬品也都按发掘时的编号描述，同一墓中的同一类器物大多只描述编号靠前者，后面的则"同前述第几号"。凡描述到的随葬品一般都配有线图，有的再配以照片，个别器物或纹饰配以拓片。而基本相同的器物一般都选择较为完好的一件进行绘图或照相，尽量避免重复。整理时经过修复、黏对，多出的器物则在原来已有随葬品编号的基础上累加（主要是陶器，出土时太碎或太乱或零星的出自填土、盗洞等而没有分清个体或单独编号）。发掘出土时同一墓中的一些器物如铜钱、璜形饰等数量虽不是一个，也大多按一个号给出，整理时在该号后面以阿拉伯数字的方式顺序编号，如标本 M5∶1-（1、2、3……）等。有些器物如漆器、泥俑等皆无法提取，个别能看清轮廓的现场绘有轮廓线图，有些有编号，也有未编号的，皆依发掘时的资料为准。比如个别铜钱虽有编号，但整理时发现已成粉末，也都保留原编号不变。

第二章 墓葬材料

第一节 战国时期墓葬

共有 7 座，即 M65、M77、M82、M102、M105、M106、M128。分别介绍如下。

一 M65

2006 年 7 月底至 8 月上旬发掘，位于Ⅱ区中部的 T44 内，上部被 M64、M66 打破，未被盗（图版八）。长方形竖穴土坑墓，长 250、宽 164、深 160 厘米。一棺一椁，板灰已朽呈灰黑色和灰白色。椁长 230、宽 110～128、残高 60 厘米。棺板痕迹不清晰，长约 162、宽约 54 厘米。人骨多朽成黄褐色粉末，头向 164°，仰身直肢，性别无法判定，牙齿反映的年龄大约是 40 多岁的中年。随葬品共编号 12 个（图四）。

标本 M65：1，滑石璧　在死者头部的棺椁之间，共 18 个，其中 9 个完整。直径 7.9～8.6、孔径 1.8～2.2、厚的 0.3、薄的不足 0.1 厘米（图五，1，彩版三，1）。

标本 M65：2，玛瑙环　色黄白，半透明，断面近似三角形。外环直径 3.9、内径 2.2 厘米（图五，2；图版九，1）。

标本 M65：3，铜环　为两股拧成的绳索状圆环。外环直径 3.4、内径 2.4 厘米（图五，3；彩版三，2）。

标本 M65：4，玻璃珠　圆球形，有一圆形穿孔，表面呈蓝色，其上装饰有 8 个基本对称的乳白色圆形薄片，似为黏

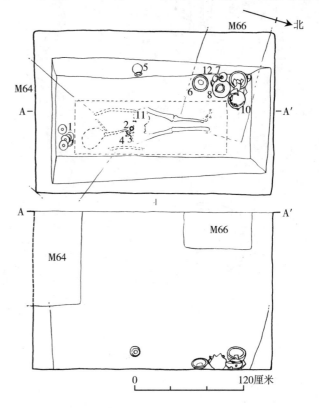

图四　M65 平、剖面图

1. 滑石璧　2. 玛瑙环　3. 铜环　4. 玻璃珠　5. 陶罐　6. 陶盘　7. 陶豆　8. 陶壶　9. 陶盖豆　10. 陶鼎　11. 铁带钩　12. 陶匜

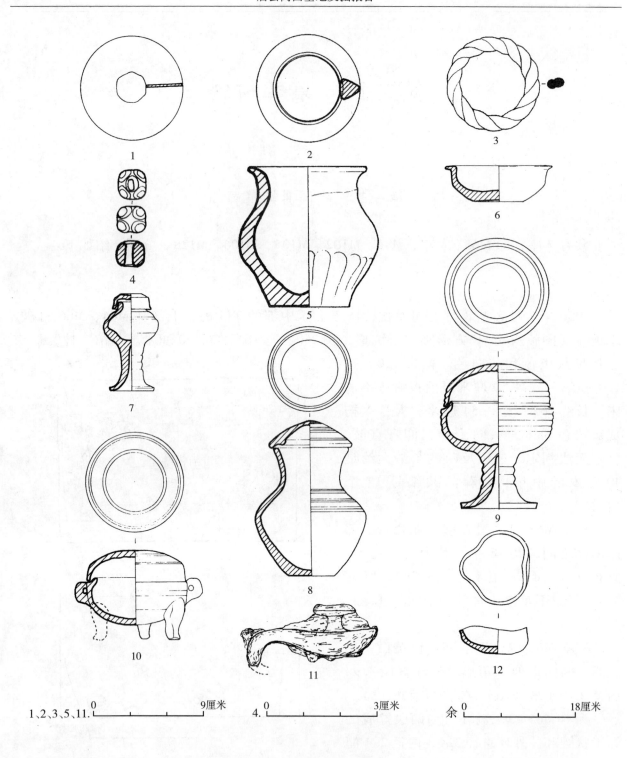

图五　M65 出土器物

1. 滑石璧（M65∶1）　2. 玛瑙环（M65∶2）　3. 铜环（M65∶3）　4. 玻璃珠（M65∶4）　5. 陶罐（M65∶5）
6. 陶盆（M65∶6）　7. 陶豆（M65∶7）　8. 陶壶（M65∶8）　9. 陶豆（M65∶9）　10. 陶鼎（M65∶10）
11. 铁带钩（M65∶11）　12. 陶匜（M65∶12）

贴上的。珠径 0.8~0.9、穿孔径约 0.4 厘米（图五，4；图版九，2）。

标本 M65:5，陶罐　灰陶。轮制，下腹为使壁变薄而经刀削过。圆唇，平折沿，有领，上腹鼓，下腹斜直内收，平底。口径 9.5、高 9.7、最大腹径 10.5、底径 5.8 厘米（图五，5；图版九，3）。

标本 M65:6，陶盆　灰陶夹细云母。厚胎。平折沿，圆唇，上腹较直，下弧折内收，小平底内凹。口径 17.3、高 5.5 厘米（图五，6；图版九，4）。

标本 M65:7，陶豆　灰皮红褐夹细云母陶质，色不纯正。小口直立，扁球形腹，外壁有数道轮旋纹。高柄，柄上饰宽凹旋纹，下部外撇成喇叭形座。盖似一倒置的小盆，直口，折腹，小平顶。小口径 4.5、高 14.5、盖通高 15.5 厘米（图五，7，图版九，5）。

标本 M65:8，陶壶　灰皮红褐夹细云母陶质，色不纯正。口稍外侈，高领，折腹，小平底，上腹有凹旋纹数道。盖大致呈子母口，伞形顶，顶上有数道凹旋纹，顶中心呈小乳凸形。口径 11、高 21、盖通高 24.6 厘米（图五，8；图版九；6）。

标本 M65:9，陶豆　灰皮红褐夹细云母陶质，色不纯正。子口直立，盆形腹，外壁有凹旋纹 3 道。高柄，柄上饰宽凹旋纹似竹节状，下部外撇成喇叭形座。盖似一倒置的盆，直口，斜直壁，弧顶，壁和顶皆饰有凹旋纹数道。豆口径 15.3、高 17.2、盖通高 23.5 厘米（图五，9；彩版三，3）。

标本 M65:10，陶鼎　灰皮红褐夹细云母陶质，色不纯正。子口，口下两半圆形附耳，耳上有小圆形穿孔。盆形腹，圜底，三兽蹄形足。盘形盖，方唇，弧顶，顶上有凹旋纹数道。鼎口径 14.3、通高 14 厘米，盖口径（即鼎上腹径）16、高 4.6 厘米（图五，10；彩版三，4）。

标本 M65:11，铁带钩　朽残成碎块。长 5 厘米（图五，11；图版九，7）。

标本 M65:12，陶匜　灰陶。浅盘形，直口，小平底。有流处两侧口径 11、另两侧口径 11.8、高 4~5.2 厘米（图五，12；图版九，8）。

二　M77

2006 年 8 月 20 日至 8 月 27 日发掘，未被盗掘（图六），位于Ⅱ区东中部 T51 内，上部被 M95 打破。长方形竖穴土坑墓，南北长 330、东西宽 200、深 165 厘米。棺下南北各有一东西向的土槽，长及两壁，宽约 14、深约 6 厘米，内存有黑色木灰痕，应是垫木槽。一木棺朽成灰，南北长 200、东西宽 100、残高约 40 厘米。人骨一具，头向 182°，用席子包裹，仰身，左手放盆骨上，右下肢稍弯曲。为大约 40~50 岁的男性。共发现 3 件随葬品。

标本 M77:1，铜镦　不规则形扁銎，约中部有一小圆穿孔。中间一格分镦为上中下三部分，上部为素面，中间是细阳线云雷纹装饰，下部是浮雕纹饰，纹饰皆已不清。长 7.7、最宽径 3.2、銎最大内径 2.3 厘米（图七，1；图版一○，1）。

标本 M77:2，贝壳　白色天然贝壳两个，一个破损不多，根部有一加工成的小穿孔。最大径 6 厘米（图七，2）。

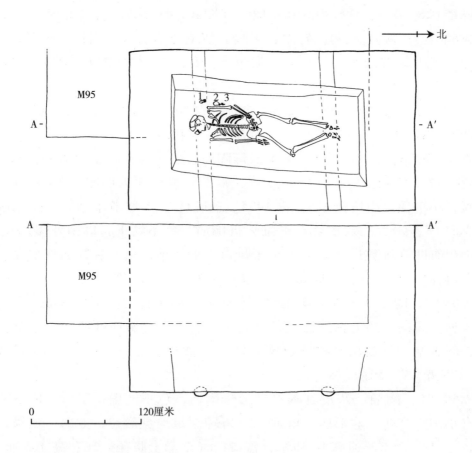

图六　M77 平、剖面图

1. 铜镦　2. 贝壳　3. 铜带钩

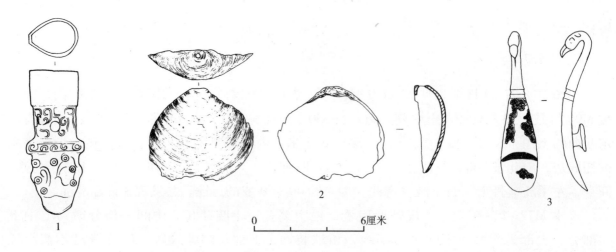

图七　M77 出土器物

1. 铜镦（M77∶1）　2. 贝壳（M77∶2）　3. 铜带钩（M77∶3）

标本 M77：3，铜带钩　短琵琶形。鸟头形钩首，纽距尾部稍近，钩身上部有旋纹，其他纹饰锈蚀不清，表面有较细的织物纹痕迹。长 8.5、最宽处 2 厘米（图七，3；彩版三，5）。

三　M82

位于Ⅱ区约中部，T52 内西边，2006 年 7 月 31 日至 8 月 16 日发掘。东壁上部被 M81 打破，未被盗掘（图八）。长方形竖穴土坑墓，东壁稍斜直内收。墓口南北长 250、东西宽 160、深 130 厘米。一木棺已朽成灰，南北长 233、东西宽 88、残高 24、板厚约 3 厘米。人骨一具，头部方向 14°。头骨已碎成片，其他骨骼基本保存完好，但极易粉碎。头南脚北，仰身直肢，右下肢微向内屈。应为 50 岁左右女性。随葬品共编号 14 个，其中 11 号为骨簪，在尸体头下，断成几截。5 号滑石璧有 15 个完整的。7 号铜带钩稍大，在棺内尸体左腿股骨外，其余皆在右下肢上面，成一堆放置。从痕迹看，2 号璜形饰、3 号铜铃、4 号玛瑙环、9 号铜带钩等似是被丝物包裹在一起的，但不甚清晰。6 号玛瑙环在左手处。铜铃有 6 枚，其中 4 好 2 残。璜形饰 3 好，总数不清。10 号为骨饰件，应是串饰上用的。

标本 M82：1，陶罐　灰陶。侈口，圆唇，做工不细。口径 7.2、高 8.7 厘米（图九，1；图版一〇，2）。

标本 M82：2，铜璜形饰　厚多不足 0.1 厘米，多已残碎，约 30 个，种类多样，以菱形的为最多，完整的只有 3 件。标本 M82：2 - 1，弧顶三角形，顶上另铸有一个半圆形的

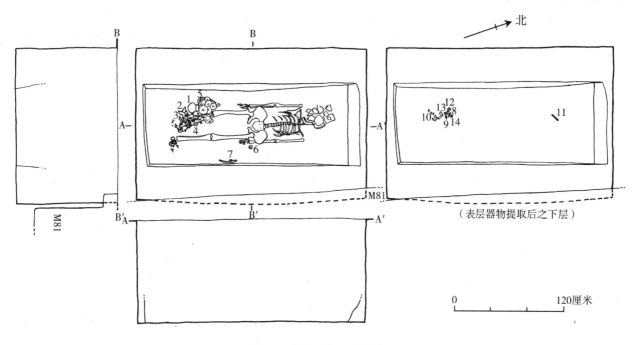

图八　M82 平、剖面图

1. 陶罐　2. 铜璜　3. 铜玲　4、6. 玛瑙环　5. 滑石璧　7. 大铜带钩　8. 铜棍　9. 小铜带钩　10. 骨管　11. 骨簪　12 ~ 14. 玛瑙环

小纽，半圆弧裆，裆两边底斜内收，面上模印两对称"S"形纹。高5.8、最宽处11.3厘米（图九，2；图版一〇，3）。标本M82∶2-2，弧顶三角形，顶中心一半圆穿，半圆弧裆，正面边缘内模印一或二道阳线纹。高5.5、最宽处12.6厘米（图九，3；彩版三，9）。标本M82∶2-3，弧顶三角形，顶中心一半圆穿孔较大，正面边缘内模印一道阳线，并在穿孔下形成对称卷云纹。高4.5、最宽处11.4厘米（图九，4；图版一〇，4）。标本M82∶2-4，弧顶三角形，顶上另铸有一个半圆形小纽，半圆弧裆，裆两边底平直。高5.3、最宽处10.2厘米（图九，5；图版一〇，5）。标本M82∶2-5，弧顶拱底，顶中心一圆穿，两端分别有一长方形缺口，正面边缘内模印阳纹一道。高5、最宽处11.6厘米（图九，6）。标本M82∶2-6，菱形，顶中心一圆穿，下部中心为小半圆形缺口。高4.2、最宽处12.8厘米（图九，7；图版一〇，6）。标本M82∶2-7，残状为钝角顶拱底，顶中心一圆穿，素面（图九，8）。

标本M82∶3，铜铃　数量6个，上窄下宽，平顶，顶上置半圆形纽，身一侧有长条形缺口，中空无舌，下缘内弧形，大小略有差异。高4.9～5.3厘米（图九，9；彩版三，7）。

标本M82∶4，玛瑙环　断面近三角形，半透明，白中泛黄似玉。外径3.4、内径1.2厘米（图版一一，1上左）。

标本M82∶5，滑石璧　数量约超过25个，完整和可复原的16个，大小不甚一致，直径6～8.6、厚0.1～0.3厘米。好不同，一种是好大而不规矩，系单面凿成，大小亦不一，直径1.5～2.5厘米不等（图九，10）。另一种是璧中心只有一很小的圆孔，数量很少。直径6.8～7.4、厚0.2、圆心孔径约0.4厘米（图九，11；图版一一，2）。

标本M82∶6，玛瑙环　形制同标本M82∶4环，色稍白似玉。外径3.4、内径1.5厘米（图版一一，1上中）。

标本M82∶7，铜带钩　窄长琵琶形，纽距尾部较近，钩头残缺，钩身正面用细浅的阴线饰满花纹，上下是一串用双线圆圈连接的由小到大的菱形方格，里外再填以云纹等图案。残长18.2、最宽处2.7厘米（图九，17；图版一一，3）。

标本M82∶8，铜棍　圆柱体，似簪的局部。残长7.8、直径0.2厘米（图九，12）。

标本M82∶9，铜带钩　窄长琵琶形，纽距尾部较近，钩头为兽头形，钩身素面。长11.5、最宽处1.1厘米（图九，15；彩版三，6）。

标本M82∶10，骨串饰　小圆柱形骨管，共拣出70多个，中有孔，大小不甚一致。长0.5～1.0、直径0.4厘米左右（图九，13；图版一一，4）。

标本M82∶11，骨簪形器　扁方体，一端渐薄。残长16.7、宽1.0、厚0.3～0.5厘米（图九，16；图版一一，5）。

标本M82∶12，玛瑙环　形制同标本M82∶4环，似玉。外环径3.0、内径1.6厘米（图九，14；图版一一，1上右）。

标本M82∶13，玛瑙环　形制同上，似玉。外环径3.0、内径1.6厘米（图版一一，1下左）。

标本M82∶14，玛瑙环　形制同上，似玉。外环径3.0、内径1.7厘米（图版一一，1下右）。

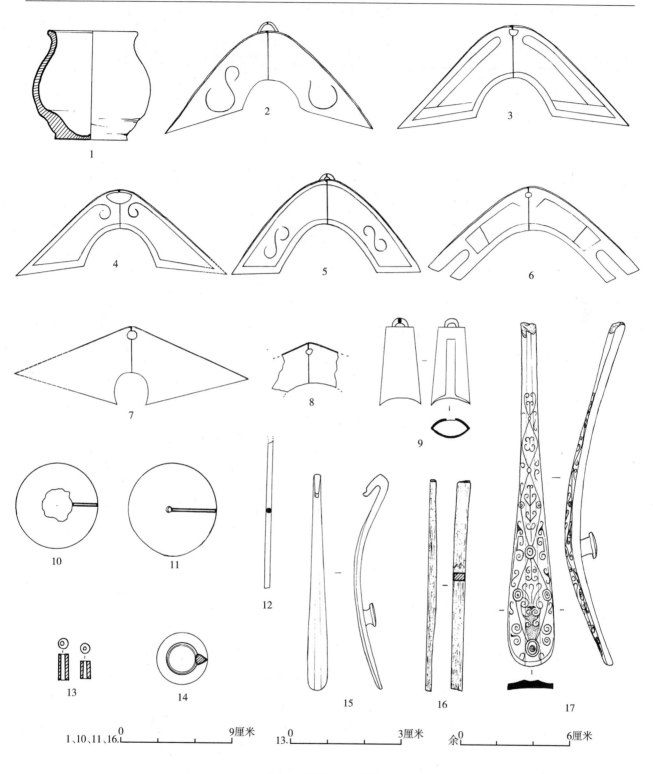

图九　M82 出土器物

1. 陶罐（M82：1）　　2～8. 铜璜形饰（M82：2-1～7）　　9. 铜铃（M82：3-1）　　10. 滑石璧（M82：5-1）

11. 滑石璧（M82：5-2）　　12. 铜棍（M82：8）　　13. 骨串饰（M82：10）　　14. 玛瑙环（M82：12）

15. 铜带钩（M82：9）　　16. 骨簪形器（M82：11）　　17. 铜带钩（M82：7）

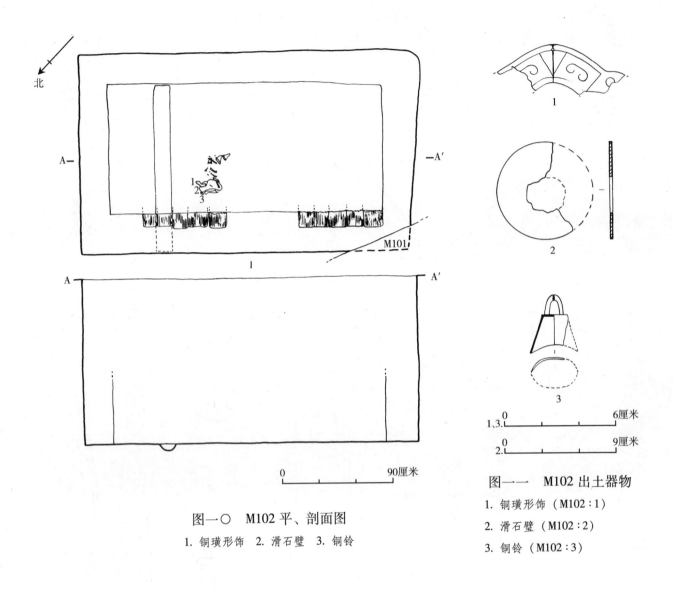

图一〇　M102 平、剖面图

1. 铜璜形饰　2. 滑石璧　3. 铜铃

图一一　M102 出土器物

1. 铜璜形饰（M102∶1）

2. 滑石璧（M102∶2）

3. 铜铃（M102∶3）

四　M102

位于Ⅱ区约中部 T63 内，2006 年 7 月下旬至 9 月 5 日发掘，西南角被 M101 打破，盗扰（图一〇）。填土经夯打，夯层厚 15 厘米左右，由红褐土、黄褐土、礓石、基岩颗粒和灰白土混合而成。长方形竖穴土坑墓，方向 53°，长 266～274、宽 160、深 132 厘米。应为一棺一椁，椁顶横置盖板，板灰为灰白色，有清晰的木头纹理，每边约搭出立板 10 厘米，椁长 222、宽 104、高 52 厘米；棺灰为灰黑色朽痕，范围不清晰。在北半部棺下有垫木槽，圜底，槽长约 130、宽 14、深 5 厘米。人骨朽甚，墓底残剩一小堆骨头，发现一颗成年人牙齿。随葬品出自盗洞和骨头残块处，编号 3 个，另有陶鼎足、黄褐色陶豆残片。

标本 M102∶1，铜璜形饰　只有一小块残片，很薄。弧顶拱底，顶中心有一小圆穿，两端上翘，两面铸有极细的阳线云纹等（图一一，1）。

标本 M102：2，滑石璧 2 个，一残，一可复原。好为一面凿成，不规则形。直径 7.5、孔径2.5～3.0、厚0.2厘米（图一一，2）。

标本 M102：3，铜铃 残，中空无舌，纽较大。高3.1、下宽约2.5厘米（图一一，3）。

五 M105

位于Ⅱ区西南 T66 内，2006 年 8 月底至 9 月 2 日发掘，被严重盗扰（图一二）。长方形土坑墓，方向 14°。口稍大，壁斜直，整体略似覆斗形。口长 346、宽 230、深 140 厘米，底长 330、宽 212 厘米。南壁中部有一龛，平面近似长方形，南北长 38、东西宽28～32、高度约超过 30 厘米，龛底面不甚平整。从残存的朽木痕大致推定为一棺二椁：棺灰为灰黑色，南北长 238、东西宽 90 厘米；内椁朽痕以灰白色为主，南北长 270、宽 132～144、高约 56 厘米；外椁为灰黑色朽痕，南北长 335、宽 218、高约 75 厘米。人骨上有极少的黄褐色小块，与墓葬所处的黄色的基岩颜色几近一致，不易辨认。随葬品只在壁龛中发现一陶罐。

标本 M105：1，陶罐 灰陶。大口，方唇，有领，平底。肩、腹交接处有一段直壁部分和肩、腹形成转折。肩下饰一周绳圈印纹，腹上饰有凹凸旋纹。口内径 16.6、口外径 19.6、高24厘米（图一三；图版一一，6）。

六 M106

位于Ⅱ区西南部 T67 内，2006 年 7 月下旬至 9 月 1 日发掘，盗扰（图一四）。填土由基岩颗粒、礓石和灰白土混合而成。长方形土坑墓，口大底小呈斗形，墓口长 366 、宽

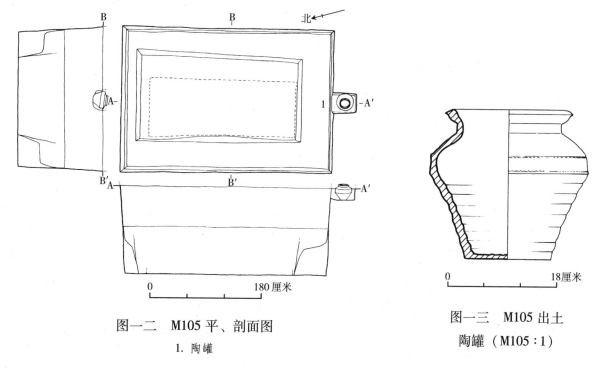

图一二 M105 平、剖面图
1. 陶罐

图一三 M105 出土
陶罐（M105：1）

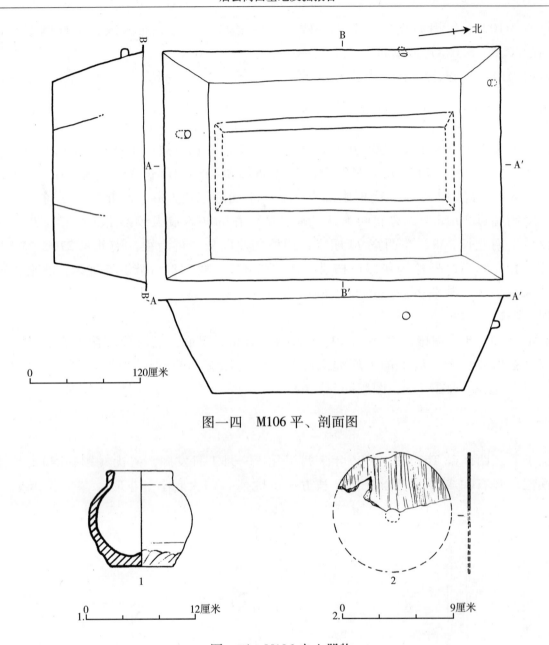

图一四　M106 平、剖面图

图一五　M106 出土器物

1. 陶罐（M106:1）　　2. 滑石璧（M106:2）

244、深 100 厘米；底部长 272、宽 190 厘米。在北壁西上、南壁偏西和西壁北上部分别有掏进红黄基岩层的圆孔，孔径约 8、深 5~10 厘米。一椁已朽，黑色板灰痕，长 260、宽 100、残高 50 厘米；未见棺痕。人骨只见极少黄褐色粉末，一端方向 4°。随葬品只在盗洞中出有直口折肩绳纹陶罐、厚胎小罐底残片，在墓底近西南角出一残石璧，其中的折肩绳纹罐等残片应是盗墓者从邻墓碎片中随意丢进的。

标本 M106:1，陶罐　个体小。直口，鼓腹，平底，厚胎。口外径 6.8、最大腹径 11.2、底径 6.6、高 10 厘米（图一五，1）。

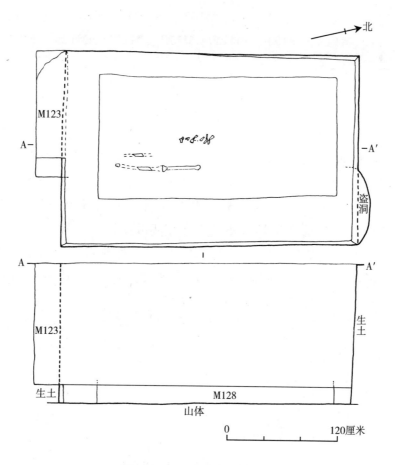

图一六 M128 平、剖面图

标本 M106：2，滑石壁 残。沉积岩，面上有道道划痕。直径10、穿径1.0、厚0.2厘米（图一五，2）。

七 M128

位于 Ⅱ 区南中部 T75 内，被 M123 打破，2006 年 9 月 11 日发掘（图一六）。长方形竖穴土坑墓，南北长322、东西宽205、深148 厘米。盗扰严重，棺椁情况不清。人骨只见有小块碎骨，方向9°。因被 M123 几乎完全打破而没有发现随葬品。

第二节 西汉时期土坑墓葬

共92座，即 M1、M2、M3、M4、M5、M6、M7、M8、M9、M10、M11、M12、M13、M14、M15、M16、M17、M20、M23、M25、M27、M28、M29、M30、M31、M32、M33、M34、M35、M36、M37、M38、M39、M40、M41、M42、M43、M45、M46、M48、M49、M50、M51、M52、M53、M54、M55、M56、M57、M58、M59、M60、M62、M63、M66、M67、M68、M69、M71、M72、M73、M74、M75、M76、M81、M83、M86、M87、M89、

M95、M96、M97、M98、M99、M101、M103、M104、M107、M108、M109、M113、M115、M116、M117、M118、M121、M122、M123、M124、M125、M126、M127。分别介绍如下。

　　一　M1

　　位于Ⅰ区西南 T1 内，2006 年 5 月 28 日至 6 月 2 日发掘，未被盗扰（图一七）。填土为黄褐土、黄沙土和黑胶土混合，经夯打。夯层 15～30、发现的夯窝径约 5 厘米。长方形土坑竖穴墓，东西长 360、南北宽 190、深 380 厘米。一棺一椁已朽，椁长 340、宽约 130、残高 46 厘米。棺长 200、宽 70～85 厘米。人骨一具，头骨方向 265°，大体为仰身直肢，朽成黄褐色粉末，性别、年龄等不清。随葬品共编 10 个号。

　　标本 M1：1，陶瓮　灰陶。直口，矮领。肩下一周绳圈印纹，肩上、腹部满饰旋断细绳纹，圜底外部饰横向篮纹，中心饰不规则交叉篮纹。口内径 18.7、口外径 23.5、最大腹径 50、高 44 厘米（图一八，1）。

　　标本 M1：2，陶马　灰陶。周身先涂白衣地再施红彩绘。勾头，凸睛，短耳，立颈，

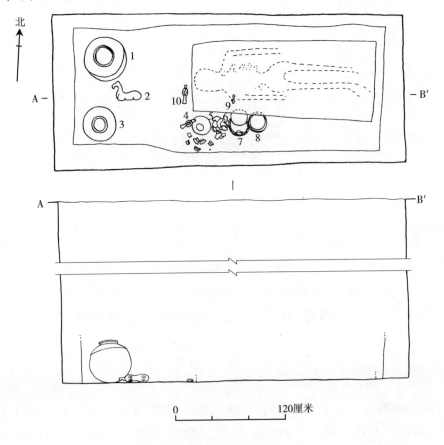

图一七　M1 平、剖面图

1. 陶瓮　2. 陶马　3. 陶罐　4、10. 陶女侍俑　5、6. 陶壶　7、8. 陶鼎　9. 铜带钩

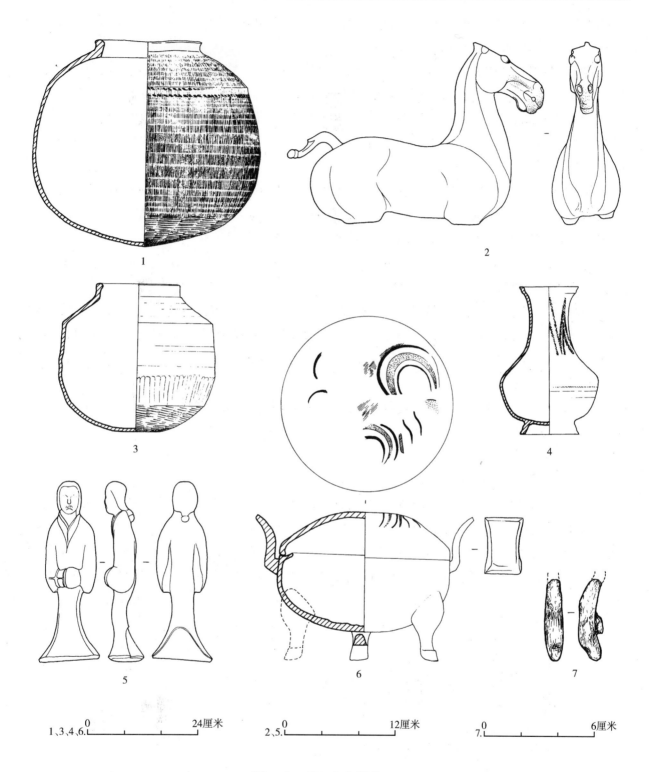

图一八　M1 出土器物

1. 陶瓮（M1∶1）　2. 陶马（M1∶2）　3. 陶罐（M1∶3）　4. 陶壶（M1∶5）
5. 陶女侍俑（M1∶10）　6. 陶鼎（M1∶8）　7. 铜带钩（M1∶9）

短尾上翘，无腿，腿根部各有一小圆孔可能用以装木质的腿。通长31.7、高23.9厘米（图一八，2；图版一二，1）。

标本M1：3，陶罐　灰陶。直口，肩腹间转折明显，腹壁较直，圜底。底外圈饰横拍篮纹，中心饰交叉篮纹。口内径15.5、口外径18.2、高31.5厘米（图一八，3）。

标本M1：4，陶女侍俑　灰陶。残。脸部扁平，五官不甚清晰，披肩长发过两鬓于颈后挽成髻。身着交衽深衣，宽袖，双手拱于腹前，衣下部呈燕尾式。高23.7厘米（图版一二，2左）。

标本M1：5，陶壶　灰陶。颈较高，腹较鼓，圈足较高。腹饰不规则绳圈印纹，周身涂白衣，颈部隐约可见红彩三角形纹。盖为母口，弧顶。口径12.6、最大腹径19.5、足径13、连盖高34.6厘米（图一八，4；图版一二，3）。

标本M1：6，陶壶　灰陶。口残，径下部比标本M1：5壶稍粗，腹部未见绳圈印纹。最大腹径20.5厘米。

标本M1：7、8，陶鼎　灰陶。盘形盖，立耳下直上外翻，耳上无孔。腹外壁上部稍内敛，圜底，三蹄形足，上部无兽面。口外径18.5、内径15.8、立耳最大宽距24、口沿高11.6、通耳高15.3厘米（图一八，6；图版一二，4）。

标本M1：9，铜带钩　残断成碎块（图一八，7）。

标本M1：10，陶女侍俑　灰陶。完好，形制同标本M1：4俑。高23.4厘米（图一八，5；图版一二，2右）。

二　M2

位于Ⅰ区西南T23内，2006年6月上旬、6月24日至26日发掘，未被盗（图一九）。填土有黄沙土、红褐土和黑胶土混合而成，未经夯打。上层填土中出土一块夹云母红陶釜片。长方形土坑墓，墓壁往下稍斜内收，南北长306、东西宽126、深170厘米。东西在不同深度分别有生土二层台：西台宽25～35、高20厘米；东台宽约35、高85厘

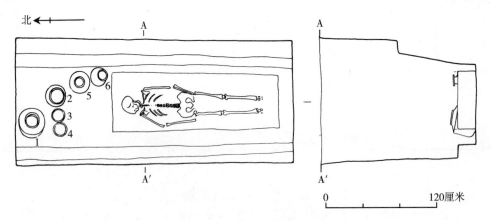

图一九　M2平、剖面图

1、2、5、6. 陶罐　3、4. 陶碗

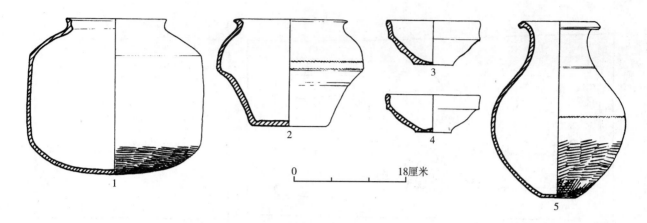

图二〇　M2 出土器物

1. 陶罐（M2：1）　2. 陶罐（M2：2）　3. 陶碗（M2：3）　4. 陶碗（M2：4）　5. 陶罐（M2：6）

米，斜壁。一棺已朽，长 184、宽 56～64、残高 20 厘米。人骨朽烂易碎，头骨方向 2°。未见牙齿，大致为成年女性。随葬品共编号 6 个。

标本 M2：1，陶罐　灰陶。直口，肩腹转折明显，腹壁直，圜底，底部拍印交叉篮纹。口内径 14.4、口外径 16.5、高 24.8 厘米（图二〇，1；图版一三，1）。

标本 M2：2，陶罐　灰陶。大口，平沿，矮领，曲腹。腹饰旋纹和绳圈印纹。口外径 19、底径 12.5、高 17.1 厘米（图二〇，2；图版一三，2）。

标本 M2：3，陶碗　灰陶。直口，折腹，平底。口外径 15、底径 7.5、高 7.2 厘米（图二〇，3）。

标本 M2：4，陶碗　形制基本同上（图二〇，4）。

标本 M2：5，陶罐　灰陶。侈口，方唇，领较高，腹稍长，小平底。中腹以下饰篮纹，局部有交叉篮纹。口径 12.2、底径 7、高 27.7 厘米（图版一三，3）。

标本 M2：6，陶罐　形制同标本 M2：5 罐。口径 12.1、底径 6、高 28.8 厘米（图二〇，5）。

三　M3

位于 I 区南部偏西 T2 内，2006 年 5 月 28 日至 6 月 25 日发掘，被盗（图二一）。填土经夯打，层厚 15～20 厘米。由黄褐土、黄沙土和黑胶土组成。长方形竖穴土坑墓，长 395、宽 185、深 230 厘米。一棺一椁已朽，椁长 340、宽 116～124、残高 40 厘米；棺长 190、宽 58、残高 18 厘米。发现部分人骨残块，头骨方向正北，碎而凌乱，个体和性别等无法辨认。随葬品在填土中发现有红褐色的假圈足陶碗片等，还发现有金代的白瓷碗片，推测该墓约在金代前后被盗。随葬品共编号 7 个。

标本 M3：1，陶瓮　灰陶。直口，领稍高，领上分别有凹、凸旋纹三道。肩下、腹部以旋纹间隔有两道菱形方格纹带，圜底上饰有交叉绳纹。口内径 19.2、口外径 22.3、最

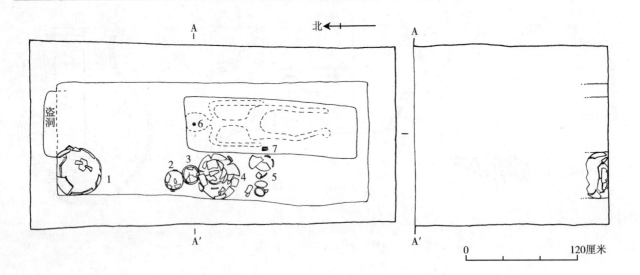

图二一　M3 平、剖面图

1. 陶瓮　2、3. 陶鼎　4、5. 陶壶　6. 铜钱　7. 铁镢

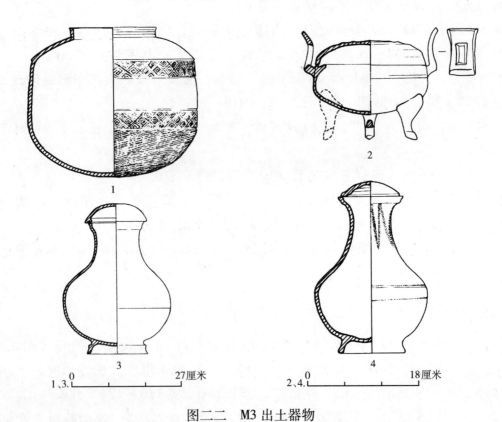

图二二　M3 出土器物

1. 陶瓮（M3：1）　2. 陶鼎（M3：3）　3. 陶壶（M3：4）　4. 陶壶（M3：5）

大腹径 43.3、高约 36.5 厘米（图二二，1）。

标本 M3：2，陶鼎　灰陶。耳残缺，子母口，腹上稍内敛，腹饰凹弦纹，圜底，三蹄形足，足上模制的兽面不明显，鼎身外壁及足上涂白衣，浅盘形盖，中心为小平顶。口内径 15.5、口外径 18.5、口残高 11.6 厘米（图版一三，4）。

标本 M3：3，陶鼎　形制和标本 M3：2 鼎基本相同（图二二，2）。

标本 M3：4，陶壶　灰陶。浅盘口，颈较粗，鼓腹圈足上有折棱，呈倒置的盘形。中腹一道凹旋纹。口径 18.5、最大腹径 33、圈足径 18.8、高 36.5、圈足高 4.4 厘米（图二二，3；图版一三，5）。

标本 M3：5，陶壶　灰陶。圈足较矮，颈、腹饰凹旋纹，周身涂白衣，彩绘不清。高 27.8 厘米（图二二，4）。

标本 M3：6，铜钱　半两钱。3 枚。朽残。

标本 M3：7，铁镞　成捆放置，皆锈碎，未提取。

四　M4

位于 I 区南部偏西 T2 内，2006 年 5 月 28 日至 6 月 25 日发掘，盗扰（图二三；图版一四）。填土经夯打，由黄褐土、黄沙土和黑胶土组成。长方形竖穴土坑墓，长 445、宽 210～220、深 180 厘米。一棺一椁已朽，椁长 375、宽 165、残高 40 厘米；棺长 185、宽 30～64、残高 10 厘米。人骨朽成粉状，头骨方向 4°，大致为仰身直肢，性别、年龄等不清。随葬品多发现于盗洞中，拼对编号 11 个。

标本 M4：1，陶瓮　灰陶夹云母质。直口，宽折沿，领上有旋纹形成的凸棱一周，折肩。腹部圆鼓，最大腹径约在中部，圜底。素面。口内径 26.2、口外径 33.8、最大腹径 55、高 54 厘米（图二四，1；图版一五，1）。

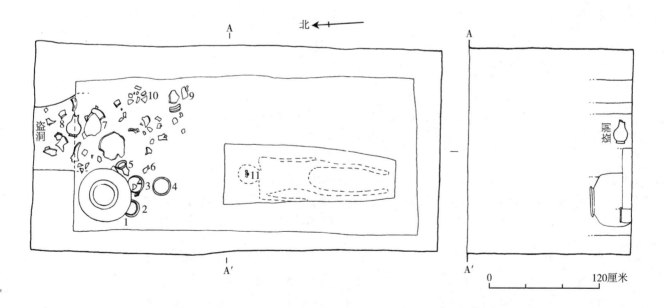

图二三　M4 平、剖面图

1. 陶瓮　2、10. 陶罐　3、9. 陶鼎　4. 陶碗　5、7、8. 陶壶　6. 陶俑头　11. 铜带钩

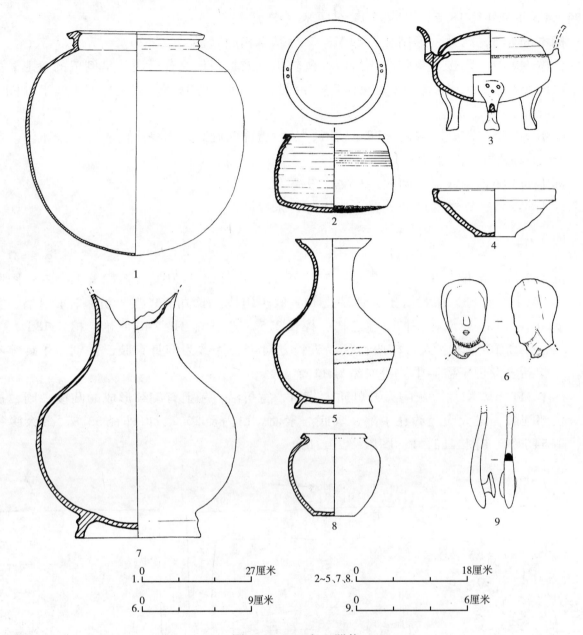

图二四　M4 出土器物

1. 陶瓮（M4：1）　2. 陶罐（M4：2）　3. 陶鼎（M4：3）　4. 陶碗（M4：4）　5. 陶壶（M4：5）
6. 陶俑头（M4：6）　7. 陶壶（M4：7）　8. 陶罐（M4：10）　9. 铜带钩（M4：11）

标本 M4：2，陶罐　灰陶。侈口，方唇，沿面上有浅凹槽，垂腹，圜底。腹饰数道旋纹，底拍印交叉篮纹。口外径 15.7～16.5、高 12.5 厘米（图二四，2）。

标本 M4：3，陶鼎　灰陶。立耳上外翻，耳上有孔，子母口，腹上壁稍内敛，口下有凹旋纹一道，圜底，三兽面蹄足。口内径 15、口外径 18.6、口高 12、通耳高 16.8 厘米（图二四，3）。

标本 M4：4，陶碗　灰陶。直口，折腹，平底。口外径 19.5、底径 7、高 8 厘米（图二四，4，图版一五，2)。

标本 M4：5，陶壶　灰陶。圈足较矮，腹饰不规则绳圈印纹，白衣已脱落。口径12.1、最大腹径18.5、足径12.5、高26.6厘米（图二四，5）。

标本 M4：6，陶俑头　女侍俑。灰陶。只存头部，脸部扁平（图二四，6）。

标本 M4：7，陶壶　灰陶。浅盘口残，颈较粗，鼓腹，圈足上有折棱，呈倒置的盘形。中腹有不规则旋纹。最大腹径31、圈足径20.6、残高39.2厘米（图二四，7）。

标本 M4：8，陶壶　口残。大小、形制等同标本 M4：5 壶。

标本 M4：9，陶鼎　同标本 M4：3 鼎。口内径15.5、口外径18.8、口高12.2、通耳高16.8厘米。

标本 M4：10，陶罐　灰陶。侈口，方唇，沿面内侧有浅凹槽，弧腹，小平底。口外径10.8、底径7、高13.5厘米（图二四，8；图版一五，3)。

标本 M4：11，铜带钩　朽残（图二四，9）。

五　M5

位于 I 区南部 T3 内，2006 年 5 月 28 日至 6 月 26 日发掘（图二五）。填土经夯打，由黄褐土、黄沙土和黑胶土组成。长方形竖穴土坑墓，长380、宽160、深304厘米。一棺一椁已朽，椁长354、宽125、残高40厘米；棺长182、宽62厘米。人骨朽易碎，头骨方向350°，仰身下直肢，双手稍屈放盆骨上。约为40～50岁成年人，性别不清。随葬品主要集中在北部，个别发现在头骨处，共编号16个。

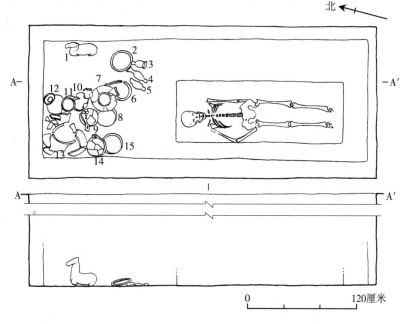

图二五　M5 平、剖面图

1. 陶马　2、6. 陶车轮　3. 驭手俑　4. 女侍俑　5. 泥俑　7. 陶罐　8、10、15. 陶碗
9、14. 陶鼎　11、12. 陶壶　13. 陶瓮　16. 铜钱

标本 M5：1，陶马　灰陶。周身先涂白衣地再施红彩绘。勾头，凸睛，耳根处有圆孔。立颈，无腿，在腿根部各有一小圆孔可能用以装木质的腿。通长 34.4、高 24.7 厘米（图二六，1；图版一六，1）。

标本 M5：2，陶车轮　灰陶。未见彩绘，两面有不明显中脊，轮内侧有装辐小孔 16 个。轮内径 18.9、口外径 23.7 厘米（图二六，2；图版一六，2）。

标本 M5：3，陶驭手俑　灰陶质。跪坐形，头大，头顶中间平，后侧一小发髻，脑后一较大发髻，脸较宽扁。身着交衽长衣，覆盖整个腿、足。两上肢于体侧前伸，作持物或驾驭状。高 17 厘米（图二六，3；图版一六，3、4）。

标本 M5：4，陶女侍俑　灰陶。残。脸部扁平，五官不甚清晰，披肩长发过两鬓于颈后挽成髻。身着交衽深衣，宽袖，双手拱于腹前，衣下部呈燕尾式。高 25.6 厘米（图二六，4；图版一六，5）。

标本 M5：5，泥俑　女侍俑。形制、大小基本同标本 M5：4 俑。

标本 M5：6，陶车轮　灰陶。未见彩绘，两面有不明显中脊。轮内侧有装辐小孔 16 个。轮内径 18.6、外径 23.5 厘米。

标本 M5：7，陶罐　灰陶。大口，矮直领，曲腹。口内径 14.4、口外径 16.8、底径 13.5、高 15.6 厘米（图二六，5）。

标本 M5：8，陶碗　灰陶。直口，折腹，平底。腹上有旋纹痕。口外径 15.5、底径 6.5、高 6.5 厘米。

标本 M5：9，陶鼎　灰陶。立耳下内收上外翻，有方孔，子母口，腹壁稍内敛，弧腹，圜底，三兽面蹄足，腹、足及盖上均涂白衣，再在腹上绘红、黑两色彩带，兽面上用黑彩圈出眼睛。口内径 14.8、口外径 18.8、口高 12.7、通耳高 16.5 厘米（图二六，6；图版一六，6）。

标本 M5：10，陶碗　灰陶。直口，折腹，平底。口外径 16、底径 6.8、高 6.7 厘米。

标本 M5：11，陶壶　口、颈残。大小、形制、彩绘同标本 M5：12 壶。

标本 M5：12，陶壶　灰陶。颈上下较一致，腹稍鼓。周身涂白衣，再于颈上黑彩饰交叉正、倒三角纹，腹上饰红黑彩带。盖上饰勾连云纹。口颈 12.4、最大腹径 18.5、圈足径 13、连盖高 30.1 厘米（图二六，7；彩版四，1）。

标本 M5：13，陶瓮　夹云母灰陶。直口，领稍高，领上有两道凹旋纹，中间夹一道凸棱，折肩，腹较圆鼓。通体素面。口内径 23、口外径 28、最大腹径 48.8、高 48 厘米（图二六，8）。

标本 M5：14，陶鼎　大小、形制同标本 M5：9 鼎。

标本 M5：15，陶碗　灰陶。直口，折腹，平底。腹上有旋纹痕。口外径 15.8、底径 5.5、高 6.2 厘米（图二六，9）。

标本 M5：16，铜钱　半两 1 枚，朽残。

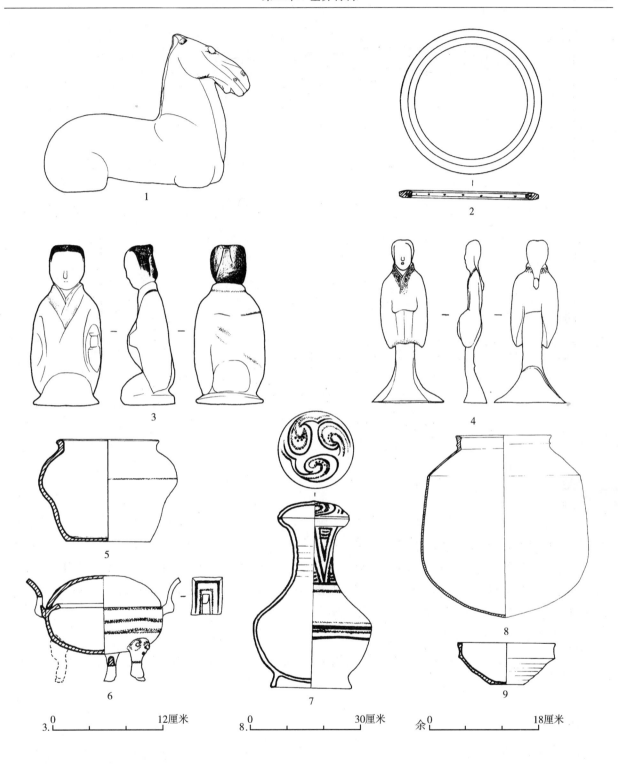

图二六　M5 出土器物

1. 陶马（M5：1）　　2. 陶车轮（M5：2）　　3. 陶驭手俑（M5：3）　　4. 陶女侍俑（M5：4）　　5. 陶罐（M5：7）

6. 陶鼎（M5：9）　　7. 陶壶（M5：12）　　8. 陶瓮（M5：13）　　9. 陶碗（M5：15）

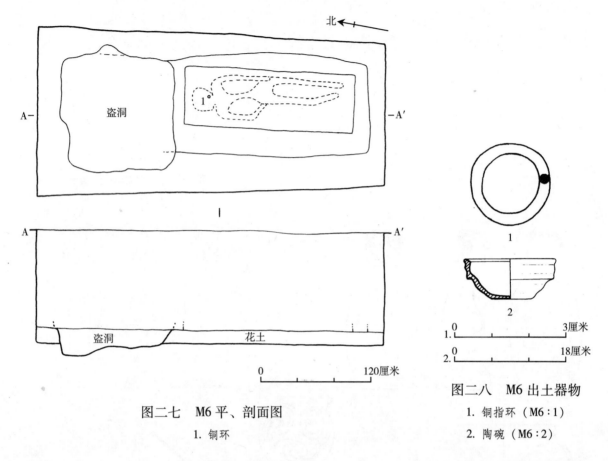

图二七　M6 平、剖面图
1. 铜环

图二八　M6 出土器物
1. 铜指环（M6：1）
2. 陶碗（M6：2）

六　M6

位于 I 区南部 T4 内，2006 年 6 月发掘，盗扰（图二七）。填土经夯打，由黄褐土、黄沙土和黑胶土组成。长方形竖穴土坑墓，长 380、宽 150～180、深 120 厘米。一棺一椁已朽，椁残长 200、宽 106 厘米；棺残长 186、宽 64 厘米。棺椁下有约 15 厘米厚的垫土层。人骨朽成粉状，头骨方向 352°，应为仰身直肢，性别、年龄等不清。随葬品铜环在死者头部，其余发现于盗洞中，见有陶碗、鼎、罐等器物残片。

标本 M6：1，铜指环　股断呈面圆形。直径 2 厘米（图二八，1）。

标本 M6：2，陶碗　灰陶。直口，折腹，平底。腹上有旋纹痕。口外径 14.8、底径 7.5、高 6.4 厘米（图二八，2）

七　M7

位于 I 区南部 T4 内，2006 年 6 月发掘，盗扰（图二九）。填土经夯打，由黄褐土、黄沙土和黑胶土组成。长方形竖穴土坑墓，长 400、宽 165、深 340 厘米。一棺一椁已朽，椁长 360、宽 105～120 厘米；棺长 190、宽 56 厘米。人骨朽成粉状，头骨方向 351°，大致为仰身直肢，性别、年龄等不清。随葬品多发现于盗洞中，为陶器碎片，有壶、案、罐等。

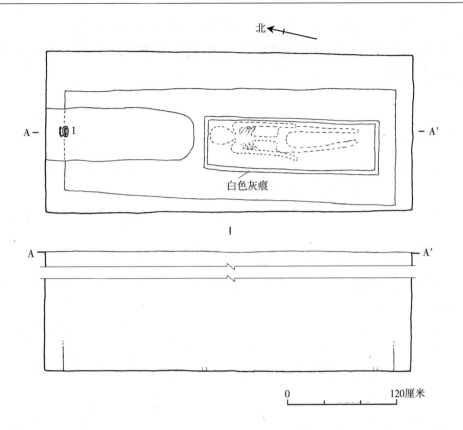

图二九　M7 平、剖面图

1. 铜罐

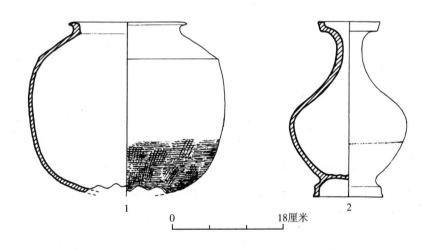

图三〇　M7 出土器物

1. 陶罐（M7∶1）　2. 陶壶（M7∶2）

标本 M7∶1，陶罐　灰陶。直口稍侈，平折沿，圆唇，鼓腹，最大腹径约在中部，底残。腹下部及底饰交叉绳纹。口内径 16、外径 19.3、残高 27 厘米（图三〇，1；图版一七，1）。

标本 M7：2，陶壶　灰陶。浅盘形口，细颈，扁腹，最大腹径偏上，浅盘形圈足上有明显折棱。圈足以上涂白衣，再饰红彩，已不清。口径 12.1、最大腹径 20.5、足径 11.7、无盖高 27.6 厘米（图三〇，2；图版一七，2）。

八　M8

位于 I 区南部 T4 内，2006 年 6 月发掘，未被盗扰（图三一；图版一七，3）。填土经夯打，由黄褐、黄沙和黑胶土组成。长方形竖穴土坑墓，长 246、宽 100、深 120 厘米。东西两圹壁下部分别设有生土台，台宽约 15、高 25 厘米。一棺已朽，长 182、宽 56、残高 20 厘米。人骨保存基本完好，头骨方向 357°，仰身直肢，为 50 岁左右女性。随葬品在棺北发现 1 件。

标本 M8：1，陶罐　灰陶。侈口，方唇，高直领，圆球形腹，平底较大。上腹有凹旋纹一道，下腹旋拍绳纹较规矩，底上交叉拍印绳纹。口径 12、底径 7、高 22.2 厘米（图三二；图版一七，4）。

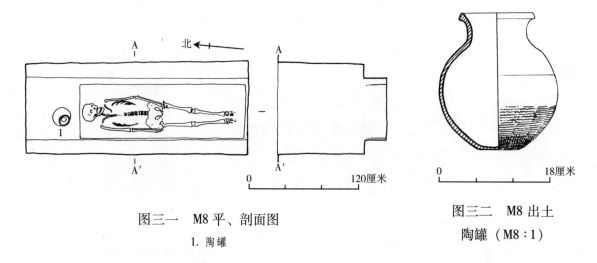

图三一　M8 平、剖面图

1. 陶罐

图三二　M8 出土
陶罐（M8：1）

九　M9

位于 I 区南部 T7 内，2006 年 6 月发掘，未被盗扰（图三三；图版一八，左）。填土经夯打，由黄褐土、黄沙土和黑胶土组成。长方形竖穴土坑墓，长 320、宽 120、深 276 厘米。东西两圹壁下部分别设有生土台，台宽 14～18、高 36 厘米。一棺已朽，长 204、宽 65、板厚 4、残高 26 厘米。人骨腐朽易碎，头骨方向 358°，仰身下直肢，右上肢屈放腹前，为 30～40 岁左右女性。随葬品在棺北发现 6 件，其中 1 件为整理黏对时多出而编号。

标本 M9：1，陶罐　夹云母灰陶。直口，矮领，平折沿，小平底。口内径 13.8、口外径 17.5、底径 13、高 32 厘米（图三四，1；图版一九，1）。

标本 M9：2，陶罐　灰陶。侈口，方唇，领较高，腹稍长，小平底。上腹有数道凹旋纹和一道绳圈印纹，下腹至底饰交叉篮纹。口径 12、底径 5.3、高 27.5 厘米（图三四，2）。

标本 M9：3，陶罐　大小、形制同标本 M9：2 罐（图版一九，2）。

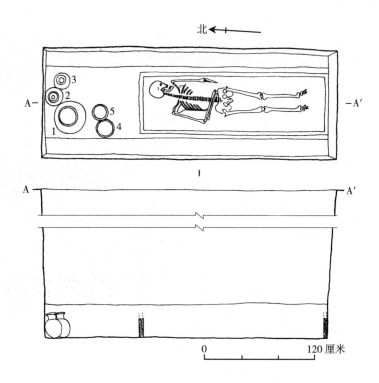

图三三 M9 平、剖面图

1～3.陶罐 4、5.陶碗

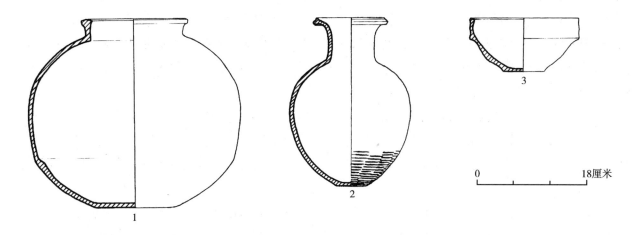

图三四 M9 出土器物

1.陶罐（M9：1） 2.陶罐（M9：2） 3.陶碗（M9：4）

标本 M9：4，陶碗 灰陶。直口部分较高，折腹，平底。口外径 18.8、底径 6.8、高 8.5 厘米（图三四，3；图版一九，3）。

标本 M9：5，陶碗 灰陶。直口，折腹，平底。口外径 15.4、底径 5、高 5.7 厘米。

标本 M9：6，陶碗 灰陶。直口内收，折腹，平底，腹上有旋纹。口外径 18.8、底径 6、高 7.2 厘米。

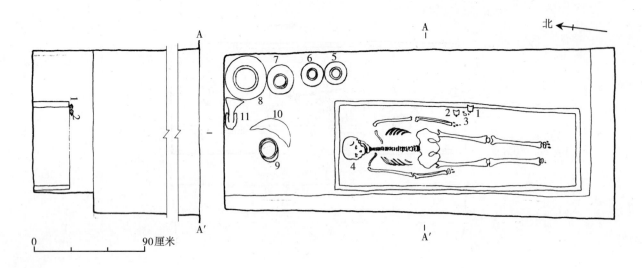

图三五　M10 平、剖面图

1、2. 铜玲　3. 骨串饰　4. 铜钱　5~8. 陶罐　9. 陶碗　10. 漆器　11. 泥俑

一〇　M10

位于 I 区南部 T7 内，2006 年 6 月发掘，未被盗扰（图三五；见图版一八，右）。填土经夯打，由黄褐土、黄沙土和黑胶土组成。长方形竖穴土坑墓，长 320、宽 122~136、深 260 厘米。南、西两圹壁下部分别设有生土台，其中南台宽 20、西台宽 10~20 厘米，台高 50 厘米。一棺已朽，长 200、宽 70、板厚 4、残高 30 厘米。人骨腐朽易碎，头骨方向 355°，仰身直肢，为 50 岁左右男性。随葬品共编号 11 件，其中 3 件发现在棺上左侧中部，1 件在死者口中，其余的皆放置在棺北到北圹壁之间。

标本 M10:1，铜铃　铃身近似梯形，平顶正中有半圆形纽，下缘呈内凹弧形，底视中空部分为元宝形。舌已脱落，下端渐粗，断面近似半圆。铃身两面有模印的阳线纹饰，图案不清。高 4.8、上缘宽 3.7、下缘宽 5.4 厘米（图三六，1；彩版八，1 左；图版二〇，1）。

标本 M10:2，铜铃　形制、大小完全同标本 M10:1 铜铃，只铃身上有一粘连的铜块（彩版八，1 右；图版二〇，2）。

标本 M10:3，骨串饰　见有穿孔骨条和穿孔松石。骨条为平板状，两端各一穿孔。长 7.2、宽 1~1.2、厚约 0.3 厘米。松石 1 个，色浅蓝，扁平状，约 0.8 厘米见方，中孔约 0.1 厘米（图三六，2）。

标本 M10:4，铜钱　半两钱。1 枚。朽，无郭。径 2.3、穿 0.8 厘米。

标本 M10:5，陶罐　夹云母灰黄陶。侈口，方唇，矮领，腹稍垂，小平底，底和下腹间界限不明显。素面。口径 9、底径 6、高 18.5 厘米（图三六，3；图版二〇，3）。

标本 M10:6，陶罐　夹云母灰陶质。侈口，方唇，腹稍垂，小平底，底和下腹间界

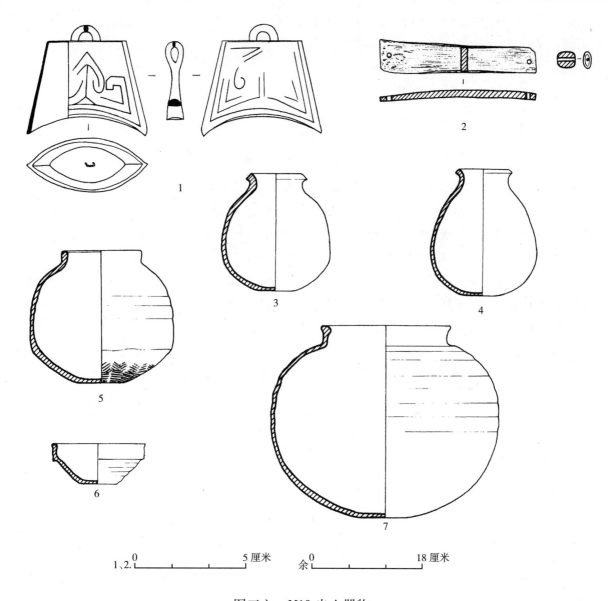

图三六　M10 出土器物

1. 铜铃（M10：1）　　2. 骨串饰（M10：3）　　3. 陶罐（M10：5）　　4. 陶罐（M10：6）　　5. 陶罐（M10：7）
6. 陶碗（M10：9）　　7. 陶罐（M10：8）

限不明显。素面。口径 8.3、底径 6、高 20.2 厘米（图二六，4；图版二○，4）。

标本 M10：7，陶罐　灰陶。直口，折肩不明显，弧腹，最大腹径下腹部，圜底中心稍平。底外圈横拍篮纹，中心拍印交叉篮纹。口外径 13.3、高 20.4 厘米（图三六，5；图版二○，5）。

标本 M10：8，陶罐　夹云母灰陶。直口，矮领，沿面外高内低，小平底。肩、腹部有凹旋纹数道。口内径 17.6、口外径 21.2、底径 9、高 30.8 厘米（图三六，7；图版二○，6）。

标本 M10：9，陶碗　灰陶。直口，折腹，平底。口外径 15.4、底径 6.3、高 6.8 厘米（图三六，6）。

标本 M10：10，漆器　锈烂不清。

标本 M10：11，泥俑　朽烂，未取。

—— M11

位于 I 区东南部 T8 内，2006 年 6 月发掘，未被盗扰（图三七；图版二一，1）。填土经夯打，由红褐土、黄沙土和黑胶土组成。长方形竖穴土坑墓，长 348、宽 95、深 190 厘米。东、西两圹壁下部分别设有生土台，其中东台宽 8、西台宽 12、台高 80 厘米。一棺已朽，长 194、宽 62、板厚 4、残高 30 厘米。人骨腐朽易碎，头骨方向 355°，仰身直肢，为 40～50 岁左右女性。随葬品共编号 4 件，3 件在棺北，1 件在死者胸部。

标本 M11：1，铜五铢钱　1 枚。朽。"五"字瘦长，交笔稍弧，金头为等腰三角形，"朱"字头方折，下稍圆折。穿上横郭，穿下一星，背有内外郭。径 2.5、穿 1.0 厘米（图三八，1）。

标本 M11：2，陶罐　灰陶。侈口，方唇，沿面上有浅凹槽，垂腹，圜底。底部外圈旋拍篮纹，中心交叉拍印篮纹。口外径 15.2～16.2、高 13.2 厘米（图三八，2；图版二一，2）。

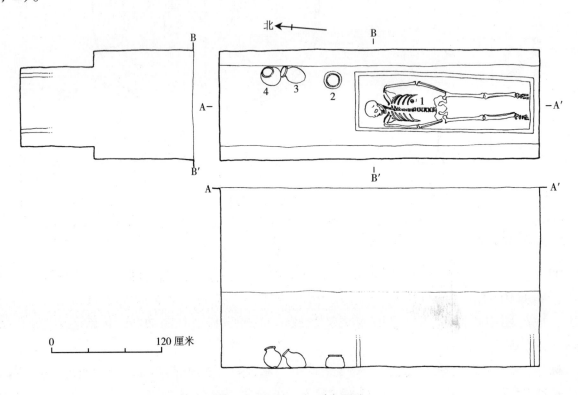

图三七　M11 平、剖面图

1. 铜钱　2～4. 陶罐

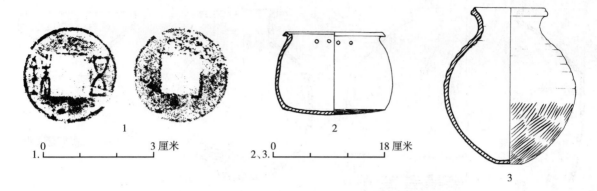

图三八　M11 出土器物

1. 铜钱（M11：1）　2. 陶罐（M11：2）　3. 陶罐（M11：3）

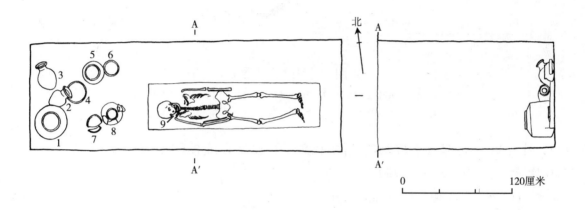

图三九　M12 平、剖面图

1、2、3、5、8. 陶罐　4、6、7. 陶碗　9. 铜钱

标本 M11：3，陶罐　灰陶。侈口，方唇，腹稍长，小平底。中腹以下饰斜向篮纹。口径 11.8、底径 5、高 25.3 厘米（图三八，3）。

标本 M11：4，陶罐　与标本 M11：3 罐所不同的是唇下缘稍下垂，大小亦同上。

一二　M12

位于 I 区东南部 T8 内，2006 年 6 月发掘，未被盗扰（图三九；图版二二，1）。填土经夯打，由黄褐土、黄沙土和黑胶土组成。长方形竖穴土坑墓，长 340、宽 114～120、深 195 厘米。一棺已朽，长 186、宽 46 厘米。人骨腐朽易碎，头骨方向 280°，仰身直肢，为 40 岁左右女性。随葬品共编号 9 件，其中 8 件在棺西和西壁之间，1 件在死者口中。

标本 M12：1，陶罐　灰陶。直口，肩腹转折不明显，腹壁斜直，最大腹径靠上，圈底中心平。腹下部及底皆饰交叉篮纹。口内径 16.4、口外径 18.8、高 36 厘米（图四〇，1）。

标本 M12：2，陶罐　灰陶。侈口，方唇，口内侧和唇上分别有一道凹旋纹，高直领，

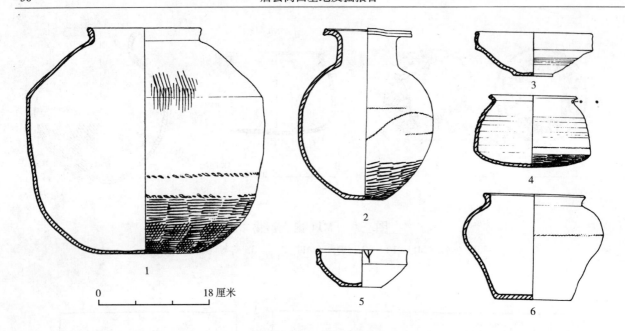

0　　　　　　　18 厘米

图四〇　M12 出土器物

1. 陶罐（M12∶1）　2. 陶罐（M12∶2）　3. 陶碗（M12∶4）
4. 陶罐（M12∶5）　5. 陶碗（M12∶6）　6. 陶罐（M12∶8）

腹稍长，小平底。腹部有不规则的绳圈印纹，下腹及底饰拍印篮纹。口径 14、底径 6.5、高 27.6 厘米（图四〇，2，图版二二，2）。

标本 M12∶3，陶罐　领上部稍细，往下渐粗，比标本 M12∶2 稍矮，其他同标本 M12∶2 罐。口径 12.4、底径 6、高 26.3 厘米。

标本 M12∶4，陶碗　灰陶。直口，折腹，平底。腹部有旋纹。口外径 19、底径 7、高 7.1 厘米（图四〇，3）

标本 M12∶5，陶罐　灰陶。侈口，口沿低矮，沿面上形成一周浅凹槽。中腹饰凹旋纹六道，底无纹饰。口径 14.5、高 11.5 厘米（图四〇，4；图版二二，3）。

标本 M12∶6，陶碗　灰陶。直口，折腹，平底。口外径 14.8、底径 7、高 6 厘米（图四〇，5）。

标本 M12∶7，陶碗　灰陶。直口，折腹，平底。腹上有旋纹痕。口外径 15.5、底径 6、高 5.9 厘米。

标本 M12∶8，陶罐　灰陶，大口，矮直领，上腹鼓，下腹曲内收。口内径 14.7、外径 16.7、底径 13、高 16.5 厘米（图四〇，6）。

标本 M12∶9，铜钱　半两钱。1 枚，无郭。径 2.4、穿 0.9 厘米。

一三　M13

位于 I 区东南部 T8 内，2006 年 6、7 月发掘，未被盗扰（图四一；图版二三，1）。填土经夯打，由黄褐、黄沙和黑胶土组成。长方形竖穴土坑墓，长 310、宽 142、深 205

厘米。东、西两圹壁下部分别设有生土台，其中东台宽27、西台宽34、台高40厘米。一棺已朽，长178、宽44～52、残高20厘米。人骨腐朽易碎，头骨方向3°，仰身直肢，为40～50岁左右男性。随葬品共编号6件，皆放置在棺北。

标本M13：1，陶罐　灰陶。直口微侈，肩腹转折明显，腹壁直，圈底，底部外圈拍印篮纹，中心拍印交叉篮纹。口内径15.4、口外径18.5、高31.8厘米（图四二，1）。

标本M13：2，陶罐　灰陶。侈口，方唇，领较高，腹稍长，小平底。上腹旋纹痕迹明显，下腹饰横向旋拍绳纹，底饰交叉绳纹。口径12.8、底径6、高26.7厘米。

标本M13：3，陶罐　形制同标本M13：2罐。高25.6厘米（图四二，2）。

标本M13：4，陶罐　灰陶。侈口，方唇，沿面上有浅凹槽，垂腹，圈底。腹部有数道旋纹，底外圈旋拍篮纹，中部竖拍篮纹。口外径14.3、高13.4厘米（图四二，3）。

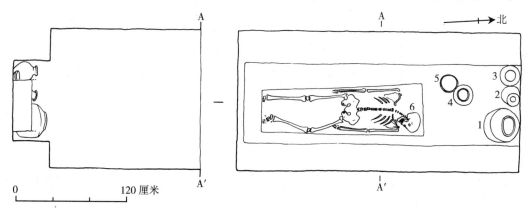

图四一　M13平、剖面图

1～4. 陶罐　5. 陶碗　6. 铜钱

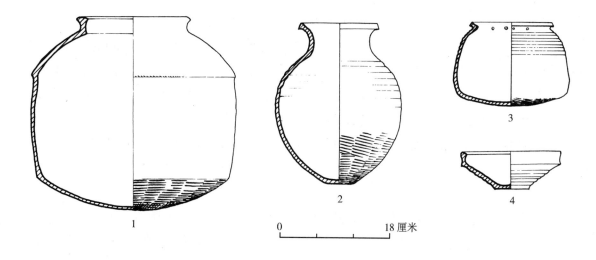

图四二　M13出土器物

1. 陶罐（M13：1）　2. 陶罐（M13：3）　3. 陶罐（M13：4）　4. 陶碗（M13：5）

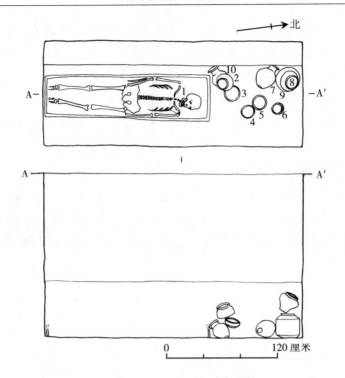

图四三　M14 平、剖面图

1. 铜钱　2、7～10. 陶罐　3～6. 陶碗

　　标本 M13：5，陶碗　灰陶。直口，折腹，平底。腹上有旋纹。口外径 16.1、底径 5.6、高 5.6 厘米（图四二，4）。

　　标本 M13：6，铜钱　半两钱。残碎。

一四　M14

　　位于 I 区东南部 T8 内，打破 M15，2006 年 6 月发掘，未被盗扰（图四三；图版二三，2）。填土经夯打，由黄褐土、黄沙土和黑胶土组成。长方形竖穴土坑墓，长 280、宽 110、深 175 厘米。西圹壁下部设有生土台宽 26、高 60 厘米。一棺已朽，长 180、宽 50、板厚 3 厘米。人骨腐朽易碎，头骨方向 10°，仰身直肢，为 40 多岁女性。随葬品共编号 10 件，其中 1 件在死者口中，其余皆放置在棺北。

　　标本 M14：1，铜半两钱　1 枚。锈蚀严重。二字较大，超出穿。径 2.4、穿 0.6 厘米（图四四，1）。

　　标本 M14：2，陶罐　灰陶。侈口，圆唇，沿面内侧有一周凹槽，圜底。腹部有旋纹痕，底饰横向旋拍和交叉拍印篮纹。口外径 14.5、高 10.7 厘米（图四四，2；图版二四，1）。

　　标本 M14：3，陶碗　灰陶。直口，折腹，平底。腹上有旋纹痕。口外径 19.3、底径 7.8、高 7.6 厘米（图版二四，2）。

　　标本 M14：4，陶碗　灰陶。敛口，弧腹，平底，腹上有旋纹痕。口外径 14、底径 7.4、高 5.8 厘米（图四四，3；图版二四，3）。

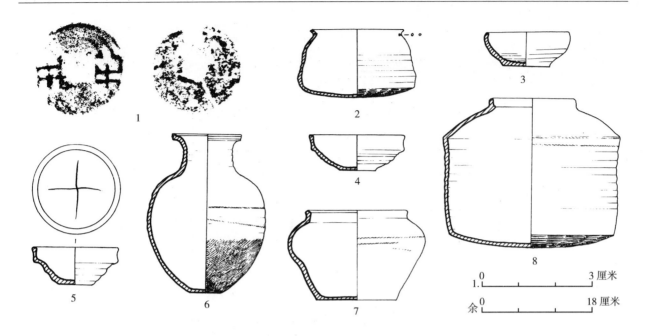

图四四 M14 出土器物

1. 铜钱（M14：1）　2. 陶罐（M14：2）　3. 陶碗（M14：4）　4. 陶碗（M14：5）　5. 陶碗（M14：6）
6. 陶罐（M14：7）　7. 陶罐（M14：8）　8. 陶罐（M14：9）

标本 M14：5，陶碗　灰陶。直口，折腹，平底。下腹有旋纹，做工规整。口外径15.7、底径5.6、高5.7 厘米（图四四，4）。

标本 M14：6，陶碗　灰陶。直口，折腹，平底。口外径14、底径5.7、高6 厘米（图四四，5）。

标本 M14：7，陶罐　灰陶。侈口，方唇，口内侧和唇上皆有凹旋纹一道。鼓腹稍长，中腹有凹旋纹和绳圈印纹，下腹饰斜向拍印绳纹，底饰交叉绳纹。口径11.8、底径5、高25.2 厘米（图四四，6）。

标本 M14：8，陶罐　灰陶。直口，圆唇，曲腹，平底。上腹饰一周绳圈印纹。口径17、底径12.5、高14.5 厘米（图四四，7；图版二四，4）。

标本 M14：9，陶罐　灰陶。直口，肩腹交接处有绳圈印纹两周，腹壁直，圜底，底部外圈旋拍篮纹，中心拍印交叉篮纹。口内径12.7、口外径14、高24 厘米（图四四，8；图版二四，5）。

标本 M14：10，陶罐　灰陶。上腹有凹旋纹一道，中腹无旋纹和绳圈印纹，其他同标本 M14：7 罐。口径11.8、底径5、高26.5 厘米（图版二四，6）。

一五　M15

位于 I 区东南部 T8 内，被 M14 打破，2006 年 6 月发掘，未被盗扰（图四五；图版二三，2）。填土经夯打，由黄褐土、黄沙土和黑胶土组成。长方形竖穴土坑墓，长 280、

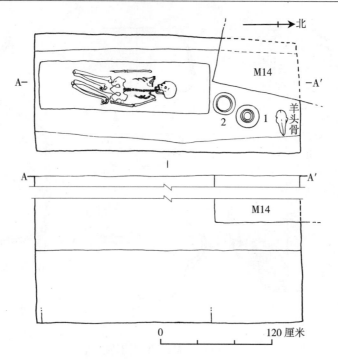

图四五　M15 平、剖面图
1、2. 陶罐

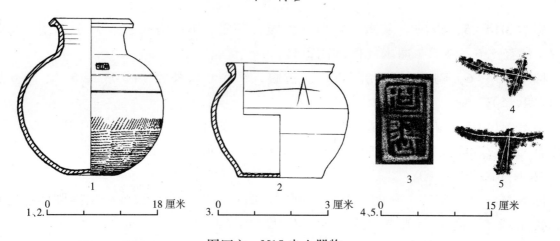

图四六　M15 出土器物

1. 陶罐（M15:1）　2. 陶罐（M15:2）　3. 陶罐（M15:1）戳印拓片　4、5. 陶罐（M15:2）刻划符号拓片

宽125、深280厘米。东、西两圹壁下部设有生土台，分别宽10～22、高75厘米。一棺已朽，长180、宽52、残高35厘米。人骨腐朽易碎，头骨方向0°，半侧身，下屈肢，应为成年男性。放置在棺北，随葬品共编号2件。

标本 M15:1，陶罐　灰陶。侈口，方唇，唇上有折棱一道，下缘稍下垂，圆球形腹，平底稍大而内凹。上腹有凹旋纹两道，中腹有少量斜拍绳纹，下腹饰横向旋拍绳纹，底上有交叉拍印绳纹。肩部有戳印横向"曲逆"二字。口径12.5、底径约8.5、高25.5厘米（图四六，1、3；图版二五，1）。

标本 M15：2，陶罐　灰陶。大侈口，平沿，曲腹。肩上有两处基本对称的刻划符号，中腹饰两道凹旋纹，平底。口内径 15.7、口外径 18.4、底径 13.6、高 18.4 厘米（图四六，2、4、5）。

在东北角出有羊头骨 1 个，死者口中含铜钱已粉碎，二者未编号。

一六　M16

位于 I 区东南部 T9 内，2006 年 6 月发掘，未被盗扰（图四七）。填土较松软，由黄褐土、黄沙土和黑胶土组成。长方形竖穴土坑墓，长 260、宽 110、深 300 厘米。东、西、南三圹壁下部设有生土台，东台宽 14～18、西台宽 20、南台极窄，台高 68 厘米。一棺已朽，长 174、宽 46、残高 32 厘米。人骨腐朽易碎，头骨方向 352°，仰身直肢，为 35 岁左右女性。随葬品共编号 3 件，1 件在死者两腿中间，2 件在棺北。

标本 M16：1，陶罐　灰陶。侈口，方唇，唇下部有折棱一道，领较高，扁球形腹，平底较大。下腹拍印一周雷纹。肩上戳印有横向"曲逆"二字，阴纹较浅，字不甚清晰。口径 11.8、高 24.4 厘米（图四八，1、3；图版二五，2）。

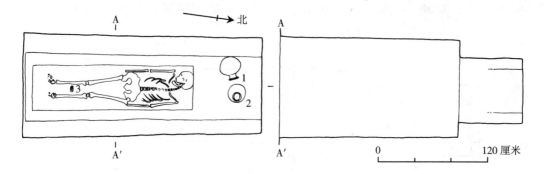

图四七　M16 平、剖面图

1、2. 陶罐　3. 铜钱

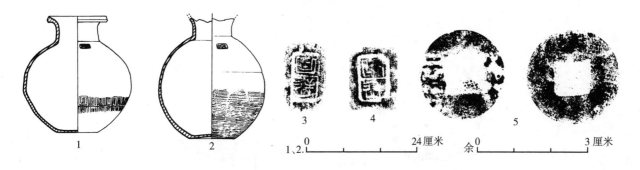

图四八　M16 出土器物

1. 陶罐（M16：1）　2. 陶罐（M16：2）　3. 陶罐（M16：1）拓片　4. 陶罐（M16：2）拓片
5. 铜钱（M16：3－6）

标本 M16：2，陶罐　灰陶。口残，直领，球形腹，平底稍大而内凹。中腹以下横向旋拍细绳纹，底上有交叉拍印绳纹。肩部戳印有横向"曲逆"二字。底径约9、残高23.8厘米（图四八，2、4）。

标本 M16：3，铜钱　半两钱。10枚，朽，无郭。径2.4~3.1、穿0.8~1.0厘米（图四八，5）。

一七　M17

位于 I 区东南部 T8 和 T13 内，2006 年 6 月发掘，未被盗扰（图四九；图版二五，3）。填土经夯打，由黄褐土、黄沙土和黑胶土组成。长方形土坑竖穴，长250、宽100~106、深184 厘米。东、西、南三圹壁下部设有生土台，分别宽12、14、5、高50 厘米。一棺已朽，长192、宽50 厘米。人骨腐朽易碎，头骨方向7°，仰身直肢，左上肢屈放腹前、性别、年龄等不清。随葬品共编号3件，其中1件在死者口中，2件在棺北。

标本 M17：1，铜钱　榆荚半两钱。1枚。残，字迹不清。径1.0、穿0.4厘米。

标本 M17：2，陶罐　灰陶。侈口，方唇，领较高，圆球形腹，平底稍大。下腹至底皆饰交叉绳纹，中腹有少许斜向绳纹。口径12.6、底径7.5、高26厘米（图五〇，1）。

标本 M17：3，陶罐　灰陶。直口微侈，肩腹交接处较明显，弧腹，最大腹径靠下，圈

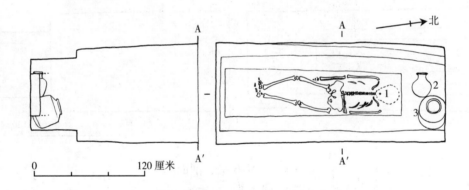

图四九　M17 平、剖面图

1. 铜钱　2、3. 陶罐

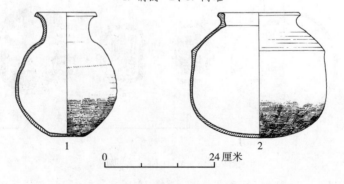

图五〇　M17 出土器物

1. 陶罐（M17：2）　2. 陶罐（M17：3）

底。腹下部及底皆饰交叉细绳纹。口内径 14.5、口外径 17、高 26.5 厘米（图五〇，2）。

一八　M20

位于 I 区东中部 T18 内，2006 年 6、7 月发掘，未被盗扰（图五一）。填土软，由黄褐土、沙土和黑胶土组成。长方形竖穴土坑墓，长 350、宽 130～135、深 180 厘米。一棺已朽，长 190、宽 75 厘米。人骨朽烂成粉状，头骨方向 87°，仰身直肢，性别、年龄等不清。随葬品共编号 6 件，皆放置在棺前和东圹壁之间。

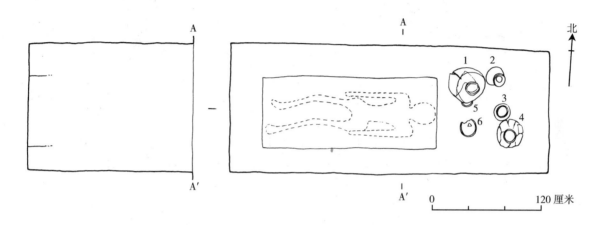

图五一　M20 平、剖面图
1~4. 陶罐　5、6. 陶碗

标本 M20：1，陶罐　灰陶。直口，肩腹转折明显，腹壁直，圜底。口外壁有四道凹旋纹，肩及腹壁上皆有旋纹或轮旋痕，底部饰交叉绳纹。口内径 14.8、口外径 16.7、高 31.2 厘米（图五二，1）。

标本 M20：2，陶罐　灰陶。侈口，方唇，高直领，圆球形腹，平底内凹而稍大。中腹有绳圈印纹三道，下腹旋拍绳纹，底上交叉拍印绳纹。口径 12.5、底径 7、高 22.9 厘米（图五二，2；图版二五，4）。

标本 M20：3，陶罐　灰陶。侈口，口低矮，沿面内有凹槽一周，方唇，垂腹，圜底。腹部有多道旋纹，底饰旋拍篮纹。口外径 14.2、高 13.2 厘米（图五二，3；图版二五，5）。

标本 M20：4，陶罐　灰陶。大口，卷沿，圆唇，领稍高，曲腹。中腹饰两周绳圈印纹。口外径 17、底径 13、高 16.8 厘米（图五二，6）。

标本 M20：5，陶碗　灰陶。直口，折腹，平底。口外径 15、底径 6.5、高 5.3 厘米（图五二，4）。

标本 M20：6，陶碗　灰陶。直口较高，折腹，平底。口外径 16.5、底径 5.1、高 6.5 厘米（图五二，5）。

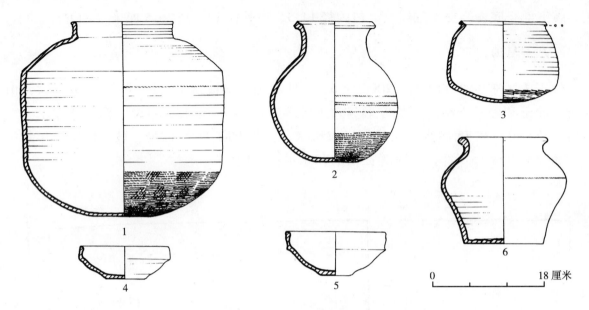

图五二　　M20 出土器物

1. 陶罐（M20∶1）　2. 陶罐（M20∶2）　3. 陶罐（M20∶3）　4. 陶碗（M20∶5）
5. 陶碗（M20∶6）　6. 陶罐（M20∶4）

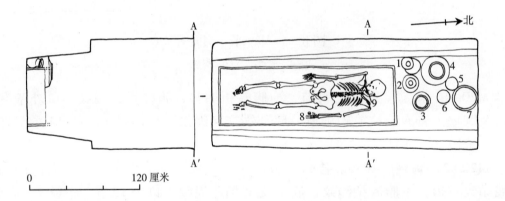

图五三　M23 平、剖面图

1~4. 陶罐　5、6. 陶碗　7. 陶盆　8、9. 铜钱

一九　M23

位于Ⅰ区北中部 T21 内，2006 年 6 月上旬至 7 月 5 日发掘，未被盗扰（图五三；图版二六，1）。填土较软，由黄褐色沙性土和红褐土、黑胶土混合而成。长方形竖穴土坑墓，长 290、宽 110 ~ 116、深 184 厘米。东、西圹壁下部设有生土台，东台宽 10、西台宽 12 ~ 16、台高 70 厘米。一棺已朽，长 192、宽 60、板厚 5、残高 20 厘米。人骨保存完整，头骨方向 3°，但朽易碎，仰身直肢，为 30 多岁男性。随葬品共编号 9 件，其中 1 件在死者口中，1 件在左手中，余皆放置在棺北。

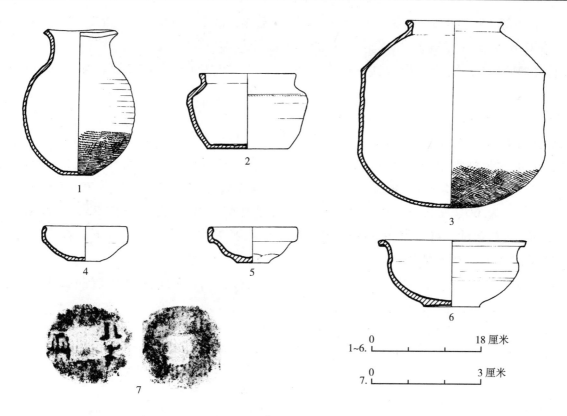

图五四 M23 出土器物

1. 陶罐（M23：2） 2. 陶罐（M23：3） 3. 陶罐（M23：4） 4. 陶碗（M23：5）
5. 陶碗（M23：6） 6. 陶盆（M23：7） 7. 铜钱（M23：8）

标本 M23：1，陶罐 灰陶。侈口，方唇，领较高，腹稍长，小平底。上腹有凹旋纹数道，下腹饰横向绳纹，底饰竖拍绳纹。口径 10.5、底径 6、高 24.8 厘米。

标本 M23：2，陶罐 灰陶。下腹和底皆饰交叉绳纹。口径 11.3、底径 5.5、高 23.5 厘米（图五四，1）。

标本 M23：3，陶罐 灰陶。大口，直领，折肩，曲腹，平底。折肩处饰不明显绳圈印纹一周。口内径 13.9、口外径 15.9、底径 13、高 11.8 厘米（图五四，2；图版二六，2）。

标本 M23：4，陶罐 灰陶。直口，肩腹交接处明显，腹壁直，圜底。腹部有旋纹痕，底部外圈饰旋拍绳纹，中心饰交叉绳纹。口内径 14、口外径 16.5、高 30.6 厘米（图五四，3；图版二六，3）。

标本 M23：5，陶碗 灰陶。直口，折腹，平底。口外径 13.6、底径 5、高 5.4 厘米（图五四，4）。

标本 M23：6，陶碗 形制同标本 M23：5 碗。口外径 14.9、底径 5.6、高 5.7 厘米（图五四，5）。

标本 M23：7，陶盆 灰陶。弧折沿较窄，方唇，折曲腹，小平底。口内径 22.5、口外径 26.3、底径 9.2、高 10.6 厘米（图五四，6；图版二六，4）。

标本 M23：8，铜钱　半两钱。1 枚。朽，无郭，轮廓不圆整，"半"字超出穿。径 2.1、穿 0.8 厘米（图五四，7）。

标本 M23：9，铜钱　半两钱。1 枚。朽，无郭，字迹不清。径 2.2、穿 1.0 厘米。

二○　M25

位于 I 区南中部 T6 内，2006 年 6 月上旬至 7 月 7 日发掘，盗扰（图五五）。填土经夯打，由黄白色沙性土和红褐土、黑胶土混合而成。长方形竖穴土坑墓，长 256、宽 112、深 180 厘米。东、西圹壁下部设有生土台，东台宽 12、西台宽 20、台高 70 厘米。一棺已朽，长 190、宽 60、板厚 4、残高 10 厘米。人骨朽烂严重，头骨方向 352°，仰身直肢，应为 20 岁左右女性。随葬品共编号 2 件，1 件在死者头部，1 件在右脚下。在右下肢外见有红色漆器残痕，朽不能取。

标本 M25：1，玻璃耳塞　蓝色柱状，一端稍大，表面有白色锈层。长 1.7、柱径 0.3～0.4 厘米（图五六，1）。

标本 M25：2，铜钱　半两钱。4 枚，3 好 1 残，无郭。其中 3 枚较大，径 2.6、穿 0.6～0.9 厘米。字大，半上出穿，两下出穿。小者径 2.3、穿 0.8 厘米，字迹模糊（图五六，2）。

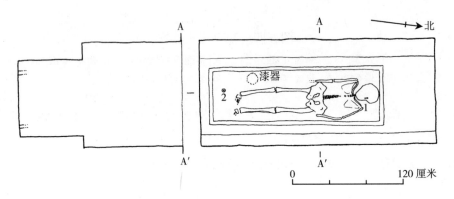

图五五　M25 平、剖面图

1. 玻璃耳塞　2. 铜钱

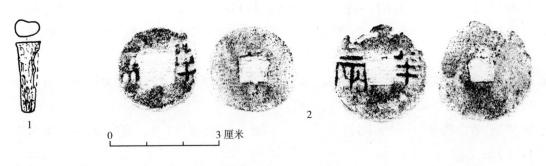

图五六　M25 出土器物

1. 玻璃耳塞（M25：1）　2. 铜钱（M25：2-1～2）

二一　M27

位于 I 区中西部 T15 内，2006 年 6 月上旬至 7 月 5 日发掘，盗扰（图五七）。填土经夯打，清理中见有夯面，夯窝直径大约 5 厘米，较浅，有叠窝现象（图版二七，1）。填土由黄褐土沙性土和黑胶土混合而成，层厚 15～20 厘米。长方形竖穴土坑墓，长 416、宽 190、深 465 厘米。二棺一椁已朽，椁长 392、宽 132、残高 50 厘米；外棺长 234、宽 92、残高 30 厘米；内棺长 204、宽 53 厘米。人骨朽成粉状，头骨方向 360°，仰身直肢，性别、年龄等不清。随葬品因被盗严重，只发现有陶高领罐、鼎、壶等少量残片。

标本 M27：1，陶壶　灰陶。盘口，细长径，上腹瘦，圈足上有明显折棱。圈足以上涂白衣，颈上用黑彩绘一周三角形纹饰。口径 12、最大腹径 19.2、圈足径 11.8、通高 28 厘米（图五八，1）。

标本 M27：2，陶鼎　灰陶。残缺。立耳下稍内收，上外翻，腹外壁上部内敛，圜底中心为小平底，三蹄形足。足上有模印兽面。

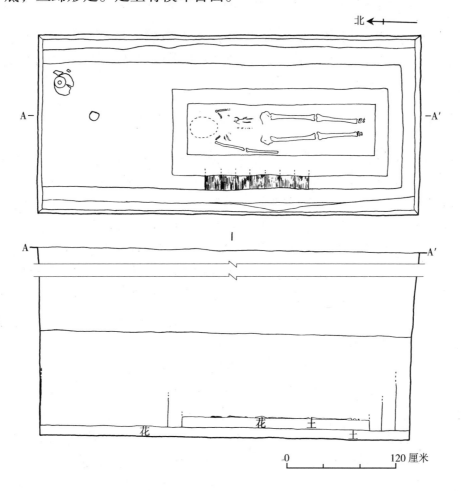

图五七　M27 平、剖面图

1. 陶壶　2. 陶鼎　3. 陶罐

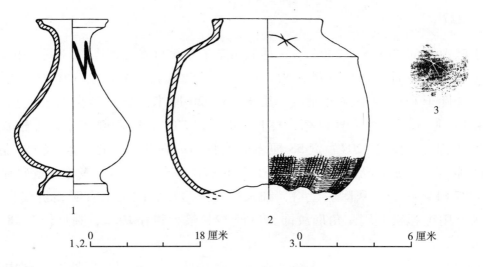

图五八　M27 出土器物

1. 陶壶（M27∶1）　2. 陶罐（M27∶3）　3. 陶罐（M27∶3）刻划符号拓片

　　标本 M27∶3，陶罐　灰陶。直口，沿面上有浅凹槽，折肩，弧腹，最大腹径偏下，圜底。肩上有横排指甲纹和一刻划符号，底饰细绳纹和交叉绳纹。口内径 14.4、口外径 19.2、残高 28 厘米（图二八，2）。

　　二二　M28

　　位于 I 区北中部 T19 内，2006 年 6 月上旬至 7 月 8 日发掘，盗扰（图五九）。填土经夯打，由黄褐土、沙性土和黑胶土混合而成。长方形竖穴土坑墓，长 412、宽 210、深 360 厘米。一棺一椁已朽，椁顶盖板局部尚见朽痕，长度超出两侧立板，顶板宽约 15 厘米；椁长 340、宽 166、板厚 8、高 50 厘米；棺长 190、宽 60 厘米。人骨朽成黄褐色粉状，头骨方向 360°，仰身直肢，性别、年龄等不清。随葬品编号 6 件，在东面的棺椁之间和棺北的棺椁之间分别能见到破碎和扰动过的残片，有陶壶、陶瓮、陶罐等。

　　标本 M28∶1，陶壶　灰陶。浅盘口，颈较粗，鼓腹，圈足上有一不甚明显的凸棱。中腹有绳圈印纹三道。口径 20.8、最大腹径 34、圈足径 20.5、连盖高 47、圈足高 5 厘米（图六〇，1；图版二七，2）。

　　标本 M28∶2，陶瓮　灰陶。直口，领上有两道宽凹旋纹，中间夹一道凸棱。折肩明显，最大腹径偏下。折肩以下饰旋断竖条纹，腹下部饰横向旋拍篮纹，圜底中心饰交叉篮纹。口内径 20.5、口外径 25.5、最大腹径 57.5、高 54 厘米（图六〇，2；图版二七，3）。

　　标本 M28∶3，陶壶　灰陶。盘口，长颈，上腹扁，下腹较鼓，圈足。中腹饰绳圈印纹三周。周身饰白衣，彩绘不清。口径 11.8、最大腹径 19、圈足径 12.8、连盖高 30.3 厘米（图六〇，3）。

　　标本 M28∶4，陶壶　形制同标本 M28∶1 壶。

　　标本 M28∶5，陶罐　灰陶。直口，鼓腹，平底。中腹饰绳圈印纹一周。口外径 9.5、

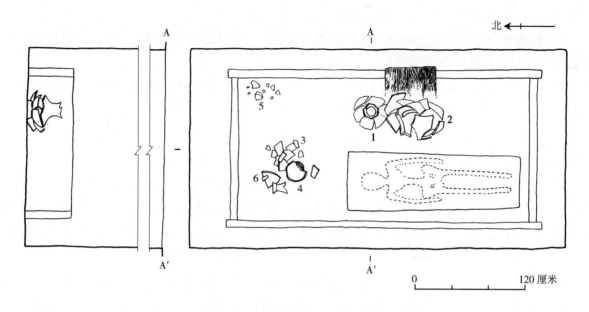

图五九　M28 平、剖面图

1、3、4. 陶壶　2. 陶瓮　5. 陶罐　6. 陶鼎

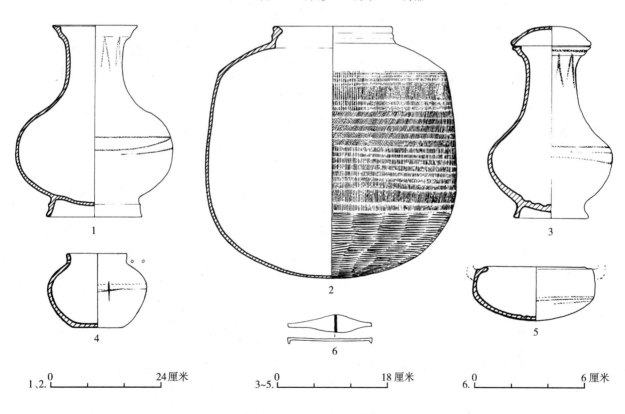

图六〇　M28 出土器物

1. 陶壶（M28：1）　2. 陶瓮（M28：2）　3. 陶壶（M28：3）　4. 陶罐（M28：5）

5. 陶鼎（M28：6）　6. 铁镉钉（M28：01）

底径9、高12厘米（图六〇，4；图版二七，4）。

标本 M28：6，陶鼎　灰陶。残甚。腹呈盆形，子口内敛，弧壁，圜底。口内径15.5、腹深7.8厘米（图六〇，5）。

标本 M28：01，铁锔钉　填土内出土。中间宽，两端渐窄，呈梭子形，两端分别直角内折。长4.6、最宽处0.8厘米（图六〇，6）。

二三　M29

位于I区西部偏南 T24 内，2006 年 6 月上旬至 7 月 3 日发掘，未被盗扰（图六一；图版二七，5）。填土较经夯打，由黄白土、沙性土和黑胶土混合而成。长方形竖穴土坑墓，长514、宽220、深260厘米。一棺一椁已朽，椁长456、宽172、板厚8、高50厘米。棺的范围是依人骨下的一层红褐色的硬泥而定的，约长190、宽58厘米。在 M34 中也发现类似情况，棺内尸骨下普遍有一层厚约2厘米的红褐色土，色深而质细、硬，似纯净的澄泥，又似一种黏而有弹性的泥，干后就成现状，分析可能是运输过程中采取的一种加固尸体的方法，现在人们也有用土坯等加固的。人骨朽成粉状，头骨方向274°，仰身直肢，性别、年龄等不清。随葬品共编号20件，1件在死者口中，余皆放置在棺西头的棺椁之间。

图六一　M29 平、剖面图

1. 陶瓮　2、18、19. 陶壶　3、4. 陶马　5. 陶驭手俑　6. 陶男侍俑　7～11. 陶女侍俑
12. 铜带钩　13. 铁工具　14、15. 陶鼎　16、17. 陶碗　20. 铜钱

标本 M29：1，陶瓮　灰陶。直口，领稍高，领上分别有凹、凸旋纹三道。肩、腹部满饰旋断细绳纹，圜底外部饰横向篮纹，中心饰不规则交叉篮纹。口内径 25.3、口外径 9.5、最大腹径 58、高 55.8 厘米（图六二，1）。

标本 M29：2，陶壶　黑皮灰陶。浅盘口，颈较粗，鼓腹，圈足。颈上饰红彩三角形纹，腹上纹饰不清。口外径 20.6、最大腹径 34.8、加盖高 48.4 厘米（图六二，2；彩版四，2；图版二九，1）。

标本 M29：3，陶马　灰陶。周身先涂白衣地再施红彩绘。勾头，凸睛，短耳，立颈，无腿，在腿根部各有一小圆孔可能用以装木质的腿。通长 29.8、高 23 厘米（图六二，3；图版二八，1）。

标本 M29：4，陶马　灰陶。周身先涂白衣地再施红彩绘。勾头，凸睛，短耳，头顶中心有一小圆孔。立颈，无腿，在腿根部各有一小圆孔可能用以装木质的腿。通长 29、高 23 厘米（图六二，4；图版二八，2）。

标本 M29：5，陶驭手俑　红褐陶。跪坐形。头大，头顶中间平，后侧有小发髻，脑后一较大发髻，脸较宽扁。身着交衽长衣，覆盖整个腿、足。两上肢于体侧前伸，作持物或驾驭状。高 16.8 厘米（图六二，6）。

标本 M29：6，陶男侍俑　个体较小，脸部宽而扁平，五官不甚清晰。身着交衽长衣至膝，双手拱于腹前。分腿，足蹬靴，左足残。高 18.8 厘米（图六二，5；图版二八，3）。

标本 M29：7，陶女侍俑　红褐陶。个体小，头残缺。身着交衽深衣，双手拱于腹前，衣下部呈燕尾式。残高 16.4 厘米（图六二，7；图版二八，4）。

标本 M29：8，陶女侍俑　红褐陶。残成碎块，形制应同标本 M29：7 俑。

标本 M29：9，陶女侍俑　灰陶。脸部扁平，五官不甚清晰，披肩长发过两鬓于颈后挽成髻。身着交衽深衣，宽袖，双手拱于腹前，衣下部呈燕尾式。高 25.5 厘米（图六三，1）。

标本 M29：10，陶女侍俑　残。形制同标本 M29：9 俑。高 25.6 厘米。

标本 M29：11，陶女侍俑　残。形制同标本 M29：9、标本 M29：10 俑。高 25.4 厘米（图六三，2；图版二八，5）。

标本 M29：12，铜带钩　细长形，纽面较大，下端残。残长 11.8 厘米（图六三，3；彩版八，2；图版二九，2）。

标本 M29：13，铁工具　残断。扁条形，一端渐薄成刃，另一端弯起可能便于拿握。残长 16.3、最处宽 1.4 厘米（图六三，4）。

标本 M29：14，陶鼎　灰陶。立耳下稍内收，上外翻，子母口，腹外壁上部内敛，弧腹，圜底中心为小平底，三蹄形足。口外径 19.7、内径 15.7、最大耳宽 23、口高 13.2、通耳高 18.5 厘米（图六三，5；图版二九，3）。

标本 M29：15，陶鼎　同上。口外径 19.2、内径 15.7、口高 13.2、通耳高 18.5 厘米

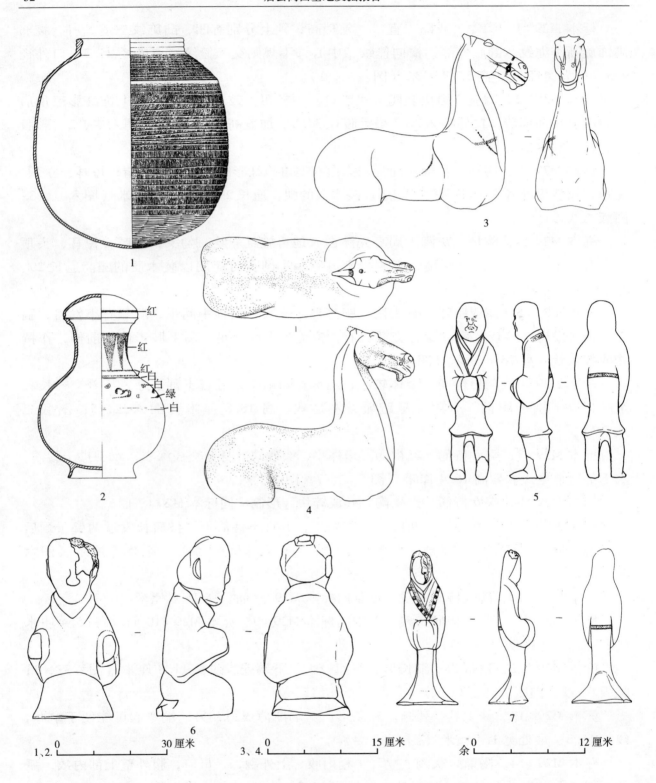

红
红
红
白
白
绿
白

图六二　M29 出土器物

1. 陶瓮（M29∶1）　2. 陶壶（M29∶2）　3. 陶马（M29∶3）　4. 陶马（M29∶4）　5. 陶男侍俑（M29∶6）

6. 陶驭手俑（M29∶5）　7. 陶女侍俑（M29∶7）

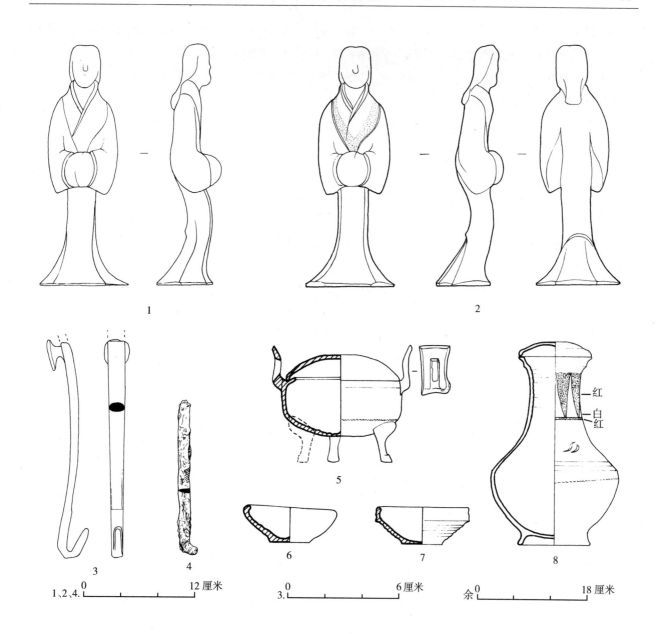

图六三　M29 出土器物

1. 陶女侍俑（M29：9）　2. 陶女侍俑（M29：11）　3. 铜带钩（M29：12）　4. 铁工具（M29：13）
5. 陶鼎（M29：14）　6. 陶碗（M29：16）　7. 陶碗（M29：17）　8. 陶壶（M29：19）

（图版二九，4）。

标本 M29：16，陶碗　灰陶。敛口，弧腹，平底。口外径 15、底径 6.3、高 5.6 厘米（图六三，6；图版二九，5）。

标本 M29：17，陶碗　灰陶。直口，折腹，有很低的假圈足。口外径 15.3、底径 6.8、高 5.8 厘米（图六三，7）。

标本 M29：18，陶壶　灰陶。盘口，圆唇，长颈，上下粗细较一致。上腹扁，下腹鼓，圈足下部外侈。周身涂白衣，颈上饰红彩三角形纹饰，其余大多脱落不清。口径11.5、最大腹径19、圈足径11.3、连盖高31.6厘米（图版二九，6）。

标本M29：19，陶壶　形制同标本M29：19壶。口径12、最大腹径20、圈足径11.8、连盖高32.6厘米（图六三，8）。

标本M29：20，铜钱　半两钱。5枚。朽残，无郭。径2.4、穿0.9厘米。

二四　M30

位于Ⅰ区北中部T22内，被M22打破，2006年6月上旬至7月4日发掘，未被盗扰（图六四）。填土经夯打，由黄褐土、沙性土和黑胶土混合而成。长方形竖穴土坑墓，长360、宽120、深190厘米。东、西圹壁下部设有生土台，东台宽16、西台宽20、台高45厘米。一棺已朽，长202、宽60、残高20厘米。人骨只见头骨，头骨方向357°，已朽成粉末。随葬品共编号6件，1件在死者口中，余皆放置在棺北。

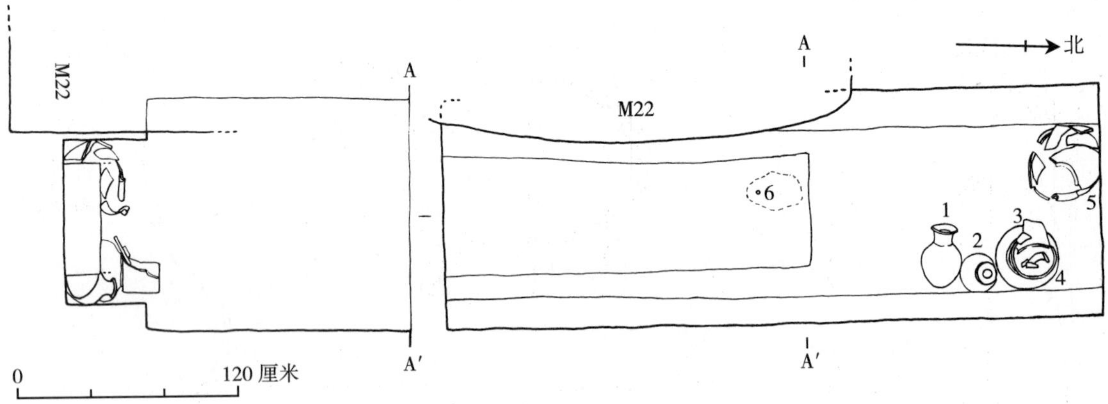

图六四　M30平、剖面图

1、2、4、5. 陶罐　3. 陶奁　6. 玛瑙珠

标本M30：1，陶罐　灰陶。侈口，方唇，唇上有凹旋纹一道，腹较瘦长，小平底内凹。腹上有凹旋纹和两道绳圈印纹，下腹及底上饰拍印绳纹。口径14、底径5.5、高28.6厘米。

标本M30：2，陶罐　大小、形制同标本M30：1罐（图六五，1；图版三〇，1）。

标本M30：3，陶奁　灰陶。筒形，上口微敛，直壁，平底。内壁有轮旋纹，外底饰交叉篮纹。口内径18～19.5、底径21、高13.2厘米（图六五，2；图版三〇，2）。

标本M30：4，陶罐　灰陶。直口，肩部弧形无转折，最大腹径靠上，圜底。肩和腹部有数道凹旋纹，底部外圈旋拍篮纹，中心拍印交叉篮纹。口内径14、口外径16.4、高27.4厘米（图六五，3；图版三〇，3）。

标本M30：5，陶罐　夹云母灰陶。直口，矮领，沿面近平，圜底。腹下部及底饰篮纹，肩部有刻划细线图案，内容不清。口内径18.6、口外径22、高34.8厘米（图六五，4、5）。

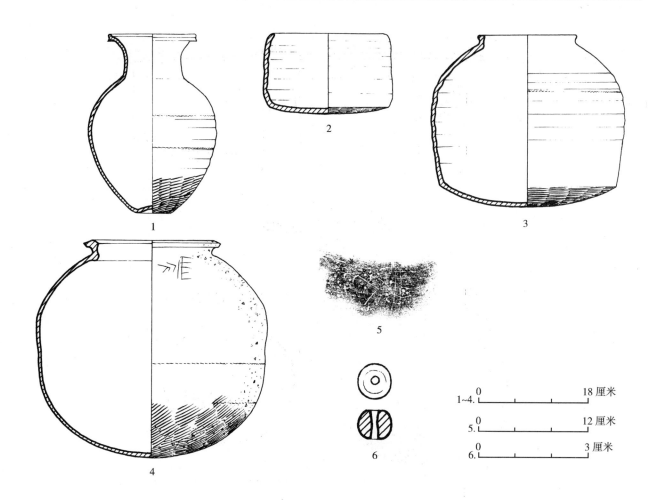

图六五　M30 出土器物

1. 陶罐（M30∶2）　2. 陶奁（M30∶3）　3. 陶罐（M30∶4）　4. 陶罐（M30∶5）　5. 陶罐（M30∶5）拓片
6. 玛瑙珠（M30∶6）

标本 M30∶6，玛瑙珠　红白相间，有红色纹理。中心有穿孔，两端穿孔面有小平面。珠径 0.9 厘米（图六五，6）。

二五　M31

位于 I 区北中部 T17 和 T22 内，2006 年 6 月上旬至 7 月 2 日发掘，未被盗扰（图六六）。填土经夯打，由黄褐土、沙性土和黑胶土混合而成。长方形竖穴土坑墓，东、西稍斜内收，墓口长 260、宽 100～106、深 140 厘米。一棺已朽，长 178、宽 50、残高 20 厘米。人骨朽甚易碎，头骨方向 3°，仰身直肢，为 40 多岁女性。随葬品共编号 2 件，放置在棺北。

标本 M31∶1，陶罐　灰陶。直口，折肩，圜底。肩腹交接处有一周浅槽，腹部有旋纹痕，底饰细绳纹和交叉绳纹。口径 17、高 28 厘米（图六七，1；图版三〇，4）。

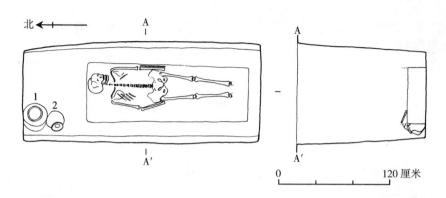

图六六　M31 平、剖面图
1、2. 陶罐

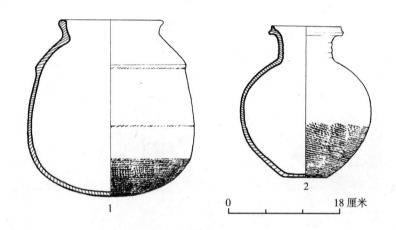

图六七　M31 出土器物
1. 陶罐（M31：1）　　2. 陶罐（M31：2）

　　标本 M31：2，陶罐　灰陶。侈口，方唇，高直领，圆球形腹，平底稍大。下腹饰横向旋拍绳纹，底饰交叉拍印绳纹。口径 11.5、底径 7、高 24.4 厘米（图六七，2；图版三〇，5）。

二六　M32

　　位于 I 区西南部 T25 内，2006 年 6 月上旬至 7 月 7 日发掘，被盗扰（图六八）。填土经夯打，由黄褐色沙性土和黑胶土混合而成。长方形竖穴土坑墓，长 354、宽 146～156、深 154 厘米。一棺已朽，长 183、宽 54 厘米。人骨朽成粉末，头骨方向 3°，仰身直肢。随葬品共编号 9 件，2 件出在填土中，余皆出自棺北（图版三一，1）。

　　标本 M32：1，陶鼎　灰陶。立耳上有长方孔，与附壁黏结面较大，腹外壁稍外侈，底外圜而中心有小平底，腹、底相接处转折明显。圜底处有凹旋纹，周身涂白衣。鼎内残盛有鸡骨等。口内径 16、口外径 19.6、两耳宽 24.6、口高 13.1、通耳高 15.8 厘米

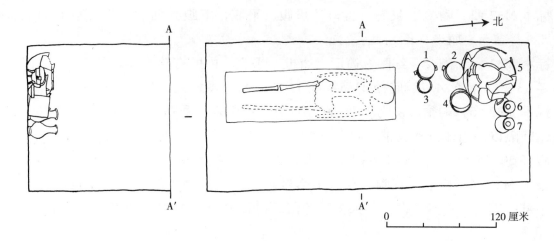

图六八　M32 平、剖面图

1、2. 陶鼎　3、9. 陶碗　4. 陶盉　5. 陶瓮　6、7. 陶壶　8. 陶车轮

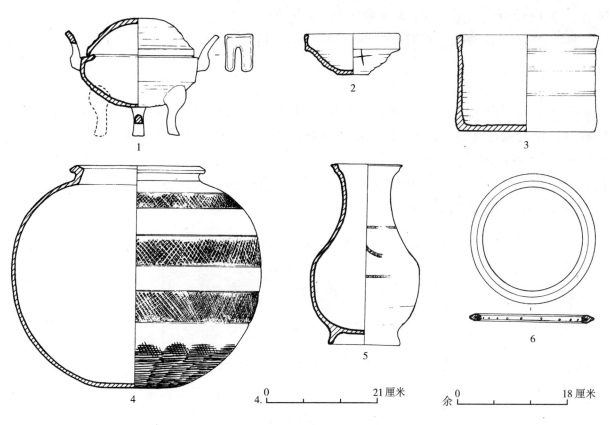

图六九　M32 出土器物

1. 陶鼎（M32:1）　2. 陶碗（M32:3）　3. 陶盉（M32:4）　4. 陶瓮（M32:5）　5. 陶壶（M32:7）
6. 陶车轮（M32:8）

（图六九，1；彩版四，3；图版三一，2）。

标本 M32:2，陶鼎　大小形制同标本 M32:1 鼎。

标本 M32：3，陶碗　　灰陶。直口，折腹，平底，下腹有划"十"字。口外径15.3、底径5.2、高6.8厘米（图六九，2）。

标本 M32：4，陶瓮　　红陶。筒形，直壁，平底。内壁有轮旋痕，外壁有三组凹旋纹。口内径23、口外径24.7、底径23.5、高15.8厘米（图六九，3；图版三一，3）。

标本 M32：5，陶瓮　　灰陶。卷沿，沿面中间稍高，矮领，小平底。上、中、下腹部用旋纹间隔以三组印方格纹带，腹下部饰横拍篮纹，底上素面。口内径20、口外径26.2、最大腹径50、底径14、高41.4厘米（图六九，4；图版三一，4）。

标本 M32：6，陶壶　　灰陶。盘口不明显，颈上下粗度变化不大，鼓腹，最大腹径约在腹中部，圈足。周身涂白衣，大多已脱落。口径10.8、最大腹径17、圈足径12、高28厘米。

标本 M32：7，陶壶　　形制同标本 M32：6壶。高28.5厘米（图六九，5；图版三一，5）。

标本 M32：8，陶车轮　　2件，灰陶。未见彩绘，两面有中脊。轮内侧有装辐小孔约16个。轮内径16.4、外径20.8厘米（图六九，6）。

标本 M32：9，陶碗　　形制同标本 M32：3碗。口外径15.7、底径6.8、高6.1厘米。

二七　M33

位于 I 区西南部 T25 内，2006年6月上旬至7月6日发掘，被盗扰（图七〇）。填土经夯打，由黄褐色沙性土和黑胶土混合而成。长方形竖穴土坑墓，长310、宽128、深220厘米。棺底部有东西向的垫土垅四条，土条宽6、高6、间距40～56厘米。一棺已朽，长208、宽58～77、板厚5厘米。人骨保存基本完整，头骨方向356°，仰身直肢，为60多岁男性。随葬品共编号4件，另1件在填土中，余皆放置在棺北。

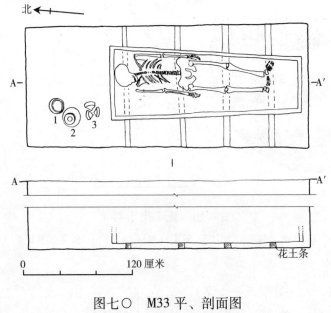

图七〇　M33 平、剖面图

1、2、5. 陶罐　3、4. 陶碗（4、5后期修复）

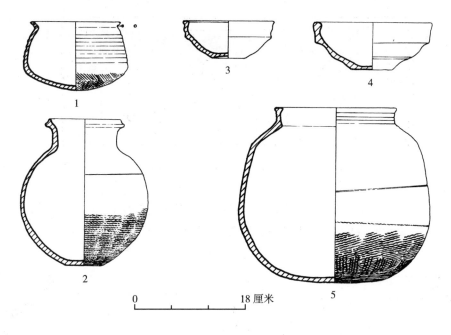

图七一 M33 出土器物

1. 陶罐（M33：1） 2. 陶罐（M33：2） 3. 陶碗（M33：3） 4. 陶碗（M33：4） 5. 陶罐（M33：5）

标本 M33：1，陶罐 夹砂灰陶。侈口，矮领，圜底。腹部旋纹规矩而清晰，底部饰拍印细绳纹。口径 14.1、高 11.5 厘米（图七一，1；图版三二，1）。

标本 M33：2，陶罐 灰陶。侈口，方唇，高直领，圆球形腹，小平底。上腹有凹旋纹一道，下腹为横向旋拍绳纹，底有交叉拍印绳纹。口径 11.6、高 23.5 厘米（图七一，2）。

标本 M33：3，陶碗 灰陶。直口，折腹，平底。口外径 14.2、底径 5、高 5.6 厘米（图七一，3）。

标本 M33：4，陶碗 形制同标本 M33：3。口外径 19.5、底径 6.9、高 7.3 厘米（图七一，4）。

标本 M33：5，陶罐 灰陶。直口，口外壁饰四道凹旋纹，弧腹，最大腹径靠下，平底。腹下部饰横向粗绳纹，底饰交叉粗绳纹。口内径 17、口外径 19.5、高 28 厘米（图七一，5；图版三二，2）。

二八 M34

位于 I 区西中部 T26 内，2006 年 6 月上旬至 7 月 3 日发掘，未被盗扰（图七二）。填土经夯打，由黄沙土、红褐土和黑胶土混合而成。长方形竖穴土坑墓，长 382、宽 112、深 220 厘米。一棺一椁已朽，椁长 302、宽 115 厘米；棺长 200、宽 60 厘米。棺下有一层红褐色的硬泥，且死者头部以下棺椁底部尚有 80 厘米厚的花土才到生土底。人骨朽烂严重，头骨方向 274°，仰身直肢，40～50 岁。随葬品共编号 6 件，1 件在死者口中，2 件在棺北的棺椁之间，3 件在棺西的棺椁之间。

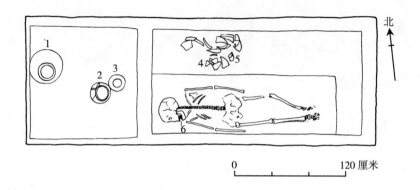

图七二　M34 平面图

1、2、4、5. 陶罐　3. 陶碗　6. 铜钱（粉碎未取）

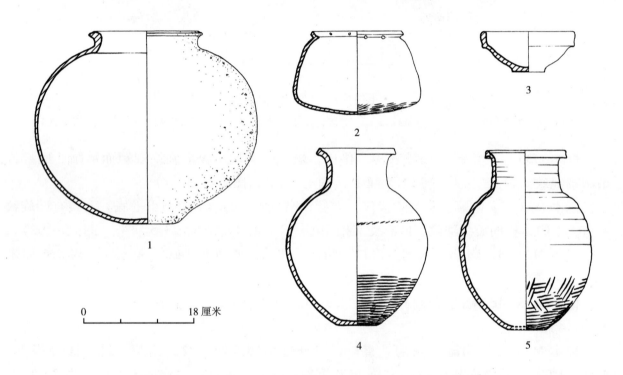

图七三　M34 出土器物

1. 陶罐（M34∶1）　2. 陶罐（M34∶2）　3. 陶碗（M34∶3）　4. 陶罐（M34∶4）　5. 陶罐（M34∶5）

标本 M34∶1，陶罐　夹云母灰陶。直口，沿面稍鼓，矮领，小平底。口内径 14、口外径 18.2、底径 11.5、高 30.4 厘米（图七三，1；图版三二，3）。

标本 M34∶2，陶罐　灰陶。侈口，口低矮，沿面内有浅凹槽，方唇，圜底残。腹部有不清晰旋纹，底饰篮纹。口径 15、高 13.2 厘米（图七三，2）。

标本 M34∶3，陶碗　灰陶。直口，平底。口外径 15.3、底径 5.2、高 6.2 厘米（图七三，3）。

标本 M34∶4，陶罐　灰陶。方唇，高领，腹稍长，小平底微内凹。下腹及底拍印篮纹。口径 12.1、底径 6.5、高 28.1 厘米（图七三，4）。

标本 M34：5，陶罐 残，形制同标本 M34：4 罐。口径 12.8、高 28.4 厘米（图七三，5）。

标本 M34：6，铜钱 半两钱。碎成粉状。

二九 M35

位于I区西中部 T27 内，2006 年 6 月上旬至 7 月 5 日发掘，未被盗扰（图七四；图版三二，4）。填土经夯打，由黄沙土、红褐土、黑胶土混合而成。长方形竖穴土坑墓，长 320、宽 118～122、深 214 厘米。四壁下部皆有生土台，生土台围成的部分"土椁"，南北长 268、东西宽 76、高 25 厘米。一棺已朽，棺长 188、宽 52 厘米。人骨朽烂严重，头骨方向 6°，仰身直肢，20～30 岁。随葬品共编号 6 件，皆放置在棺北至"土椁"壁之间。

标本 M35：1，陶罐 灰陶。直口，圆唇，腹壁直，底中心平。肩腹部有清晰的轮旋痕，底外圈旋拍粗篮纹，中心饰交叉篮纹。口内径 15、口外径 18.2、高 28.8 厘米（图七五，1）。

标本 M35：2，陶碗 灰陶。直口，折腹，平底。口外径 19.8、底径 7.5、高 7.2 厘米（图七五，2）。

标本 M35：3，陶罐 灰陶。侈口，口低矮，沿面内有浅凹槽，圆唇，圜底。腹部有多道旋纹，底饰篮纹和交叉篮纹。口外径 13.5、高 11.8 厘米（图七五，3）。

标本 M35：4，陶碗 形制同标本 M35：2 碗。口外径 15、底径 5.8、高 5.8 厘米（图七五，4）。

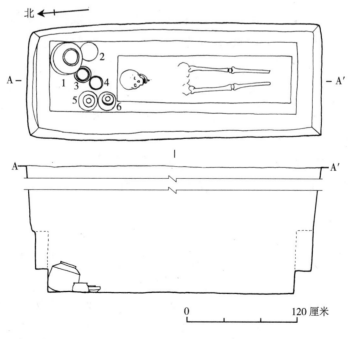

图七四 M35 平、剖面图

1、3、5、6. 陶罐 2、4. 陶碗

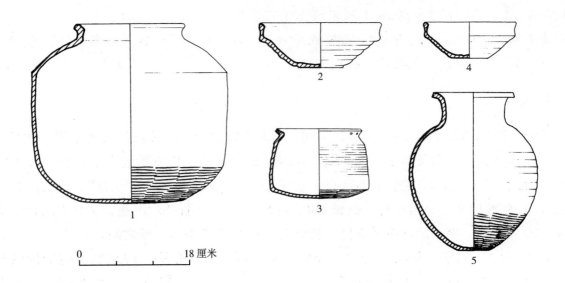

0　　　　　　　18 厘米

图七五　　M35 出土器物

1. 陶罐（M35：1）　2. 陶碗（M35：2）　3. 陶罐（M35：3）　4. 陶碗（M35：4）　5. 陶罐（M35：6）

标本 M35：5，陶罐　灰陶。方唇，高领，腹稍长，小平底微内凹。中腹饰凹旋纹，下腹及底拍印篮纹。口径 13.5、底径 5、高 26.2 厘米。

标本 M35：6，陶罐　形制同上。口径 13、底径 5、高 25.2 厘米（图七五，5）。

三〇　M36

位于 I 区西北部 T28 内，2006 年 6 月上旬至 7 月 7 日发掘，未被盗扰（图七六）。填土经夯打，由黄沙土、红褐土、黑胶土混合而成。长方形竖穴土坑墓，长 312、宽 138 ~ 146、深 234 厘米。南、北、西三面圹壁下部有生土台，北台宽 26、南台宽 15、西台宽 16、台高 70 厘米。一棺已朽，棺长 194、宽 64、板厚 4、残高 20 厘米。人骨朽烂严重，头骨方向 90°，未见脚趾骨，仰身直肢，50 岁左右。随葬品共编号 7 件，2 件在棺外头北侧，余在棺东侧到东壁之间。

标本 M36：1，陶罐　灰陶。整体较矮，侈口，方唇，鼓腹，小平底。领下至中腹饰数道凹旋纹，下腹及底饰交叉绳纹。口径 12、底径 5.5、高 21.5 厘米（图七七，1；图版三三，1）。

标本 M36：2，陶罐　大小、形制基本同标本 M36：1 罐。

标本 M36：3，陶碗　灰陶。直口，折腹，平底。口外径 19.5、底径 7.5、高 8 厘米（图版三三，2）。

标本 M36：4，陶碗　灰陶。直口，折腹，平底。口外径 19.9、底径 6.8、高 7.6 厘米（图七七，2）。

标本 M36：5，陶罐　灰陶。侈口，口低矮，沿面内有浅凹槽，方唇，圜底。腹部有多道旋纹，底饰较细的篮纹和交叉篮纹。口外径 15.7、高 12.5 厘米（图七七，3）。

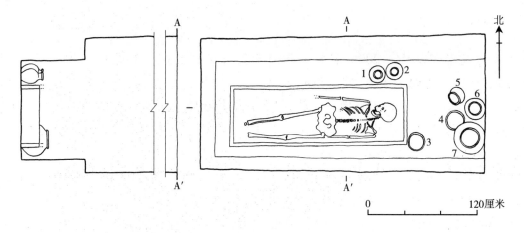

图七六　　M36平、剖面图

1、2、5~7. 陶罐　3、4. 陶碗

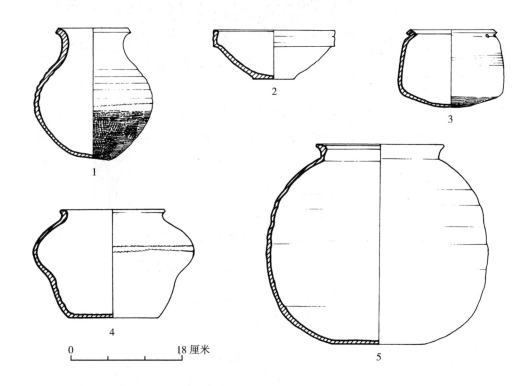

图七七　　M36出土器物

1. 陶罐（M36：1）　　2. 陶碗（M36：4）　　3. 陶罐（M36：5）　　4. 陶罐（M36：6）　　5. 陶罐（M36：7）

　　标本 M36：6，陶罐　灰陶。大口，圆唇，矮领，曲腹。中腹饰有一周绳圈印纹。口内径15.3、口外径17.5、底径15、高17.5厘米（图七七，4）。

　　标本 M36：7，陶罐　夹云母灰陶。直口，矮领，平折沿，沿面内侧有残凹槽一周，小平底。腹部有宽凹旋纹数道。口内径27.5、口外径21.5、底径15、高31.8厘米（图七七，5；图版三三，3）。

三一　M37

位于Ⅰ区北部 T29 内，2006 年 6 月上旬至 7 月 9 日发掘，被盗扰（图七八）。填土经夯打，由黄沙土、红褐土和黑胶土混合而成。长方形竖穴土坑墓，长 340、宽 170、深 200 厘米。东、西两圹壁下部有生土台，宽 26、高 30 厘米。一棺已朽，北部有头箱。棺长 294、宽 64、板厚 4、残高 20、头箱长 110 厘米。人骨朽烂严重，方向 357°，仰身直肢，应为中年人。随葬品共编号 4 件，1 件在死者右手中，其余在头箱内。

标本 M37：1，陶罐　灰陶。直口，圆唇，曲腹。肩、腹部旋纹痕较多。口径 15.8、底径 13.2、高 14.6 厘米（图七九，1；图版三三，4）。

标本 M37：2，陶碗　灰陶。直口，折腹，平底。口外径 16.1、底径 7.3、高 6.8 厘

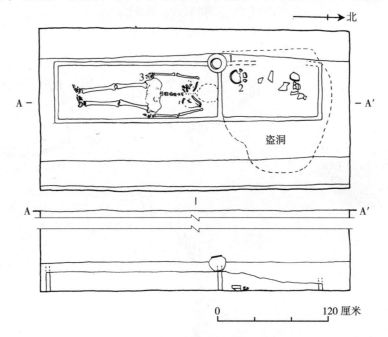

图七八　M37 平、剖面图

1、4. 陶罐　2. 陶碗　3. 铜钱

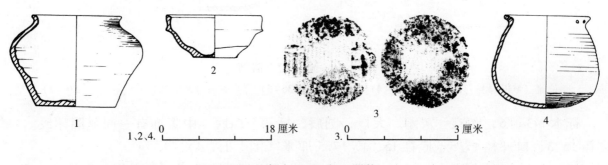

图七九　M37 出土器物

1. 陶罐（M37：1）　2. 陶碗（M37：2）　3. 铜钱（M37：3）　4. 陶罐（M37：4）

米（图七九，2）。

标本 M37：3，铜钱 半两钱。1 枚。无郭，字形方正。径 2.4、穿 1.0 厘米（图七九，3）。

标本 M37：4，陶罐 灰陶。侈口稍高，圆唇，垂腹，圜底。腹部有多道旋纹，底饰篮纹和交叉篮纹。口外径 14、高 15 厘米（图七九，4）。

三二 M38

位于 I 区偏北部 T30 内，2006 年 6 月上旬至 7 月 8 日发掘，严重被盗扰（图八〇）。填土经夯打，由黄沙土、红褐土、黑胶土混合而成。长方形竖穴土坑墓，长 352、宽 182、深 260 厘米。棺椁下有东西向的垫土垅七条，土条宽、高分别是 4、6 厘米，土垅间距 22～30 厘米。二棺一椁已朽，椁长约 330、宽 150、残高 50 厘米；外棺长 222、宽 140 厘米；内棺长 210、宽 85 厘米。人骨朽烂成粉末，头骨方向 0°，仰身直肢，50 岁左右男性。随葬品残存不全，都出自北面盗洞中，编号 8 件。

标本 M38：1，陶罐 灰陶。侈口，方唇，沿面内侧有浅凹槽，弧腹，小平底。口外径 9.6、底径 6.6、高 13 厘米（图八一，1；图版三三，5）。

标本 M38：2，陶壶 灰陶。腹较鼓圈足较高。周身涂白衣，腹饰红黑彩带，颈和上

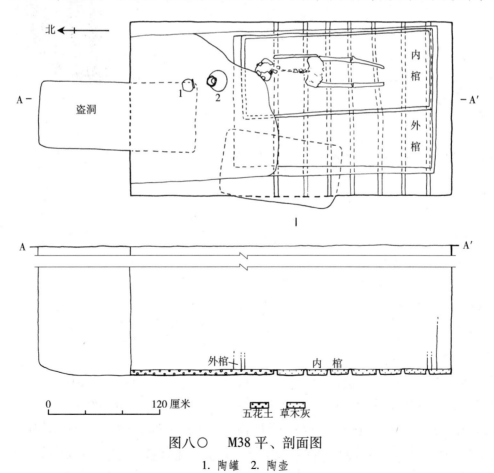

图八〇 M38 平、剖面图

1. 陶罐 2. 陶壶

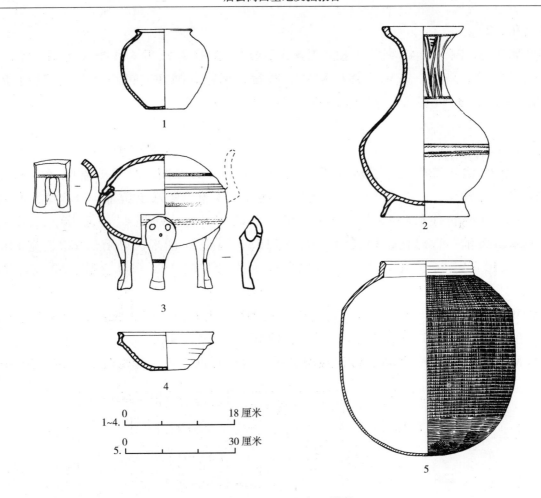

图八一　　M38 出土器物

1. 陶罐（M38：1）　2. 陶壶（M38：2）　3. 陶鼎（M38：3）　4. 陶碗（M38：5）　5. 陶瓮（M38：8）

腹纹饰已不清。口径 13.4、最大腹径 20.5、足径 14.4、高 31 厘米（图八一，2；彩版四，4）。

标本 M38：3，陶鼎　灰陶。附耳上部外翻，子母口，腹外壁内敛，弧腹，腹上饰旋纹，圜底，三蹄形足，足上模制出兽面，母口盖较高。周身涂白衣，之上绘红彩。口外径 20.3、内径 16.3、口高 16、通高 21 厘米（图八一，3）。

标本 M38：4，陶鼎　残缺。形制同标本 M38：3 鼎。

标本 M38：5，陶碗　灰陶。直口，折腹，平底。下腹有旋纹。口外径 15.8、底径 6、高 5.6 厘米（图八一，4）。

标本 M38：6，陶碗　形制同上。口外径 15.6、底径 6、高 5.6 厘米。

标本 M38：7，陶碗　形制同上。口外径 15.2、底径 6、高 6.5 厘米。

标本 M38：8，陶瓮　灰陶。直口，领稍高，领上分别有凹、凸旋纹三道。肩、腹部满饰旋断竖条纹，圜底外部饰横向篮纹，中心饰不规则交叉篮纹。口内径 20、口外径 24.8、最大腹径 49、高 52.2 厘米（图八一，5；图版三三，6）。

三三 M39

位于I区东北部T31内，2006年6月上旬至7月11日发掘，被盗扰（图八二；图版三四，1）。填土经夯打，整体呈黄白色，由黄白土、红褐土和较多礓石混合而成。长方形竖穴土坑墓，长365、宽144、深160厘米。棺椁下有东西向垫土埂5条，条宽、高分别是4、6厘米，土条间距约24厘米。一棺一椁已朽，椁长350、宽132～138、残高40厘米；棺长178、宽58～62、板厚4厘米。人骨基本完好，头骨方向10°，仰身直肢，为60岁以上男性。随葬品共编号5件，4件出自棺北的棺椁之间，1件出自填土中，整理时黏对编号。

标本M39∶1，陶罐 灰陶。直口，圆唇，弧腹，最大腹径靠下，圜底。腹下部及底饰交叉篮纹。口外径14.5、高25.2厘米（图八三，1）。

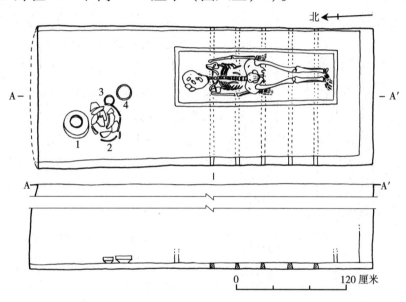

图八二 M39平、剖面图

1、2. 陶罐 3～5. 陶碗

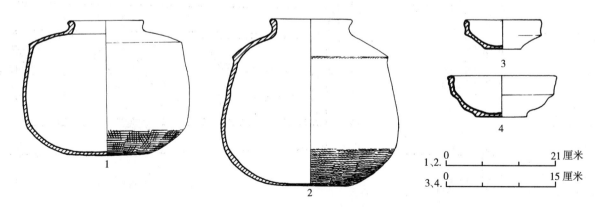

图八三 M39出土器物

1. 陶罐（M39∶1） 2. 陶罐（M39∶2） 3. 陶碗（M39∶3） 4. 陶碗（M39∶4）

　　标本 M39∶2，陶罐　灰陶。直口，圆唇，肩下有浅凹槽，弧腹，最大腹径偏下，平底。下腹饰粗绳纹，底饰交叉粗绳纹。口外径 15.6、底径 14、高 31.2 厘米（图八三，2）。

　　标本 M39∶3，陶碗　灰陶。直口，折腹，小平底。口外径 10.7、底径 5、高 4.1 厘米（图八三，3；图版三四，2）。

　　标本 M39∶4，陶碗　灰陶。直口，折腹，平底。口外径 15.4、底径 7、高 5.6 厘米（图八三，4）。

　　标本 M39∶5，陶碗　灰陶。直口，折腹，平底。腹上有旋纹痕。口外径 15.3、底径 6、高 5.8 厘米。

三四　M40

　　位于 I 区东部边沿 T32 内，2006 年 6 月上旬至 7 月 11 日发掘，未被盗扰（图八四；图版三五）。填土经夯打，由黄白土、红褐土、黑胶土和礓石混合而成。长方形竖穴土坑墓，长 270、宽 112～120、深 204 厘米。南北两圹壁下部有生土二层台，台宽 20～24、高 50 厘米。一棺已朽，棺长 212、宽 72、板厚 4、残高 34 厘米。人骨朽烂，方向 87°，仰身直肢。随葬品共编号 3 件，1 件在棺内死者身左侧，2 件在棺至东壁之间。

　　标本 M40∶1，陶罐　灰陶。侈口，方唇，唇上有折棱一道，高直领，圆球形腹，大平底。上腹有凹旋纹两道，中腹有少量斜拍绳纹，下腹横向旋拍绳纹较规矩，底有交叉拍印绳纹。肩部两道旋纹间戳印有竖向"曲逆"二字。口径 11.7、底径约 9、高 25.5 厘米（图八五，1、2；图版三六，1、2）。

　　标本 M40∶2，陶罐　灰陶。直口稍外侈，沿面内低外高，球形腹，最大腹径约在中部，平底。肩腹交接处饰一周绳圈印纹，上腹饰数道宽窄不一的旋纹，下腹饰较规整的横绳纹，底饰交叉绳纹。口内径 16、外径 19.2、底径 14.5、高 26 厘米（图八五，3；图版三六，3）。

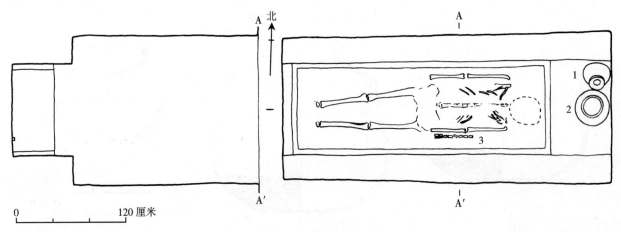

图八四　M40 平、剖面图
1、2. 陶罐　3. 骨六博棋子

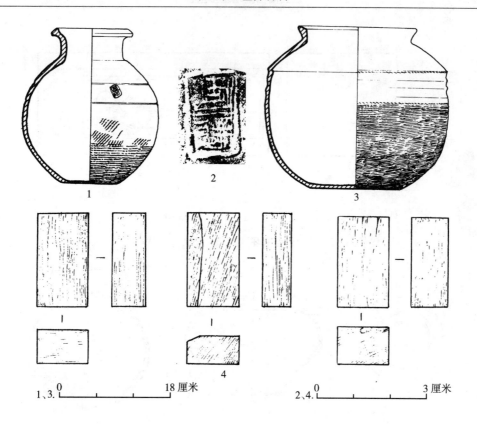

图八五　M40 出土器物

1. 陶罐（M40：1）　2. 陶罐（M40：1）拓片　3. 陶罐（M40：2）　4. 骨六博棋子（M40：3）

标本 M40：3，骨六博棋子　出土时上下并列于 M40 墓主人左上肢外，且棋子周围有棕褐色的锈烂痕迹，故推测这些棋子原应被装在一个木质容器或织物类袋中。原应有 12 枚，只发现 11 个，其中完整的 6 枚。单个棋子为长方形，六面皆磨制而成。体积为2.5 × 1.3 ×0.9 厘米（图八五，4；彩版八，3；图版三六，4）。

三五　M41

位于 I 区东部边沿 T32 内，2006 年 6 月上旬至 7 月 9 日发掘，未被盗扰（图八六；见图版三五，1）。填土经夯打，由黄白土、红褐土、黑胶土和礓石混合而成。长方形竖穴土坑墓，长 250、宽 108、深 190 厘米。南北两圹壁下部有生土台，南台宽 13、北台宽 16、台高 70 厘米。一棺已朽，棺长 194、宽 64、板厚 4、残高 30 厘米。人骨朽，头骨方向87°，仰身直肢，40 多岁女性。随葬品共编号 3 件，1 件在死者头侧，2 件在棺至东壁之间。

标本 M41：1，玛瑙环　半透明，色白中泛黄。断面呈不规则多边形。环内径 3、外径 4.6 厘米（图八七，1；图版三六，5）。

标本 M41：2，陶罐　灰陶。沿近平，圆唇，矮直领，曲腹，平底。中腹饰有旋纹和绳圈印纹。口径 18、底径 10.2、高 16 厘米（图八七，2；图版三六，6）。

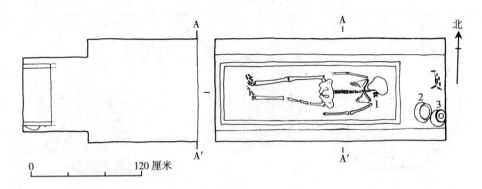

图八六　M41 平、剖面图

1. 玛瑙环　2、3. 陶罐

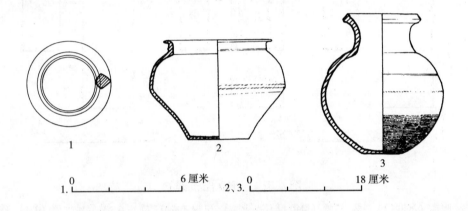

图八七　M41 出土器物

1. 玛瑙环（M41：1）　2. 陶罐（M41：2）　3. 陶罐（M41：3）

标本 M41：3，陶罐　灰陶。侈口，方唇，领较高，圆球形腹，小平底。上腹有凹旋纹一道，下腹横向旋拍细而规矩的绳纹。口径 12、高 22.8 厘米（图八七，3；图版三六，7）。

三六　M42

位于 I 区西南部 T5 内，2006 年 6 月上旬至 7 月 14 日发掘，未被盗扰（图八八；图版三七，1）。填土经夯打，红褐土和沙性黄褐土混合而成。长方形竖穴土坑墓，口部长 368、宽 162 ～ 170、深 370 厘米；底部长 342、宽 150 厘米。一棺一椁已朽，椁长 300、宽 105 ～ 112 厘米；棺长 192、宽 58 厘米。棺椁下墓地东西向平铺一层素面蓝砖（图版三七，2），砖体积为 25.5 × 13 × 5.8 厘米。人骨朽，头骨方向 187°，仰身直肢，但缺失上肢下段，为 30 ～ 40 岁左右男性。随葬品共编号 13 件，1 件在死者口中，1 件在右上肢处，2 件在棺外东侧，余在棺至南壁之间。

标本 M42：1，陶罐　灰陶。侈口，方唇，高直领，腹稍长，小平底内凹。下腹饰横向拍印篮纹，局部有交叉篮纹，底饰交叉篮纹。口径 13.5、底径 5.5、高 28.2 厘米。

标本 M42：2，陶罐　大小、形制同标本 M42：1 罐（图八九，1；图版三八，1）。

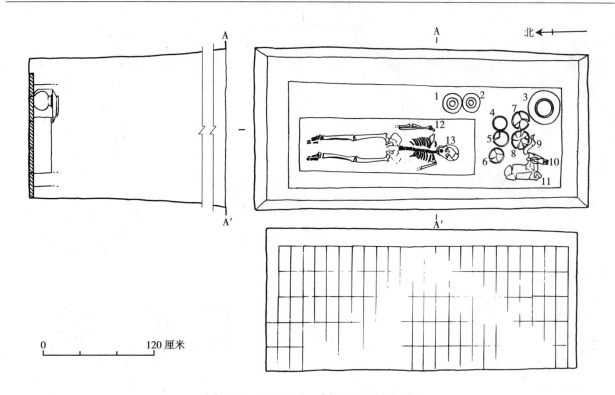

图八八　M42 平、剖面图及铺底砖

1~3. 陶罐　4~8. 陶碗　9. 陶狗　10. 男侍俑　11. 陶马　12. 铁刀　13. 铜钱

标本 M42：3，陶罐　灰陶。直口，腹壁直，圜底。口外壁轮旋痕清晰，肩腹交接处饰两周绳圈印纹，底部外圈旋拍粗篮纹，中心饰交叉篮纹。口内径 16.6、口外径 19.6、高 30.5 厘米（图八九，2）。

标本 M42：4，陶碗　灰陶。直口，折腹，平底。口外径 15.7、底径 5.7、高 6 厘米（图八九，3）。

标本 M42：5，陶碗　灰陶。口稍内收，折腹。腹上有旋纹痕。口外径 14.8、底径 5.6、残高 7.8 厘米（图八九，4）。

标本 M42：6，陶碗　同标本 M42：4 碗。口外径 15.5、底径 6.5、高 6 厘米。

标本 M42：7，陶碗　灰陶。直口，折腹，平底。腹上有旋纹痕。口外径 19.7、底径 7.5、高 8 厘米（图八九，5）。

标本 M42：8，陶碗　同标本 M42：7 碗。口外径 18.5、底径 6、高 8 厘米。

标本 M42：9，陶狗　灰陶。身涂白衣。长吻，昂首，长身，后腿粗壮，前后腿下部皆有插棍的小孔。长 16、高 7.1 厘米（图八九，6；图版三八，2）。

标本 M42：10，陶男侍俑　灰陶。表情丰富，似咧嘴微笑，脸部肌肉凸起，脑后有一螺旋形发髻。身着交衽长衣，双手拱于腹前，足蹬靴，分腿站立。高 23.2 厘米（图八九，8；彩版五，1；图版三八，3）。

标本 M42：11，陶马　灰陶。周身先涂白衣地再施红彩绘。勾头，凸睛，耳根处有圆

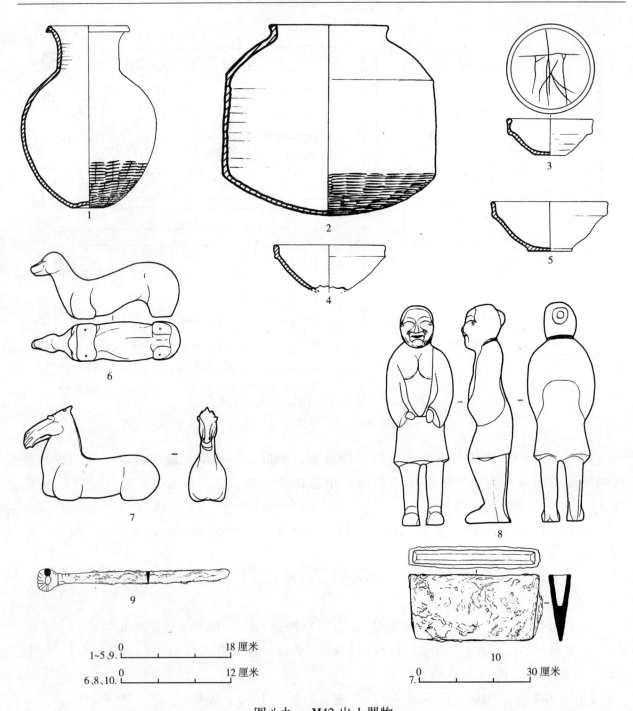

图八九　M42 出土器物

1. 陶罐（M42：2）　2. 陶罐（M42：3）　3. 陶碗（M42：4）　4. 陶碗（M42：5）　5. 陶碗（M42：7）　6. 陶
狗（M42：9）　7. 陶马（M42：11）　8. 男侍俑（M42：10）　9. 铁刀（M42：12）　10. 铁臿（M42：01）

孔，立颈，无腿，在腿根部各有一小圆孔可能用以装木质的腿。通长 36.6、高 25.5 厘米
（图八九，7；图版三八，4）。

标本 M42：12，铁刀　环首，单面刃，残断。长 35、宽处 2.2、环首宽 4 厘米（图八

九，9）。

标本 M42∶13，铜钱 半两钱。1 枚。朽，无郭。径 2.4、穿 0.8 厘米。

标本 M42∶01，铁臿 填土内出土。正视约呈横长方形，下端为刃，銎口长条形，銎断面"V"字形。横长 14.1、高 7 厘米（图八九，10；图版三八，5）。

三七 M43

位于 I 区东北部 T33 内，2006 年 6 月上旬至 7 月 13 日发掘，被盗扰（图九〇）。填土经夯打，由黄白土、红褐土和礓石混合而成。长方形竖穴土坑墓，长 250、宽 110、深 295 厘米。北壁距墓底 104 厘米有壁龛一个，龛为弧顶、平底，高 40、底宽 28、深 20 厘

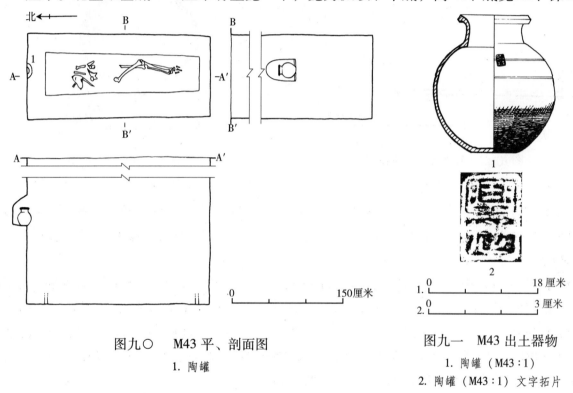

图九〇 M43 平、剖面图
1. 陶罐

图九一 M43 出土器物
1. 陶罐（M43∶1）
2. 陶罐（M43∶1）文字拓片

米。一棺已朽，棺长 210、宽 45 ~ 55 厘米。人骨朽，方向 3°，且被扰乱。随葬品共编号 1 件，出于壁龛内。

标本 M43∶1，陶罐 灰陶。侈口，方唇，唇上有折棱一道，高直领，圆球形腹，大平底。上腹有凹旋纹两道，下腹横向旋拍绳纹稍粗，底交叉拍印绳纹。肩部戳印有竖向"曲逆"二字。肩部口径 12.5、底径 9、高 25.2 厘米（图九一；图版三八，6）。

三八 M45

位于 I 区东北部 T33 内，2006 年 6 月上旬至 7 月 14 日发掘，未被盗扰，被 M44 打破（图九二；图版三九，1）。填土经夯打，由黄白土、红褐土和礓石混合而成。长方形竖穴土坑墓，长 280、宽 130、深 205 厘米。墓底有东西向土垄九条，条宽 5、高 4 厘米，土

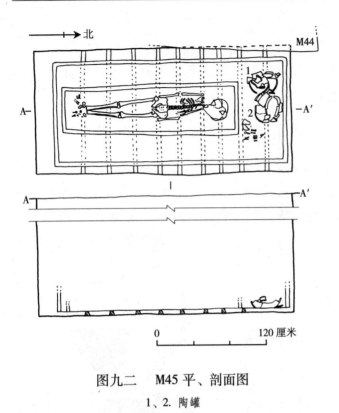

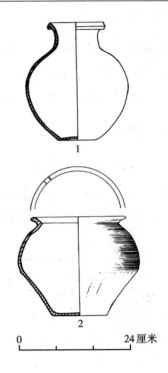

图九二　　M45 平、剖面图
1、2. 陶罐

图九三　　M45 出土器物
1. 陶罐（M45：1）　　2. 陶罐（M45：2）

垅间距15～25 厘米不等。一棺一椁已朽，椁长256、宽112、板厚4 厘米；棺长192、宽50～55、板厚4 厘米。人骨朽，头骨方向0°，仰身直肢。随葬品共编号2 件，在棺北的棺椁之间。

标本 M45：1，陶罐　灰陶。侈口，方唇上有折棱一道，唇下缘下垂，高直领，球形腹，平底较大而内凹，整体素面无纹。口径12.5、底径8、高25.2 厘米（图九三，1）。

标本 M45：2，陶罐　灰陶。大侈口，小平折沿，圆唇，曲腹，平底。上腹有暗旋纹。外底上有戳印"曲逆"二字，印痕深浅不一，字迹不清。口内径18.2、口外径20.6、底径12、高21.5 厘米（图九三，2；图版三九，2）。

另在棺北头还见有朽烂的动物骨头一堆。

三九　M46

位于 I 区东北部 T33 内，被 M47 打破，2006 年6 月上旬至7 月11 日发掘，被严重盗扰，南端上部被 M47 打破（图九四）。填土由黄沙土、红褐土和黑胶土混合而成。长方形竖穴土坑墓，长292、宽94、深130 厘米。棺下有东西向土垅，土垅高2、宽4 厘米，间距8～10 厘米。一棺已朽，棺长约200、宽60、板厚3 厘米。人骨朽，方向6°，只存盆骨以下。随葬品共编号6 件，皆出土在扰动的填土内。

标本 M46：1，陶盆　灰陶。窄平折沿，方唇，折曲腹，小平底。口内径22.5、口外径25.3、底径8、高11.2 厘米（图九五，1；图版三九，3）。

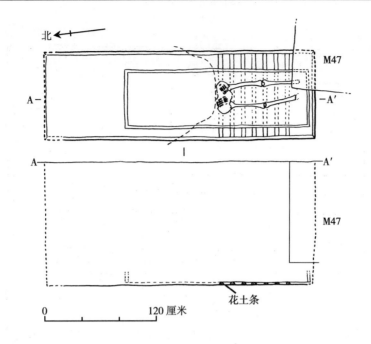

图九四　M46 平、剖面图

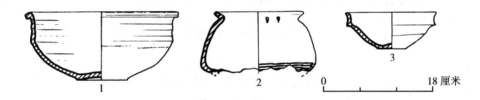

图九五　M46 出土器物

1. 陶盆（M46:1）　2. 陶罐（M46:2）　3. 陶碗（M46:6）

标本 M46:2，陶罐　灰陶。小侈口，口沿窄而低，垂腹，腹部上下差别不大，圜底。口径 14.2、残高约 9.6 厘米（图九五，2）。

标本 M46:3，陶盆　唇上有一周浅的凹旋纹，其余皆同标本 M46:1 盆。

标本 M46:4，陶盆　残。形制同标本 M46:3 盆。口内径 22.3、口外径 25.3、底径 7.8、高 11.5 厘米。

标本 M46:5，陶碗　灰陶。直口，折腹，平底残缺。口外径 20.2、高 6.5 厘米。

标本 M46:6，陶碗　形制同上。口外径 15.8、底径 5.4、高 6 厘米（图九五，3；图版三九，4）。

四〇　M48

位于Ⅱ区东南角 T34 内，2006 年 7 月中旬发掘，被盗扰（图九六）。填土经夯打，由红褐土、黑胶土、礓石和黄褐色基岩颗粒混合而成。长方形竖穴土坑墓，长 406、宽 170、深 160 厘米。一棺一椁已朽，椁长 375、宽 124、残高 44 厘米；棺长 200、宽 85、残高 36

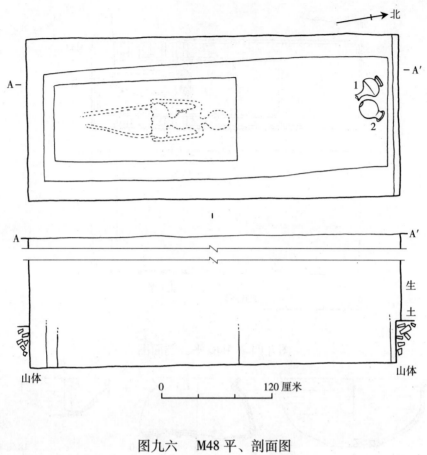

图九六　　M48 平、剖面图

1. 陶壶　2. 陶罐

厘米。人骨朽烂，头骨方向 6°，只存痕迹，仰身直肢。随葬品共编号 5 件，出于盗洞，另有残片。

　　标本 M48∶1，陶壶　灰陶。口缺失。周身涂有白衣，径上红彩绘三角形纹，上腹亦绘有纹饰但已不清。最大腹径 21.2、足径 11.7、残高 27 厘米（图九七，1；图版三九，5）。

　　标本 M48∶2，陶罐　灰陶。侈口，方唇，领较高，圆球形腹，小平底稍内凹，下腹及底上横向旋拍绳纹。口径 12.6、高 20.4 厘米（图九七，2）。

　　标本 M48∶3，陶壶　口缺失。大小、形制、彩绘同标本 M48∶1 壶。

　　标本 M48∶4，陶罐　灰陶。直口，圆唇，弧腹，最大腹径约在中部，底残。肩和上腹部有清晰的旋纹痕，下腹饰绳纹，底饰交叉绳纹。口外径 20.5、残高 24.8 厘米（图九七，3）。

　　标本 M48∶5，陶鼎　灰陶。残甚，敛口，弧腹，圜底，三蹄足，周身涂白衣，腹上绘红彩带，浅盘形盖上红彩绘有变形云纹。盖径 17.8、残高 14 厘米（图九七，4）。

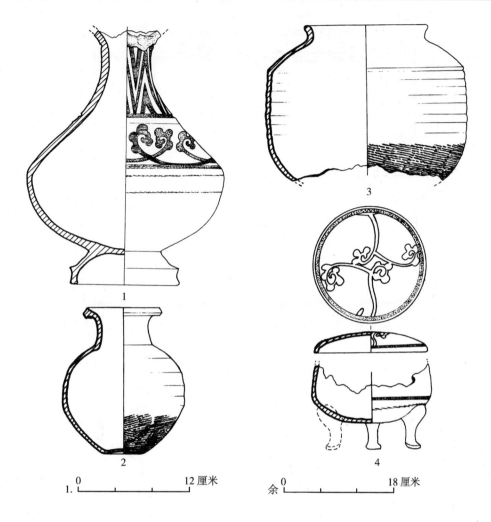

图九七　M48 出土器物

1. 陶壶（M48：1）　2. 陶罐（M48：2）　3. 陶罐（M48：4）　4. 陶鼎（M48：5）

四一　M49

位于Ⅱ区东南角 T35 内，2006 年 7 月中旬发掘，被盗扰（图九八）。填土经夯打，由红褐土、黑胶土、礓石和黄褐色基岩颗粒混合而成。长方形竖穴土坑墓，长 366、宽 154、深 114 厘米。一棺一椁已朽，椁长约 330、宽 100～110、板厚 4 厘米；棺长 184、宽 55 厘米。人骨朽，头骨方向 103°，部分扰乱，仰身直肢。随葬品共编号 8 件，在棺南的棺椁之间和西部盗洞，有罐、碗、瓮等。

标本 M49：1，陶罐　灰陶。侈口，方唇，领较高，腹稍长，小平底。中腹一道不规则绳圈印纹，下腹至底饰交叉绳纹。口径 11.2、底径 6、高 29 厘米（图九九，1）。

标本 M49：2，陶罐　形制同标本 M49：1 罐。口径 12.8、底径 6、高 26.6 厘米（图九九，2）。

标本 M49：3，陶瓮　灰陶。直口，领稍高，最大腹径偏下，圜底。肩下、腹部和圈

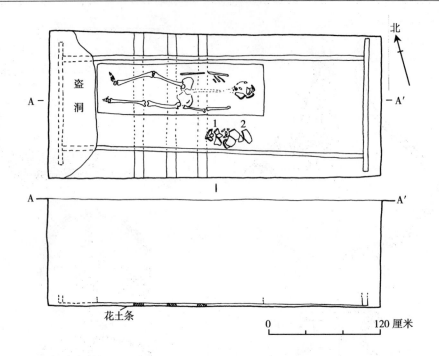

图九八　M49 平、剖面图
1、2. 陶罐

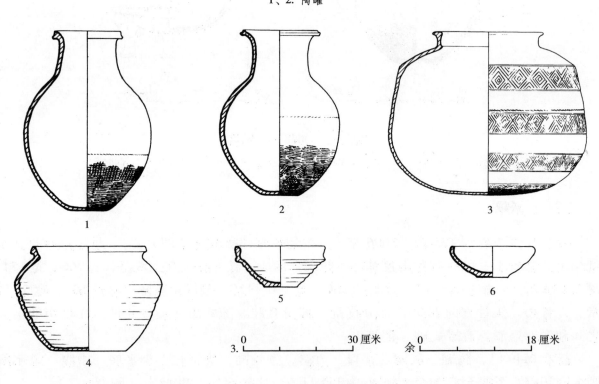

图九九　M49 出土器物

1. 陶罐（M49∶1）　2. 陶罐（M49∶2）　3. 陶瓮（M49∶3）　4. 陶罐（M49∶4）　5. 陶碗（M49∶6）
6. 陶碗（M49∶7）

底外侧分别用凹旋纹间隔以四道菱形方格纹带，圜底上饰交叉绳纹。口内径23.2、口外径28.5、最大腹径52.5、高43.5厘米（图九九，3）。

标本M49:4，陶罐 灰陶。大侈口残，方唇，矮领，曲腹。腹饰旋纹。口径约15、底径13、高17厘米（图九九，4）。

标本M49:5，陶碗 灰陶。敛口，弧腹，平底。口外径13.5、底径5.2、高4.7厘米。

标本M49:6，陶碗 灰陶。直口，折腹，平底。口外径15、底径5.5、高6.5厘米（图九九，5）。

标本M49:7，陶碗 同标本M49:5碗。口外径14、底径5、高5厘米（图九九，6）。

标本M49:8，铜钱 半两钱。残锈。字迹不清，无郭。径2.4、穿0.8厘米。

四二 M50

位于Ⅱ区东南角T36内，2006年7月中旬发掘，被盗扰（图一〇〇）。填土经夯打，由红褐土、黑胶土和礓石混合而成。长方形竖穴土坑墓，长390、宽130～136、深125厘米。一棺一椁已朽，椁长360、宽120、残高40厘米；棺长198、宽62、残高20厘米。人骨保存基本完好，头骨方向95°，朽易碎，仰身直肢，为40多岁男性。随葬品皆残片，出自盗洞和墓底部，原应在东部的棺椁之间，有陶罐、碗、鼎等，编号7件。

标本M50:1，陶罐 灰陶。直口，圆唇，肩腹交接处不明显，球形腹，最大腹径约在中部，平底。腹下部及底饰交叉绳纹。口内径15.2、口外径17.6、高30.8厘米（图一〇一，1；图版四〇，1）。

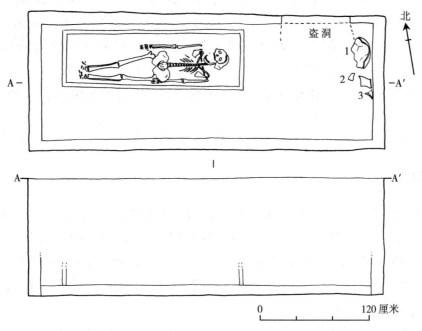

图一〇〇 M50平、剖面图

1. 陶罐 2. 陶碗 3. 陶鼎

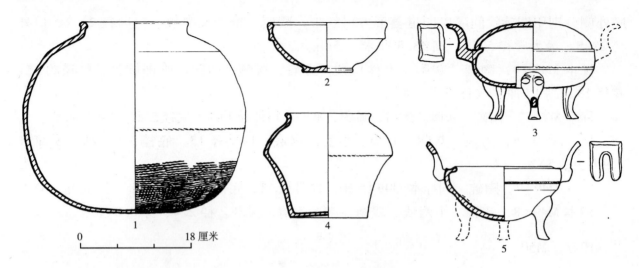

图一〇一　M50 出土器物

1. 陶罐（M50：1）　2. 陶碗（M50：2）　3. 陶鼎（M50：3）　4. 陶罐（M50：5）　5. 陶鼎（M50：4）

　　标本 M50：2，陶碗　灰陶。口稍内敛，折腹。直壁部分较高，下有很低的假圈足。口外径 20.1、底径 8.2、高 8 厘米（图一〇一，2；图版四〇，2）。

　　标本 M50：3，陶鼎　灰陶。立耳下内收上外翻，耳上无孔，子母口，腹壁稍内敛，弧腹，腹上有上下两道旋纹，底外圈内平，三蹄形足，足上模制出兽面，盖上有旋纹数道。口内径 16.6、口外径 19、口高 11.8、通耳高 15.6 厘米（图一〇一，3）。

　　标本 M50：4，陶鼎　灰陶。残甚。立耳上有孔，腹壁上稍内敛，腹外壁有红彩带，圈底，蹄足上无模制出的兽面。口外径 19.2、口内径 15.2、通高 16 厘米（图一〇一，5）。

　　标本 M50：5，陶罐　灰陶。大口，矮直领，曲腹，平底。中腹饰绳圈印纹和旋纹。口内径 12、口外径 14.4、底径 12.6、高 16.7 厘米（图一〇一，4）。

　　标本 M50：6，陶鼎　形制与标本 M50：3 鼎相同。口内径 16.8、口外径 19.6、口高 11.5、通耳高 15 厘米。

　　标本 M50：7，陶鼎　残，形制与标本 M50：3 鼎相同。

　　四三　M51

　　位于 Ⅱ 区东南 T37 内，2006 年 8 月上旬发掘，被盗扰（图一〇二）。填土经夯打，由红褐土、黑胶土和黄褐土混合而成。长方形竖穴土坑墓，长 390、宽 170、深 180 厘米。一棺一椁已朽，椁长约 374、宽 140 厘米；棺长 205、宽 60～70、板厚 5 厘米。人骨朽，头骨方向 11°，仰身直肢，为 45～50 岁男性。随葬品共编号 9 件，出自头前的棺椁之间和死者右侧的棺椁之间。

　　标本 M51：1，陶壶　灰陶。盘口，长颈，上腹扁下腹较鼓，圈足。中腹有绳圈印纹三周。周身饰白衣，颈上浅绿彩绘有正、倒三角交叉纹饰，其他纹饰不清。口径 11.8、最大腹径 19.5、圈足径 10.5、高 26.4 厘米（图一〇三，1）。

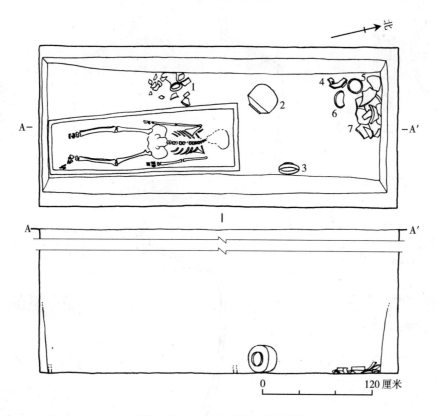

图一〇二　M51 平、剖面图

1. 陶壶　2. 陶罐　3、5、6. 陶碗　4. 陶鼎　7. 陶瓮

标本 M51:2，陶罐　灰陶。直口，肩腹交接明显，腹壁直，圜底。口外壁饰三道凹旋纹，肩下饰数道不规则绳圈印纹，圜底外圈饰旋拍粗篮纹，中心饰交叉篮纹。肩部旋纹间刻划一字，当读作"刑"字。口内径 13.5、口外径 15.5、高 29.4 厘米（图一〇三，2、3）。

标本 M51:3，陶碗　灰陶。直口，折腹，平底。口外径 20.5、底径 7.5、高 8.5 厘米（图一〇三，4）。

标本 M51:4，陶鼎　灰陶。残甚。附耳下直上外翻，长方孔，子母口凹槽较深，腹壁较直而稍敛，腹外壁有凹旋纹，圜底，蹄形足，周身涂白衣。

标本 M51:5，陶碗　灰陶。口外径 14.7、底径 6.6、高 5.5 厘米（图一〇三，5；图版四〇，3）。

标本 M51:6，陶碗　形制同上。口外径 15.3、底径 6.5、高 5.6 厘米。

标本 M51:7，陶瓮　灰陶。直口，平折沿，矮领。肩下、腹上以旋纹间隔有两组印方格纹带，圜底外部饰横向绳纹，中心饰交叉绳纹。口内径 18.7、口外径 23.9、最大腹径 46.5、高 38.4 厘米（图一〇三，6）。

标本 M51:8，陶壶　同标本 M51:1 陶壶。

标本 M51:9，陶鼎　残甚。同标本 M51:4 鼎。口外径 18.6、口内径 15.6、通高 18 厘米（图一〇三，7）。

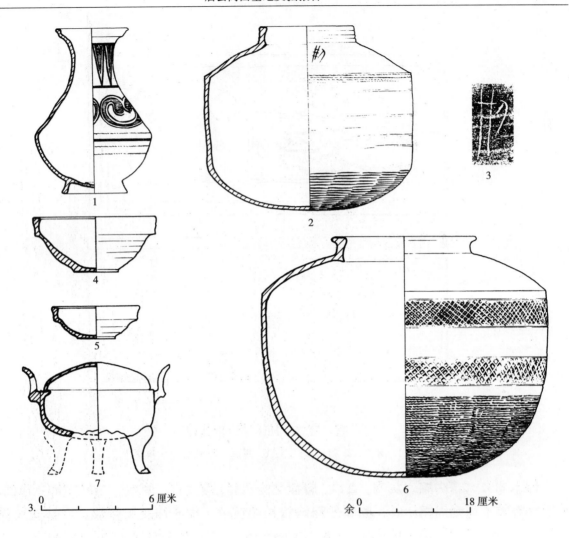

图一〇三　M51 出土器物

1. 陶壶（M51∶1）　2. 陶罐（M51∶2）　3. 陶罐（M51∶2）拓片　4. 陶碗（M51∶3）　5. 陶碗（M51∶5）
6. 陶瓮（M51∶7）　7. 陶鼎（M51∶9）

四四　M52

位于Ⅱ区东南 T37 内，2006 年 8 月中旬发掘，被盗扰（图一〇四；图版四一，1）。填土经夯打，由红褐土、黄白土和较多的礓石混合而成。长方形竖穴土坑墓，长 390、宽 170、深 134 厘米。一棺一椁已朽，椁长约 374、宽 125~140、板厚 6 厘米；棺长 165、宽 65、板厚 5 厘米。人骨朽成粉末，头骨方向 13°，仰身直肢。随葬品共编号 7 件，1 件出自死者口中，其余的出自盗洞和头前的棺椁之间。

标本 M52∶1，陶瓮　灰陶。直口，领稍高，领上分别有凹、凸旋纹四道和三道。肩、腹部满饰旋断细绳纹，圜底外部饰横向篮纹，中心饰不规则交叉篮纹和交叉细绳纹。口内径 16.3、口外径 20.8、最大腹径 48.8、高 46.4 厘米（图一〇五，1；图版四〇，4）。

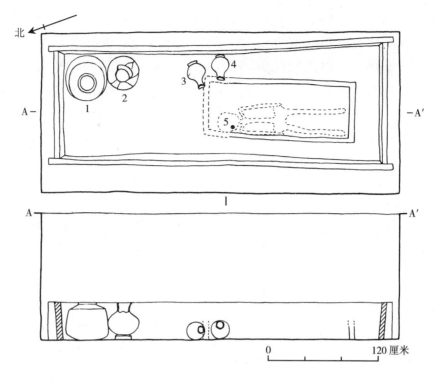

图一〇四　M52 平、剖面图

1. 陶瓮　2~4. 陶壶　5. 铜钱

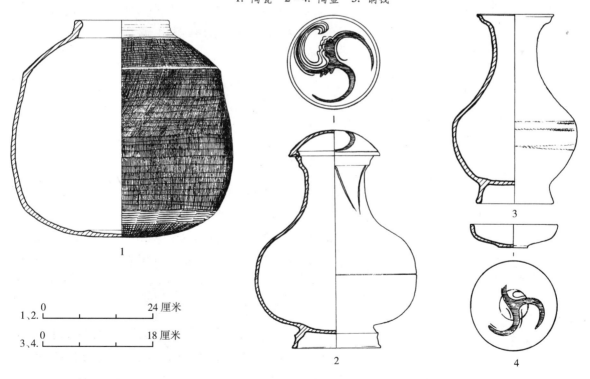

图一〇五　M52 出土器物

1. 陶瓮（M52：1）　2. 陶壶（M52：2）　3. 陶壶（M52：4）　4. 陶碗（M52：7）

标本 M52：2，陶壶　灰陶。浅盘口，颈较粗，鼓腹，圈足上有折棱，呈倒置的盘形。中腹有凹旋纹一道，口下白彩绘倒三角纹一周。浅盘形盖，弧顶，上以红、褐、绿三色绘大卷云纹。口外径 16.8、最大腹径 36.2、加盖高 46.4（图一〇五，2；图版四〇，5）。

标本 M52：3，陶壶　灰陶。口残。长颈，腹较鼓，高圈足。中腹饰几周不甚规则绳圈印纹，再周身涂白衣。最大腹径 21、圈足径 12.6、残高 30 厘米。

标本 M52：4，陶壶　大小、形制同上。口径 12、高 31 厘米（图一〇五，3）。

标本 M52：5，铜钱　半两钱。1 枚。朽残，无郭。径 2.4、穿 0.9 厘米。

标本 M52：6，陶碗　灰陶。直口，弧折腹，小平底，整体低矮。口外径 15、底径5.4、高 4.5 厘米（图版四〇，6）。

标本 M52：7，陶碗　灰陶。直口，弧折腹，小平底，是最低矮的碗。碗底和外壁用褐、绿两色绘大卷云纹图案。口外径 14.5、底径 4.9、高 3.7 厘米（图一〇五，4）。

四五　M53

位于Ⅱ区南中部 T39 内，2006 年 7 月下旬至 8 月 7 日发掘，未盗扰（图一〇六；图版四一，2）。填土未经夯打，由红褐土、灰白土和黄褐土混合而成。长方形竖穴土坑墓，长 215、宽 100～108、深 88 厘米。一棺已朽，棺长 180、宽 60 厘米。人骨保存基本完好，头骨方向 10°，仰身直肢，为 30 岁左右男性。随葬品共编号 1 件，出自左肩肱骨处。

标本 M53：1，铜带钩　铲形，前端为弧形边沿，后端平齐，纽较小。通长 5.2、铲部长 1.8、宽2.1 厘米（图一〇七；彩版八，4；图版四二，1）。

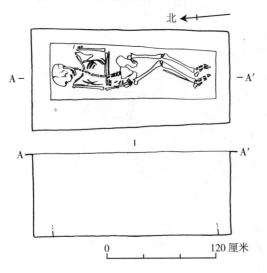

图一〇六　M53 平、剖面图

1. 铜带钩

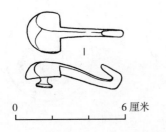

图一〇七　M53 出土铜带钩（M53：1）

四六　M54

位于Ⅱ区南部 T39 内，2006 年 7 月中旬至 8月 6 日发掘，未盗扰，下部打破 M56（图一〇八；图版四二，2）。填土未经夯打，由红褐土、黄褐土、礓石和黄白土混合而成。长方形竖穴土坑墓，长 285、宽 100、深 55 厘米。东西两圹壁下部有生土台，东台宽 14、西台宽 16、台高 30 厘米。一棺已朽，棺长 175、宽 48 厘米。人骨保存基本完好，方向 180°，仰身下直肢，左上肢屈放腹前，为 30 多岁左右女性。随葬品共编号 2 件，出自南面的棺椁之间。

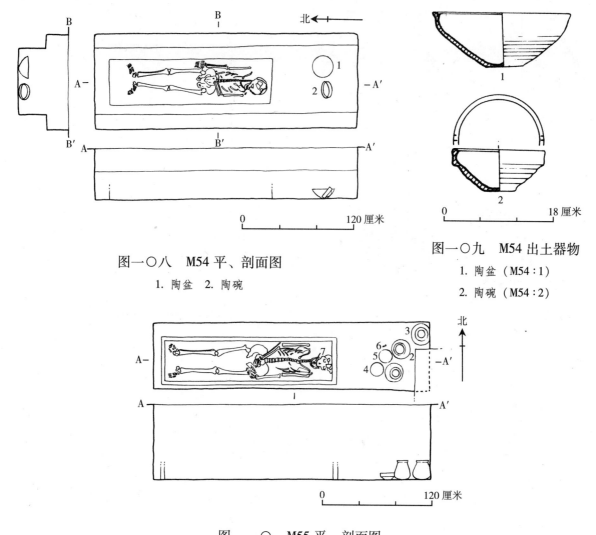

图一〇八　M54 平、剖面图

1. 陶盆　2. 陶碗

图一〇九　M54 出土器物

1. 陶盆（M54：1）

2. 陶碗（M54：2）

图一一〇　M55 平、剖面图

1~3. 陶罐　4、5. 陶碗　6. 铁带钩　7. 铜钱

标本 M54：1、陶盆　灰陶。圆唇，敞口，窄沿，沿面一周凹槽，曲腹，小平底。口外径 23.2、沿宽 1、底径 6.2、高 8.4 厘米（图一〇九，1；图版四二，3）。

标本 M54：2、陶碗　灰陶。直口，折腹，平底。口外径 15.7、底径 5.8、高 6.6 厘米（图一〇九，2）。

四七　M55

位于 Ⅱ 区南部 T39 内，被 M57 打破一角，2006 年 7 月中旬至 8 月 7 日发掘，未被盗扰（图一一〇；图版四二，4）。填土经过粗夯，由红褐土、黄褐色和礓石混合而成。长方形竖穴土坑墓，长 300、宽 70、深 80 厘米。一棺已朽，棺长 180、宽 50、板厚 4 厘米。人骨基本完好，方向 88°，仰身下直肢，右上肢屈放盆骨上，为 40~50 岁左右男性。随葬品共编号 7 件，1 件出自死者口中，其余出自棺东至东壁之间。

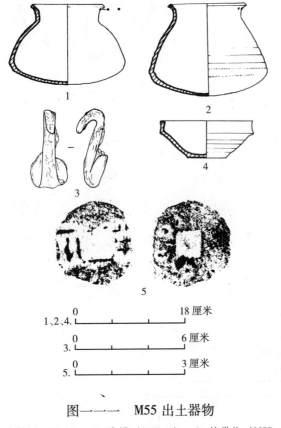

图一一一　M55 出土器物
1. 陶罐（M55:1）　2. 陶罐（M55:3）　3. 铁带钩（M55:6）
4. 陶碗（M55:5）　5. 铜钱（M55:7）

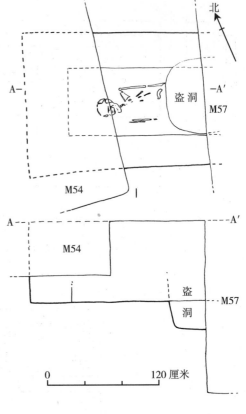

图一一二　M56 平、剖面图

标本 M55:1，陶罐　灰陶。侈口，有领，垂腹，圜底。底饰细绳纹。口径 12、高 12.8 厘米（图一一一，1）。

标本 M55:2，陶罐　形制同标本 M55:1 罐。底饰篮纹和交叉篮纹。口径 14.6、高 15.6 厘米。

标本 M55:3，陶罐　形制同标本 M55:1 罐。底饰细绳纹和交叉细绳纹。口径 13、高 15 厘米（图一一一，2；图版四二，5）。

标本 M55:4，陶碗　灰陶。直口，折腹，平底。口外径 15.4、底径 6、高 5 厘米。

标本 M55:5，陶碗　形制同标本 M55:4 碗。口外径 15.2、底径 6.6、高 5.7 厘米（图一一一，4）。

标本 M55:6，铁带钩　锈蚀严重。琵琶形，短小，纽较大。长 4.3、最宽处 2 厘米（图一一一，3）。

标本 M55:7，铜钱　半两钱。1 枚，残。径 2.3、穿 0.7 厘米（图一一一，5）。

四八　M56

位于 Ⅱ 区南部 T39 内，分别被 M54 和 M57 打破，2006 年 7 月中旬至 8 月 21 发掘，被严重破坏、盗扰（图一一二）。填土经夯打，由红褐土、黄褐色和礓石混合而成。长方形竖穴土坑墓，东段被 M57 打破，残长 200、宽 144、深 86 厘米。一棺已朽，棺宽 72 厘米。人骨朽烂，方向 285°，残剩无几，为 50 岁左右男性。随葬品因被破坏无存。

四九　M57

位于 Ⅱ 区南部 T39 内，打破 M56，2006 年 7 月中旬至 8 月 20 日发掘，被盗扰（图一一三）。填土经夯打，由红褐土、黄褐土、礓石和黄褐色基岩颗粒混合而成。长方形竖穴土坑墓，长 456、宽 160、深 160 厘米。一棺一椁已朽，椁长约 426、宽 120～128 厘米；棺长 208、宽 65 厘米。人骨朽烂成粉末，方向 186°，仰身直肢。随葬品共编号 11 件，1 件出自口中，余皆出自盗洞和南部的棺椁之间。

标本 M57：1，陶鼎　灰陶夹云母胎质。附耳与腹壁黏结面大，无孔，附耳上有模印留下的细条纹，腹上壁外侈，圜底，三蹄形足间距较小，周身涂白衣。口内径 16、口外径 20、两耳宽距 24、口高 12.4、通耳高 16.4 厘米（图一一四，1；图版四三，1）。

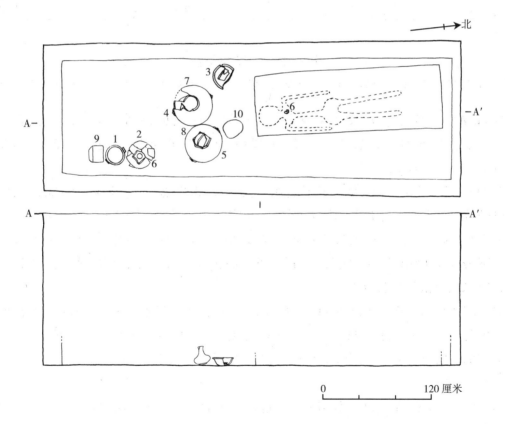

图一一三　M57 平、剖面图

1、7. 陶鼎　2、4、5、8. 陶壶　3. 陶盆　6. 铜钱　9. 漆盒　10. 漆盘

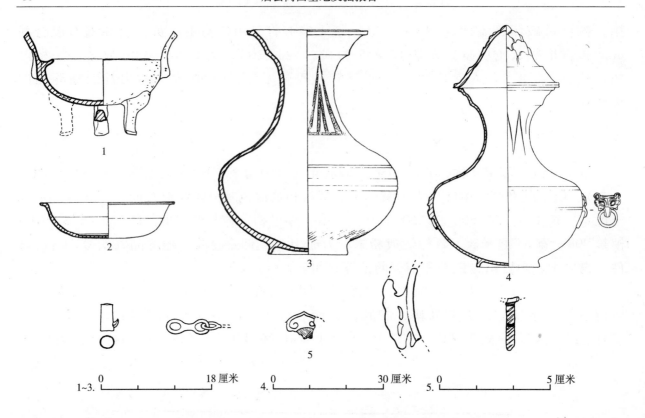

1~3.　0 ————————— 18 厘米
4.　0 ————————— 30 厘米
5.　0 ————————— 5 厘米

图一一四　M57 出土器物

1. 陶鼎（M57：1）　2. 陶盆（M57：3）　3. 陶壶（M57：2）　4. 陶壶（M57：5）　5. 铅锡车马器（M57：11）

标本 M57：2，陶壶　夹云母灰陶质。盘口深，腹较扁，圈足矮。颈、腹有凹旋纹数道，颈上彩绘竖三角纹。口径 19.8、最大腹径 26、圈足径 13、高 36、圈足高 2.6 厘米（图一一四，3；图版四三，2）。

标本 M57：3，陶盆　灰陶。窄平折沿，方唇，弧曲腹，腹较浅，圜底，内底中心稍内凹。口外径 23.5、沿宽 1.2、高 5.8 厘米（图一一四，2；图版四三，3）。

标本 M57：4，陶壶　夹云母灰陶质。盘口深，腹较扁，足矮。腹饰两个对称的铺首衔环，上下分别有两组凹旋纹定位。口径 26、最大腹径 42、圈足径 17.6、连盖高 60、圈足高 1.8 厘米（图版四三，4）。

标本 M57：5，陶壶　同标本 M57：4 壶，但多了两个模制的铺首衔环。有模制的博山形盖。口外径 26、最大腹径 41、高 64 厘米（图一一四，4；图版四三，5）。

标本 M57：6，铜钱　半两钱。1 枚，残。"五"字交笔稍弧，"铢"字不清。径 2.6、穿 0.8 厘米。

标本 M57：7，陶鼎　同标本 M57：1 鼎。口内径 15、口外径 18.5、口高 12.5、通耳高 16.8 厘米。

标本 M57：8，陶壶　同标本 M57：2 壶。

标本 M57：9，漆盒　形状不明，未取（图版四三，6）。

标本 M57：10，漆盘　形状不明，未取。

标本 M57：11，铅锡车马器　残碎，有衔、镳、盖弓冒等残件（图一一四，5）。

五〇　M58

位于Ⅱ区南部 T40 内，2006 年 7 月中旬至 8 月 21 日发掘，被盗扰（图一一五）。填土经夯打，由红褐土、黄褐土、礓石和黄褐色基岩颗粒混合而成。长方形竖穴土坑墓，长 332、宽 140、深 190 厘米。一棺一椁已朽，椁长约 326、宽 90 厘米；棺长 208、宽 55～62、板厚 4 厘米。人骨被扰无存，方向 99°。随葬品共编号 4 件，出自东部的棺椁之间和扰乱土中。

标本 M58：1，陶罐　灰陶。直口，折肩，鼓腹，腹下稍大，圜底。口外壁饰凹旋纹三道，腹部饰有旋纹和绳圈印纹，底部外圈饰旋拍绳纹，中心饰交叉绳纹。口径 19.6、高 24.8 厘米（图一一六，1；图版四四，1）。

标本 M58：2，陶罐　灰陶。侈口，方唇，高直领，圆球形腹，平底小。下腹及底饰交叉绳纹。口径 12、高 24 厘米（图一一六，2）。

标本 M58：3，陶碗　灰陶。直口，折腹，平底，腹部有旋纹。口外径 15.2、底径 6.5、高 5.7 厘米（图一一六，3）。

标本 M58：4，陶罐　灰陶。侈口，圆唇，圜底。腹部有多道清晰的凹旋纹，底外圈旋拍绳纹，中心饰交叉绳纹。口外径 16.8、高 12.3 厘米（图一一六，4）。

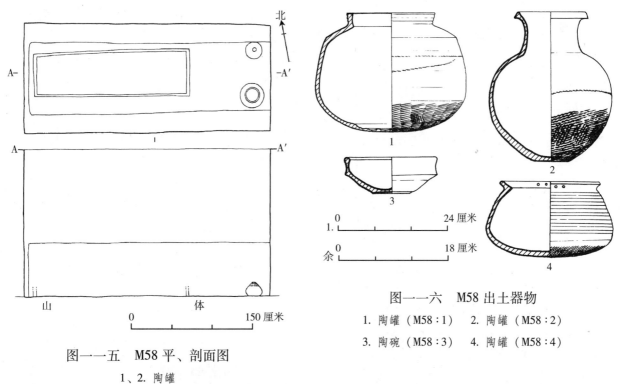

图一一五　M58 平、剖面图
1、2. 陶罐

图一一六　M58 出土器物
1. 陶罐（M58：1）　2. 陶罐（M58：2）
3. 陶碗（M58：3）　4. 陶罐（M58：4）

五一　M59

位于Ⅱ区南部T40内，2006年7月中旬至8月7日发掘，被盗扰（图一一七；图版四四，2）。填土经夯打，由红褐土、黄褐土和礓石混合而成。长方形竖穴土坑墓，长240、宽140、深90厘米。东、西、南三面墓圹下部有生土台，东台宽24、西台宽22、南台宽8、台高36厘米。一棺已朽，棺长176、宽54厘米。人骨被扰严重，方向17°，只存部分，可能为女性。随葬品共编号9件，2件出自死者头部和口中，其余出自北部棺椁之间。

标本M59：1，陶罐　灰陶。直口，肩腹转折明显，腹壁直，圜底。肩下饰绳圈印纹一周，底外圈旋拍篮纹，中心饰交叉篮纹。口内径13、口外径15.5、高24.6厘米（图一一八，1）。

标本M59：2，陶罐　灰陶。侈口，方唇，高直领，鼓腹，小平底。中腹饰不规则的绳圈印纹三道，下腹及底饰篮纹。口径12.8、底径7.5、高26.5厘米（图一一八，2）。

标本M59：3，陶碗　灰陶。直口，折腹，平底，腹部有旋纹。口外壁及腹上刻划有二字，似为"石"。口外径21.1、底径6.8、高8.5厘米（图一一八，3、4）。

标本M59：4，陶罐　灰陶。侈口，方唇，沿面上浅槽不明显，圜底。腹部有数道清晰的旋纹，底外圈旋拍篮纹，中心竖拍篮纹。口外径14.5、高13.2厘米（图一一八，5；图版四四，3）。

标本M59：5，陶碗　同标本M59：3碗。口外径14.5、底径7.5、高5.4厘米（图一一八，6）。

标本M59：6，陶碗　同标本M59：3碗。口外径15.2、底径5.8、高5.8厘米（图一一八，7）。

标本M59：7，铜钱　半两钱。1枚，朽，无郭。径2.4、穿0.9厘米（图一一八，8）。

标本M59：8，玻璃耳塞　两个相同。色黑，八棱体，一端有圆形帽，断面约呈"T"形。长1.8、帽径1厘米（图一一八，9）。

标本M59：9，陶罐　大小、形制同标本M59：2罐，所不同的是下腹篮纹有交叉。残缺不全。

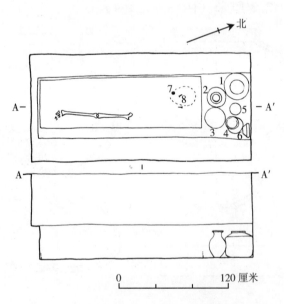

图一一七　M59平、剖面图

1、2、4. 陶罐　3、5、6. 陶碗
7. 铜钱　8. 玻璃耳塞

五二　M60

位于Ⅱ区南部T40内，2006年7月中旬

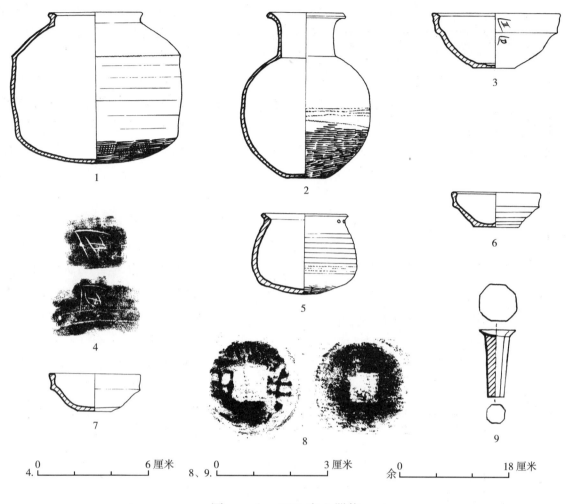

图一一八　M59 出土器物

1. 陶罐（M59:1）　2. 陶罐（M59:2）　3. 陶碗（M59:3）　4. 陶罐（M59:3）拓片　5. 陶罐（M59:4）
6. 陶碗（M59:5）　7. 陶碗（M59:6）　8. 铜钱（M59:7）　9. 玻璃耳塞（M59:8）

至 8 月 8 日发掘，被盗扰（图一一九；图版四四，4）。填土经夯打，由红褐土、黄褐土和礓石混合而成。长方形竖穴土坑墓，长 316、宽 120～130、深 100 厘米。东、西两圹壁下部有生土二层台，西台宽 18～24、东台宽 15、台高 50 厘米。一棺已朽，棺长 198、宽 65、板厚 4 厘米。人骨腐朽易碎，头骨方向 9°，仰身直肢，为 35～40 岁男性。随葬品共编号 9 件，出自棺外至北壁之间。

标本 M60:1，陶罐　灰陶。直口，肩腹转折明显，腹壁直，圜底。肩腹交接处饰绳圈印纹一周，底外圈旋拍粗篮纹，中心饰交叉粗篮纹。口内径 15.5、口外径 17.6、高 25 厘米（图一二〇，1；图版四五，1、2）。

标本 M60:2，陶碗　灰陶。直口，折腹，平底。口外径 14.8、底径 5.5、高 5.5 厘米。

标本 M60:3，陶碗　同标本 M60:2 碗。口外径 15、底径 5.7、高 6 厘米（图一二〇，2）。

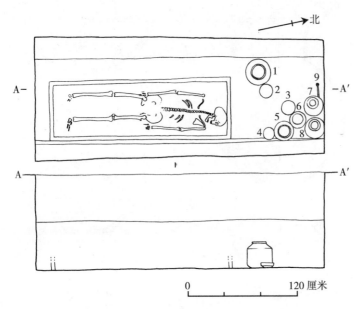

图一一九　M60 平、剖面图

1、5~8. 陶罐　2~4. 陶碗　9. 铁刀

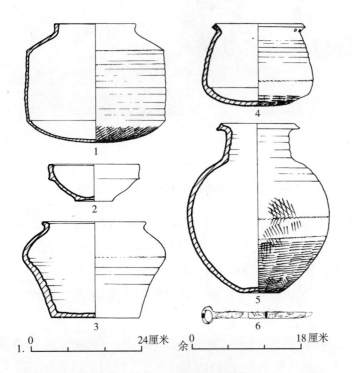

图一二〇　M60 出土器物

1. 陶罐（M60：1）　2. 陶碗（M60：3）　3. 陶罐
（M60：5）　4. 陶罐（M60：6）　5. 陶罐（M60：7）
6. 铁刀（M60：9）

标本 M60：4，陶碗　同标本 M60：2 碗。口外径 15、底径 6、高 6 厘米。

标本 M60：5，陶罐　灰陶。大口，矮直领，上腹鼓，下腹斜直内收，平底。部腹饰两周绳圈印纹。口内径 14.9、口外径 16.7、底径 14.4、高 15.7 厘米（图一二〇，3）。

标本 M60：6，陶罐　灰陶。侈口，方唇，沿面上凹槽不明显，垂腹，圜底。腹部有凹旋纹数道，底面外圈旋拍篮纹，中心竖拍篮纹。口径 14、高 13 厘米（图一二〇，4；图版四五，3、4）。

标本 M60：7，陶罐　灰陶。侈口，方唇，领下部稍粗，鼓腹，小平底。上腹有凹旋纹，中腹饰两道绳圈印纹，下腹饰篮纹，底饰交叉篮纹。口径 12.2、底径 7、高 27 厘米（图一二〇，5，图版四五，5）。

标本 M60：8，陶罐　灰陶。高直领，鼓腹，小平底稍内凹。中腹饰旋纹和三道绳圈印纹，下腹饰篮纹，底饰交叉篮纹。口径 12.4、底径 5.5、高 27.2 厘米。

标本 M60：9，铁刀　环首，单面刃，残断。长约 19、宽 1.1、环首宽 3 厘米（图一二〇，6）。

五三　M62

位于Ⅱ区东南部 T42 内，2006 年 7 月 21 至 7 月 28 日发掘，被盗扰（图一二一）。填土经夯打，由红褐土、黄褐土、浅黑褐土、礓石

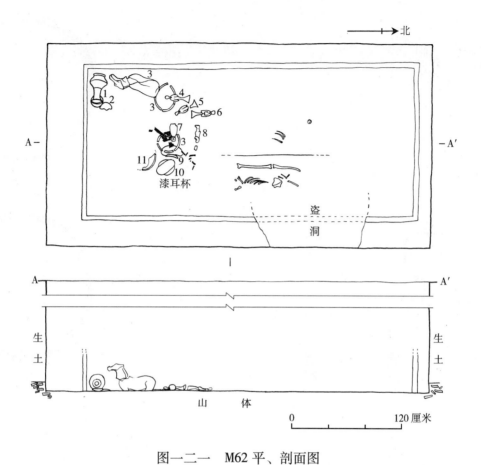

图一二一　M62 平、剖面图

1、2、12. 陶壶　3. 陶车马　4~6. 陶女侍俑　7. 陶驭手俑　8. 陶男侍俑　9、10. 漆
耳杯（未取）　11. 漆盘形器（未取）

和基岩颗粒混合而成。长方形竖穴土坑墓，长 420、宽 215、深 230 厘米。见有一椁已朽，长 366、宽 166、板厚 5、残高 40 厘米。应有一棺，因扰乱而痕迹不清。人骨所剩无几，头骨方向 180°，朽烂成粉，性别、年龄等不清。随葬品共编号 15 件，出自南部棺椁之间（图版四六，1）。

标本 M62:1，陶壶　灰陶。腹较扁，中腹有绳圈印纹一周和红黑彩带纹。颈上饰红彩三角纹和彩带纹，上腹纹饰不清。盖上亦绘红彩，纹饰不清。口径 12、腹径 19、圈足径 11、连盖高 32.1 厘米（图一二二，1；图版四六，2）。

标本 M62:2，陶壶　残缺。大小、形制同标本 M62:1 陶壶。

标本 M62:3，陶车马　存一马和两个陶车轮，皆泥质灰陶，分别编号为标本 M62: 3 -（1、2、3）。陶马（标本 M62:3 - 1）周身先涂白衣地再施红彩绘。勾头，凸睛，耳根处有圆孔，立颈，无腿，在腿根部各有一小圆孔可能用以装木质的腿。长 39、高 28.5 厘米（图一二二，2 - 1）。车轮施红彩绘，内侧有装辐小孔 16 个。标本 M62:3 - 2，一面稍平，一面有中脊。内径 19、外径 22.8 厘米（图一二二，2 - 2；图版四六，3）。标本

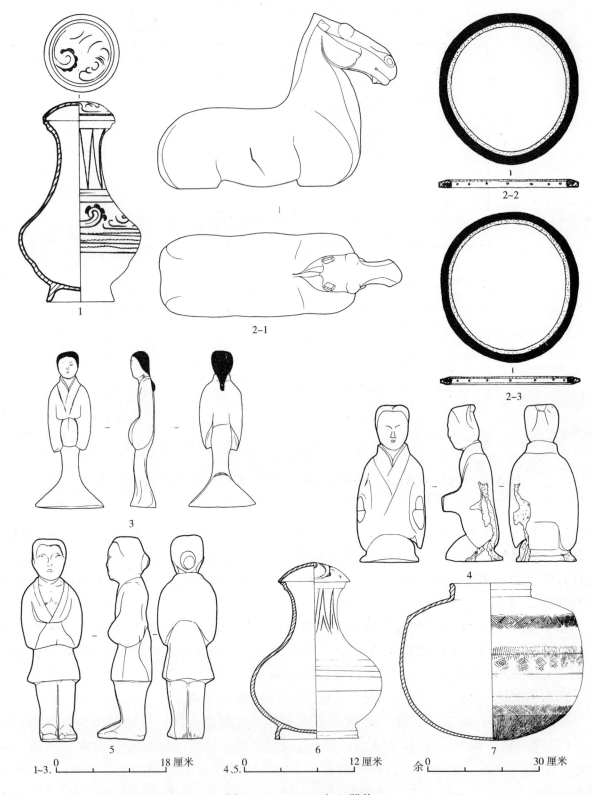

图一二二　M62 出土器物

1. 陶壶（M62：1）　2. 陶车马（M62：3）　3. 陶女侍俑（M62：4）　4. 陶驭手俑（M62：7）

5. 陶男侍俑（M62：8）　6. 陶壶（M62：12）　7. 陶瓮（M62：13）

M62：3－3，两面皆有中脊。内径18.7、外径22.9厘米（图一二二，2－3）。

标本 M62：4，陶女侍俑　灰陶。完好。脸部扁平，五官不甚清晰，涂黑的长发过两鬓于颈后挽成髻。身着交衽深衣，宽袖，双手拱于腹前，衣下部呈燕尾式。高25厘米（图一二二，3；彩版五，2；图版四七，1）。

标本 M62：5，陶女侍俑　残。形制同标本 M62：4俑，头发上黑色脱落。高25.5厘米（图版四七，2）。

标本 M62：6，陶女侍俑　残。形制同标本 M62：4、标本 M62：5俑。高25.3厘米。

标本 M62：7，陶驭手俑　红褐陶质。跪坐形。头顶中间平，后侧有小发髻，脑后一较大发髻，脸部丰满圆润。身着交衽长衣，覆盖整个腿、足。两上肢于体侧前伸，作持物或驾驭状。高16.7厘米（图一二二，4；图版四七，3、4）。

标本 M62：8，陶男侍俑　灰陶。脸部宽而扁平，五官不甚清晰。身着交衽长衣不过膝，双手拱于腹前，并腿，足蹬靴。高21.3厘米（图一二二，5；图版四七，5、6）。

标本 M62：9，漆耳杯　朽烂未取。

标本 M62：10，漆耳杯　朽烂未取。

标本 M62：11，漆盘形器　未取。

标本 M62：12，陶壶　灰陶。浅盘口，颈较粗，鼓腹，圈足上有折棱一道，呈倒置的盘形。腹部有凹旋纹数道。口径22、最大腹径34、圈足径23.2、通高47.6厘米（图一二二，6）。

标本 M62：13，陶瓮　灰陶。直口，领稍高，领上有两道凹旋纹，中间夹一道凸棱。肩下、腹上以旋纹间隔有三道菱形方格纹带，圜底上饰旋断细绳纹。口内径18、口外径22、最大腹径50、高约42.4厘米（图一二二，7；图版四六，4）。

标本 M62：14，陶鼎　灰陶。残缺。立耳下直上外翻，与腹黏结面较小，耳上有长方形孔，子母口稍内敛，圜底，三蹄形足，盘形盖。耳内外、上腹皆画红彩，腹上红彩纹饰画在上下两条彩带内，纹饰已不清，足上部红彩绘出兽面形。

标本 M62：15，陶鼎　残缺。形制同上。

五四　M63

位于Ⅱ区东部 T43 内，2006年7月20至8月7日发掘，被盗扰（图一二三）。填土经夯打，由红褐土、黄褐土、礓石混合而成。长方形竖穴土坑墓，长314、宽135、深150厘米。一棺一椁，椁长280、宽112厘米。棺已不存。见少量人骨碎块，头骨方向360°。随葬品未见，填土中也未见一块陶片。

五五　M66

位于Ⅱ区中东部 T44 内，打破 M65，2006年7月19至7月21日发掘，完好（图一二四）。填土由灰白土、红褐土混合而成。长方形竖穴土坑墓，长195、宽60、深40厘米。无棺。人骨腐朽易碎，头骨方向263°，仰身直肢，为未成年人。编号随葬品9件，1件在死者

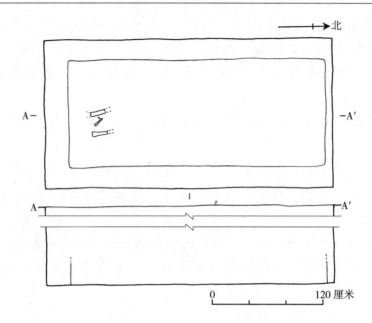

图一二三　　M63 平、剖面图

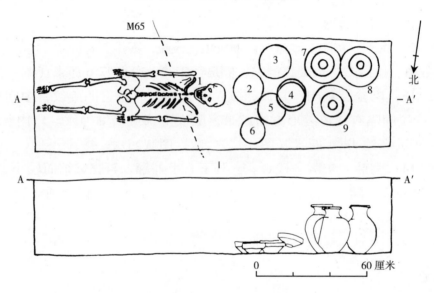

图一二四　　M66 平、剖面图

1. 铜钱　2~6. 陶碗　7~9. 陶罐

口中，余皆出自头前至西壁之间。

标本 M66:1，铜钱　五铢钱。1 枚，朽，正面无内郭，"五"字交笔稍弧，"铢"头方折，下弧折。径 2.7、穿 1.1 厘米（一二五，1）。

标本 M66:2，陶碗　灰陶。直口，折腹，平底，腹部有旋纹。口外径 18.9、底径 5.9、高 8 厘米（图一二五，2）。

标本 M66:3，陶碗　基本同标本 M66:2 碗。口外径 17.7、底径 5.8、高 7.6 厘米。

标本 M66:4，陶碗　基本同标本 M66:2 碗。口外径 15.4、底径 5.4、高 6 厘米。

标本 M66：5，陶碗　灰陶。直口，折腹，平底。口外径 15、底径 5、高 5.2 厘米（图一二五，3）。

标本 M66：6，陶碗　基本同标本 M66：2 碗。口外径 17.8、底径 6、高 7.4 厘米（图版四八，1）。

标本 M66：7，陶罐　灰陶。侈口，方唇，高直领，腹稍长，平底内凹。腹部旋纹痕多而清晰，下腹饰篮纹，底饰交叉篮纹。口径 13.3、底径 6.3、高 27 厘米（图一二五，4）。

标本 M66：8，陶罐　同标本 M66：7 罐，残缺。

标本 M66：9，陶罐　同标本 M66：7 罐，残缺。

五六　M67

位于Ⅱ区中东部 T45 内，2006 年 7 月下旬至 8 月 12 日发掘，被盗扰（图一二六）。填土

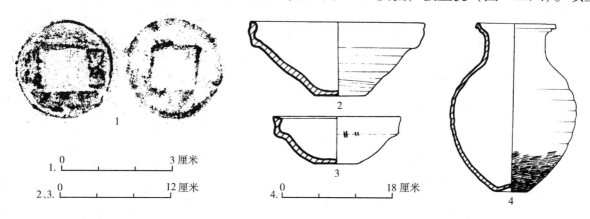

图一二五　M66 出土器物

1. 铜钱（M66：1）　2. 陶碗（M66：2）　3. 陶碗（M66：5）　4. 陶罐（M66：7）

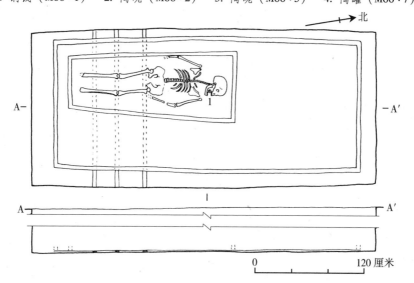

图一二六　M67 平、剖面图

1. 铜钱

经夯打，由红褐土、黄褐土、黑土混合而成。长方形竖穴土坑墓，长375、宽160、深100厘米。一棺一椁已朽，椁长330、宽135、板厚4厘米；棺长180、宽55～74、板厚4厘米。棺椁下有垫土条，间距20～26、土条宽4厘米。人骨腐朽易碎，头骨方向9°，仰身直肢，上缺尺、桡骨和手，为40～50岁男性。随葬品在死者口中出有铜钱1枚，左臂旁有漆器和兽骨痕迹，余都被破坏扔至盗洞中，有陶壶、陶碗、陶鼎、陶车轮以及夹砂红陶片等。

标本 M67：1，铜钱　半两钱。1枚，朽残。径2.4、穿0.9厘米。

标本 M67：2，陶鼎　灰陶。附耳有长方孔，与壁黏结面不大，腹壁较直，折腹，圜底，三蹄形足间距较近，周身涂白衣，耳、腹、足上分别见有红彩带。口内径15.8、口外径19、通高13.6厘米（图一二七，1）。

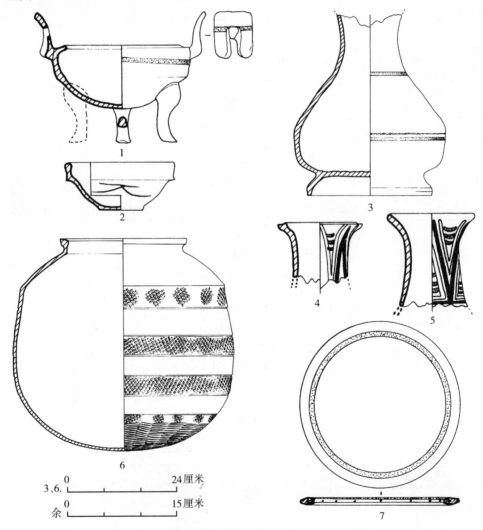

图一二七　M67 出土器物

1. 陶鼎（M67：2）　2. 陶碗（M67：4）　3. 陶壶（M67：7）　4. 陶壶（M67：8）　5. 陶壶（M67：9）

6. 陶瓮（M67：11）　7. 陶车轮（M67：10）

标本 M67：3，陶鼎　残缺。同标本 M67：1 鼎。

标本 M67：4，陶碗　灰陶。直口，折腹，平底，腹部有刻划符号。口外径 15.2、底径 5.7、高 6.4 厘米（图一二七，2）。

标本 M67：5，陶碗　同上。口外径 20、底径 7.2、高 7.5 厘米。

标本 M67：6，陶碗　同上。口外径 16、底径 6、高 5.3 厘米。

标本 M67：7，陶壶　灰陶。长颈残，腹稍垂，圈足。中腹饰两道绳圈印纹，颈、腹分别饰有一周红彩带纹。最大腹径 32.8、圈足径 27.2、残高 38 厘米（图一二七，3）。

标本 M67：8，陶壶　灰陶。口沿残部，盘口。外壁饰黑、白、红三色三角纹。口径 11.6 厘米（图一二七，4）。

标本 M67：9，陶壶　灰陶。口沿残部，侈口。外壁饰黑、白、红三色三角纹。口径 12 厘米（图一二七，5）。

标本 M67：10，陶车轮　灰陶。两面削出中脊，其中一面中脊内侧有红彩绘。内径 17.6、外径 21.6、中脊厚 1.0 厘米（图一二七，7）。

标本 M67：11，陶瓮　灰陶。方唇，直口，矮领，腹微垂，圜底。肩以下至底以旋纹间隔出四道菱形方格纹带，圜底上饰横拍篮纹。口内径 24、口外径 28、最大腹径 48.8、高约 44.8 厘米（图一二七，6）。

五七　M68

位于 Ⅱ 区中东部 T46 内，2006 年 7 月下旬至 8 月 12 日发掘，被盗扰（图一二八）。填土经夯打，由红褐土、黄褐土、黑土混合而成。长方形竖穴土坑墓，长 270、宽 130、深 150 厘米。应为一棺一椁，其中棺已不清。椁长 244、宽 96、残高 34 厘米。人骨被破坏无存，方向 279°。随葬品共编号 4 件，出自西部棺椁之间。

标本 M68：1，陶罐　灰陶。侈口，方唇，领较高，鼓腹稍长，底内凹。口内和唇上皆有凹槽一道，唇下缘稍下垂，腹部旋纹痕清晰，下腹饰篮纹，底饰交叉篮纹。口径 14、底径 6、高 26.8 厘米（图一二九，1）。

标本 M68：2，陶罐　与标本 M68：1 罐所不同的是方唇上无凹槽。口径 15.5、底径 5.5、高 27.5 厘米。

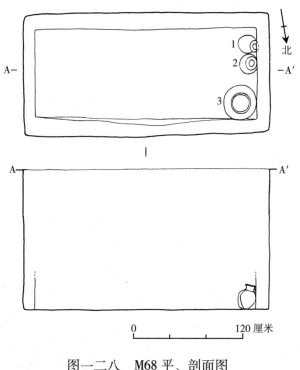

图一二八　M68 平、剖面图

1～3. 陶罐

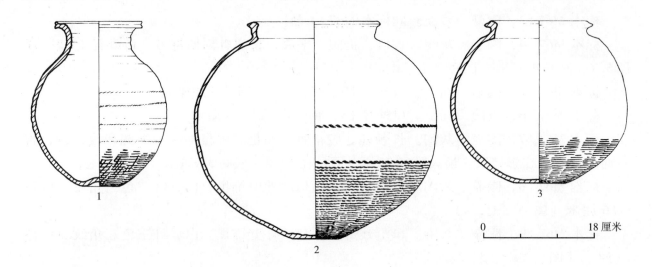

图一二九　M68 出土器物

1. 陶罐（M68：1）　　2. 陶罐（M68：3）　　3. 陶罐（M68：4）

标本 M68：3，陶罐　灰陶。直口，矮领，近平折沿，小平底。肩、腹部有凹旋纹，中腹有两道绳圈印纹，腹下部旋拍绳纹，底拍印竖绳纹。口内径 18.2、口外径 21.8、最大腹径 38.2、底径 7.5、高 34.6 厘米（图一二九，2；图版四八，2）。

标本 M68：4，陶罐　形制基本同上。球形腹，中腹无绳圈印纹，下腹及底饰拍印篮纹。口外径 17.5、最大腹径 28.8、高 26 厘米（图一二九，3；图版四八，3）。

五八　M69

位于 Ⅱ 区南中部 T47 内，2006 年 7 月下旬至 8 月 17 日发掘，被盗扰（图一三〇）。填土由红褐土、白沙土、黄褐色基岩颗粒和大量礓石混合而成。长方形竖穴土坑墓，长 300、宽 140、深 160 厘米。应为一棺一椁，椁已不清，棺也只残存一部分，北段被盗洞破坏，宽 65、板厚 4 厘米。人骨只发现一部分腿骨残段，方向 10°。随葬品在盗洞中出土残片，有陶罐、陶壶、陶鼎等。

五九　M71

位于 Ⅱ 区南中部 T47 内，被 M70 打破，2006 年 7 月下旬至 8 月 21 日发掘，保存基本完好（图一三一；图版四九，1）。填土经夯打，由红褐土、黄褐土和基岩颗粒混合而成。长方形竖穴土坑墓，长 260、宽 104、深 170 厘米。一棺已朽，长 220、宽 46~53、残高 40 厘米。人骨腐朽易碎，方向 95°，仰身直肢，为 55 岁以上女性。随葬品在棺内头前出 1 件。

标本 M71：1，陶罐　灰陶。大侈口，圆唇，上腹鼓，下腹斜直内收，平底。肩上横向划有一周连续的曲折纹，上腹饰有两道绳圈印纹和数道旋纹。口径 19.8、底径 16、高 19.5 厘米（图一三二，1；图版四九，2）。

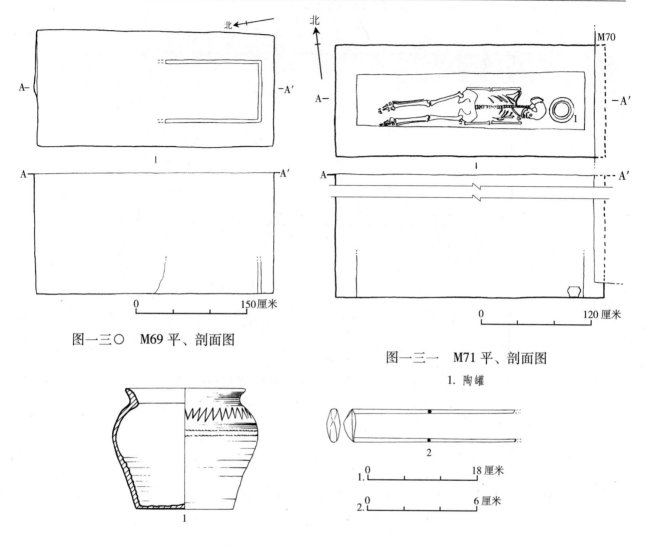

图一三〇　M69 平、剖面图

图一三一　M71 平、剖面图
1. 陶罐

图一三二　M71 出土器物
1. 陶罐（M71：1）　2. 铜钗（M71：01）

标本 M71：01，铜钗　扰乱的填土中出土，残断。黑色，有绿锈。钗为双股并行，一端有椭圆形铜块把两股连接。残长 9.1、股间距 1.4 厘米（图一三二，2）。

六〇　M72

位于Ⅱ区南中部 T47 内，2006 年 7 月下旬至 8 月 19 日发掘，盗扰，上部被 M70 墓道打破（图一三三）。填土经夯打，由红褐土、黄褐土、灰白土和基岩颗粒混合而成。长方形竖穴土坑墓，长 406、宽 180、深 146 厘米。棺椁下部有垫土埂约 8 条，埂宽、高各 4 厘米，间距 16～22 厘米。一棺一椁已朽，椁长 400、宽 150、残高 40 厘米；棺长约 210、宽 54、板厚 4 厘米。人骨朽成粉末，头骨方向 15°，仰身直肢。随葬品编号 6 件，1 件出自死者右手处，另在盗洞中发现有陶罐、壶、鼎、车轮等残片。

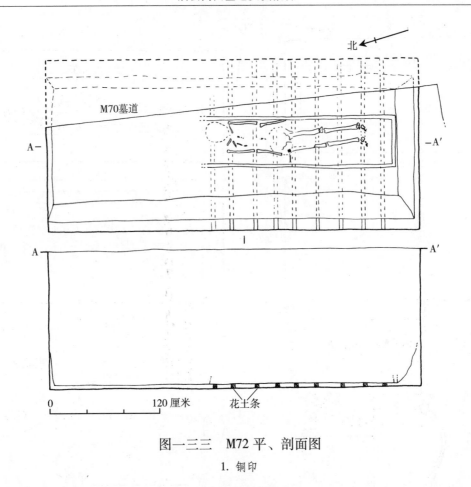

图一三三　M72 平、剖面图

1. 铜印

　　标本 M72：1，铜印　上下两层，中间四根柱子相连，似一亭子。上层为顶，中心一桥形纽。下层为印面，正方形，篆书四字，不识。高 1.1、印面直径 1.3 厘米（一三四，1；图版四九，3、4）。

　　标本 M72：2，陶壶　灰陶。浅盘口，颈较粗，鼓腹，腹部残缺，圈足上有折棱一道，呈倒置的盘形。口径 19.2、圈足径 19.2、高约 44 厘米（图一三四，2）。

　　标本 M72：3，陶瓮　灰陶。直口，矮领，圜底，腹部残缺。肩下、腹部以旋纹间隔有菱形方格纹带，圜底上饰绳纹和交叉绳纹。口内径 21、口外径 25 厘米（图一三四，3）。

　　标本 M72：4，陶壶　灰陶。盘口，长颈，圈足，残缺。周身饰白衣，颈上饰红彩，纹饰不清。

　　标本 M72：5，陶车轮　褐陶。两面有中脊，其中一面中脊内侧饰红彩绘。内径 16.8、外径 21.6、中脊处厚 1.0 厘米（图一三四，4）。

　　标本 M72：6，陶鼎　灰陶。残缺。口部稍外侈，底外圜而中心为小平底，腹、底相接处转折明显，圜底处有凹旋纹，周身涂白衣饰红彩。

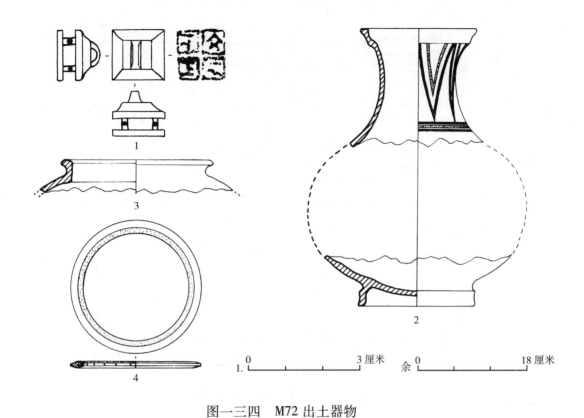

图一三四　M72 出土器物

1. 铜印（M72∶1）　2. 陶壶（M72∶2）　3. 陶瓷（M72∶3）　4. 陶车轮（M72∶5）

六一　M73

位于Ⅱ区南中部 T48 内，2006 年 7 月下旬至 8 月 12 日发掘，盗扰（图一三五）。填土经夯打，由红褐土、黄褐土、灰白土混合而成。长方形土坑竖穴墓，长 396、宽 136 ~ 156、深 144 厘米。一棺一椁已朽，椁长 362、宽 100、残高 30、板厚 6 厘米；棺长约 184、宽 54 ~ 68、板厚 4 厘米。人骨朽成粉末，头骨方向 14°，且缺失不少。随葬品编号 9 件，1 件出自死者口中，余皆出自头前棺椁之间，盗洞内出有陶罐、陶碗等残片，椁内北端还见有鸡骨。

标本 M73∶1，铜钱　半两钱。1 枚，朽，无郭。径 2.4、穿 0.8 厘米（图一三六，1）。

标本 M73∶2，陶碗　灰陶。直口，折腹，平底，底残。口外径 16、高 6 厘米。

标本 M73∶3，陶碗　灰陶。直口，折腹，平底，腹饰旋纹。口外径 15.7、底径 6、高 6 厘米（图一三六，2）。

标本 M73∶4，陶罐　灰陶。侈口，方唇，鼓腹稍长，平底较小。口内和方唇上皆有不甚明显的凹槽，腹部有清晰的旋纹痕，下腹及底饰交叉篮纹。口径 13、底径 6、高 27.3 厘米。

标本 M73∶5，陶罐　形制同标本 M73∶4 罐。口径 13.6、底径 7、高 27.5 厘米（图

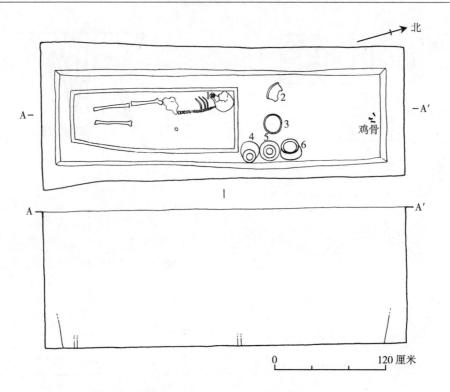

图一三五　M73 平、剖面图

1. 铜钱　2、3. 陶碗　4~6. 陶罐

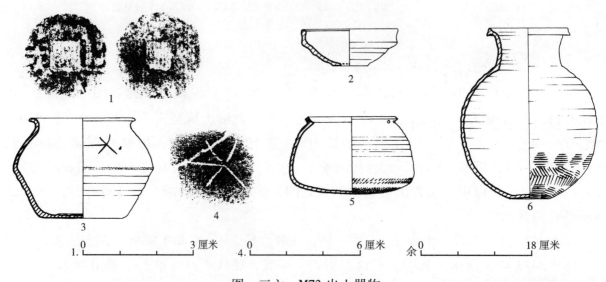

图一三六　M73 出土器物

1. 铜钱（M73：1）　2. 陶碗（M73：3）　3. 陶罐（M73：8）　4. 陶罐（M73：8）拓片　5. 陶罐（M73：6）
6. 陶罐（M73：5）

一三六，6）。

标本 M73：6，陶罐　灰陶。侈口，方唇，沿面上有浅凹槽，垂腹，圜底。腹部有旋纹数道，底外圈旋拍篮纹，中心竖拍篮纹。口外径 14~15.2、高 12.4 厘米（图一三六，5）。

标本 M73:7，陶瓮　灰陶残片。圆唇，直领，领上有五道凹旋纹。肩下、腹部以旋纹间隔三道菱形方格纹带，圜底上饰绳纹和交叉绳纹。

标本 M73:8，陶罐　灰陶。卷沿，圆唇，折腹，下腹斜直内收，平底。中腹饰两道绳圈印纹。上腹刻划符号，近似"火"字。口外径 17.6、最大腹径 22.8、底径 13、高 16 厘米（图一三六，3、4）。

标本 M73:9，陶碗　残片。形制同标本 M73:2、标本 M73:3 碗。

六二　M74

位于 Ⅱ 区南中部 T48 内，2006 年 7 月下旬至 8 月 12 日发掘，未被盗扰（图一三七）。填土由红褐土、黄褐土和灰白土混合而成。长方形竖穴土坑墓，口长 248、宽 96～105、深 130 厘米。北壁下部有长方形壁龛一个，东西长 78、高 50、深 22 厘米。一棺已朽，长 204、宽 52～84、板厚 4 厘米。人骨朽成粉末，方向 14°，仰身直肢。随葬品编号 3 件，出自棺前和北壁之间和北壁龛中。

标本 M74:1，陶罐　灰陶。侈口，方唇，高直领，圆球形腹，平底稍大。中腹有绳圈印纹一道，下腹和底部皆饰拍印交叉绳纹。口径 11.8、底径 7、高 24 厘米（图一三八，1）。

标本 M74:2，陶罐　灰陶。大口，平沿，直领，曲腹。中腹饰有两周绳圈印纹。口内外分别为 15、18.2、底径 9.2、高 16.8 厘米（图一三八，2；图版五〇，1）。

标本 M74:3，陶罐　灰陶。直口微侈，沿面上一周浅凹槽，口外壁饰四道凹旋纹，肩腹交接处不甚明显，球形腹，最大腹径靠下，平底。腹下部饰旋拍绳纹和交叉绳纹，底饰竖绳纹。口内径 17.5、口外径 20、高 30 厘米（图一三八，3，图版五〇，2）。

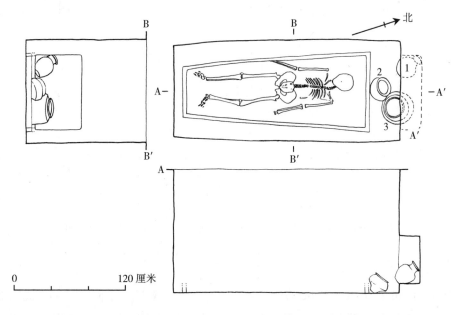

图一三七　M74 平、剖面图

1～3. 陶罐

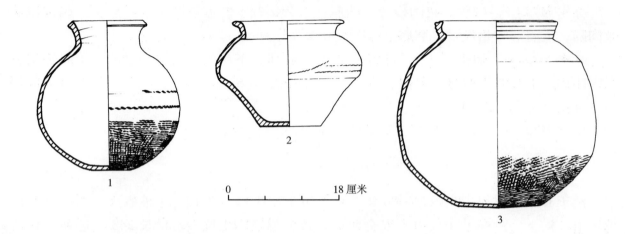

图一三八　M74 出土器物

1. 陶罐（M74：1）　　2. 陶罐（M74：2）　　3. 陶罐（M74：3）

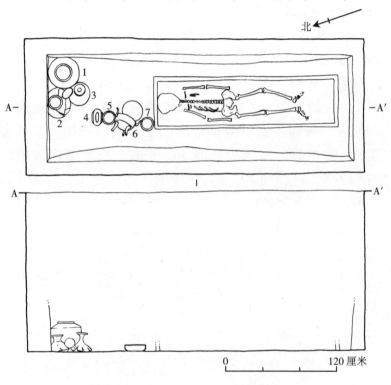

图一三九　M75 平、剖面图

1、2. 陶罐　3. 陶壶　4. 漆耳杯（未取）　5、7. 陶碗　6. 陶鼎

六三　M75

　　位于Ⅱ区约中部 T49 内，2006 年 7 月下旬至 8 月 13 日发掘，未被盗扰（图一三九）。填土经夯打，由红褐土、黄褐土和黑土混合而成。长方形竖穴土坑墓，长 370、宽 142、深 168 厘米。一棺一椁已朽，椁长 314、宽 112、残高 50、板厚 5 厘米；棺长约 198、宽

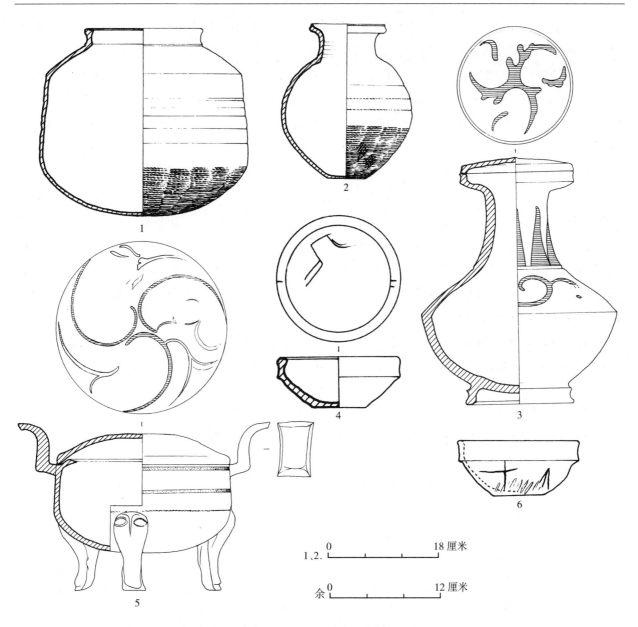

图一四〇　　M75 出土器物

1. 陶罐（M75：1）　　2. 陶罐（M75：2）　　3. 陶壶（M75：3）　　4. 陶碗（M75：5）　　5. 陶鼎（M75：6）
6. 陶碗（M75：7）

54、板厚 4 厘米。人骨腐朽易碎，方向 14°，仰身直肢，45 岁以上男性。随葬品编号 7
件，皆出自头前棺椁之间。

　　标本 M75：1，陶罐　灰陶。直口，口外壁下部一周浅槽，腹壁稍弧，最大腹径靠下，
圜底。腹下部饰横向旋拍绳纹，底中心饰交叉绳纹。口径 16.8、底径 19.2、高 30 厘米
（图一四〇，1）。

　　标本 M75：2，陶罐　灰陶。侈口，方唇，高直领，圆球形腹，小平底。上腹饰一道

凹旋纹和两道绳圈印纹，下腹旋拍细绳纹，底上交叉拍印绳纹。口径12.2、高24.6厘米（图一四〇，2；图版五〇，3）。

标本M75：3，陶壶　灰陶。盘口，细长径，上腹扁，最大腹径偏上，圈足上有明显折棱，浅盘形盖，近乎平顶，颈和上腹有凹旋纹，圈足以上涂白衣，颈上用浅绿彩绘一周三角形纹饰，盖上浅绿彩绘有变形云纹。口外径12.4、最大腹径21.2、圈足径11.8、通高26.5厘米（图一四〇，3；图版五〇，4）。

标本M75：4，漆耳杯　未取。

标本M75：5，陶碗　灰陶。直口，折腹，平底。腹部有旋纹，内壁有刻划符号。口外径13.5、底径5.7、高5.6厘米（图一四〇，4）。

标本M75：6，陶鼎　灰陶。立耳下直上外翻，耳上无孔，子母口直壁稍内敛，圜底，三蹄形足，足上部模制出兽面，浅盘形盖。盖及腹、耳、足上部皆涂一层白衣，并在盖上用浅绿彩绘云纹，腹外壁用褐彩绘彩带。口外径18.5、内径14.4、最大耳宽27、口高13.6、通耳高17.5厘米（图一四〇，5）。

标本M75：7，陶碗　灰陶。直口，折腹，平底。腹底交接处有压印竖条纹和一刻划"十"字符号。口外径13.8、底径6、高6厘米（图一四〇，6）。

六四　M76

位于Ⅱ区约中部T50内，2006年7月下旬至8月13日发掘，盗扰（图一四一）。填

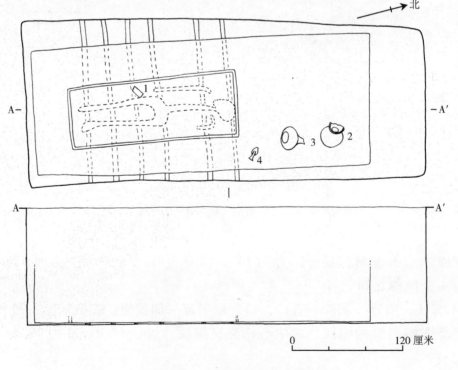

图一四一　M76平、剖面图

1. 铁臿　2. 陶罐　3、5. 陶壶　4. 女侍俑

土由红褐土、黄褐土以及少量砂礓石混合而成。长方形竖穴土坑墓，长436、宽140～174、深124厘米。一棺一椁已朽，椁长370、宽138、残高60厘米；棺长约185、宽68、板厚3厘米。棺椁下见有6条垫土埂，土埂高3、宽5、间距20～40厘米不等，人骨朽成黄褐色粉末，方向12°，仰身直肢。随葬品编号5件，1件在死者右腿外侧，其余出自头前棺椁之间（盗洞中），另在盗洞中出土较多的陶壶、绳纹罐残片和泥俑、猪骨等。

标本M76：1，铁臿　正视约呈横长方形，下端为刃，銎口长条形，銎断面"V"字形。横长14.1、高7.3厘米（图一四二，1；图版五〇，5）。

标本M76：2，陶罐　灰陶。侈口，方唇，高直领，圆球形腹，小平底。中腹两道绳圈印纹，下腹横向旋拍绳纹，底有交叉拍印绳纹。口径13.6、高24.5厘米（图一四二，2）。

标本M76：3，陶壶　灰陶。残缺，只有颈和腹。细颈，最大腹径偏上。上腹有凹旋纹和凸棱一条。身涂白衣，再绘红彩，颈部为三角形纹，腹饰云纹。口径13.2、最大腹径20、残高23.8厘米（图一四二，4）。

标本M76：4，陶女侍俑　头残缺，红褐陶。身着交衽深衣，宽袖，双手拱于腹前，衣下部呈燕尾式。残存部分除手、衣袖涂白色外，其他地方皆施红彩绘，之上再点缀白色

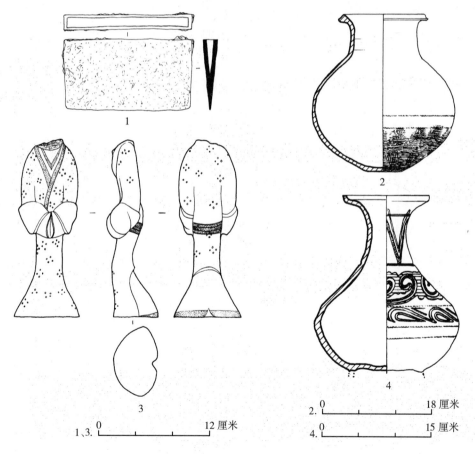

图一四二　M76出土器物

1. 铁臿（M76：1）　2. 陶罐（M76：2）　3. 女侍俑（M76：4）　4. 陶壶（M76：3）

梅花点。残高 18.8 厘米（图一四二，3，图版五○，6）。

标本 M76：5，陶壶　残。形制同标本 M76：3 壶。

六五　M81

位于 Ⅱ 区约中部 T52 内，2006 年 7 月下旬至 8 月 15 日发掘，盗扰，打破 M82（图一
四三）。填土由红褐土、黄褐土、少量黑土和砂礓石混合而成。长方形竖穴土坑墓，长
394、宽 148、深 90 厘米。一棺一椁已朽，椁残，宽 74、残高 60 厘米；棺长 188、宽 64、
残高 15 厘米。东西两壁下部各有生土二层台，东土台宽 32、西土台 16、高 74 厘米。人
骨只存盆骨以下，头骨方向 7°。随葬品编号 4 件，为铜钱和陶鼎、陶壶等残片，皆出自
盗洞中。

标本 M81：1，铜钱　五铢钱。1 枚，朽。"五"字较瘦长，交笔稍弧，"金"头为等
边三角形，四点较长，"朱"头方折，下弧折。径 2.5、穿 1.0 厘米（图一四四，1）。

标本 M81：2，陶壶　夹云母灰陶。盘口，高领，腹较扁，矮圈足。口径 17.2、最大
腹径 23.2、高 30.8 厘米（图一四四，2）。

标本 M81：3，陶壶　同标本 M81：2 壶。

标本 M81：4，陶鼎　灰陶夹云母胎质。附耳出鼎口即外翻，与腹壁黏结面大，耳上
无孔，附耳内侧有模印留下的细条纹，腹上壁较直，圜底，三蹄形足。鼎耳、外壁和足
上皆涂白衣。口内径 14.8、口外径 18.4、两耳间宽 22.4、口高 12、通耳高 16.8 厘米
（图一四四，3）。

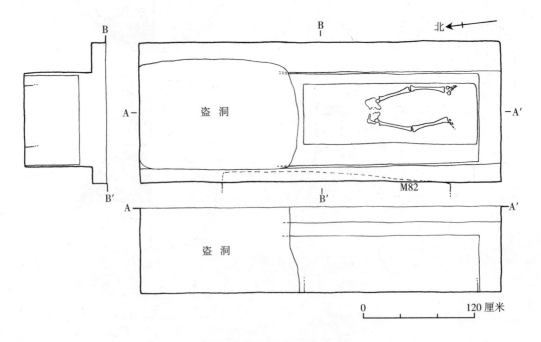

图一四三　M81 平剖面图

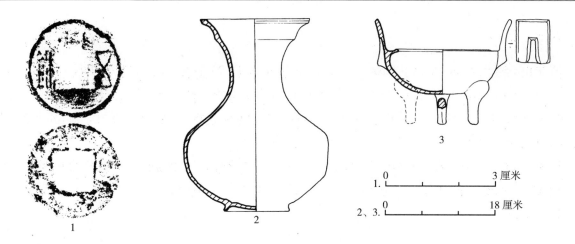

图一四四　M81 出土器物

1. 铜钱（M81∶1）　2. 陶壶（M81∶2）　3. 陶鼎（M81∶4）

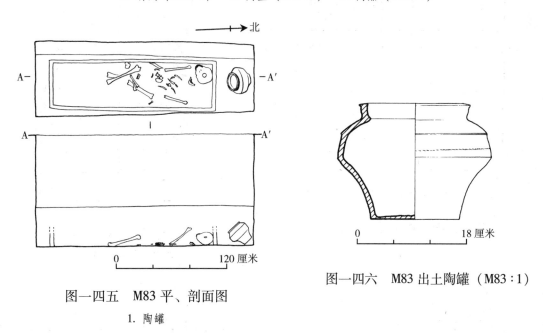

图一四五　M83 平、剖面图

1. 陶罐

图一四六　M83 出土陶罐（M83∶1）

六六　M83

位于 Ⅱ 区约北中部 T53 内，2006 年 7 月下旬至 8 月 17 日发掘，完好（图一四五；图版五一，1）。填土由红褐土、黄褐土和少量砂礓石混合而成。长方形竖穴土坑墓，长235、宽80、深118 厘米。西壁下部有生土二层台，宽 14～16、高 44 厘米。一棺，长180、宽54、残高20、板厚4 厘米。骨骼凌乱不全，方向2°，应为迁葬的中年女性。随葬品编号1件，出自棺前到北壁之间。

标本 M83∶1，陶罐　灰陶。大口较直，领稍高，上腹有一段直壁分别使肩和腹壁形成转折，下腹曲内收，平底。口内径 15.6、口外径 18、底径 13.6、高 19 厘米（图一四六；图版五〇，7）。

六七　M86

位于Ⅱ区约北中部 T53 内，2006 年 7 月下旬至 8 月 23 日发掘，完好（图一四七；图版五一，2）。填土由红褐土、黄褐土和少量砂礓石混合而成。长方形竖穴土坑墓，长 210、宽 66、深 130 厘米。无葬具。骨保存完好，方向 9°，仰身直肢，为老年女性。随葬品编号 1 件，出自头前到北壁之间，但在高于头骨约 30 厘米处。

标本 M86∶1，陶罐　灰陶。大侈口，方唇，领较高，上弧腹，下腹斜直内收。上腹饰三道宽凹旋纹，下腹有多道旋纹痕。口内径 18.2、口外径 20.5、底径 13、高 20.6 厘米（图一四八）。

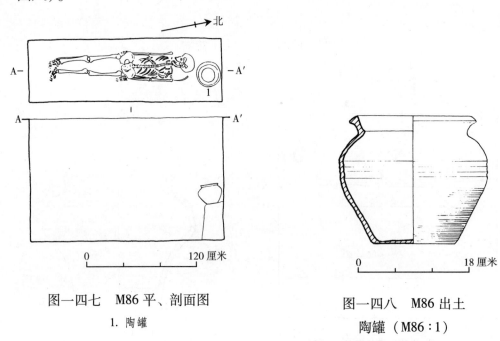

图一四七　M86 平、剖面图
1. 陶罐

图一四八　M86 出土
陶罐（M86∶1）

六八　M87

位于Ⅱ区约北中部 T53 内，2006 年 7 月下旬至 8 月 21 日发掘，完好（图一四九；图版五二，1）。填土由红褐土、黄褐土和少量砂礓石混合而成。长方形竖穴土坑墓，长 226、宽 100、深 106 厘米。一棺已朽，长 180、宽 48 厘米。骨保存完好，方向 352°，仰身下直肢，右上肢屈放腹上，为 30 多岁女性。随葬品编号 3 件，出自左腿股骨外侧。

标本 M87∶1，铜指环　圆形，股断面亦圆形。直径 2.5 厘米（图一五〇，1）。

标本 M87∶2，铜指环　单股比上稍细（图一五〇，2）。

标本 M87∶3，骨珠　4 个，大小不一致，编为一个号。中间皆有一圆形穿孔。骨珠直径分别为 0.6～1.1 厘米，穿孔径约 0.3 厘米（图一五〇，3）。

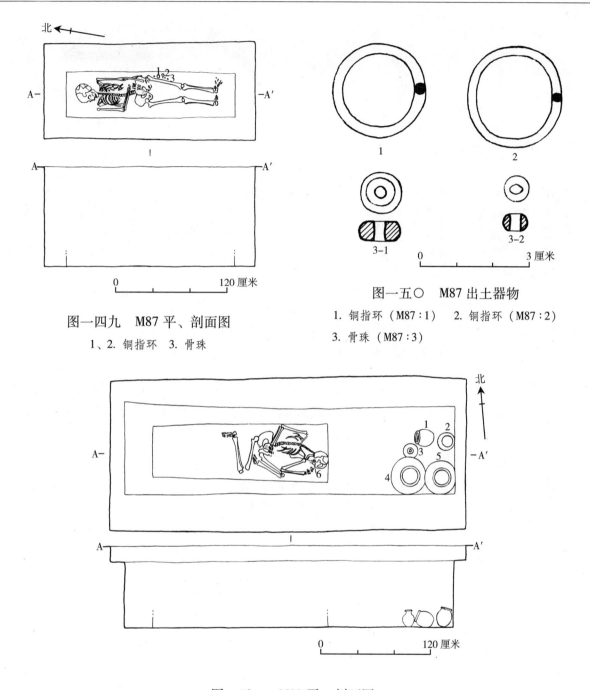

图一四九　M87 平、剖面图

1、2. 铜指环　3. 骨珠

图一五〇　M87 出土器物

1. 铜指环（M87：1）　2. 铜指环（M87：2）

3. 骨珠（M87：3）

图一五一　M89 平、剖面图

1~5. 陶罐　6. 铜钱

六九　M89

位于Ⅱ区约北中部 T55 内，2006 年 7 月下旬至 8 月 17 日发掘，完好（图一五一；图版五二，2）。填土由红褐土、黄褐土和黑土混合而成。长方形竖穴土坑墓，长 388、宽 160、深 86 厘米。四圹壁下部分别有生土二层台，东台宽 10、西台宽 16、北台宽 22 ~

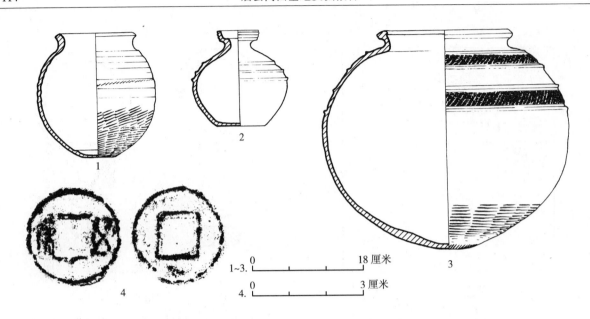

图一五二　　M89 出土器物

1. 陶罐（M89：2）　2. 陶罐（M89：3）　3. 陶罐（M89：4）　4. 铜钱（M89：6）

33、南台宽 40、高 70 厘米。一棺已朽，长 190、宽约 60 厘米。骨保存完好，方向 94°，侧身屈肢，面南，为 50 岁以上男性。随葬品编号 6 件，1~5 号出自头前到东壁之间，6 号出自墓主人口内。

　　标本 M89：1，陶罐　灰陶。侈口，方唇，球形腹，平底较大。中腹以上有旋纹痕，下腹稍斜向旋拍篮纹，底拍印竖篮纹。口外径 14.5、底径约 8、高 20.5 厘米（图版五三，1）。

　　标本 M89：2，陶罐　灰陶。侈口，方唇，球形腹，小平底。中腹饰旋纹，下腹横向旋拍篮纹，底竖拍篮纹。口外径 13.5、底径 6、高 18 厘米（图一五二，1；图版五三，2）。

　　标本 M89：3，陶罐　夹云母灰陶。盘口，细颈，鼓腹，最大径靠上，平底。肩、腹部有三道凸旋纹。口外径 7、底径 8.8、高 15.4 厘米（图一五二，2；图版五三，3）。

　　标本 M89：4，陶罐　夹云母灰陶，厚胎。直口，矮领，球形腹，圜底。肩、腹部各有一组凸旋纹，凸旋纹间压印斜向绳纹，下腹及底拍印篮纹。口内径 18.8、口外径 22、高 35.6 厘米（图一五二，3；图版五三，4）。

　　标本 M89：5，陶罐　形制和质地同标本 M89：4 罐。口内径 16.2、口外径 20.7、高 37.2 厘米（图版五三，5）。

　　标本 M89：6，铜钱　五铢钱。2 枚完整，锈。标本 M89：6-1，稍小，"朱"头方折，下弧折，其余不清。径 2.4、穿 0.9 厘米。标本 M89：6-2，"五"字较窄，交笔较直，"朱"字上下方折，"金"字不清，穿上一横樟。径 2.6、穿 0.9 厘米（图一五二，4）。

　　七〇　M95

　　位于 Ⅱ 区约东中部 T51 内，2006 年 7 月下旬至 8 月 31 日发掘，完好。打破 M77（图

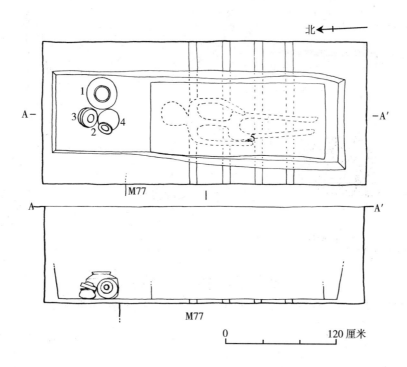

图一五三　M95 平、剖面图

1、3、4. 陶罐　2. 陶碗　5. 铁带钩

一五三）。填土由红褐土、黄褐土和灰白土混合而成。长方形竖穴土坑墓，长 350、宽 152、深 104 厘米。一棺一椁已朽，椁长 316、宽 88～104、板厚 6、残高 38 厘米；棺长 190、宽约 78 厘米；棺椁下有花土垫土条，土条高 4、宽 8、间距 20～28 厘米。人骨朽成黄褐色粉末，方向 3°，仰身直肢，未见牙齿。随葬品编号 5 件，1 件处自右手处，余皆出自头前棺椁之间。

标本 M95∶1，陶罐　灰陶。直口，圆唇，肩下有绳圈印纹一周，弧腹，最大腹径偏下，圜底。下腹饰旋拍横绳纹，底饰竖绳纹。口内径 15、外径 17.7、高 30.2 厘米（图一五四，1；图版五四，1）。

标本 M95∶2，陶碗　灰陶。直口，折腹，小平底。口外径 20.5、底径 8.8、高 9.3 厘米（图一五四，2；图版五四，2）。

标本 M95∶3，陶罐　灰陶。侈口，方唇，沿面较宽，垂腹明显，圜底。腹部饰旋纹数道，底拍印交叉绳纹。口外径 16.5、高 12.6 厘米（图一五四，3；图版五四，3）。

标本 M95∶4，陶罐　灰陶。侈口，方唇，球形腹稍扁，平底较大。中腹有凹旋纹，下腹及底饰交叉绳纹。口径 11.8、底径 8、高 24 厘米（图一五四，4）。

标本 M95∶5，铁带钩　锈蚀严重。琵琶形，短小，纽稍小。长 3.8、最宽处 1.3 厘米（图一五四，5）。

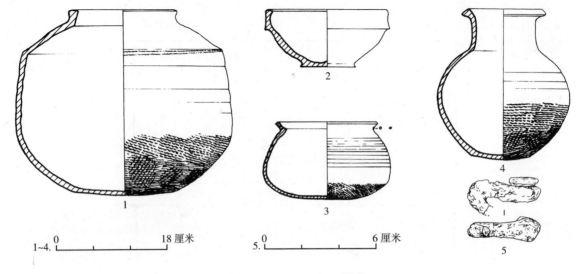

图一五四　M95 出土器物

1. 陶罐（M95：1）　2. 陶碗（M95：2）　3. 陶罐（M95：3）　4. 陶罐（M95：4）　5. 铁带钩（M95：5）

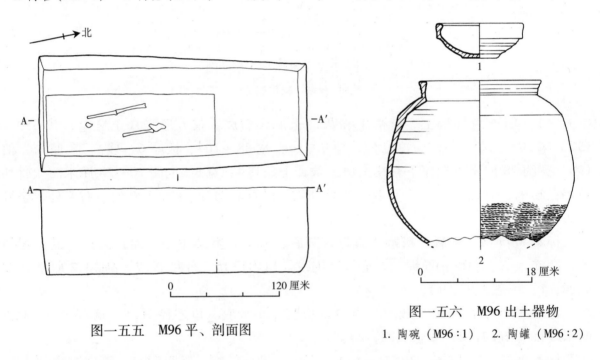

图一五五　M96 平、剖面图

图一五六　M96 出土器物

1. 陶碗（M96：1）　2. 陶罐（M96：2）

七一　M96

位于Ⅱ区南部 T59 内，2006 年 7 月下旬至 9 月 6 日发掘，盗扰（图一五五）。填土由红褐土、黄褐土和砂礓石混合而成。长方形竖穴土坑，东西两壁下部稍斜内收，长 290、宽 104～123、深 90 厘米。应为一棺一椁，椁已不清，棺朽痕长 183、宽 60 厘米。人骨已被扰乱，方向 9°，多朽成黄褐色粉末。随葬品只在盗洞扰乱土中出有陶罐、陶碗等的残片。

标本 M96：1，陶碗　灰陶。圆唇，直口，折腹，小平底。口外径 14.5、底径 6.4、高 5.6 厘米（图一五六，1）。

标本 M96：2，陶罐　灰陶。沿面上有凹槽。直领，领上有三道凹旋纹。折肩，弧腹，最大腹径偏下，圜底。下腹饰旋拍横绳纹，底残缺。口内径17.6、外径20.8、残高25厘米（图一五六，2）。

七二　M97

位于Ⅱ区南部T59内，2006年7月下旬至9月5日发掘，盗扰（图一五七）。填土由红褐土、黄褐土、砂礓石和红黄色基岩颗粒混合而成。长方形竖穴土坑墓，长380、宽140～148、深100厘米。在东南角南壁上有壁龛一个，东西长33、高20、深35厘米左右。一棺一椁已朽，椁长348、宽110厘米；棺长186、宽74、板厚4厘米。人骨朽严重，方向3°，残缺较多，仰身直肢。随葬品只在盗洞中出有陶高领罐、陶罐残片和铁镫残件。

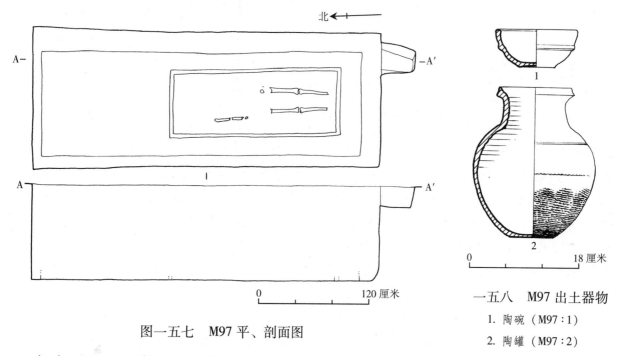

图一五七　M97 平、剖面图

一五八　M97 出土器物
1. 陶碗（M97：1）
2. 陶罐（M97：2）

标本 M97：1，陶碗　灰陶。圆唇，直口，折腹，小平底。口外径13.6、底径6.4、高6厘米（图一五八，1）。

标本 M97：2，陶罐　灰陶。侈口，方唇，直领，球形腹，小平底。肩上一周旋纹，中腹饰一周绳圈印纹，下腹饰横拍绳纹，底饰交叉绳纹。口径12.8、底径7.2、高24厘米（图一五八，2）。

标本 M97：3，陶罐　灰陶。直领，圆唇，肩下有浅凹槽，弧腹，最大腹径偏下，底残缺。下腹饰横拍细绳纹，底饰交叉绳纹。口外径18.4厘米。

七三　M98

位于Ⅱ区南中部T61内，2006年7月下旬至9月8日发掘，盗扰（图一五九）。填土由红褐土、黄褐土、黑土和灰白土混合而成。长方形竖穴土坑墓，口长305、宽138、深

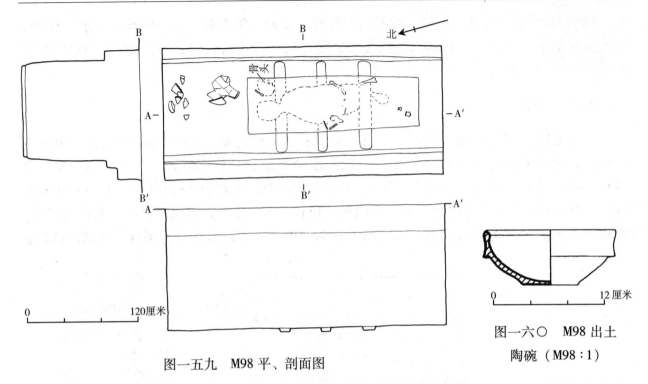

图一五九　M98 平、剖面图

图一六〇　M98 出土
陶碗（M98：1）

128 厘米。东西壁分别有生土二层台 1 和 2 个，其中东台宽 10、高 90 厘米；西第一个台宽 15、距墓底高 102 厘米；第二台宽 5～10、距墓底高 90 厘米。在东台和西第二个台上有朽木痕，为椁顶板。一棺一椁已朽，椁长同墓长度、宽约 95 厘米；棺长 186、宽 50～60 厘米。棺下至少有 4 条东西向垫木槽，间距 34、深 4、槽宽超过 10 厘米。人骨朽成黄褐色碎块或粉末，方向 14°。随葬品皆陶器残片，出自填土和盗洞内。

标本 M98：1，陶碗　灰陶。圆唇，直口，折腹，小平底。口外径 14.4、底径 6.4、高 6 厘米（图一六〇）。

标本 M98：2，陶碗　形制同上，残缺。

标本 M98：3，陶罐　灰陶。残缺。侈口低矮，方唇，圜底。腹部有多道旋纹，底饰绳纹和交叉绳纹。

标本 M98：4，陶罐　灰陶。残缺。直领，圆唇，折肩不甚明显，弧腹，最大腹径偏下，底残缺。下腹饰横拍绳纹，底饰交叉绳纹。

七四　M99

位于 Ⅱ 区南中部 T61 内，2006 年 7 月下旬至 9 月 6 日发掘，盗扰（图一六一）。填土由红褐土、黄褐土、礓石、灰白土和基岩颗粒混合而成。长方形竖穴土坑墓，长 408、宽 190、深 120 厘米。一棺一椁已朽，椁长 368、宽 146～152、残高 40 厘米；棺长 192、宽 60、板厚 5 厘米。人骨朽成黄褐色粉末，方向 10°，仰身直肢。随葬品编号 13 件，1 件出自北面棺椁之间盗洞，余皆出自棺西面的棺椁之间（彩版六）。

标本 M99：1，陶壶　灰陶。浅盘口，颈较粗，鼓腹，圈足上有折棱，呈倒置的盘形。

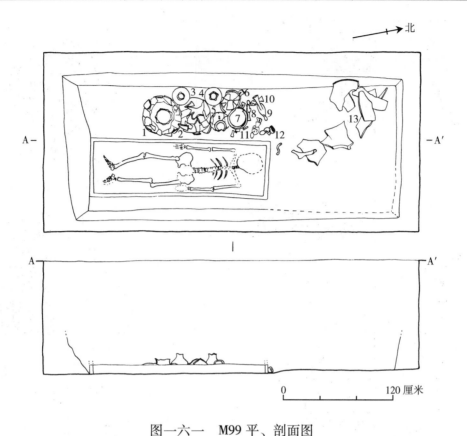

图一六一 M99 平、剖面图

1~4. 陶壶　5. 陶罐　6、7. 陶鼎　8~10. 陶女侍俑　11. 陶男侍俑

12. 陶驭手俑　13. 陶瓮

彩绘不清。口径 20.8、最大腹径 33、圈足径 20.2、高 38.5、圈足高 4.5 厘米。

标本 M99：2，陶壶　形制基本同标本 M99：1。颈上红彩绘三角形纹饰，上腹饰彩带和云纹，多不清。口径 21.3、最大腹径 33、圈足径 19、高 38.5、圈足高 4 厘米（图一六二，1；彩版四，5）。

标本 M99：3，陶壶　灰陶。口、颈残，足较高。周身涂白衣，之上再饰红彩纹饰。颈上饰倒三角形纹，上腹和中腹皆饰红彩带和卷云纹等，盖上亦绘纹饰，但大多脱落不清。最大腹径 19.5、足径 12.5、残高 27.5 厘米。

标本 M99：4，陶壶　形制、彩绘皆同标本 M99：3 壶。口径 12.5、连盖高 32 厘米（图一六二，2；图版五四，4）。

标本 M99：5，陶罐　灰陶。侈口，折肩，直腹，圜底，腹于底间有较明显拐折。鸡冠形耳稍长而低平，耳上穿孔小，腹上有三道绳圈印纹，底上饰横向旋拍绳纹和交叉绳纹。口径 14.3、高 16.6 厘米（图一六二，3；图版五四，5）。

标本 M99：6、7，陶鼎　灰陶。附耳下直上外翻，与腹上部黏结面较小，子母口，腹外壁稍内敛，弧腹，圜底，三蹄形足外撇，足上部做成兽面形，再红彩圈出眼睛等，母口盖。另耳内外、上腹和足皆画红彩，腹上纹饰画在上下两条彩带内，纹饰有卷云纹等。

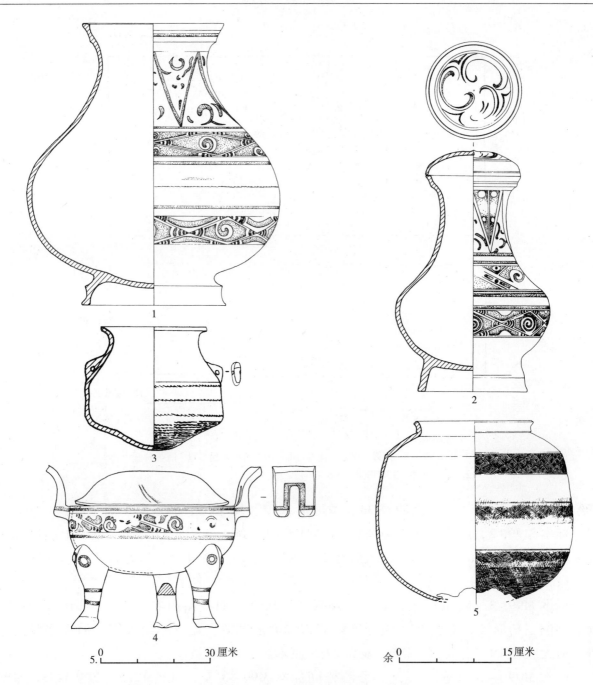

图一六二　M99 出土器物

1. 陶壶（M99：2）　2. 陶壶（M99：4）　3. 陶罐（M99：5）　4. 陶鼎（M99：6、7）　5. 陶瓮（M99：13）

口外径 23、立耳最大宽距 29.8、通耳高 21.2 厘米（图一六二，4；彩版四，6）。

标本 M99：8，陶女侍俑　灰陶。残。脸部扁平，五官不甚清晰，披肩长发过两鬓于颈后挽成髻。身着交衽深衣，宽袖，双手拱于腹前，衣下部呈燕尾式。高 25.8 厘米（图一六三，1）。

标本 M99：9，陶女侍俑　灰陶。残，个体较小，与标本 M99：8 不同处是衣下部足尖

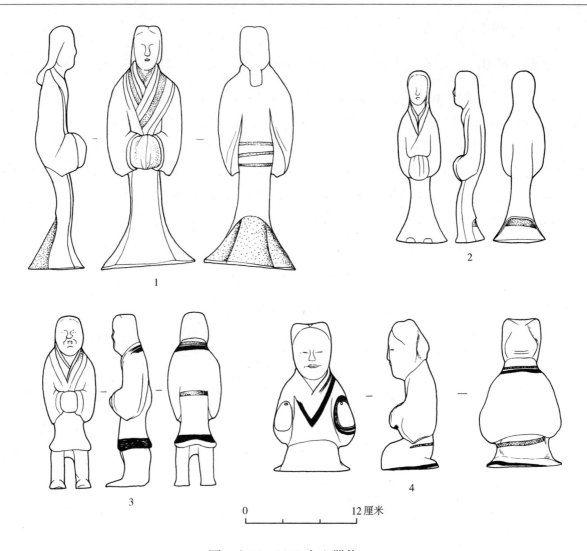

图一六三 M99 出土器物

1. 陶女侍俑（M99：8） 2. 陶女侍俑（M99：9） 3. 陶男侍俑（M99：11） 4. 陶驭手俑（M99：12）

露出。高 18.4 厘米（图一六三，2；图版五五，1）。

标本 M99：10，陶女侍俑 残，形制同标本 M99：8 俑。高 25.6 厘米。

标本 M99：11，陶男侍俑 灰陶。个体较小，脸部宽而扁平，五官不甚清晰。身着交衽长衣至膝，双手拱于腹前。分腿，足蹬靴。高 18.2 厘米（图一六三，3；图版五五，2、3）。

标本 M99：12，陶驭手俑 灰陶质。跪坐形。头大，顶中间平，两侧有小发髻，脑后一较大发髻，脸部宽扁。身着交衽长衣，覆盖整个腿、足。两上肢于体侧前伸，两手处各有一小圆形孔，作持物或驾驭状。高 15.8 厘米（图一六三，4；彩版五，3；图版五五，4、5）。

标本 M99：13，陶瓮 灰陶。直口，矮领，领下有凸棱一道。肩下、腹部以旋纹间隔三道菱形方格纹带，圜底上饰绳纹和交叉绳纹。口内径 27、口外径 31.5、最大腹径

51.2、高约49厘米（图一六二，5）。

七五　M101

位于Ⅱ区约中部T63内，2006年7月下旬至9月7日发掘，盗扰，打破M102（图一六四）。填土由红褐土、黄褐土、礓石、基岩颗粒和灰白土混合而成。长方形竖穴土坑墓，长400、宽140、深152厘米。一棺一椁已朽，椁板灰以灰白色为主，顶板呈黄色朽痕，椁长约370、宽130、残高40厘米。棺痕不清，大致长176、宽50厘米。人骨朽成黄褐色粉末，方向9°，仰身直肢。随葬品皆出自北面盗洞一带，有彩绘陶鼎、陶壶和灰陶罐、碗等残片，还在棺北面发现有漆器残痕。

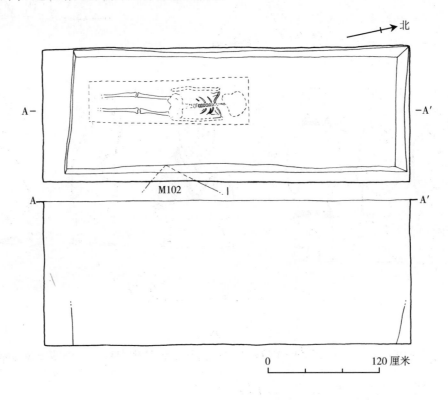

北

M102

0　　　　　　　120厘米

图一六四　M101平、剖面图

七六　M103

位于Ⅱ区约中部T64内，2006年7月下旬至9月4日发掘，盗扰（图一六五）。填土由红褐土、黄褐土、礓石、基岩颗粒和灰白土混合而成。长方形竖穴土坑墓，长320、宽160、深120厘米。一棺一椁已朽，椁南北贴土圹壁，东西宽约130、残高36厘米；棺痕迹不清。人骨朽成黄褐色粉末，方向5°，只残剩左下肢部分。随葬品编号4件，出自死者左手处，另在盗洞内出一堆陶片，有陶罐和红陶釜片等。

标本M103:4，铜钱　半两钱。1枚，朽残。

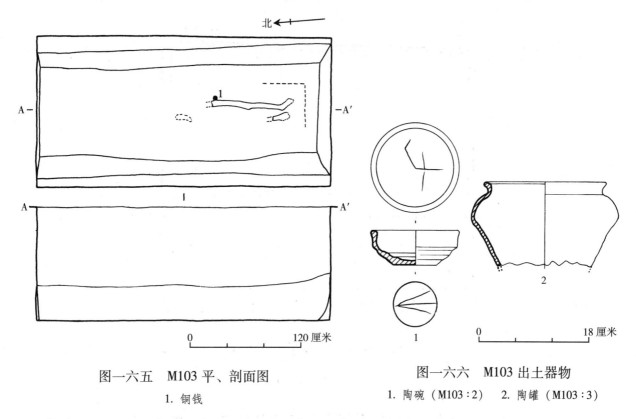

图一六五　M103 平、剖面图
1. 铜钱

图一六六　M103 出土器物
1. 陶碗（M103:2）　2. 陶罐（M103:3）

标本 M103:2，陶碗　灰陶。圆唇，直口，折腹，平底。腹部有凹旋纹，内外底皆有刻划符号。口外径 14.4、底径 7.2、高 5.6 厘米（图一六六，1）。

标本 M103:3，陶罐　灰陶。残缺。大口较直，圆唇，领较高，上腹鼓，下腹斜直内收。口内径 17.6、口外径 20、最大腹径 24、残高 13.6 厘米（图一六六，2）。

标本 M103:4，陶罐　灰陶。残缺。直领，圆唇，折肩，底外圈内平。外底饰横拍绳纹，中心饰交叉绳纹。

七七　M104

位于 II 区西南部 T65 内，2006 年 7 月下旬至 9 月 4 日发掘，严重盗扰（图一六七）。填土由红褐土、黄褐土、礓石和基岩颗粒混合而成。长方形竖穴土坑墓，长 340、宽 152～166、深 76 厘米。一椁，几近四壁，板灰有灰白色和灰黑色朽痕，南北长 324、宽 145、残高 30 厘米。棺已不清。人骨朽成粉末，方向 4°。随葬品皆出自填土中，见有陶鼎、罐、碗的残片。

七八　M107

位于 II 区西南部 T67 内，2006 年 7 月下旬至 9 月 2 日发掘，盗扰（图一六八）。填土由基岩颗粒、礓石和灰白土混合而成。长方形竖穴土坑墓，长 296、宽约 200、深 90 厘米。东西壁下部分别有生土二层台，宽 20～24、高 70 厘米。一椁已朽，灰白色朽痕，长

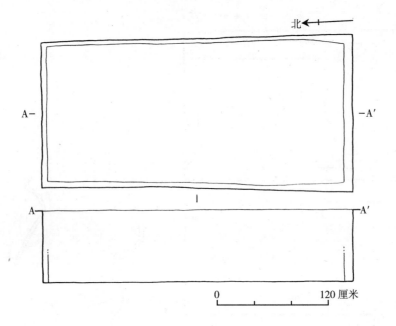

图一六七　M104 平、剖面图

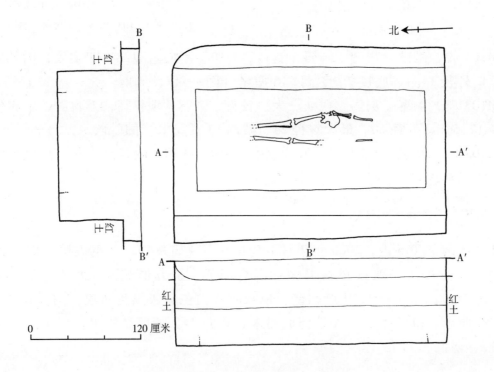

图一六八　M107 平、剖面图

248、宽 106、残高 40 厘米；未见棺痕。人骨存下肢和上肢、盆骨残段，方向 182°，似为男性。未见任何随葬品。

七九　M108

位于Ⅱ区西南部 T67 内，2006 年 7 月下旬至 9 月 4 日发掘，盗扰（图一六九）。填土由基岩颗粒、砂礓石和灰白土混合而成。土坑墓，长 344、宽 120～132、深 96 厘米。东西壁下部分别有生土二层台，东侧宽 10、西侧宽 18～22、高 88 厘米。一椁已朽，长条形，长 336、宽约 70、高 70 厘米，顶有东西向盖板，北部有头箱。人骨朽，方向 2°，仰身上直肢，下肢稍屈，为 45～50 岁男性。随葬品编号 5 件，1 件在死者口中，其余发现在盗洞和头箱内。

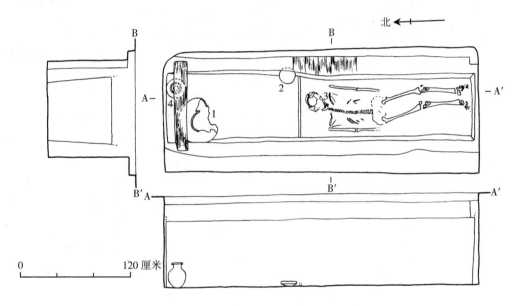

图一六九　M108 平、剖面图

1. 陶瓮　2. 陶碗　3. 铜钱　4. 陶罐

标本 M108：1，陶瓮　灰陶。直口，翻沿，沿面中间稍高，平底。上腹和中腹各印一周宽带锯齿形纹，间隔以数道凹旋纹，下腹饰篮纹，底为素面。口内径 16.3、口外径 21、底径 16.5、高 34.8 厘米（图一七〇，1；图版五五，6）。

标本 M108：2，陶碗　灰陶。直口，折腹，平底。腹部有旋纹。口外径 15.5、底径 6、高 5.4 厘米（图一七〇，2）。

标本 M108：3，铜钱　半两钱。1 枚。字迹不清，径 2.4、穿 0.9 厘米。

标本 M108：4，陶罐　灰陶。残缺。侈口，方唇，腹稍长，小平底。中腹饰凹旋纹，下腹及底饰篮纹。口径 13.5、底径 6.5、高 27.5 厘米（图一七〇，3）。

标本 M108：5，陶罐　灰陶。侈口，口低矮，圆唇，圜底。腹部有多道旋纹，底饰篮纹。口外径 17、残高 12.5 厘米（图一七〇，4）。

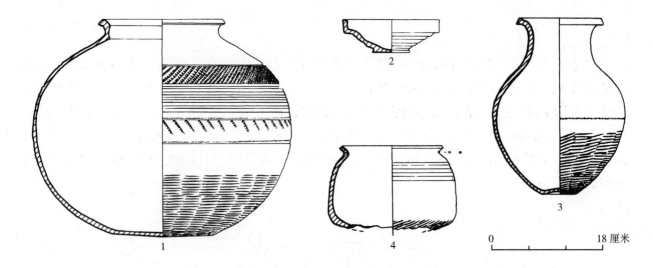

图一七〇　M108 出土器物

1. 陶瓮（M108：1）　2. 陶碗（M108：2）　3. 陶罐（M108：4）　4. 陶罐（M108：5）

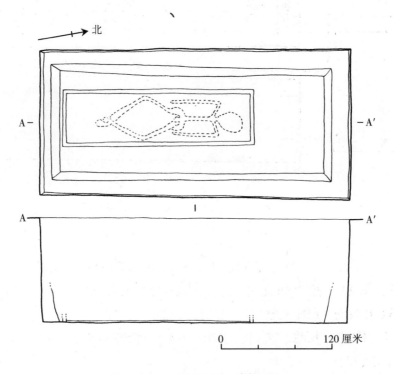

图一七一　M109 平、剖面图

八〇　M109

位于Ⅱ区西南部 T68 内，2006 年 7 月下旬至 9 月 3 日发掘，盗扰（图一七一）。填土由黄褐土、基岩颗粒和灰白土混合而成。长方形竖穴土坑墓，墓口长 338、宽 152～160、深 110 厘米。一棺一椁已朽，椁顶盖板朽痕白色，椁长 306、宽 120、残高 36 厘米；棺长 210、宽 60 厘米，棺内遍撒白灰，人骨放白灰上，白灰厚2厘米。人骨朽成黄褐色粉末，方向6°，未见牙齿，上肢不清，下肢于脚部交叉在一起。随葬品在盗洞中出有陶碗、陶罐等。

标本 M109：1，陶碗 灰陶。直口，折腹，平底。口径14.8、底径6.4、高5.6厘米（一七二，1）。

标本 M109：2，陶罐 灰陶。侈口，方唇，底残缺。中腹有凹旋纹和两道绳圈印纹，下腹饰交叉绳纹。口径12.4厘米。

标本 M109：3，陶罐 灰陶。直口，肩部弧形无转折，最大腹径约在中部，圜底。肩和腹部有数道凹旋纹，底部拍印交叉篮纹。口内径10.8、口外径13.6、高22厘米（图一七二，2）。

八一　M113

位于Ⅱ区约中部 T70 内，2006年7月下旬至9月8日发掘，盗扰（图一七三）。填土由黄褐土、红褐土和灰白土混合而成。长方形竖穴土坑墓，长332、宽140、深64厘米。一棺一椁已朽，椁顶盖板朽痕呈灰白色，从痕迹看至少有16块椁顶盖板，椁长约325、宽约120厘米；棺灰朽痕灰黑色，长约200、宽50～60厘米。人骨朽成黄褐色粉末，方向14°，仰身直肢。随葬品在盗洞中出有陶鼎、壶、罐等。

标本 M113：1，陶鼎 灰陶，立耳斜直，上部平折，子母口稍内敛，弧腹，平底，三蹄形足。口内径16.5、两耳最宽处28.8、通高14.8厘米（图一七四）。

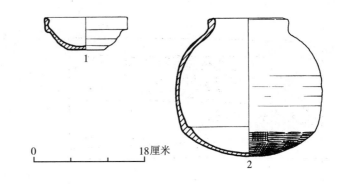

图一七二　M109 出土器物
1. 陶碗（M109：1）　2. 陶罐（M109：3）

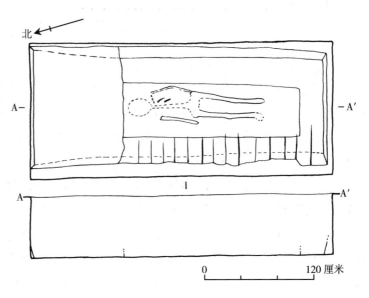

图一七三　M113 平、剖面图

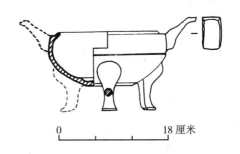

图一七四　M113 出土陶鼎（M113：1）

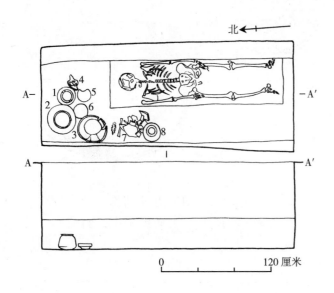

图一七五　M115 平、剖面图

1、2、7、8. 陶罐　3. 陶盆　4～6. 陶碗

标本 M113：2，陶罐　灰陶残片。直口，圆唇，折肩，圜底。底饰横拍绳纹。口内径 17.6、高 20 厘米。

标本 M113：3，陶壶　灰陶。只存口沿残片。

八二　M115

位于 II 区约中部 T60 内，2006 年 7 月下旬至 9 月 7 日发掘，未被盗扰（图一七五；图版五六）。填土由黄褐土、红褐土、灰白土和少量礓石混合而成。长方形竖穴土坑墓，长 275、宽 105～117、深 92 厘米。东西两壁下部分别有生土二层台，东二层台宽 18、西二层台宽 4～12、高 32 厘米。一棺已朽，棺长 188、宽 50 厘米。人骨保存较好，方向 5°，仰身直肢，为 60 岁以上男性。随葬品共编号 9 件，出自棺北和西到圹壁之间，另在随葬陶器中间出有羊骨头等。

标本 M115：1，陶罐　灰陶。侈口，口低矮，沿面内有浅凹槽，圆唇，圜底。腹部有多道旋纹，底饰绳纹和交叉绳纹。口外径 14、高 12.8 厘米（图一七六，1；图版五七，1）。

标本 M115：2，陶罐　灰陶。直口，折肩，腹壁直，圜底，肩上有刻划字符两个，不识。口外壁有清晰轮旋痕，肩腹交接处饰两周绳圈印纹，底外圈饰旋拍篮纹，中心饰交叉篮纹。口内径 15.3、口外径 17.8、高 28.8 厘米（图一七六，2、3；图版五七，2）。

标本 M115：3，陶盆　灰陶。宽沿弧折，斜方唇，唇下缘下垂，腹壁斜直，圜底。口外径 28.2、沿宽 2.5、高 12.6 厘米（图一七六，4；图版五七，3）。

标本 M115：4，陶碗　灰陶。直口，折腹，平底。口外径 18.6、底径 7.2、高 6.6 厘米（图一七六，5）。

标本 M115：5，陶碗　同标本 M115：4 碗。口外径 15.4、底径 5.3、高 6 厘米（图一七六，6）。

标本 M115：6，陶碗　同上。腹有旋纹。口外径 15.4、底径 6.5、高 6 厘米。

标本 M115：7，陶罐　泥质灰陶。残缺。侈口，方唇，腹稍长，小平底。下腹饰绳纹。口径 12、高 27 厘米。

标本 M115：8，陶罐　残。形制同标本 M115：7 罐，中腹饰两道绳圈印纹，底饰交叉绳纹。口径 11.8、底径 6、高 25.2 厘米（图一七六，7；图版五七，4）。

标本 M115：9，陶罐　灰陶。侈口，圆唇，垂腹，圜底，素面无纹饰。口外径 14、高 13.2 厘米（图一七六，8）。

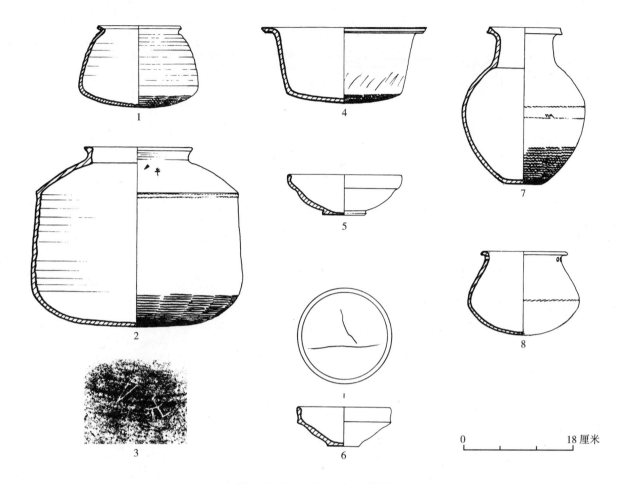

图一七六　M115 出土器物

1. 陶罐（M115：1）　2. 陶罐（M115：2）　3. 陶罐（M115：2）拓片　4. 陶盆（M115：3）
5. 陶碗（M115：4）　6. 陶碗（M115：5）　7. 陶罐（M115：8）　8. 陶罐（M115：9）

八三　M116

位于Ⅱ区约中部 T72 内，2006 年 7 月下旬至 9 月 10 日发掘，被盗扰（图一七七）。填土由黄褐土、红褐土、灰白土和少量礓石混合而成。长方形竖穴土坑墓，长 400、宽 157 ~ 168、深 96 厘米。一椁已朽，长 1360、宽 128、残高 34 厘米。人骨未见，方向 6°。随葬品共编号 4 件，出自北部棺椁之间。

标本 M116：1，陶碗　灰陶。直口，折腹，平底。口外径 14.7、底径 6.4、高 5.7 厘米。

标本 M116：2，陶碗　形制同上。口外径 14.4、底径 6.6、高 5.4 厘米（图一七八，1）。

标本 M116：3，陶碗　形制同上。口外径 14.8、底径 7.5、高 5.8 厘米（图一七八，2；图版五八，1）。

标本 M116：4，陶瓮　灰陶。直口，沿面外侧高于内侧，矮领。上、中腹用旋纹间隔以两组菱形方格纹带，腹下部饰横拍篮纹，底饰交叉篮纹。口内径 17、口外径 21.2、最

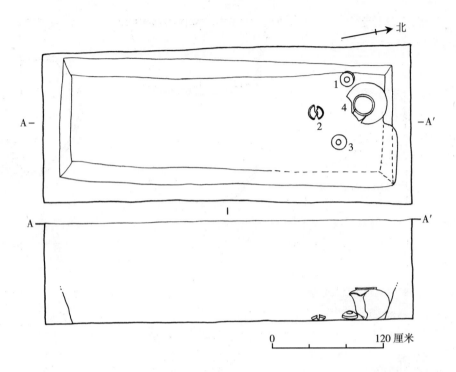

图一七七　M116 平、剖面图

1~3. 陶碗　4. 陶瓮

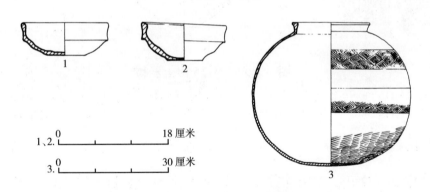

图一七八　M116 出土器物

1. 陶碗（M116：2）　2. 陶碗（M116：3）　3. 陶瓮（M116：4）

大腹径 43.5、底径 16、高 38 厘米（图一七八，3；图版五八，2）。

八四　M117

位于 II 区约中部 T72 内，2006 年 7 月下旬至 9 月 9 日发掘，盗扰（图一七九）。填土由黄褐土、红褐土和灰白土混合而成。长方形竖穴土坑墓，长 338、宽 140、深 90 厘米。一棺一椁已朽，椁长 330、宽 115、残高 30 厘米。棺长 186、宽 65 厘米。人骨只见一段股骨，方向 6°。随葬品共编号 3 件，出自北面棺椁之间。

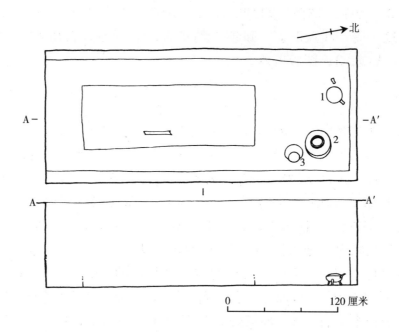

图一七九　M117 平、剖面图

1. 陶鼎　2. 陶罐　3. 陶壶

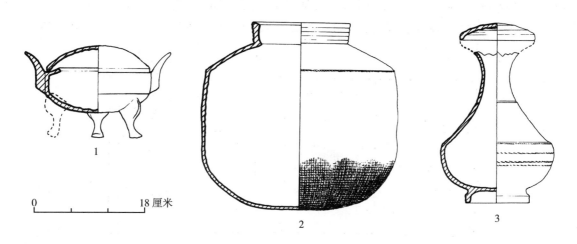

图一八〇　M117 出土器物

1. 陶鼎（M117：1）　2. 陶罐（M117：2）　3. 陶壶（M117：3）

标本 M117：1，陶鼎　灰陶。附耳与腹壁黏结面较大，耳上无孔，腹壁斜直内敛，与圜底相接处转折较明显，三蹄形足。口内径 12.5、口外径 17.2、两耳宽 24、通耳高 14.4 厘米（图一八〇，1；图版五八，3）。

标本 M117：2，陶罐　灰陶。直口，腹壁较直，圜底中心近平。口外壁饰四道凹旋纹，肩腹交接处饰一周绳圈印纹，腹下部及底饰交叉绳纹。口内径 14.2、口外径 16.8、高 30 厘米（图一八〇，2；图版五八，4、6）。

标本 M117：3，陶壶　灰陶。口残。细颈，扁腹，最大腹径偏上，圈足上有折棱一条。颈上有凹旋纹一周。浅盘形盖，弧顶。周身涂白衣。最大腹径 19、圈足径 10.5、残高 24 厘米（图一八〇，3；图版五八，5）。

八五　M118

位于 II 区约中部 T73 内，2006 年 7 月下旬至 9 月 8 日发掘，盗扰，打破 M119（图一八一；图版五九，1）。填土由黄褐土、红褐土和灰白土混合而成。长方形竖穴土坑墓，长 400、宽 160～168、深 88 厘米。一棺一椁已朽，椁长 382、宽 118、残高 32 厘米。棺长 176、宽 68～76 厘米。在棺中部下面有两个东西向灰土槽，宽约 10 厘米，南北并列，两端分别超过棺 10 厘米，但槽内黑色朽灰不是木灰。人骨朽甚，方向 9°，仰身直肢，中间盆骨一带被盗挖而缺失，牙齿完整，为 50 岁以上男性。随葬品共编号 8 件，1 件出自棺内头侧，其余出自北面棺椁之间，另棺北有一堆朽烂的鸡骨。

标本 M118：1，铜带钩　兽面形。兽面部分呈葫芦形。正面模印有纹饰，多已不清，约中部有一弯月形镂空。长 5.4、最宽处 2.6 厘米（图一八二，1；图版六〇，1）。

标本 M118：2，陶碗　灰陶。直口，折腹，平底。口外径 14.8、底径 5.7、高 5.5 厘米。

标本 M118：3，陶碗　形制同上。口外径 20.8、底径 6.9、高 7.6 厘米（图一八二，2）。

标本 M118：4，陶罐　灰陶。侈口，方唇，口内有凹槽一道，腹稍长，小平底。中腹有凹旋纹，下腹饰篮纹，底饰交叉篮纹。口径 12、底径 5.5、高 28.6 厘米（图版六〇，2）。

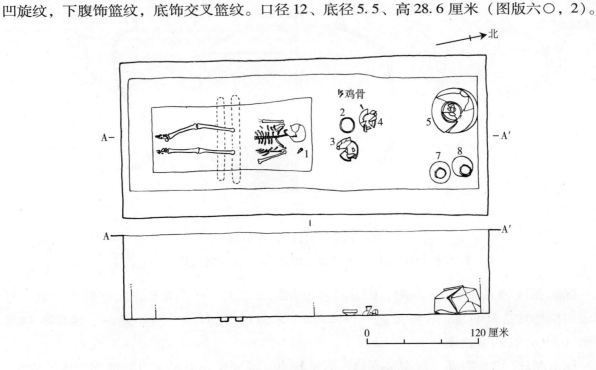

图一八一　M118 平、剖面图

1. 铜带钩　2、3、6. 陶碗　4、7、8. 陶罐　5. 陶瓮

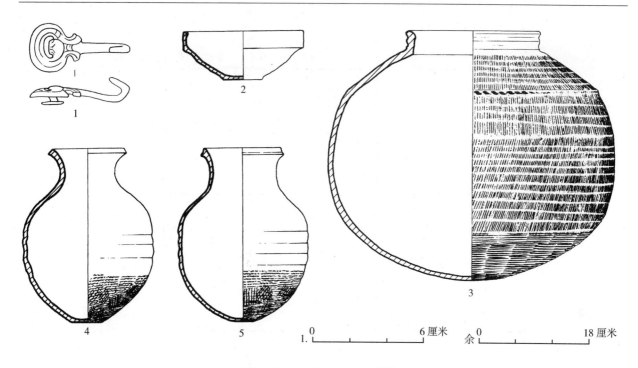

图一八二　M118 出土器物

1. 铜带钩（M118:1）　2. 陶碗（M118:3）　3. 陶瓮（M118:5）　4. 陶罐（M118:7）
5. 陶罐（M118:8）

标本 M118:5，陶瓮　灰陶。直口，矮领，领上有两道宽凹旋纹，中间夹一道凸棱。肩及腹上饰旋断细绳纹，圜底外部饰横向篮纹，中心饰交叉篮纹。口内径 18.7、口外径 22.5、最大腹径 47.5、高 40.4 厘米（图一八二，3；图版六〇，3）。

标本 M118:6，陶碗　下腹有旋纹。口外径 21.2、底径 8.5、高 8.3 厘米。

标本 M118:7，陶罐　灰陶。口内无凹槽，下腹及底饰交叉绳纹，其他同标本 M118:4 罐。口外径 13、最大腹径 21.6、底径 4.8、高 27.6 厘米（图一八二，4）。

标本 M118:8，陶罐　形制同上。口外径 13.8、底径约 4、高 27.6 厘米（图一八二，5）。

八六　M121

位于Ⅱ区约中部 T74 内，东端被 M120 打破，2006 年 7 月下旬至 9 月 11 日发掘，盗扰（图一八三）。填土由黄褐土、红褐土、黑土和少量基岩颗粒混合而成。长方形竖穴土坑墓，残长 230、宽 132、深 120 厘米。南北两壁下部分别有生土二层台，南台宽 18、北台宽 26、高 42 厘米。一棺已朽，长 192、宽约 56 厘米。人骨朽甚，方向 95°，头骨似有移位，上身大部和下肢少量缺失。该墓与 M122 应为夫妻葬，推测该墓主人为男性。随葬品未见。

八七　M122

位于Ⅱ区约中部 T74 内，东北角被 M121 打破，2006 年 7 月下旬至 9 月 11 日发掘，

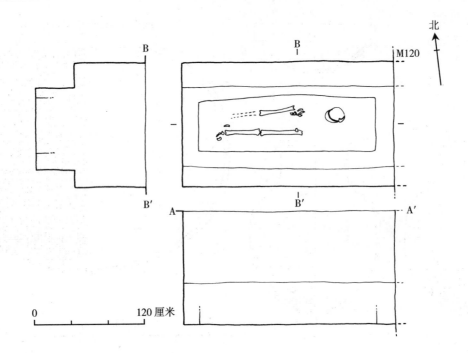

图一八三　M121 平、剖面图

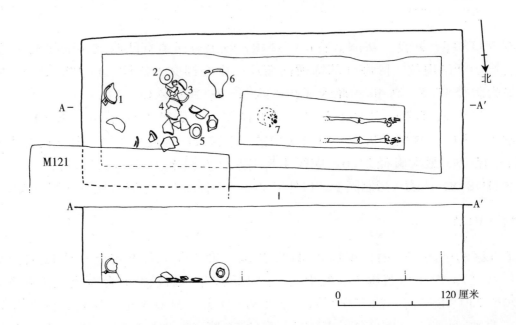

图一八四　M122 平、剖面图

1. 陶鼎　2、3、5. 陶碗　4. 陶罐　6. 陶壶　7. 铜钱

盗扰（图一八四）。填土由黄褐土、红褐土和灰白土混合而成。长方形竖穴土坑墓，长
416、宽 162、深 80 厘米。一棺一椁已朽，椁长 371、宽 116～122 厘米。棺长 176、宽
46～56 厘米。人骨朽甚，头骨方向 95°，盆骨以上缺失，头骨移位，大致为 40～50 岁女

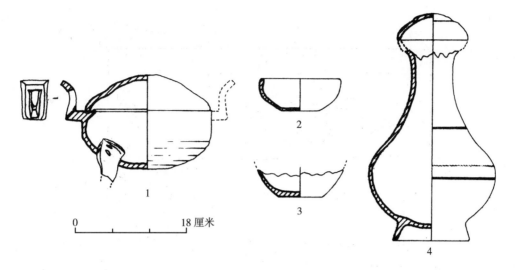

图一八五　M122 出土器物

1. 陶鼎（M122：1）　2. 陶碗（M122：2）　3. 陶罐（M122：4）　4. 陶壶（M122：6）

性。随葬品共编号 7 件，1 件出自口内，其余出自东面棺椁之间。

标本 M122：1，陶鼎　灰陶。残缺较多，盘形腹较大，子母口凹槽较深，外直壁，底中心成小平底。足上模制出兽面，腹及耳上涂有白衣。口外径 22、内径 18.4 厘米（图一八五，1）。

标本 M122：2，陶碗　灰陶。敛口，弧腹，平底。口外径 15.1、底径 7.1、高 5.2 厘米（图一八五，2；图版六〇，4）。

标本 M122：3，陶碗　口外径 14.7、底径 6、高 5.2 厘米。

标本 M122：4，陶罐底　残片。灰陶（图一八五，3）。

标本 M122：5，陶碗　口外径 15.1、底径 8.1、高 5.6 厘米。

标本 M122：6，陶壶　灰陶。碗形盖，弧顶中心有一凸起的圆顶。壶口残，长颈，腹较鼓，高圈足。中腹有绳圈印纹。周身饰白衣，彩绘不清。最大腹径 21、圈足径 13.5、残高 30.6 厘米（图一八五，4）。

标本 M122：7，铜钱　半两钱。残缺，不清晰。

八八　M123

位于Ⅱ区约中部 T75 内，打破 M128，2006 年 7 月下旬至 9 月 10 日发掘，盗扰（图一八六；图版五九，2）。填土经夯打，由黄褐土、红褐土和基岩颗粒混合而成。长方形竖穴土坑墓，长 350、宽 114、深 128 厘米。一棺已杇，长 192、宽 50～56 厘米。人骨杇甚，头骨方向 9°，稍乱，仰身直肢，为成年男性。随葬品共编号 8 件，1 件出自棺内胫骨外侧，其余出自北面盗洞和扰乱土中。

标本 M123：1，铁镬　锈蚀较重，稍残。长方形，平刃，銎为横长方形，銎断面呈"V"字形。高 7、宽 6.3 厘米（图一八七，2）。

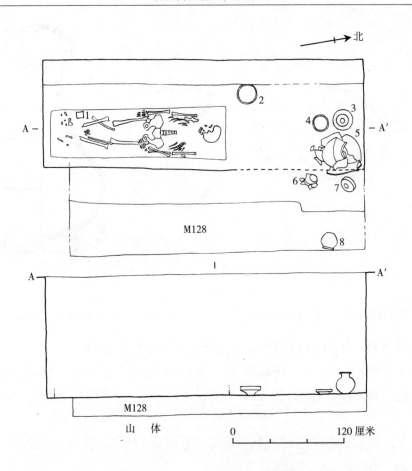

图一八六　M123 平、剖面图

1. 铁镬　2、4、6、7. 陶碗　3、8. 陶罐　5. 陶瓮

标本 M123：2，陶碗　灰陶。直口，折腹，平底。腹有旋纹。口外径 20.4、底径 7、高 8.3 厘米（图一八七，1）。

标本 M123：3，陶罐　灰陶。侈口，方唇，领较高，鼓腹，平底。中腹一道绳圈印纹，下腹及底饰篮纹。口内外径 6.8、底径 6.5、最大腹径 23.2、高 26.4 厘米（图一八七，3）。

标本 M123：4，陶碗　口外径 16、底径 5.5、高 6.2 厘米。

标本 M123：5，陶瓮　灰陶。直口，矮领，折肩，弧腹，圜底。肩下一周菱形方格纹，腹下部及底饰交叉细绳纹。口内径 15、口外径 19.2、最大腹径 42.3、底径 17、高 33 厘米（图一八七，4；图版六〇，5）。

标本 M123：6，陶碗　口外径 15、底径 6.7、高 6 厘米（图一八七，5）。

标本 M123：7，陶碗　腹部有旋纹。口外径 15.5、底径 6.3、高 6 厘米。

标本 M123：8，陶罐　灰陶。大侈口，圆唇，矮领，曲腹。腹饰旋纹。口内径 15.6、口外径 17.4、底径 10.8、高 17.7 厘米（图一八七，6；图版六〇，6）。

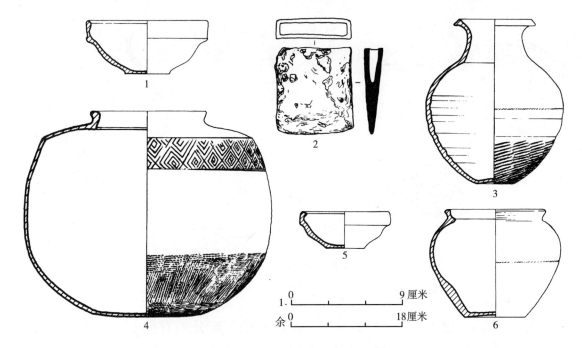

图一八七 M123 出土器物

1. 陶碗（M123：2） 2. 铁镢（M123：1） 3. 陶罐（M123：3） 4. 陶瓮（M123：5）

5. 陶碗（M123：6） 6. 陶罐（M123：8）

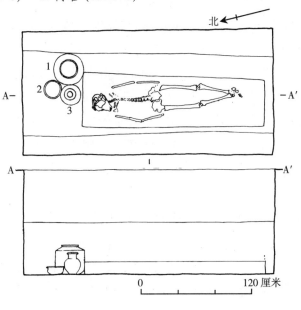

图一八八 M124 平、剖面图

1、3. 陶罐 2. 陶盆

八九 M124

位于Ⅱ区约中部 T75 内，2006 年 7 月下旬至 9 月 8 日发掘，原盗洞未盗至随葬品（图一八八；图版六一，1）。填土经夯打，由黄褐土、红褐土和灰白土混合而成。长方形

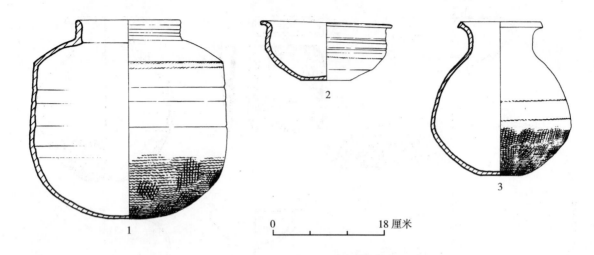

图一八九　M124 出土器物

1. 陶罐（M124：1）　2. 陶盆（M124：2）　3. 陶罐（M124：3）

竖穴土坑墓，长274、宽132、深112厘米。东西两壁下部分别有生土二层台，东侧二层台宽20～30、西侧二层台宽20～22、高56厘米。一棺已朽，长198、宽57厘米。人骨朽甚，方向13°，仰身直肢，可能是成年女性。随葬品共编号3件，均出自棺北至圹壁之间。

标本 M124：1，陶罐　灰陶。直口，上腹较直，下腹稍大，圜底。口外壁有四道凹旋纹，肩腹交接处饰两周绳圈印纹，腹上饰数道凹旋纹，腹下部及底饰交叉绳纹。口内径15.5、口外径17.6、高31.8厘米（图一八九，1）。

标本 M124：2，陶盆　灰陶。弧折沿，方唇，折曲腹，小平底。上腹饰数道凹旋纹。外径22.3、底径8.7、高9.6厘米（图一八九，2；图版六一，2）。

标本 M124：3，陶罐　灰陶。侈口，方唇，高直领，鼓腹，平底。中腹有不规则绳圈印纹两道，下腹及底饰交叉绳纹。口径13、底径7、高24.7厘米（图一八九，3）。

九〇　M125

位于Ⅱ区北中部T76内，2006年7月下旬至9月6日发掘，被现代树坑破坏（图一九〇）。填土由黄褐土、红褐土混合而成。长方形竖穴土坑墓，长270、宽75～85、深70厘米。一棺已朽，白色板灰痕，长262、宽56厘米，头前似有隔板，形成头箱。人骨朽甚，方向270°，多成痕迹。随葬品共编号3件，皆出自头箱内，其中2件泥俑无法提取。

标本 M125：1，陶罐　灰陶。大口，矮领，曲腹。中腹饰有两道绳圈印纹。口内径14.8、口外径16.8、底径12.5、高16.2厘米（图一九一，1；图版六一，3）。

标本 M125：2，泥俑　女侍俑。模制。头和腹部变形，五官不清，披肩长发于颈后挽成髻。身着交衽深衣，宽袖，双手拱于腹前，衣下部呈燕尾式。高24厘米（图一九一，2）。

标本 M125：3，泥俑　同标本 M125：2 泥俑。

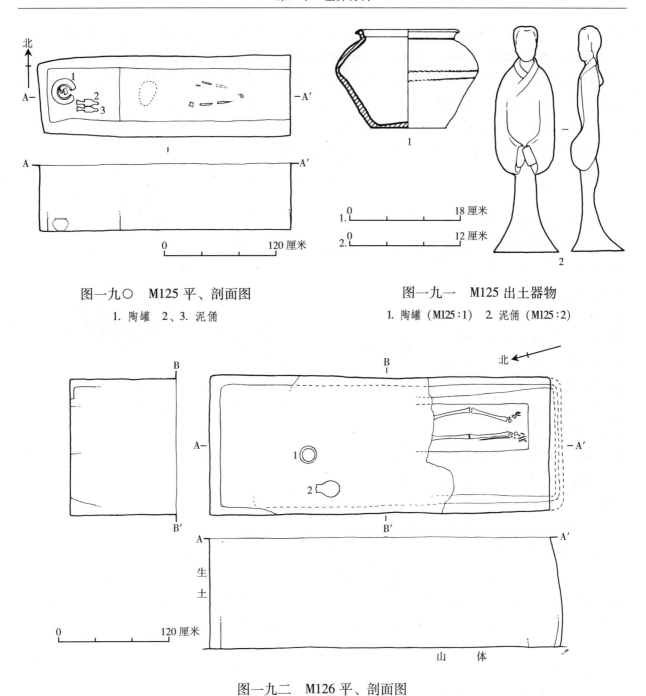

图一九〇　M125 平、剖面图
1. 陶罐　2、3. 泥俑

图一九一　M125 出土器物
1. 陶罐（M125：1）　2. 泥俑（M125：2）

图一九二　M126 平、剖面图
1、2. 陶罐

九一　M126

位于Ⅱ区北中部 T71 内，2006 年 7 月下旬至 9 月 8 日发掘，盗扰（图一九二）。填土经夯打，由黄褐土、红褐土和礓石混合而成。长方形竖穴土坑墓，墓口长 372、宽 140～148、深 116 厘米。一棺一椁已朽，椁板灰黄白色，椁长 370、宽 120～126、残高 28 厘米。棺大部已被盗洞破坏，宽50厘米。人骨朽，方向14°，下直肢，股骨以上缺。随葬品共编号2件，出自盗洞内，另有壶、车轮等残件。

标本M126∶1，陶罐　灰陶。侈口，圆唇，沿面上有浅凹槽，垂腹，圜底。腹部有旋纹数道，底部拍印有零散且交叉的细条纹。口外径14.3、高12.8厘米（图一九三，1）。

标本M126∶2，陶罐　灰陶。口残，高领，鼓腹稍长，小平底。中腹有旋纹，下腹及底饰粗篮纹和交叉篮纹。底径5、残高26厘米（图一九三，2）。

九二　M127

位于Ⅱ区北中部T71内，2006年7月下旬至9月10日发掘，盗扰（图一九四；图版六二，1）。填土经夯打，由黄褐土、红褐土和灰白土混合而成。土坑竖穴墓，长346、宽136～165、深64厘米。应为一棺一椁，但未发现椁板朽痕。棺板朽痕为黄色，棺长210、宽70、板厚4～5厘米。人骨朽，方向13°，只见有头部和肢骨残段，大约为30岁以上女性。随葬品共编号6件，均出自棺北至圹壁之间。

标本M127∶1，陶罐　灰陶。直口，领稍高，沿面外高内低，平底。腹部旋纹痕较多。口内径17、口外径20.6、底径18、高37.5厘米（图一九五，1；图版六二，2）。

标本M127∶2，陶罐　灰陶。侈口，方唇，高直领，鼓腹稍长，小平底。中腹有旋纹痕，下腹饰篮纹，底饰交叉篮纹。口径12.8、底径6、高25.8厘米（图一九五，2）。

标本M127∶3，陶碗　灰陶。直口，折腹，平底。口外径15、底

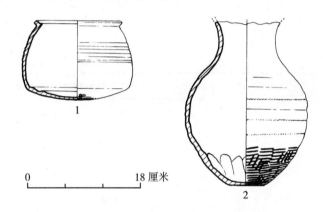

图一九三　M126 出土器物
1. 陶罐（M126∶1）　2. 陶罐（M126∶2）

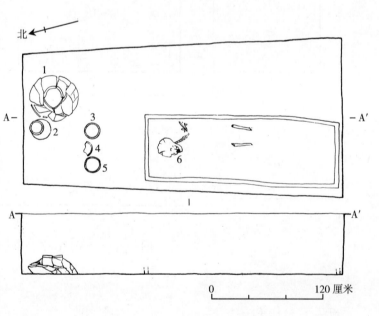

图一九四　M127 平、剖面图
1、2. 陶罐　3～5. 陶碗　6. 铜钱

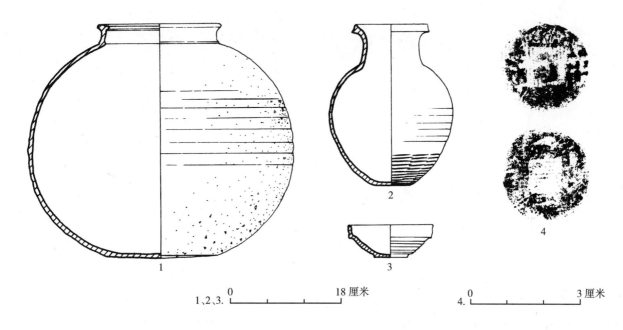

图一九五 M127 出土器物

1. 陶罐（M127：1） 2. 陶罐（M127：2） 3. 陶碗（M127：5） 4. 铜钱（M127：6）

径 5.2、高 5.7 厘米。

标本 M127：4，陶碗 口外径 15、底径 5.7、高 5.4 厘米。

标本 M127：5，陶碗 口外径 14、底径 5.4、高 5.6 厘米（图一九五，3）。

标本 M127：6，铜钱 半两钱。1 枚，径 2.4、穿 0.8 厘米（图一九五，4）。

第三节 两汉时期砖室墓葬

共 20 座，即 M61、M64、M70、M78、M79、M80、M84、M85、M88、M90、M91、M92、M93、M94、M100、M114、M120、M129、M130、M131。分别介绍如下。

一 M61

（刀型）砖室墓，位于Ⅱ区东南部 T42 内，2006 年 7 月 20 至 7 月 29 日发掘，被盗扰（图一九六）。填土由较多碎砖和红褐土、黄褐土、礓石、浅黑褐土和少量基岩颗粒混合而成。台阶墓道不规整，稍斜向东北，方向 20°，长 280、宽 78 厘米。墓室土圹南北长 450、东西宽 203、深 184 厘米。墓砖素面，体积为（32～33）×（15～16.5）×7.5 厘米。应有木棺，因扰乱未见。填土中见有零散骨头。填土中出有一些夹蚌红陶、红褐陶和夹砂灰陶片，有罐、盆、豆、井、柳斗罐、壶、耳杯、勺、圆案，此外还有铜五铢钱等。

标本 M61：1，铜钱 五铢钱。7 枚，5 个完整 2 个残缺。径 2.4～2.5、穿 0.9～1.0 厘米（图一九七，1）。详细描述见表三。

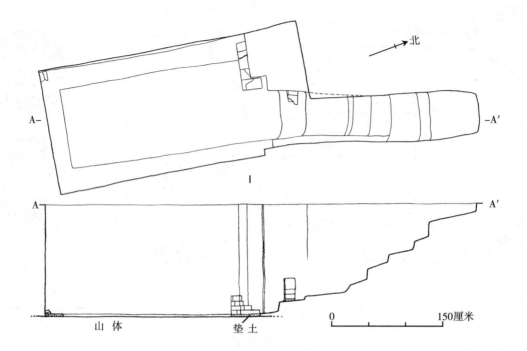

图一九六　M61 平、剖面图

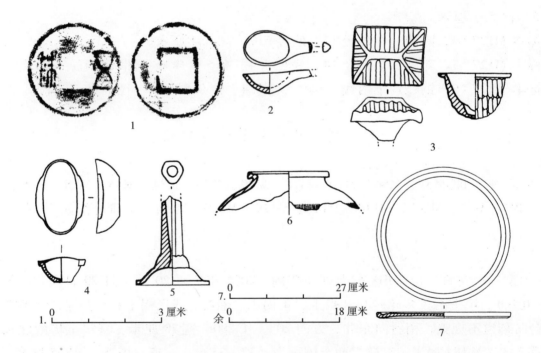

图一九七　M61 出土器物

1. 铜钱（M61:1）　2. 陶勺（M61:3）　3. 陶井（M61:4）　4. 陶耳杯（M61:5、6）

5. 陶灯（M61:7）　6. 陶罐（M61:8）　7. 陶案（M61:9）

　　标本 M61：2，陶壶　红陶。残缺。盘口稍深，沿面上有凹槽，平底。口内径 13.2、口外径 16.4、底径 13 厘米。

　　标本 M61：3，陶勺　灰褐陶。椭圆形口，圜底，把残（图一九七，2）。

　　标本 M61：4，陶井　灰陶。残缺。见有扁柱体井架和四面坡带瓦垄井亭顶部和柳斗小罐（图一九七，3）。

　　标本 M61：5、6，陶耳杯　灰陶。椭圆形，弧壁，平底。口长径 12、短径 5.6、连耳宽 8、高 4 厘米（图一九七，4）。

　　标本 M61：7，陶灯　灰陶。只存座下部（图一九七，5）。

　　标本 M61：8，陶罐　夹云母红陶。残缺。卷沿，方唇，矮领。肩下拍印小方格纹。口径 13.6 厘米（图一九七，6）。

　　标本 M61：9，陶案　灰陶。圆形，有矮边，边缘内有一周凹槽，中间稍凹下。径 32.8、边缘高 1.4 厘米（图一九七，7）。

二　M64

　　（无墓道）砖室墓，位于 Ⅱ 区中东部 T44 内，打破 M65，2006 年 7 月 31 至 8 月 21 日发掘，被盗扰（图一九八）。填土由红褐土、黄褐土、礓石和黑土混合而成。墓室北部方向 13°，长 360、宽 102、深 96 厘米。棺木被扰不存。填土中有零星人骨。填土中出有铜钱和少量陶罐、陶案、耳杯、砖块等。

　　标本 M64：1，铜钱　五铢钱。3 枚。一枚磨郭，朽而字迹不清，穿下一星。径 2.4、穿 0.9 厘米（图一九九，右）。另两枚正面无内郭，背里外有郭。"五"字交笔弯曲，"铢"

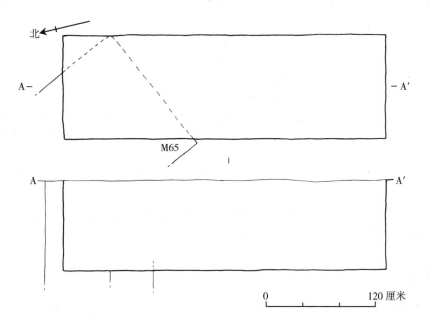

图一九八　M64 平、剖面图

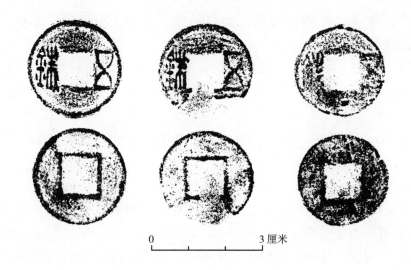

图一九九　M64 出土铜钱（M64∶1）

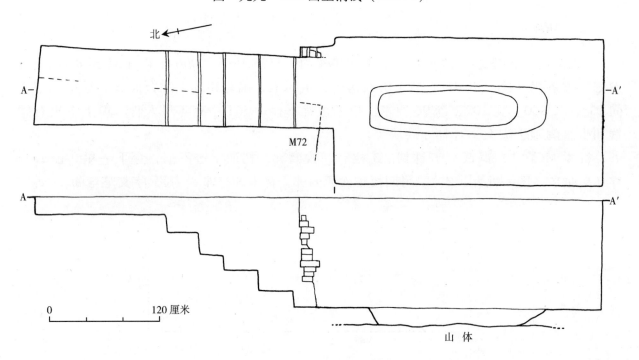

图二〇〇　M70 平、剖面图

字下超出穿，"朱"字上方折下弧折，"金"头为等边三角形，四点较长。径2.5～2.6、穿0.9～1.0厘米（图一九九，左、中）。

三　M70

（刀形）砖室墓，位于Ⅱ区南中部 T47 内，打破 M71、M72，2006 年 7 月下旬至 8 月 11 日发掘，被盗扰（图二〇〇）。填土由红褐土、黄褐土和基岩颗粒和大量残砖块混合而成。墓道方向 10°，台阶墓道长 380、宽 102 厘米，北部第一阶长而平；甬道长 50、宽

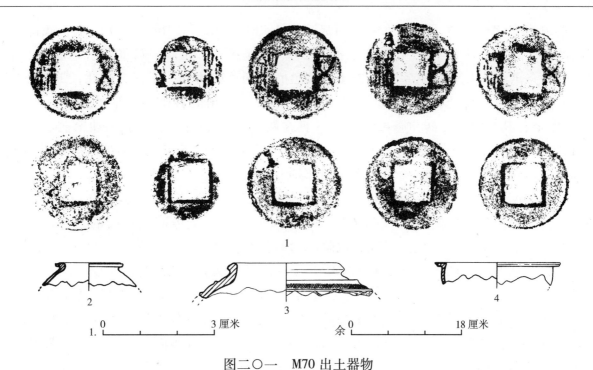

图二〇一 M70 出土器物

1. 铜钱（M70：1） 2. 陶罐（M70：2） 3. 陶瓮（M70：3） 4. 陶盆（M70：4）

110 厘米；墓室土圹长 380、宽 200、深 150 厘米。扰乱超过墓底，未见棺木，盗洞中发现有两个铁棺钉。盗洞中见有人骨残块。随葬品在盗洞中出土五铢钱 10 枚和夹云母红陶罐、灰陶瓮残片。

标本 M70：1，铜钱 五铢钱。10 枚，其中有 3 枚为剪轮五铢。"五"字交笔弯曲，"朱"头方折弧折皆有。径 1.7～1.9、穿 1.0 厘米。一枚磨郭五铢，"五"字交笔弯曲，"金"四点较长，"朱"上下方折。径 2.3、穿 1.0 厘米；另外五枚"五"字交笔弯直皆有，"朱"头有方折弧折皆有。径 2.5、穿 0.9～1.0 厘米（图二〇一，1）。

标本 M70：2，陶罐 夹云母红陶。口部残片，翻沿，沿面上有凹槽一周。口外径 11.2 厘米（图二〇〇，2）。

标本 M70：3，陶瓮 灰陶。口部残片。方唇，直口，肩上有模印方格纹组成的带纹一周。口外径 19.2 厘米（图二〇一，3）。

标本 M70：4，陶盆 红陶。口部残片。平折沿，方唇，唇上有凹旋纹一道，上腹较直。口外径 20.8 厘米（图二〇一，4）。

四 M78

（单墓道有顶）砖室墓，未被盗扰，位于Ⅱ区约东北部 T51 内，东西分别与同探方的 M77、M79 为邻，墓道方向 189°。

填土由红褐土、黄褐土、灰白土和少量砂礓石混合而成，经夯打，夯层厚约 20 厘米。墓室填土中出铁舀头一个。

墓道为南北长方形，南面两角呈圆弧形，上口长 430、宽 156～160 厘米，底部呈不规则的台阶形，约中部有一东西向土槽，长 130、宽约 15 厘米，可能是插木板类的槽，但未见石条或朽木痕。和墓室封门连接处墓道底部同墓底为同一平面，南北长 110 厘米。

墓道与墓室连接处有封门砖墙，顺砌两层，两个拐角处各砌成方形的砖垛，高 172、厚 38 厘米，其高度远在砖室墓壁之上，并且在两个垛子上还各竖立有一块薄砖，和墓葬开口几乎在同一平面上，推测很可能是刻意做出的标记。另外其封门砖和墓壁是连在一起砌筑的，也就是墓室的南壁，不像后期那种专门的封门。

墓顶为两层平砖压盖，其中北面约 2/3 部分铺成"人"字形，南面约 1/3 部分下层铺成东西向，上层铺成南北向（图二○二；彩版七，1）。支撑两层顶砖的是东西向横置的木板，但已朽成黑灰，发掘时顶已塌陷，形状尚存。

墓室东西两壁各两层，皆为顺砖砌成，已被挤压变形。经解剖，发现其砌筑方法大致是：在先铺成地砖上，两砖壁距土圹壁约 25 厘米处起砌，和圹壁中间的空隙填土夯实，夯土层厚 8～16 厘米不等。砌至高约 60 厘米时，两砖壁分别外扩至贴土圹壁往上砌筑，这样上半截墙就压在其下的夯土和部分砖墙上，而墓内形成了一个台状的结构。往上砌 8 层薄砖后横搭木板，再在木板上摆放两层平砖，之后再在平砖上填土层层夯实至墓口。

北壁砌法特殊，为立砖顺砌，我们称之为"竖立平贴式"，用 3～4 层薄的立砖砌起，其中最里一层紧贴于北圹壁上，由于挤压，大部分倒塌脱落。

墓底砖砌，"人"字形，砖大小同墓壁。墓室内径南北 460、东西约 170 厘米，墓底到墓顶平面约 100 厘米（图版六三，1）。

砖有两种：一种为薄砖，体积（31～31.5）×（19～20）×（2.5～3）；一种是长条形砖，体积（35.5～37）×（15～16）×（5～5.5）。其中长条形砖主要用于封门墙上，少量也用在壁、顶上，薄砖用在壁和顶上。

木棺一具，位于墓底南中部，朽烂成黑灰，长 185、宽 50 厘米。

人骨一具，朽成粉状，未找到牙齿，性别、年龄等不清。在上胸部发现 1 枚五铢钱。

随葬品在北半部，除上面的五铢钱外，另编号 24 个，分别是一大一小铁钉 2 个、大彩绘陶壶 2 个、小彩绘陶壶 2 个、陶鼎 2 个、陶盒 4 个、陶罐 8 个（图版六三，2）、五铢钱 1 个、铅弩机 1 个、铅车马器 1 件套，另在棺北面区域还发现有漆器痕迹，器形经辨认有盘、耳杯等，在棺北一漆耳杯旁还见有鸡骨。漆器因无法清理、提取，故未编号。有编号随葬品中，两个铁钉应不是棺钉，位置在北半部，不在棺一带，数量也不对，推测可能是顶板或墙上挂物用的。彩绘陶壶底色为白色，上面彩色见有绿、黑两色，图案多已脱落不清。一小壶下和一陶鼎内发现有鸡蛋壳。在罐内分别发现有粮食朽烂的黑灰痕和鱼骨头。而车马器中可辨认的有盖弓帽，余皆残件而无法复原，弩机亦应是车马器上的附件。

该墓南北通长 938、墓室土圹长 515、宽 246、墓底到墓口深 196 厘米（图二○三）。

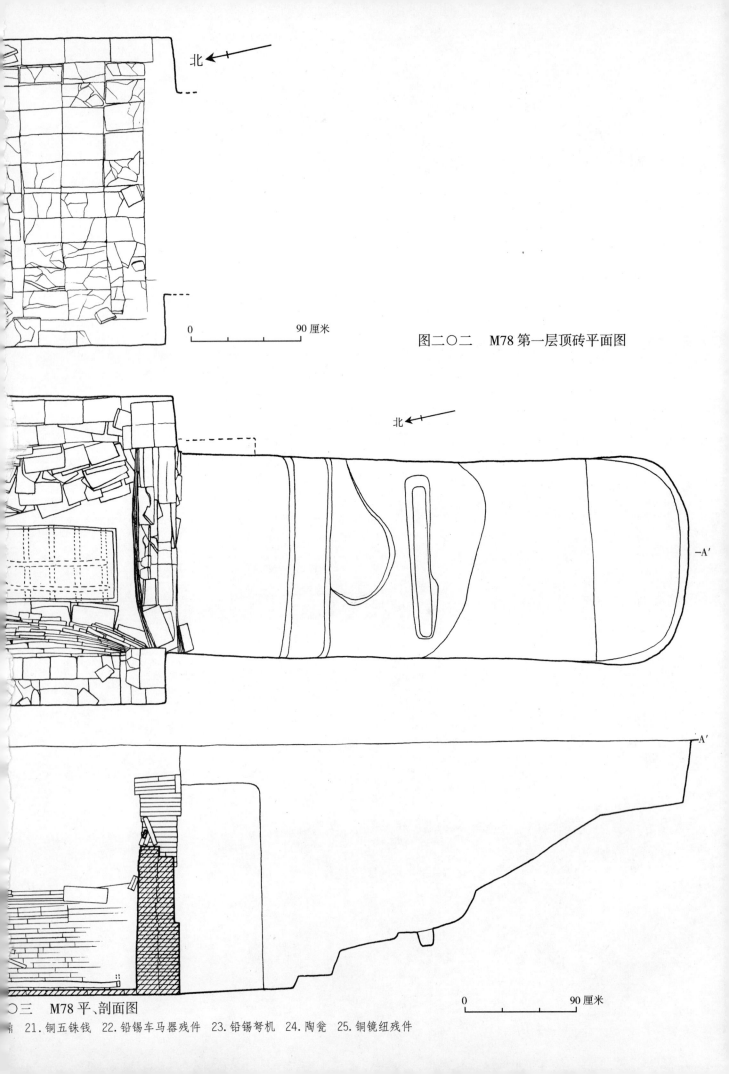

北

0   90 厘米

图二〇二   M78 第一层顶砖平面图

北

—A′

A′

〇三   M78 平、剖面图

0   90 厘米

帛 21.铜五铢钱 22.铅锡车马器残件 23.铅锡弩机 24.陶瓮 25.铜镜纽残件

图二·M1 平、剖面图

1. 铜五铢钱　2、3. 铁钉　4、5、7、8、10. 陶壶　6、9、18、19. 陶盒　11～16. 陶罐　17、20. 陶

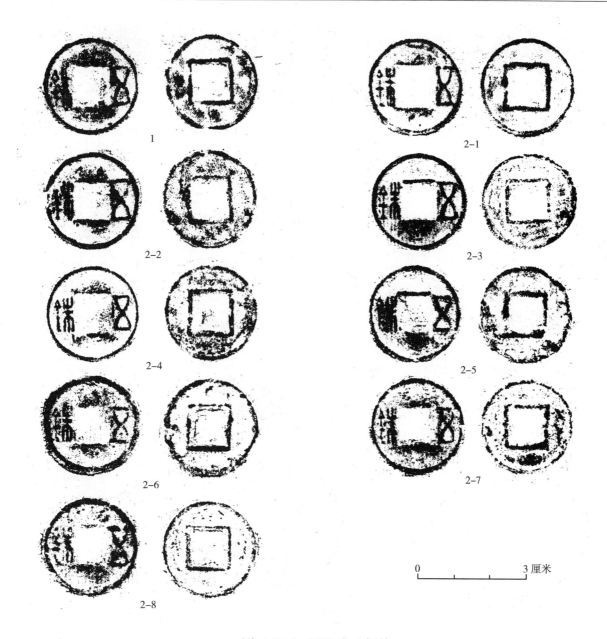

图二〇四　M78 出土铜钱

1. 铜钱（M78：1）　　2. 铜钱（M78：21）

　　标本 M78：1，铜钱　五铢钱。1 枚。朽。穿上一横郭，"五"字交笔稍弧，"金"头似箭镞，"朱"字上下弧折。径 2.5、穿径 0.9 厘米（图二〇四，1）。

　　标本 M78：2，铁钉　1 个。锈蚀较重。方体，一端成尖，粗的一端近头部有一与钉身垂直的扁方形短拐。长 14、宽处 1.3 厘米（图二〇五，5）。

　　标本 M78：3，铁钉　1 个。残。形制同上。残长 10 厘米。

　　标本 M78：4，陶壶　夹云母灰陶。盘口深，腹较扁，足矮。腹饰两个对称的铺首衔环，上下分别有两组凹旋纹定位。上为模制博山形盖。口径 25、最大腹径 44 、圈足径

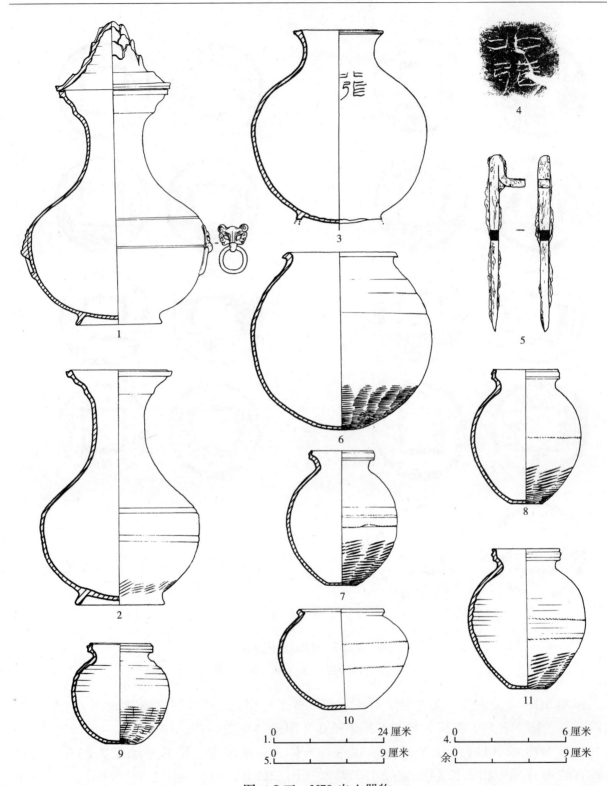

图二〇五　M78 出土器物

1. 陶壶（M78：4）　　2. 陶壶（M78：7）　　3. 陶壶（M78：10）　　4. 陶壶（M78：10）拓片　5. 铁钉（M78：2）
6. 陶罐（M78：11）　7. 陶罐（M78：12）　8. 陶罐（M78：13）　9. 陶罐（M78：14）　10. 陶罐（M78：15）
11. 陶罐（M78：16）

18、连盖高 65、圈足高 2.6 厘米（图二〇五，1；图版六四，1）。

标本 M78：5，陶壶　同标本 M78：4 壶。

标本 M78：6，陶盒　夹云母灰陶。残。周身涂白衣。沿面较宽平，内缘上凸，形成子母口。弧腹，小平底，未见盖。口内径 15、口外径 18.8、底径 8.4、高 8 厘米。

标本 M78：7，陶壶　夹云母灰陶。盘口深，腹较扁，圈足矮。腹部有凹旋纹数道。口径 19、最大腹径 27、圈足径 14.5、高 37.5、圈足高 2 厘米（图二〇五，2；图版六四，2）。

标本 M78：8，陶壶　同标本 M78：7 壶。

标本 M78：9，陶盒　夹云母灰陶。残。形制同上盒。口内径 14.4、口外径 18.5、底径 7.8、高 7.3 厘米。

标本 M78：10，陶壶　夹云母灰陶。厚唇，沿面上有浅凹槽，球形腹，圈足。上腹部竖刻"北张"二字。口径 14.4、最大腹径 28.8、残高 30.4 厘米（图二〇五，3、4）。

标本 M78：11，陶罐　夹云母灰陶。直口，矮领，沿面内高外低，球形腹，小平底。腹下部及底拍印粗篮纹。口内径 13.6～15.4、口外径 17～18.8、高 28.2 厘米（图二〇五，6）。

标本 M78：12，陶罐　灰陶。浅盘形口，矮领，球形腹，小平底。中腹有不规则旋纹和绳圈印纹，下腹及底饰粗篮纹。口径 10.8、底径 5、高 21 厘米（图二〇五，7；图版六四，3）。

标本 M78：13，陶罐　形制同标本 M78：12 罐相近。中腹饰一道绳圈印纹，下腹饰粗篮纹，底饰交叉篮纹。口径 11、底径 5.5、高 21.6 厘米（图二〇五，8）。

标本 M78：14，陶罐　形制同标本 M78：12 罐相近。上腹有旋纹痕。口径 10、底径 5.5、高 16.2 厘米（图二〇五，9；图版六四，4）。

标本 M78：15，陶罐　灰陶。侈口，方唇，沿面内侧有浅凹槽，弧腹，小平底。腹部有绳圈印纹和旋纹痕。口外径 14、底径 7、高 16.2 厘米（图二〇五，10；图版六五，1）。

标本 M78：16，陶罐　形制同标本 M78：12 罐相近。中腹饰旋纹和两道绳圈印纹，下腹及底饰粗篮纹。口径 11、底径 6、高 22.5 厘米（图二〇五，11）。

标本 M78：17，陶鼎　夹云母灰陶。附耳出鼎口即外翻，与腹壁黏结面大，耳上无孔，附耳上有模印留下的细条纹，腹上壁外侈，圜底，腹底相接处有细浅的凹旋纹，三蹄形足，鼎耳、外壁和足上皆涂白衣。口内径 15.5、口外径 19.5、两耳宽 22.7、口高 14、通耳高 17.8 厘米。

标本 M78：18，陶盒　形制同标本 M78：6 盒。外底绘黑彩变形云纹。口内径 14.2、口外径 18.5、底径 7.6、高 7.8 厘米（图二〇六，1；图版六五，2、3）。

标本 M78：19，陶盒　形制同上盒。口内径 15.2、口外径 18.8、底径 7.3、高 7.5 厘米（图二〇六，2）。

标本 M78：20，陶鼎　同标本 M78：17 鼎。口内径 14.8、口外径 18.6、两耳宽 23.2、

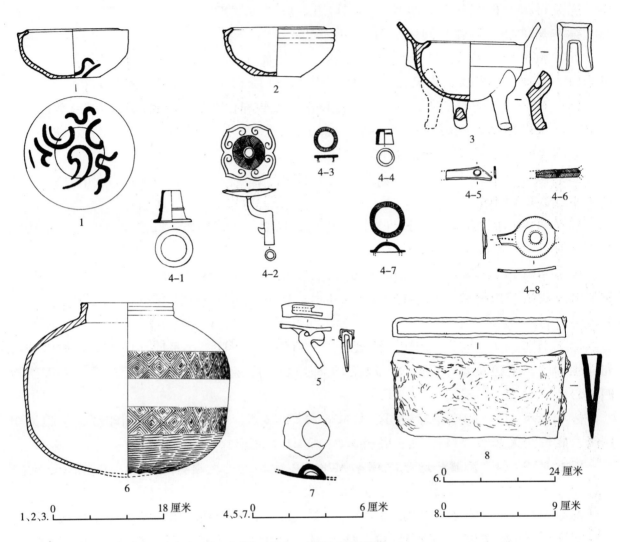

图二〇六　M78 出土器物

1. 陶盒（M78：18）　2. 陶盒（M78：19）　3. 陶鼎（M78：20）　4. 铅锡车马器残件（M78：22）　5. 铅锡弩机
（M78：23）　6. 陶瓮（M78：24）　7. 铜镜纽残件（M78：25）　8. 铁舌（M78：01）

口高 14.5、通耳高 17 厘米（图二〇六，3；图版六五，4）。

标本 M78：21，铜钱　五铢钱。12 枚。皆完整，有粘连。可辨者"五"字多瘦长，交笔稍弧，"金"头呈箭镞形的较多，"朱"头方折，下弧折或上下皆弧折。正面穿上一横郭者 2 枚，穿下半星者 3 枚。径 2.5～2.6、穿径 0.9～1.0 厘米（图二〇四，2）。详见表三。

标本 M78：22，铅锡车马器残件　模型明器。发现皆为铅锡残块，色灰白，可辨有残断的细柱、花瓣形盖弓帽、车舌、衡帽、泡饰等。其中的盖弓帽顶部花瓣为四瓣花式，面上有对称的卷云纹、三角纹图案，外面中心有细柱相连。花瓣直径 3.3、厚 0.1 厘米。各件明器大小不等（图二〇六，4－2）。

标本 M78：23，铅锡弩机　明器模型。非常小巧，已残。长不足 3 厘米（图二〇六，5）。

标本 M78：24，陶瓮　灰陶。残缺。直口，领上有旋纹。折肩，弧壁，腹较扁，圈底。肩下及腹部分别以旋纹间隔一组雷纹带，腹下部及底饰横向篮纹。口内径 17.2、口外径 20、残高 36 厘米（图二○六，6）。

标本 M78：25，铜镜纽残件　只存半球形纽部（图二○六，7）。

标本 M78：01，铁䦆　出于墓内填土中，稍残。正视约呈横长方形，下端为刃，銎口长条形，銎竖断面"V"字形。横长 14、高 6.8 厘米（图二○六，8；图版六五，5）。

五　M79

单墓道砖室墓，位于 II 区东中部 T51 内，2006 年 7 月下旬至 8 月 19 日发掘，盗扰（图二○七）。填土由红褐土、黄褐土、灰白土和砂礓石混合而成，并夹杂有较多碎砖块和陶及彩绘陶片。墓道方向 188°，通长 773 厘米。墓道长 172、宽 132～160 厘米，斜坡式，入口有台阶一个；甬道长 65、宽 180 厘米，和墓道相连处亦有一台阶；墓室土圹南北长 536、宽 255～260、深 154 厘米。墓壁为两层顺砖砌起，残存有少量铺地砖，砖体积为 27～28×13～14×4～5 厘米。被严重盗扰，未见棺椁痕及人骨。随葬品都是扰乱的碎片，有彩绘陶壶、罐、瓮以及陶碗、尊、圈足器等。

标本 M79：1，铜钱　五铢钱。1 枚。面无内郭，背有内外郭。穿下半星，"五"字瘦长，交笔直，"金"头等腰三角形，"朱"字头方折，下稍弧折。径 2.5、穿径 1.0 厘米（图二○八，1）。

标本 M79：2，陶瓮　夹云母灰陶。残缺。大口，折沿，方唇，领稍高，领上有凸棱

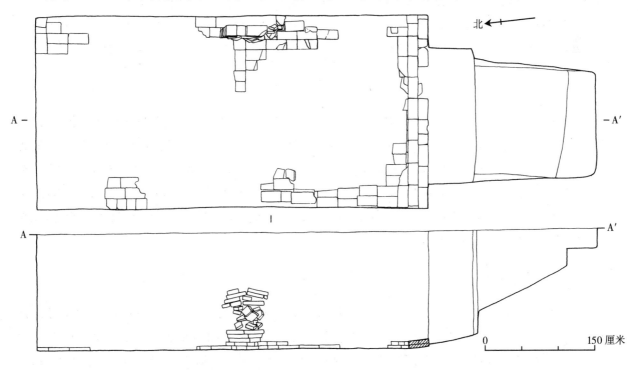

图二○七　M79 平、剖面图

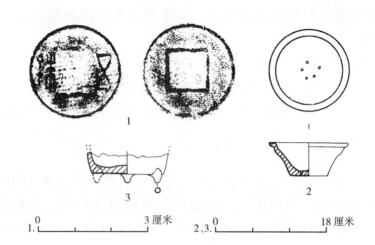

图二〇八　M79 出土器物

1. 铜钱（M79：1）　　2. 陶甑（M79：3）　　3. 陶奁（M79：6）

一周，折肩不明显，深腹，圜底，素面。口内径28、口外径33厘米。

标本 M79：3，陶甑　灰陶。平折沿斜直腹，平底。底上有5个圆形镂空，周身饰白衣。口径12.8、高5.2厘米（图二〇八，2）。

标本 M79：4，陶壶　灰陶。残缺。盘口，弧腹，圈足。周身饰白衣。

标本 M79：5，陶壶　灰陶。残缺。盘口，弧腹，圈足。腹部有竖条纹，周身饰白衣。

标本 M79：6，陶奁　灰陶。只存底部，腹壁较直，平底下有三个锥形足（图二〇八，3）。

六　M80

单墓道砖室墓，位于Ⅱ区约中部 T52 内，2006 年 7 月下旬至 8 月 17 日发掘，盗扰（图二〇九）。填土由红褐土、黄褐土和砂礓石混合而成，并出有陶片和人骨残件。墓道方向182°，通长超过500厘米。墓道长约50、宽108、深110厘米；甬道长54、宽123、深115厘米；墓室土圹400、宽160、深120厘米。墓壁厚30、残高120厘米，砌法为"两顺一丁"和"一顺一丁"混合。未见棺木痕。扰乱土中见有少量骨头碎块。随葬品为破碎的残片，有陶罐、壶等。

七　M84

（单墓道无顶）砖室墓，位于Ⅱ区北部 T53 内，西邻同探方的 M85，南邻同方的 M83，墓道方向187°（图二一〇）。填土由红褐土、黄褐土和少量灰白土、砂礓石混合而成，未经夯打，土中杂有少量西汉时期的绳纹灰陶片。墓道基本为南北长方形，长155、宽122厘米，底部不平，高于墓室底部14厘米，南端有两个不太规则的台阶。墓壁只有东西两壁砌砖，紧贴土圹壁顺砌，里外两层，外力挤压的原因内层砖壁已严重变形。砖

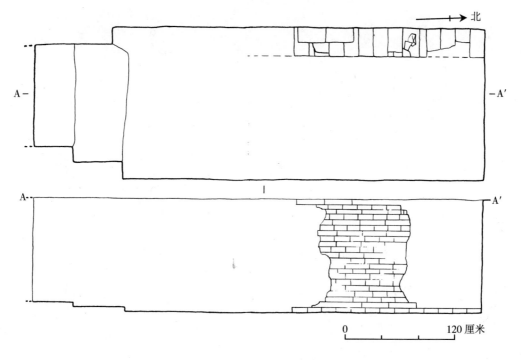

图二〇九　M80平、剖面图

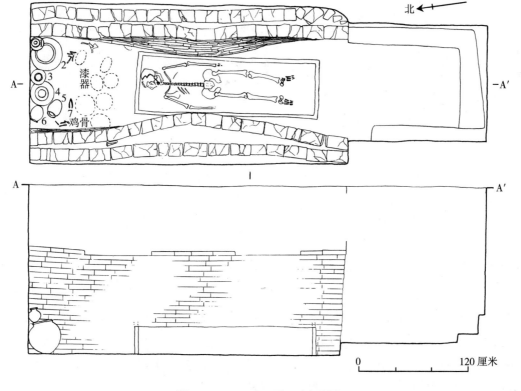

图二一〇　M84平、剖面图

1~6.陶罐　7.双股铁器　8.铜钱

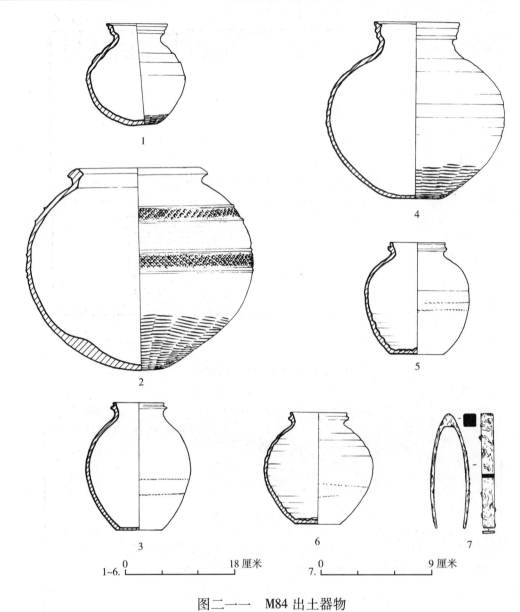

图二一一　M84 出土器物

1. 陶罐（M84：1）　2. 陶罐（M84：2）　3. 陶罐（M84：3）　4. 陶罐（M84：4）　5. 陶罐（M84：5）　6. 陶罐（M84：6）　7. 双股铁器（M84：7）

大多为半头，整砖长 24、宽 12、厚 4 厘米。砖壁（相当于椁）内径宽约 100、高 114 厘米。墓室偏南有一朽成黑灰痕迹的木棺，长近 200、宽 62、残高 30、板厚 4 厘米。人骨一具，保存基本完好，但朽易碎。死者为 30～40 岁女性，口中含"五铢"钱两枚。墓室北壁处放置有陶罐 6 件、双股铁器 1 件，陶器和棺之间还有约 10 多个红色漆器，器形大致有耳杯、盘、盒等，皆不甚清晰，也无法提取，故未取未编号。该墓南北通长 500 厘米，墓室土圹南北长 346、宽 170、深 175 厘米。

　　标本 M84：1，陶罐　夹云母灰陶。盘口，矮领，球形腹，小平底。口外壁饰旋纹两道，肩、腹部饰旋纹三道，下腹及底饰篮纹。口外径 10、底径 5、高 17 厘米（图二一一，1；图版六六，1）。

标本 M84：2，陶罐 夹云母灰陶。厚胎，直口，矮领，斜方唇，球形腹，圜底。肩及上腹分别有两组凸旋纹带，里面印斜线交叉成的菱形方格纹，下腹及底拍印篮纹。口内径 19.5、口外径 23.2、高 32 厘米（图二一一，2；图版六六，2）。

标本 M84：3，陶罐 灰陶。双唇，圆鼓腹，平底。腹饰两周不甚清晰绳圈印纹。口内径 7.6、底径 8.7、高 20.5 厘米（图二一一，3；图版六六，3）。

标本 M84：4，陶罐 夹云母黄褐陶。盘口，矮领，球形腹，小平底。肩、腹部有旋纹痕，下腹及底饰篮纹。口内径 12、口外径 14、底径 7.6、高 28.5 厘米（图二一一，4；图版六六，4）。

标本 M84：5，陶罐 灰陶。双唇，圆鼓腹，平底。腹部有旋纹和绳圈印纹两周。口内径 8.5、底径 8.8、高 17.8 厘米（图二一一，5；图版六六，5）。

标本 M84：6，陶罐 形制同标本 M84：5 罐。腹部有旋纹痕和绳圈印纹一周。口内径 8.6、底径 7.6、高 18 厘米（图二一一，6；图版六六，6）。

标本 M84：7，双股铁器 两股扁平铁片在一端连起，另一端皆残。残长 9.2、每股宽 1 厘米（图二一一，7）。

标本 M84：8，铜钱 五铢钱。2 枚。锈蚀不清。径 2.6、穿径 0.9 厘米。

八 M85

单墓道砖室墓，位于Ⅱ区北中部 T53 内，2006 年 7 月下旬至 8 月 22 日发掘，盗扰（图二一二）。填土由红褐土、黄褐土和少量砂礓石混合而成，并夹杂有碎砖块、陶瓷残片和残铁犁头一个。墓道方向 186°，通长约 860 厘米。墓道约长 420、宽 110 厘米，台阶式，共 10 阶；墓室土圹长方形，南北约长 440、宽 160、深 236 厘米。土圹上壁稍大，不太规整，可能曾有过塌方的情况；墓壁残存很少，顺、丁交错砌起，砖体积为 24×12×5 厘米。被严重盗扰，未见棺木。扰乱土中有少量人骨残块。随葬品只在扰乱土中见有绳纹罐、瓷口沿及底部碎片。

标本 M85：1，陶罐 夹云母灰陶。直口，沿面内高外低，球形腹，圜底。腹下部横向旋拍篮纹，底中心有竖篮纹。口内径 20、口外径 24、最大腹径 37.6、高 34 厘米（图二一三，1）。

标本 M85：2，陶罐 灰陶。矮领，厚唇，圆鼓腹，只存上部。上腹有凹旋纹。口径 10 厘米（如二一三，2）。

标本 M85：3，陶罐 夹云母灰陶。厚胎。直口，矮领，球形腹。肩、腹各有带纹一周，带纹内为斜向粗绳纹组成。口内径 19.2、口外径 23.2 厘米（图二一三，3）。

九 M88

单墓道砖室墓，位于Ⅱ区约北中部 T54 内，2006 年 7 月下旬至 8 月 16 日发掘，盗扰

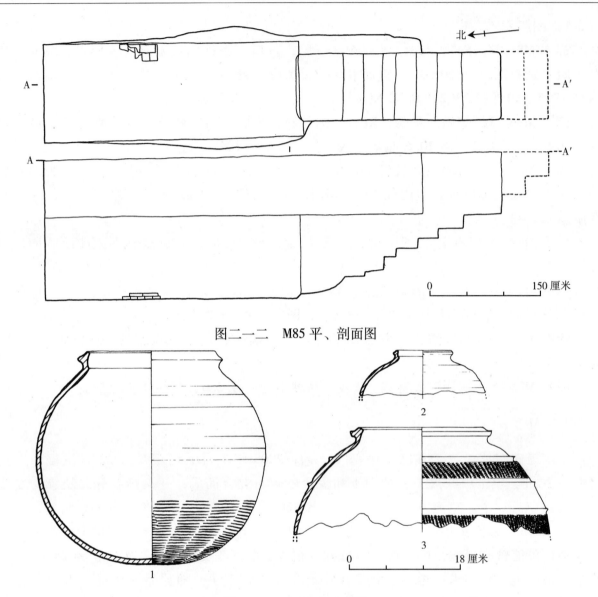

图二一二　M85 平、剖面图

图二一三　M85 出土器物

1. 陶罐（M85∶1）　　2. 陶罐（M85∶2）　　3. 陶罐（M85∶3）

（图二一四）。填土由红褐土、黄褐土和少量砂礓石混合而成，并杂有碎砖块及陶片等。墓道方向 4°，通长 572 厘米。墓道长 112、宽 94～117 厘米；台阶式，共 4 阶，其中最上一阶较深，达 90 厘米。甬道长 60、宽 136～176 厘米。墓室土圹长方形，南北长 400、东西宽 180、深 158 厘米。砖壁残存很少，顺、丁交错砌起，砖体积为 28×13.5×5.5 厘米。被扰严重，未见棺木，扰乱土中有少量骨块。随葬品只见有小块陶片。

一〇　M90

（刀形无顶）砖室墓，位于Ⅱ区约北中部 T55 内，2006 年 7 月下旬至 8 月 20 日发掘，盗扰（图二一五）。填土由红褐土、黄褐土和黑土混合而成。墓道方向 95°，通长 825 厘

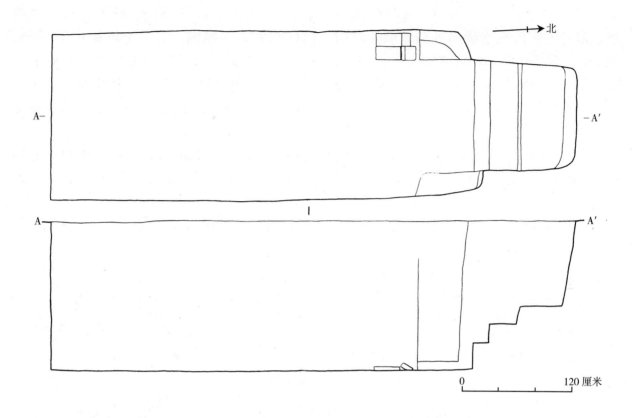

图二一四 M88 平、剖面图

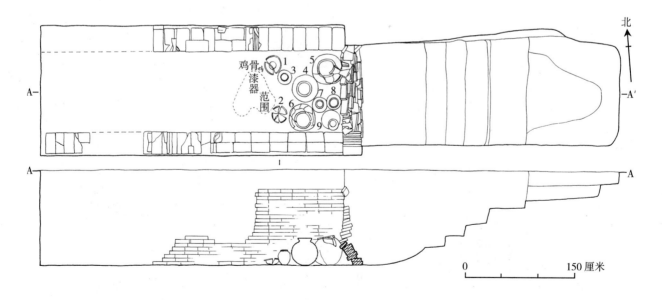

图二一五 M90 平、剖面图

1、2. 陶盆 3～9. 陶罐

米。墓道长 369～393、宽 138～158 厘米；台阶式，宽窄、陡缓不一，最下一阶呈缓坡形，最外一台阶呈半圆形外凸。顺砖封门，已向墓室方向倾倒。墓室土圹长 432～456、宽 180、深 130 厘米。砖壁贴土圹而建，保存东面一部分，最下层为丁砖，往上顺丁交错，最高处 104 厘米，无铺底砖，原应无顶。砖体积为 38×15×5 厘米。被盗扰，棺木不清。只出少量骨块。随葬品编号 9 件，出自棺前到东面封门之间（图版六七），另还有无法取出的漆器和鸡骨头，在大罐和标本 M90：7 小罐内都有粮食朽痕。

标本 M90：1，陶盆　夹云母红褐陶。窄平折沿，圆唇，弧曲腹，圜底。中腹至底饰竖的细绳纹，内底有凸棱一周。口外径 24.5～25.7、沿宽 1.4、高 9.4 厘米（图二一六，1；图版六八，1）。

标本 M90：2，陶盆　夹云母红褐陶。形制同标本 M90：1 盆。口外径 24.8、沿宽 1.6、高 10.2 厘米（图二一六，2）。

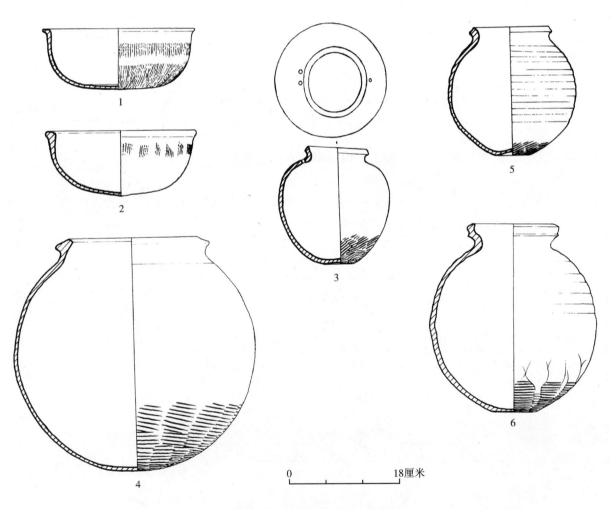

0　　　　　　　18厘米

图二一六　M90 出土器物

1. 陶盆（M90：1）　2. 陶盆（M90：2）　3. 陶罐（M90：3）　4. 陶罐（M90：5）　5. 陶罐（M90：8）　6. 陶罐（M90：9）

标本 M90：3，陶罐　灰陶。侈口近直，方唇，矮领，球腹，小平底稍内凹。肩上有 3 个小穿孔（原应两两对称，但其中一边缺了一个），下腹饰斜向篮纹，底饰交叉篮纹。口径 10、底径 5.5、高 19.2 厘米（图二一六，3；图版六八，2）。

标本 M90：4，陶罐　夹云母灰陶。直口，沿面内高外低，球形腹，圜底。腹下部横向旋拍篮纹，底中心有交叉篮纹。口内径 19.8、口外径 24、高 38.5 厘米。

标本 M90：5，陶罐　大小、形制同标本 M90：4 罐（图二一六，4；图版六八，3）。

标本 M90：6，陶罐　大小、形制同标本 M90：4、标本 M90：5 罐。

标本 M90：7，陶罐　灰陶。侈口，矮领，鼓腹，小平底。腹部有不规则旋纹痕，下腹旋拍斜向篮纹，底饰交叉篮纹。口径 10.3、底径 5、高 22.5 厘米。

标本 M90：8，陶罐　灰陶。侈口，方唇，矮领，小平底稍内凹。腹部有多道旋纹，下腹旋拍斜向篮纹，底饰交叉篮纹。口径 12.2、底径 6、高 21.6 厘米（图二一六，5；图版六八，4）。

标本 M90：9，陶罐　夹云母灰陶。近似盘口，口外壁一道凸棱，近球形腹，下腹及底饰篮纹。口内径 12.5、口外径 14.6、底径 8、高 30 厘米（图二一六，6；图版六八，5）。

—— M91

（单墓道无顶）砖室墓，位于 Ⅱ 区北部 T56 内，2006 年 7 月下旬至 8 月 23 日发掘，基本完好（图二一七；图版六九，1）。填土由红褐土、黄褐土、灰白土、礓石和砖块混合。头骨方向 184°，通长 554 厘米。墓道长 204、宽 100～120 厘米，墓道约中部有台阶一个，其下和上的墓道皆为较宽敞的平面；未见封门砖，但在墓道和墓室连接处有东西向的封门槽，且和东西壁上的土槽相连；墓室土圹长 350、宽 138～154、口至底深 120 厘米；砖壁建在距土圹底 8～10 厘米的生土二层台上，皆顺砖错缝平砌，其中东西壁上部分别用一层丁砖铺成外高内低形状，下部因受挤压变形，无顶无铺底砖，最高处 90 厘米。砖体积 27×15×3.5 厘米。木棺一具，长 174、宽 80、板厚 4 厘米。人骨保存基本完好，发现臼齿一颗，仰身直肢，为老年女性。随葬品编号 5 件，出自南壁处分上下两排放置，罐内有粮食朽痕，罐下发现有漆器残痕。

标本 M91：1，陶罐　灰陶。微敛口，斜方唇，最大腹径偏上，平底。腹部有数道旋纹和两道绳圈印纹。口内径 11.8、底径 14.8、高 21 厘米（图二一八，1；图版六九，2）。

标本 M91：2，陶罐　灰陶。形制同上。中腹凹旋纹宽而清晰，下腹饰篮纹，平底上拍印斜向交叉篮纹。口内径 11.3、底径 10.5、高 22.2 厘米（图二一八，2）。

标本 M91：3，陶罐　灰陶。形制同上。腹部旋纹清晰，近底处饰横拍篮纹，底饰交叉篮纹。口内径 11.8、底径约 9、高 22.7 厘米。

标本 M91：4，陶罐　灰陶。形制同上。中腹饰两道绳圈印纹和数道旋纹。口内径 12.4、底径 16、高 22.2 厘米。

标本 M91：5，陶罐　灰陶。形制同上。中腹饰两道绳圈印纹，凹旋纹较宽而深，下

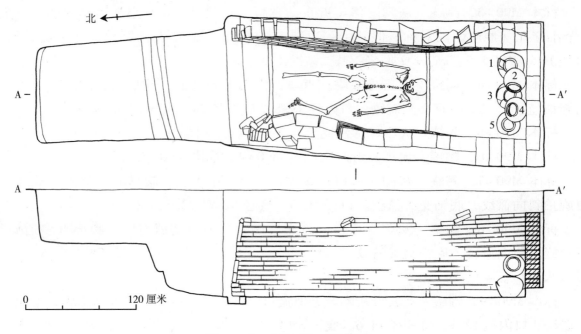

图二一七　M91 平、剖面图

1～5. 陶罐

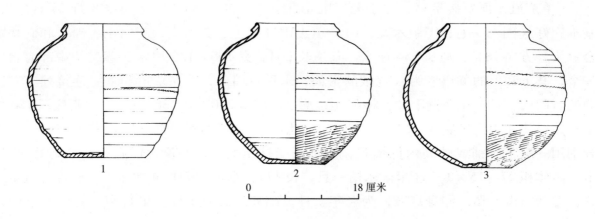

图二一八　M91 出土器物

1. 陶罐（M91：1）　　2. 陶罐（M91：2）　　3. 陶罐（M91：5）

腹及底饰篮纹。口内径 12、底径 8.5、高 22.8 厘米（图二一八，3；图版六九，3）。

一二　M92

单墓道砖室墓，位于Ⅱ区北部 T56 内，2006 年 7 月下旬至 8 月 24 日发掘，盗扰（图二一九）。填土由红褐土、黄褐土、灰白土、礓石和砖块、陶片混合而成。墓道方向 3°，通长 736 厘米。墓道长 326、宽 110～120 厘米，墓道约中部有台阶一个，台阶平坦，阶下为缓坡。似有封门砖，残存不多。墓室土圹长 410、宽 160、口至底深 170 厘米。砖壁

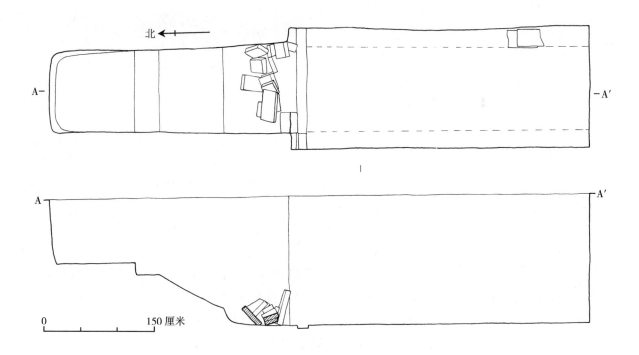

图二一九　M92 平、剖面图

图二二〇　M92 出土器物

1. 陶罐（M92：1）　　2. 陶罐（M92：2）

贴圹壁而建，残存极少，为顺砖平砌。砖体积 44.5×22.5×7 厘米。被盗严重，未见棺木。人骨未见。只在填土中见有夹云母陶罐片。

　　标本 M91：1，陶罐　夹云母灰陶口部残片。直口，沿面内高外低，肩部有轮旋纹。口外径 24 厘米（图二二〇，1）。

　　标本 M91：2，陶罐　灰陶残片。直口，方唇，矮领。口外径 12 厘米（图二二〇，2）。

一三　M93

　　（单墓道有顶）砖室墓，从发掘现象看，该墓应在早期被盗扰，位于 Ⅱ 区最北部 T57 内，墓道方向 185°。

　　填土由黄褐土、红胶土和砂礓石组成，并含有碎砖块等。墓道和墓室上填土皆经夯

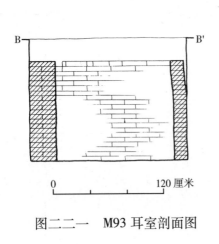

图二二一　M93 耳室剖面图

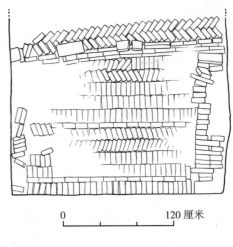

图二二二　M93 南壁立面图

打结实，夯层厚15～20厘米。墓室发掘到距墓口深120厘米时贴近西壁和封门砖内发现有一堆堆数量可观的细小动物骨骼，有麻雀类的，易碎而不易清理。

墓道宽大，为斜坡形，坡面修整平滑，墓道内夯土较结实。墓道由南往北渐宽，且北面近封门处东壁内收，形成了一小段不太规则的墓道壁。南北长840、宽120～180、深（距墓口）50～250厘米。

耳室，在墓道西壁上，距墓室160厘米处，砖砌，近方形。耳室土圹东西长180、南北宽170、口至底高130厘米。耳室南、北、西三壁紧贴土圹壁砌砖，共平砖21层，高106厘米。耳室内壁南北126、东西144厘米，其中南壁为顺丁交错，西、北壁为单砖顺砌，东为封门，只见残剩乱砖一层，底未铺砖（图二二一）。耳室内填土较硬，经夯打过，被盗，只在底部发现一小块锡质的车马器残块，估计该耳室主要是放置车马器一类的随葬品的。在耳室北壁上发现一砖上刻有"大富"二字（彩版五，4），该砖长26、宽13、厚5厘米，发现时扣放在北壁上面第一层，系窑工所为，与该墓关系不大。

封门墙，其做法与 M78 相同，砌在东、西墓壁的南端以内，不是专门的封门墙，而是墓室的南墙，也没有明显的甬道。其砌法不同于另外三壁，由下往上共17层砖砌筑，依次是：侧立一层、丁砖一层、侧立二层、侧立东倾一层、侧立西倾一层、丁砖一层、侧立三层、侧立西倾一层、侧立东倾一层、丁砖三层、侧立西倾一层、侧立东倾一层。另在上面三层平砖的南外侧还斜放有平砖，似为屋檐或滴水之意，但还没有形成门楼的形状。封门东西宽230、厚26、高186厘米（图二二二）。

墓顶有两层平砖，上面一层基本为东西向平铺（图二二三；图版七〇，1），下面一层除北面几排为东西平铺外，其余大部分为南北向平铺（图二二四）。两层砖下平面有一层黑色和灰白色腐烂物，推测可能是平铺的草席类编织物，既压盖住较大的木板缝隙，也为了铺平以便放置顶砖。其下是木质顶板，系用大约18根半圆木或木板（图二二五；彩版七，2）横搭到东西砖壁上以承托顶砖，同时贴砖周壁皆有立木，组成较大型的木椁，形成了一个和 M78 不完全类同的砖木结构的特殊形制。该墓顶部因早期支撑顶砖的

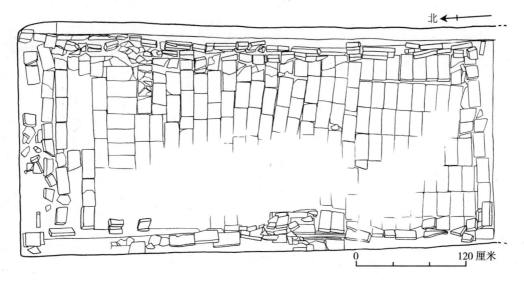

图二二三　M93 第一层顶砖平面图

图二二四　M93 第二层顶砖平面图

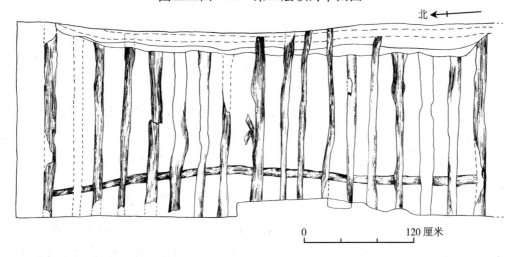

图二二五　M93 盖顶木构平面图

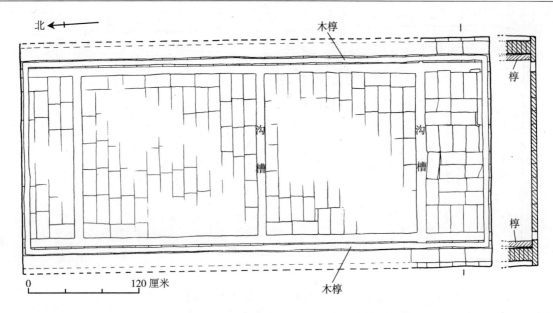

图二二六　　M93 墓底结构及铺地砖平、剖面图

木质椁箱的腐烂导致整体塌下成现状。

墓室东、西、北三壁皆单砖顺砌，易受力挤压变形和倒塌，所以西壁大部塌下。砖室内径南北 510、东西 194～206、东墙高 170 厘米（相当于内顶高）。

墓底铺砖，大部分地方为东西向平铺，只有南端为东西向和南北向交错平铺。周边（木椁以里）一周砖槽，底部另有三道东西向砖槽和周槽连接，形成了只有南面有出口的排水沟槽。沟槽宽 10、深 6 厘米，其中北沟槽距北壁 56 厘米，南沟槽距南壁 70 厘米，中间一道沟槽距南壁 245、北壁 256 厘米（图二二六）。该墓砖有三种：一种体积为 26×13×5 厘米；一种体积为 32×16×6.5 厘米；一种体积为 25×12×4.3 厘米。

椁，根据顶的高度和立板朽痕看，南北长约 506、东西宽约 200、高约 170 厘米、立板厚约 6 厘米。

木棺两具，虽朽烂成黑色朽痕，但范围和结构都较清晰。棺位于北半部，东西并列，棺内有清晰的麻布纹，可知死者用麻布等织物包裹。两棺大小差别不大，西棺两头出板明显，长 220、宽约 80、残高 42、板厚 4 厘米；东棺长 214、宽约 80、残高 42、板厚 4 厘米。

人骨两具，骨碎而凌乱，似头南脚北，不少骨头出自棺外。经鉴定，西棺内死者为老年男性，东棺内死者为 50 岁左右女性。从骨头散乱现象和墓顶现状分析，该墓应是在砖顶塌下前被盗扰过的，死者被从棺内扔出，乱丢满墓，但陶器却被砸毁很少，似乎是一种报复行为。

M93 南北全长 1420、墓室土圹长 580、宽 234～244、墓底至墓口 262 厘米（图二二七）。

随葬品，共编号 11 件，随葬品总数应在 20 件左右，其中棺北面和北壁之间放置有漆盘、耳杯、勺等朽烂严重，更无法提取，故未编号；东棺内出一铜带钩；棺南至南壁之间集中在东半块放置一堆陶器，分别有大陶瓮和大小不一的陶罐等共计 10 件（图二二

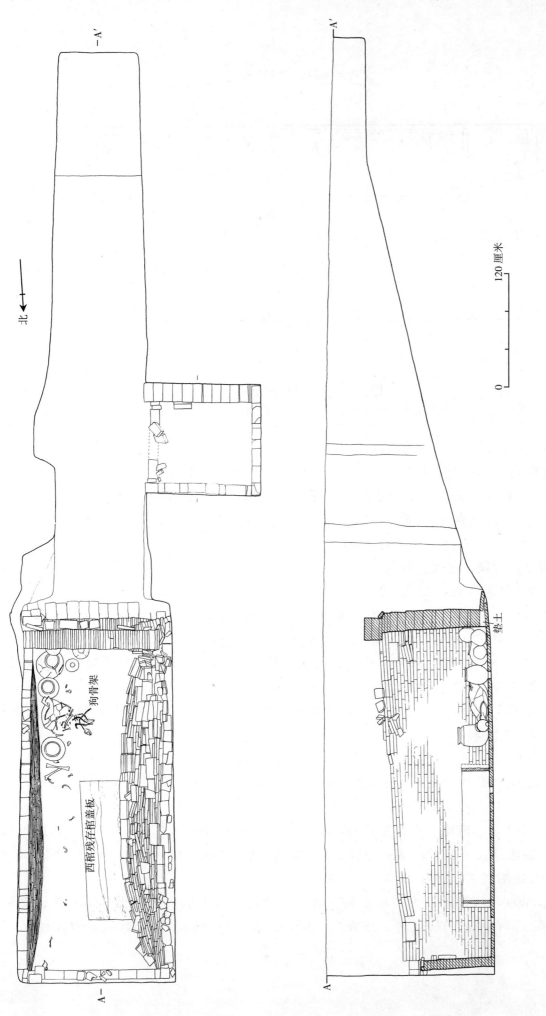

北

0   120厘米

图二二七 M93 平、剖面图
1. 铜带钩

西椁残存椁盖板

狗骨架

垫土

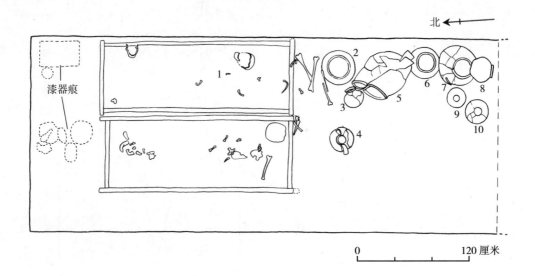

图二二八　　M93 墓底平面图

1. 铜带钩　2、5. 陶瓮　3、4、6～10. 陶罐　11. 陶双耳罐

八；图版七〇，2）。

另在陶器上部有两具狗骨架，但骨头不全，缺四肢和部分肋骨。

标本 M93：1，铜带钩　铲形，前缘弧形，后端平齐，钮面稍大，钩残。残长 6.2、铲部长 2.3、宽 2.3 厘米（图二二九，1；彩版八，5；图版七一，1）。

标本 M93：2，陶瓮　夹云母灰陶。大口，折沿，方唇，领稍高，领上有凸棱一周，折肩不明显，深腹，最大腹径约在中部，圜底。素面。口内径 26.5、口外径 30、最大腹径 42、高 54 厘米（图二二九，2）。

标本 M93：3，陶罐　夹云母灰陶。近盘形口，球形腹，小平底。口外壁下部有凸棱一周，底饰篮纹已不清晰。口外径 10.2、底径 5、高 16.8 厘米（图二二九，3；图版七一，2）。

标本 M93：4，陶罐　灰陶。小口，方唇，矮领，球腹，小平底与下腹分界不明显。下腹饰斜拍篮纹，底饰交叉篮纹。口外径 9.2、底径 6.5、高 19.5 厘米（图二二九，4）。

标本 M93：5，陶瓮　形制同标本 M93：2瓮。口内径 27.5、口外径 34、最大腹径 43.5、高 49.5 厘米（图二二九，5；图版七一，3）。

标本 M93：6，陶罐　夹云母灰陶。直口，沿面内高外低，球形腹，小平底。腹部饰有不规则旋纹和绳圈印纹，下腹及底饰粗篮纹。口内径 20.2、口外径 24、底径 10.5、高 34.8 厘米（图二二九，6；图版七一，4）。

标本 M93：7，陶罐　夹云母黄褐陶。直口，口外壁刻划一"N"字。沿面内高外低，球形腹，圜底。腹下部横向旋拍篮纹，底中心有交叉篮纹。口内径 21.6、口外径 25.4、高 36 厘米（图二二九，7；图版七二，1）。

标本 M93：8，陶罐　夹云母灰陶。直口，矮领，斜方唇内高外低，球形腹，圜底。肩、腹部分别有两组凸旋纹带，凸旋纹内印斜向绳纹，下腹及底饰篮纹。口内径 13.2、

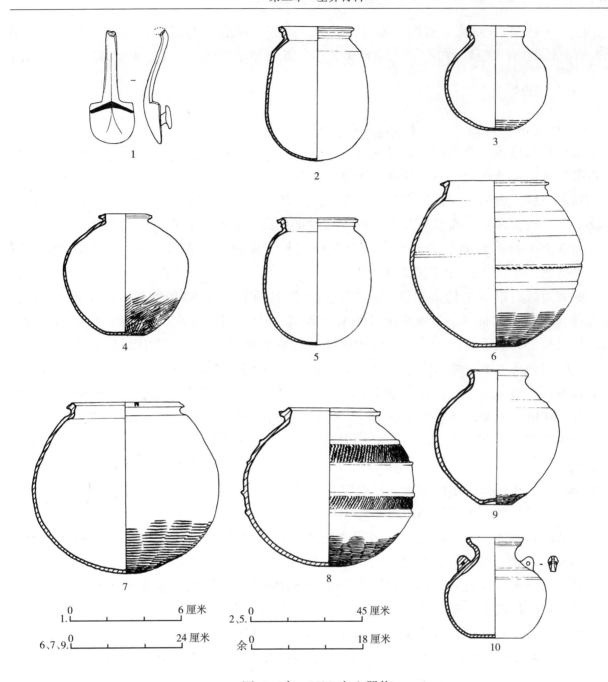

图二二九　M93 出土器物

1. 铜带钩（M93：1）　2. 陶瓮（M93：2）　3. 陶罐（M93：3）　4. 陶罐（M93：4）　5. 陶瓮（M93：5）
6. 陶罐（M93：6）　7. 陶罐（M93：7）　8. 陶罐（M93：8）　9. 陶罐（M93：10）　10. 陶罐（M93：11）

口外径 16.6、高 25.6 厘米（图二二九，8；图版七二，2）。

　　标本 M93：9，陶罐　大小、形制同标本 M93：4 罐（图版七二，3）。

　　标本 M93：10，陶罐　灰陶。直口，沿面内高外低，球形腹，小平底内凹。腹部有旋纹和不规则绳圈印纹。口径内径 10.8、口外径 13.8、底径 7.2、高 28.8 厘米（图二二九，9）。

标本 M93：11，陶罐　灰陶。盘口，束领，鼓腹，平底。鸡冠形耳稍高，耳上穿孔稍大。肩上饰两组凹旋纹。口径 10、底径 9.2、高 16.2 厘米（图二二九，10；图版七二，4）。

一四　M94

（刀形有顶）砖室墓，位于Ⅱ区北部边界 T58 内，墓道方向 84°。

墓室和墓道填土经夯打，有红褐土、黄褐土、灰白土和黑土粒、礓石、砖块等，其中墓道和墓室东北角上的夯土较好，中部土稍软。

墓道在墓室南部偏西，长方形，长 520、宽 135 厘米，整体为缓坡形，只在南部有一段较平而低矮的台阶。而墓道开口至第一台阶平面高 110 厘米，形成较陡的坡。

墓室土圹基本为南北长方形，其中西壁稍长于东壁，西壁长 612、东壁长 580、宽 240～248 厘米，墓底距地表深 370 厘米。

墓室为砖石混筑结构，主体为砖筑，石头只用在墙体上部和顶部。砖室砌法不同：东西墙基本贴土圹而建，北面距土圹稍有点距离，中间用土填实，砖墙厚 35 厘米。东、西、北三面皆为顺丁交错砌成，内层砌出基本对称的砖槽 13 个，其中北壁中间 1 个，东北角、西北角各 1 个，然后是东、西壁各 5 个，距离上不完全等分，加上有地方砖墙倒塌或变形更显不对称。这些砖槽推测是放置木柱以承托顶子用的，但槽内未见任何木头或朽木痕。砖槽高不足 1 米，宽 12～22 厘米不等。槽的外层砌砖不如里层规则，除了一些丁砖伸到圹壁，大多用土、砖、石块等填充，到上部则用不规则的石板、石块顺土圹壁立砌，但很不规整，亦未砌满。顶部不存，形状不清，推测其结构原应和 M78、M93 大致相似，用木板横搭在东西墙上，上面再用砖和石压盖、封顶。墓室内径南北长 450、东西宽 193 厘米，从石头看墓内顶高度约不足 120 厘米。

南墙即封门墙，为顺砖两层，两层之间没有很好的咬合，加之墓道方向的力量挤压使砖墙整体往北（墓内）倒塌成不规则放射状。

墓底遍铺东西向地砖一层，约中部和北壁砖槽相连一砖槽贯通墓室南北。该砖槽北面清晰，中部往南有朽木，原似有立板分墓内为东西两部分。

该墓内砖亦有三种，皆素面砖。墙体砖稍小，体积（27～27.5）×（13～13.5）×（4～4.5）厘米。铺地砖两种，一种体积（31.5～32.5）×（16～16.5）×6 厘米；另一种体积为 33.5×16.6×5.5 厘米。

棺两具，位于墓底南半部，东西并列，砖槽东西各一，皆朽，灰黑色朽痕。西棺稍大，有黑色漆皮，长 208、宽 60、高 74 厘米；东棺未见漆痕，长 184、宽 48、高 52 厘米，两棺板厚 3～5 厘米。两棺内人骨皆仰身直肢葬，朽甚，东边骨架稍好。牙齿所见甚少，性别、年龄不很清楚，依据大小和位置判断，西男东女（男左女右），皆为岁数较大的成年人。

该墓设计中原应有椁，其范围紧贴砖室内壁，而以中间的砖槽和木板为界分墓为东西两部分，上面原本应该是用木头或木板盖顶的，但发掘中未见椁顶板塌下的朽木，原本

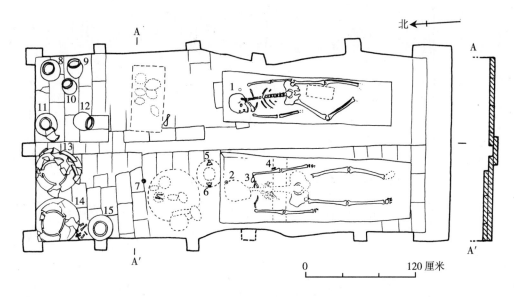

图二三〇　　M94 墓底结构及平、剖面图

1. 绿松石管　2. 铜钱　3. 口琀　4. 铜带钩　5、6. 铜铺首　7. 铜钱　8～12、15. 陶罐
13、14. 陶瓮

放置木柱的砖槽内也未见木痕，所以推测该墓可能未及使用木板盖顶就填土埋葬了，且填土又经粗夯，以至于北面的陶罐等随葬品被砸得较碎。

随葬品，从墓底结构和随葬品位置看，可依中间的砖槽和朽木分东西两部分，且随葬品也分属东西两个死者。东面死者头部有绿松石管，棺北葬有漆方案，案上放置耳杯、勺子等漆器，东北角放置陶罐 5 个。属西面死者的有头部的铜钱、玉琀，左肱骨处依铜带钩，棺北面有两个铜铺首的漆盒类器物、圆案和耳杯等漆器、铜钱以及西北角的两个大陶瓮和陶罐等（图二三〇；图版七三，1）。在清理大陶瓮时，皆在里面发现有粮食朽痕，每个瓮旁边还分别放置一狗骨架。

该墓南北通长 1118、墓室土圹宽 240～248、墓口至墓底 296 厘米（图二三一）。

标本 M94：1，绿松石管　圆柱形。中心有穿孔。长 1.2、柱径 0.6 厘米（图二三二，1）。

标本 M94：2，铜钱　五铢钱。2 枚，锈蚀不清。径 2.6、穿 0.9 厘米。

标本 M94：3，口琀　大理石质，有黑色纹理。为形状近似椭圆的薄片状，一面平滑，一面稍涩。长 4.15、宽 1～2.6、厚 0.3 厘米（图二三二，2；彩版八，6；图版七三，2）。

标本 M94：4，铜带钩　琵琶形，小而短，钩相对较长，纽面稍大。长 3.1 厘米（图二三二，4；彩版八，7；图版七三，3）。

标本 M94：5，铜铺首衔环　鎏金多已脱落，漆器上的附件，模制而成。圆眼，两眉上翘后内卷，与中间圭形部分镂空分开。环断面圆形。高 5.2、上最宽处 4.6、环径 2.6 厘米。

标本 M94：6，铜铺首衔环　形制、大小同标本 M94：5 衔环（图二三二，3；彩版八，8；图版七三，4）。

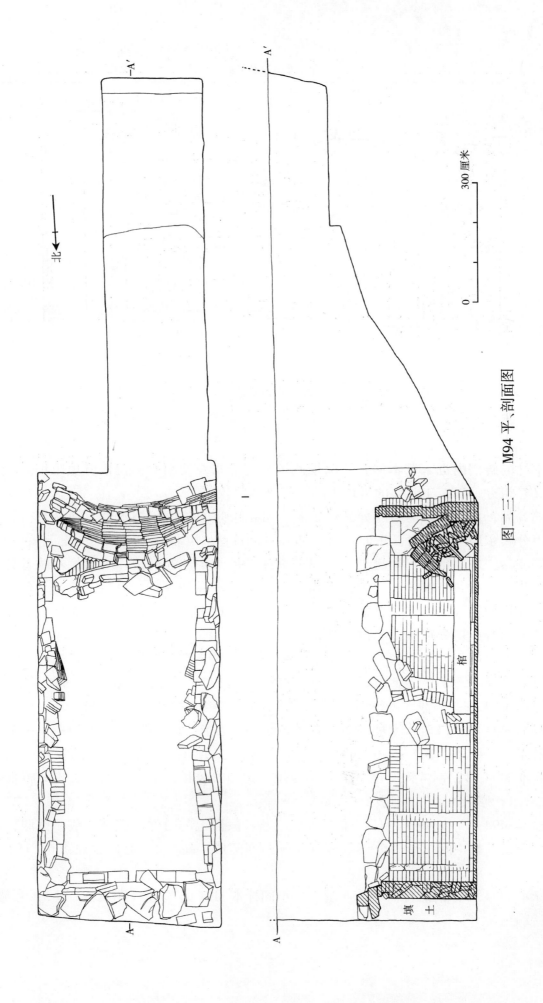

北

A'

A'

棺

填　土

A'

A

0 　　　　　　　　300 厘米

图二三一　M94 平、剖面图

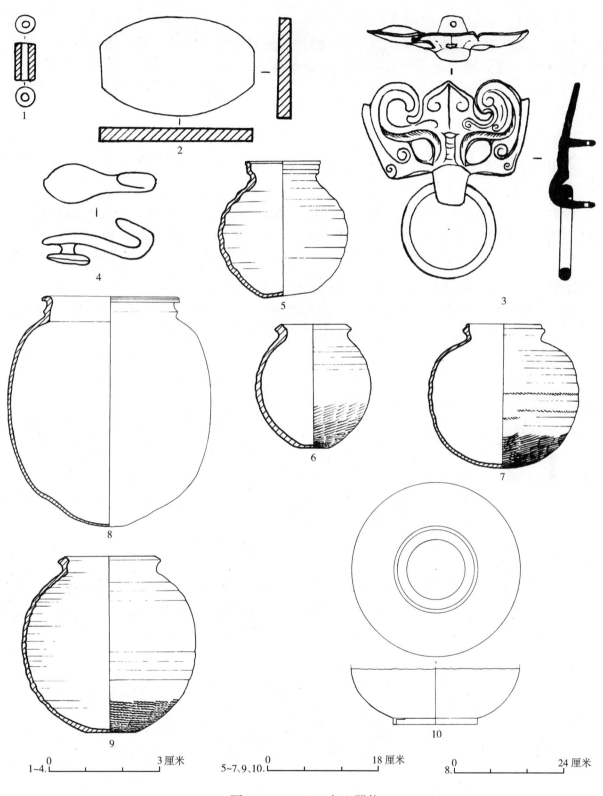

图二三二　M94 出土器物

1. 绿松石管（M94：1）　2. 口琀（M94：3）　3. 铜铺首衔环（M94：6）　4. 铜带钩（M94：4）　5. 陶罐（M94：8）
6. 陶罐（M94：9）　7. 陶罐（M94：11）　8. 陶瓮（M94：13）　9. 陶罐（M94：15）　10. 漆器

标本 M94：7，铜钱　五铢钱。9 枚。有粘连，完整。标本 M94：7-1、2，"五"字稍曲，"金"头为等边三角形，"朱"头方折，下弧折，穿下半星。径 2.5、穿 1.0 厘米。标本 M94：7-（3～9），"五"字交笔稍直或稍弯曲，"金"头为等边三角形，四点较长，"朱"字基本为上方折下弧折，个别为上下弧折，穿上一横郭。径 2.5～2.6、穿 1.0 厘米（图二三三）。

标本 M94：8，陶罐　夹云母灰陶。盘口，矮领，球形腹，小平底。肩、腹部有宽旋纹，下腹及底饰篮纹，纹饰不清晰。口内径 10.6、口外径 12.7、底径 5.5、高 22.6 厘米（图二三二，5；图版七四，1）。

标本 M94：9，陶罐　灰陶。侈口，方唇，矮领，鼓腹，小平底。上腹有旋纹痕，下腹饰横向旋拍篮纹，底饰竖篮纹。口外径 12.5、底径 5、高 19.9 厘米（图二三二，6）。

标本 M94：10，陶罐　形制同标本 M94：9 罐。上腹饰旋纹，下腹拍印稍斜向篮纹，底拍印竖篮纹。口外径 12.4、底径 5、高 18.6 厘米（图版七四，2）。

标本 M94：11，陶罐　灰陶。双唇，腹近球形，圜底。肩、腹部饰较多旋纹，中腹有两道绳圈印纹，下腹及底饰交叉篮纹。口内径 10.4～11.4、高 24.5 厘米（图二三二，7；图版七四，3）。

标本 M94：12，陶罐　形制同标本 M94：9 罐。腹稍长。领以下至中腹有旋纹痕，下腹横向旋拍篮纹，底竖拍篮纹。口外径 13.4、底径 7、高 21.2 厘米。

标本 M94：13，陶瓮　夹云母灰陶。大口，折沿，方唇，领稍高，领上有凸棱一周，折肩不明显，深腹，最大腹径约在中部，圜底。素面。口内径 24.3、口外径 30、最大腹径 46.4、高 49.2 厘米（图二三二，8；图版七四，4）。

标本 M94：14，陶瓮　形制同标本 M94：13 瓮。口内径 24.5、口外径 28.5、最大腹径 44、高 47 厘米。

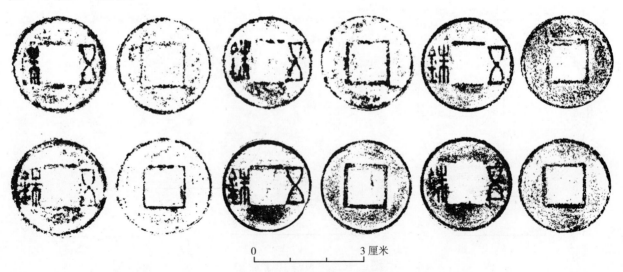

0　　　　　　　3厘米

图二三三　M94 出土铜钱（M94：7）

标本 M94：15，陶罐　夹云母灰陶。直口，矮领，沿面内高外低，球形腹，小平底。腹下部及底饰粗绳纹。口内径 12.6、口外径 16.8、底径 7、高 28.4 厘米（图二三二，9；图版七四，5）。

另外发掘现场还绘出残漆器一个，可能是盒或壶的底部，只存红色漆皮，胎骨已朽不存。该漆器为圈足，弧腹。残状最大腹径 28、圈足径 14、残高 9 厘米（图二三二，10）。上面标本 M94：5、标本 M94：6 鎏金铜铺首即为该漆器上的附件。

一五　M100

（双墓道）多室砖墓，位于 II 区南部 T62 内，两墓道东西并列，墓道方向 9°（图二三四；图版七五，1）。该墓因距石丘较近，土层薄而基岩较浅，所以墓底有些高低不平，大部分地方有橙红色的基岩出露，墓葬残存也较浅，故墓葬填土中除常见的红褐土、黄褐土、灰白土外，是较多的橙黄色的基岩颗粒和较多的砖头和被扰乱的随葬品残块、骨头、铜钱、白灰、苇编席子痕迹（图版七五，2）等。整个墓葬共由两个墓道、两个甬道、两个前室、两个后室、两个耳室组成。墙基础部分一般经夯实找平，其布局大致分东西两半块：东面部分是一墓道、甬道、前、后室；西面是一墓道、甬道、前、后室和前室两边各有一耳室。东西两部分在东前室和西部分东耳室处结合为一体。

墓道较短，坡面不太规整，大致呈有低矮台阶的斜坡形。东墓道南北长 175、东西宽 78、残深 14~40 厘米。西墓道长 196、宽 86~116、残深 16~73 厘米。

甬道和墓道包括前室的连接都不甚明显，亦不很规则。东甬道南北 80、东西 80~130 厘米。西甬道南北 74、东西 120~150 厘米。

东前室南北（土圹以下同），约长 254、东西约宽 120、深 70 厘米。东前室与东后室之间有 32 厘米长、宽 106 厘米的短甬道相通。

东后室地面稍高于前室，南北长 325~335、东西宽 196~206、深 64 厘米。东南角有基岩出露，铺地砖残存一部分，南北向整砖平铺为主，间或有半头砖和东西向平铺的。砖长 30~31、宽 14~15、厚 5.5~6 厘米。

西前室残存有铺地砖，原和后室、两耳室之间应有门道相通，因砖墙不存而范围亦不甚清，大致南北长 200、东西宽 100 厘米，实际上就是一窄的通道。

西耳室只残存土圹，一块砖未见，只在北端底部见一小圆坑，径 15、深 30 厘米，似为盗墓者留下的遗迹。另该耳室西壁包括东室、西室等处墓壁上都见有造墓时遗留的非常清晰的断面呈三角形的竖长条沟槽，为锸类工具痕迹（图版七五，3）。该耳室南北约 220、东西约 130 厘米。

东耳室南北约 236、东西约 200 厘米。该部分主体是一占据了耳室大部分空间的棺床，棺床下部用夯土铺平，局部尚出露基岩层，之上用两层平砖东西、南北交错砌筑，再之上是散乱的人骨碎块。耳室东墙已不存，只余经过夯打的较硬的基础。棺床上砖厚薄不一，有的同东室铺地砖，有的稍厚，体积为（31~32）×（15~16）×（8~9）厘米。棺床北就是耳室北壁,贴圹壁而建。北壁砖墙采用了减砖砌法,减砖的空间填以乱土。

西前室和后室之间有短的砖甬道相连,该甬道因砖的大多不存而不清,约长80、内宽约80厘米。

西后室砖墙已不存,只存有墙下的夯筑基础。土圹南北长624、东西宽240、底到口深100厘米。铺地砖为"人"字形,两种规格,和东耳室棺床砖相同。该墓室东壁约中段有一段稍凹处,判断该墓室因南北较长,原应是两个墓室,和前室组成前、中、后的结构。

未见棺木痕迹,推测应有木棺。

人骨,至少应有三具,一是在东耳室棺床上有一堆散乱人骨,另在东后室和西后室南北都见有人骨碎块,性别、年龄等皆不清。

随葬品,散布全墓,其中以西墓室为多。陶器皆残片,其中方形陶案可复原,其他器形有罐、盆、盘、楼、仓、灶、井、院落、耳杯、釜、奁、勺、灯架等,其中陶楼屋檐上的圆形云纹瓦当和假窗等模型构件制作较细,反映了该时期的一些特点。在西后室出土有五铢铜钱,并发现了铜钱和竹席粘连的痕迹。

M100东半部分南北通长866厘米,西半部南北通长1158厘米,最宽处590厘米。

墓中出土有较多残片,少数除外,皆不能复原,其种类有陶罐、盆、盘、壶、樽、奁、耳杯、勺、方案、院落、灶、灯以及钱币等,故选择了其中的残片进行了编号。

标本M100:1,陶罐　夹云母红陶。小平沿,沿面外侧一周凹旋纹,矮领,鼓腹,平底。口外径11.8、高22厘米(图二三五,1)。

标本M100:2,陶盆　夹云母红陶。尖唇,平折沿,弧腹内收。口外径23、高9.6厘米(图二三五,2)。

标本M100:3,陶盆　灰陶。方唇,卷沿,折腹处有凸棱一条。口外径约23、残高7.2厘米(图二三五,3)。

标本M100:4,陶盘　灰陶。唇部加厚,敞口,上腹壁斜直,腹内壁约中部刀削一周使下部稍凸起成一个圆。口外径26.6、残高5厘米(图二三五,4)。

标本M100:5,陶盘　灰陶。圆唇,敞口,外壁刀削痕迹明显,内壁约中部有一周低旋纹带使下部呈稍凹下的一个圆。口外径约23、残高4厘米(二三五,5)。

标本M100:6,陶壶　灰陶。盘口,厚胎。口外径16厘米(图二三五,6)。

标本M100:7,陶樽　灰陶。直口,直壁,下部与底作内凹形连接,平底上有三乳形矮足。腹壁内外皆有清晰旋纹,外壁下部还有印竖条纹。口径25.5、高约18.4厘米(图二三五,7)。

标本M100:8,陶奁　灰陶。直口,直壁,平底,壁底相接处有刀削棱一周。底径18.4、残高12厘米(图二三五,8)。

标本M100:9,陶耳杯　灰陶。杯口椭圆形,两侧有扁长条耳,底为稍凸起的椭圆形。底长径6.6、短径2.9、残高4.2厘米(图二三五,9)。

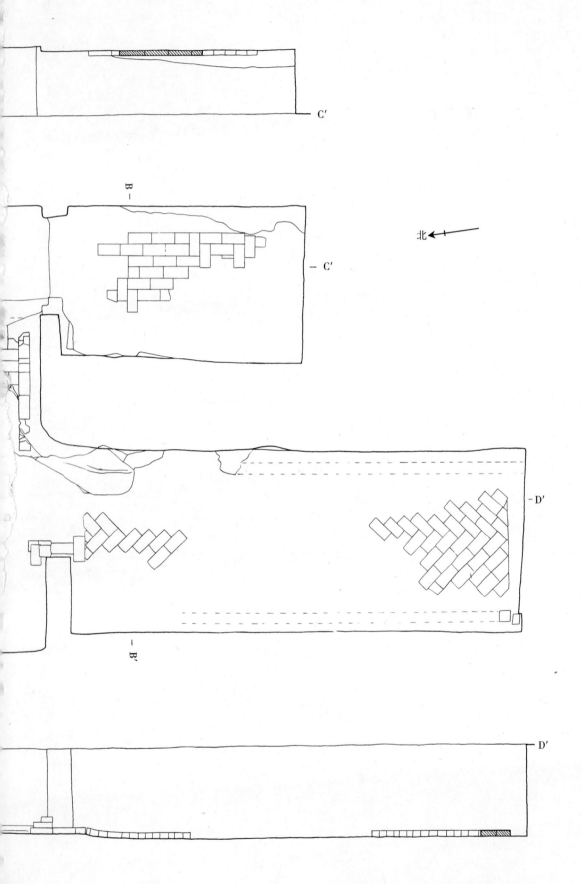

C′

B−

北 ←—

— C′

−D′

−B′

D′

面图

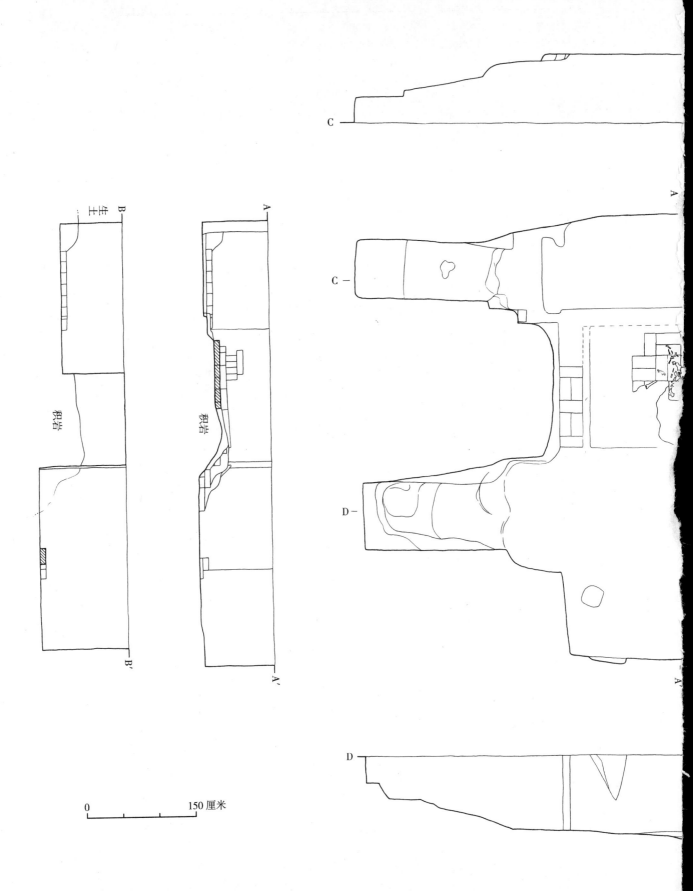

生土

积石

积石

生土

B

B'

A

A'

C

C

D

D

A

A

0 ⎯⎯⎯⎯⎯⎯ 150 厘米

图二三四　M100 平、剖面

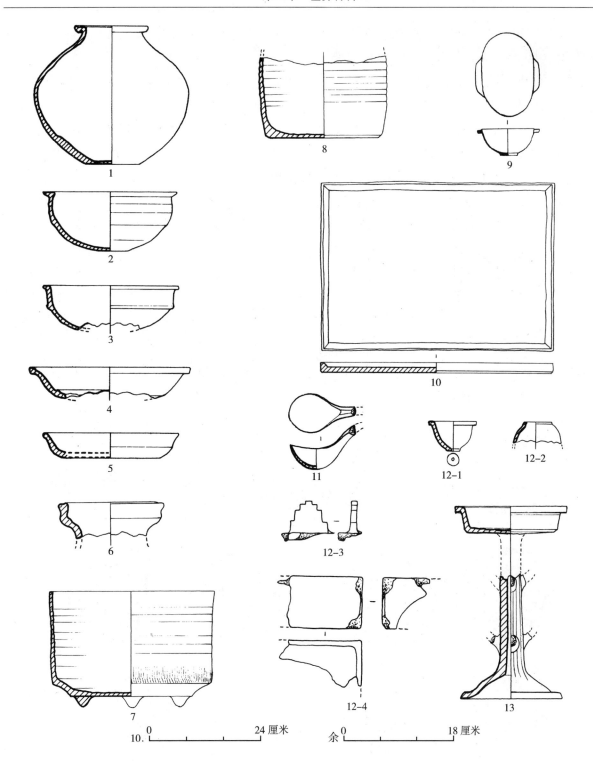

图二三五　M100 出土器物

1. 陶罐（M100∶1）　　2. 陶盆（M100∶2）　　3. 陶盆（M100∶3）　　4. 陶盘（M100∶4）　　5. 陶盘（M100∶5）　　6. 陶壶（M100∶6）　　7. 陶樽（M100∶7）　　8. 陶奁（M100∶8）　　9. 陶耳杯（M100∶9）　　10. 陶勺（M100∶10）　　11. 陶案（M100∶11）　　12. 陶灶（M100∶13）　　13. 陶灯（M100∶14）

标本 M100：10，陶勺　灰陶。深腹，圜底，柱形柄上有不少削棱。残长 10.5、勺高 4.2 厘米（图二三五，11）。

标本 M100：11，陶方案　灰陶。可复原。长方形，周边有凸起的断面呈三角形的边。长 51.2、宽 36、厚 1.4、周边高 2.2 厘米（图二三五，10）。

标本 M100：12，陶院落　灰陶。出有一些院落和房屋建筑的构件模型，有云纹瓦当滴水的瓦垄和脊的屋顶、菱形方格纹窗和几个外方内圆并斜向"十"字交叉组成的窗、院墙上的瓦顶、斗拱、粘贴有圆形花纹装饰的转角等（图二三六，1）。

标本 M100：13，陶灶　灰陶。见有灶台残部、山形挡火墙、火眼、小釜等。挡火墙下宽 8、高 5.5 厘米。釜为平折沿，弧腹，小平底。口径 8、高 4.7 厘米（图二三五，12）。

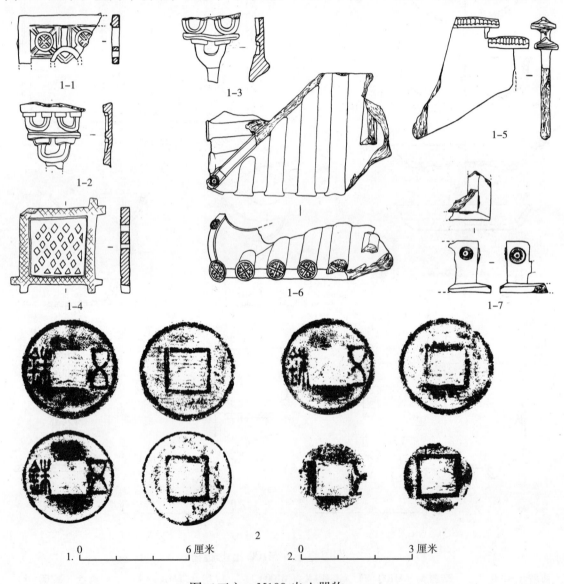

图二三六　M100 出土器物

1. 陶院落残构件（M100：12）　2. 铜钱（M100：15）

标本 M100∶14，陶灯 灰陶。灯座为倒置的盘，方唇，平折沿，斜直壁，浅盘。柱残，有较多刀削棱，其上下部分别有两组每组三根斜向上方的枝杈。顶部灯盘为方唇，平折沿，直壁。灯座直径 16.2、灯盘直径 18.2、灯盘内深 3.2、整体残高约 24 厘米（图二三五，13）。

标本 M100∶15，铜钱 西墓室出土，因朽残、粘连数量不清，约 20 多枚。可辨认有普通五铢、磨郭五铢和剪轮五铢几种。普通五铢直径 2.5～2.6 厘米，穿 0.9～1.0 厘米。"五"字交笔弯曲，"金"头为等边三角形，"朱"字上下弧折，个别的上为方折；磨郭五铢 2 枚，字迹不清，直径 2.2～2.4、穿 0.9～1.0 厘米；剪轮五铢 2 枚，径 1.8、穿 0.9 厘米，"五"字交笔弯曲，朱头上下弧折（图二三六，2）。编号详见表三。

另外还见有井、仓、楼等的残片。

一六　M114

单墓道砖室墓，位于 Ⅱ 区约中部 T70 内，2006 年 7 月下旬至 9 月 8 日发掘，盗扰（图二三七）。填土由黄褐土、红褐土和灰白土混合而成。墓道方向 14°，通长 606 厘米。墓道大致呈缓坡式，长 96、宽 54 厘米；甬道宽于墓道，底与墓室底平，长 60、宽 105 厘米；墓室土圹长 450、宽 207～215、口至底深 52 厘米；砖壁已不存，只在填土中见有碎砖块和个别整砖，整砖体积为（30～33）×（14.5～15.5）×7.8 厘米。被盗严重，未见棺木。但在墓底偏南一带有一块土稍硬，应是放棺之处。放棺处见有人骨碎块。随葬品只在填土中见有灰陶陶案、盘、三足樽、耳杯、褐陶筒形器等残片。

标本 M114∶1，铜钱 7 枚（编号 1－7）。标本 M114∶1－1 为"货泉"，规整而较厚，

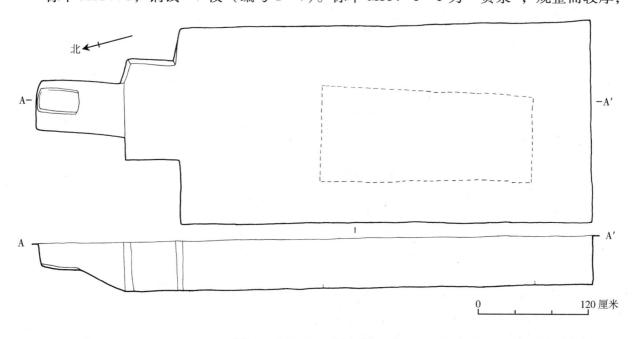

图二三七　M114 平、剖面图

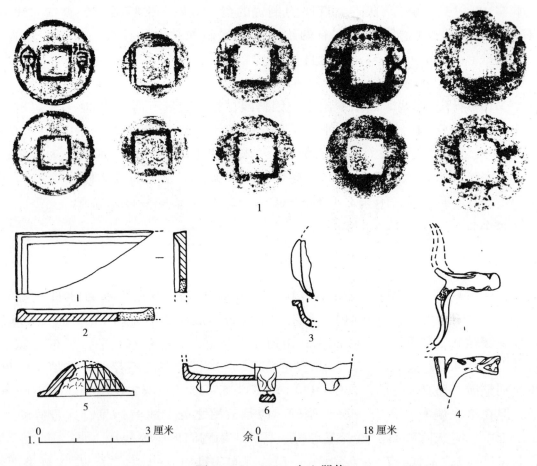

图二三八　M114 出土器物

1. 铜钱（M114∶1）　　2. 陶案（M114∶2）　　3. 陶耳杯（M114∶3）　　4. 陶魁（M114∶4）

5. 陶器盖（M114∶5）　　6. 陶樽（M114∶6）

里外皆有较宽的郭。径 2.2、穿径 0.7 厘米。标本 M114∶1 - 2 为剪轮五铢，"五"字交笔弯曲，"朱"头似为方折。径 1.7、穿径 1.0 厘米。标本 M114∶1 - 3，正面无内郭，"五"字交笔稍曲，"朱"头方折，下弧折。径 2.5、穿径 1.0 厘米。另 4 枚皆为磨郭五铢：标本 M114∶1 - 4，"五"字较宽，交笔弯曲，"金"字四点较长，"朱"字上下弧折。径 2.2、穿径 0.9 厘米。标本 M114∶1 - 5，穿上横排四个小星，"五"较宽，交笔弯曲，"金"字四点较长，"朱"字上下弧折。径 2.2、穿径 0.9 厘米。标本 M114∶1 - 6，字不清。径 2.5、穿径 0.9 厘米（图二三八，1）。标本 M114∶1 - 7，字不清。径 2.2、穿径 0.9 厘米。

　　标本 M114∶2，陶案　灰陶。方形案，只存一角，有凸起边缘。厚 1.2、边缘高 2 厘米（图二三八，2）。

　　标本 M114∶3，陶耳杯　灰陶。仅剩残片（图二三八，3）。

　　标本 M114∶4，陶魁　灰陶。残存龙头形把手（图二三八，4）。

　　标本 M114∶5，陶器盖　灰陶。平折沿，弧壁，弧顶，外壁饰模印阴阳三角纹。口外径 16、高约 5.6 厘米（图二三八，5）。

标本 M114：6，陶樽 灰陶。只存平底和三兽足残部。底径 27.2 厘米（图二三八，6）。

一七 M120

刀形砖室墓，位于 Ⅱ 区约中部 T74 内，打破 M121、M122，2006 年 7 月下旬至 9 月 9 日发掘，盗扰（图二三九）。填土由黄褐土、红褐土、砂礓石和红黄色的基岩颗粒混合而成。墓道方向 10°，通长 786 厘米。墓道坡面大致呈缓坡式，北端为圆弧形，长 316、宽 84 厘米；甬道与墓道和墓室分界不明显；墓室土圹长方形，西北和东北角上部土圹不甚规则，下部才成直壁，土圹长约 410、宽 212、深 162 厘米；砖壁已不存，填土中见有碎砖块，墓底残剩个别顺铺壁砖和"人"字形铺地砖，壁砖体积为 31×15×8 厘米，铺地砖体积为 34×16.8×7.5 厘米。被盗严重，未见棺木。填土中见有人骨碎块。随葬品在填土中见有陶壶、罐、盆、盘、魁、炉、灶、灯残片和铜钱。

标本 M120：1，铜钱 约 30 枚，完整的 26 枚，大多朽蚀不清，有五铢和磨郭五铢两种。五铢径 2.5～2.6、穿径 0.9～1.0 厘米，可辨"五"字交笔弯曲，"金"字四点较长，"朱"上下弧折；磨郭五铢字同上。径 2.15～2.4、穿 0.9～1.0 厘米（图二四○，1）。详见表三。

标本 M120：2，陶壶 灰陶。盘口，束颈，垂腹，高圈足。内外壁有清晰的轮旋纹，腹部有两道凹弦纹。口外径 17.6、最大腹径 28、圈足高 12、高 43.6 厘米（图二四○，2）。

标本 M120：3，陶壶 同标本 M120：2 陶壶。

标本 M120：4，陶壶 灰陶。近似盘口，腹下部折内收，平底稍外凸，体瘦。内外壁有轮旋纹。口外径 14.4、最大腹径 17.6、底径 13.6、高 34 厘米（图二四○，3；图版七六，1）。

标本 M120：5，陶灶 褐陶，色不正。灶台长方形，半圆形火门，门上有近梯形挡火墙。灶面有三火眼，火眼为倒置的盆形，上有小釜。长 27.6、宽 20.4、通高（不连釜）

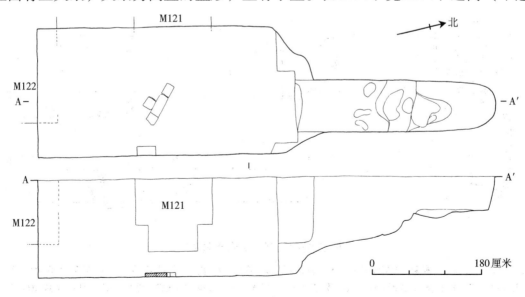

图二三九 M120 平、剖面图

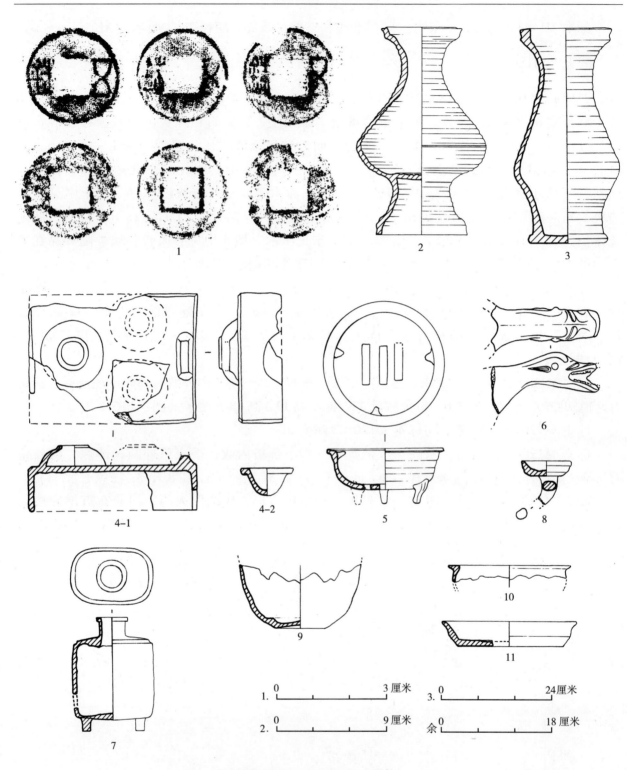

图二四〇　M120 出土器物

1. 铜钱（M120：1）　2. 陶壶（M120：2）　3. 陶壶（M120：4）　4. 陶灶（M120：5）　5. 陶炉（M120：6）　6. 陶魁（M120：7）　7. 陶扁壶（M120：8）　8. 陶灯（M120：9）　9. 陶罐（M120：10）　10. 陶盆（M120：12）　11. 陶盘（M120：13）

10.4 厘米（图二四〇，4）。

标本 M120：6，陶炉　褐陶。上为盆形，折沿，方唇，敞口，平底上有三道长方形镂空，盆内壁黏附三个不等距锥形支托，外壁有轮旋纹，下为不甚规则三足。口径 19.2、高 8.8 厘米（图二四〇，5）。

标本 M120：7，陶魁　灰陶。只存龙首形把手。残长 9 厘米（图二四〇，6）。

标本 M120：8，陶扁壶　灰陶。平折沿，直颈，折肩，直腹，长条形两足。口外径 5.2、腹径 13.2、高 18、足高 2 厘米（图二四〇，7）。

标本 M120：9，陶灯　灰陶。残存灯盘部分。口径 9.8 厘米（图二四〇，8）。

标本 M120：10，陶罐　红陶夹云母。只存平底和下腹部分。底径 8.4、残高 9.6 厘米（图二四〇，9）。

标本 M120：11，陶罐　红陶夹云母。同上。

标本 M120：12，陶盆　红陶夹云母。只存口部，平折沿，口微敛。口外 20 厘米（图二四〇，10）。

标本 M120：13，陶盘　灰陶。可复原，敞口，斜直壁，平底。口外径 22.4、高 4 厘米（图二四〇，11）。

一八　M129

无墓道砖室墓，位于Ⅱ区北中部 T77 内，2006 年 7 月下旬至 9 月 16 日发掘，盗扰（图二四一）。填土由黄褐土、红褐土、砂礓石和灰白土混合而成。土圹口部大于底部，方

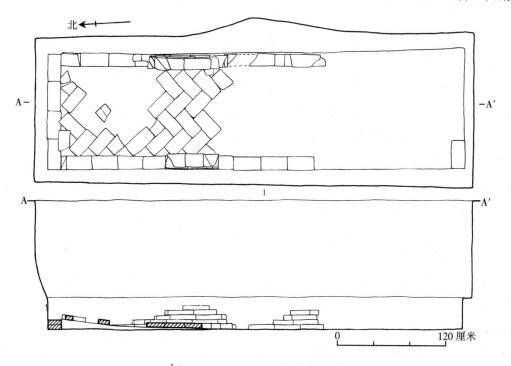

图二四一　M129 平、剖面图

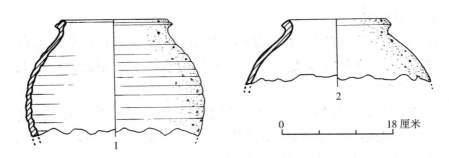

图二四二　M129 出土器物

1. 陶罐（M129∶1）　　2. 陶罐（M129∶2）

向 4°，东壁中部因曾塌方而变形，口长 480、宽 150～162、深 136 厘米。土圹下部稍内收，约距墓底 34 厘米处大致形成一周生土台。墓壁残存不多，皆顺砖错缝平砌，墓室内壁长 428、宽 96 厘米。墓底遍铺一层"人"字形地砖。砖皆素面，体积为 28×14×5 厘米。被盗严重，未见棺木。未见人骨。随葬品在填土中见有夹云母篮纹灰陶片和泥质灰陶片，其中夹云母灰陶片中多见方唇溜肩式的口沿。

标本 M120∶1，陶罐　夹云母灰陶。方唇，直口，弧腹，中腹下残。腹内外壁布满旋纹。口内径 15.6、口外径 19.2、最大腹径 29.2 厘米（图二四二，1）。

标本 M120∶2，陶罐　夹云母灰陶。方唇，弧腹，残缺。口内径 14.4、口外径 17.6 厘米（图二四二，2）。

一九　M130

单墓道无顶砖室墓，位于Ⅱ区北中部 T77 内，2006 年 7 月下旬至 9 月 17 日发掘，盗扰，通长 670 厘米（图二四三）。填土由黄褐土、红褐土、砂礓石和灰白土混合而成。象征性短墓道，墓道方向 9°，与墓室相接处有台阶一个，墓道长 50、宽 98 厘米。墓室土圹口大于底，口长 620、宽 162～180、口至底深 106 厘米。墓壁为顺砖平砌，残存最高处 40 厘米，东西两面紧贴土圹壁，北端为封门，南壁下部圹壁内收形成一宽 20、高 30 厘米的生土二层台，没有砖壁。墓底原应有铺底砖一层，残存很少，距封门 120 厘米处有一道东西向铺底砖似一道墙分墓室为南北两部分，推测南面是棺床部分，北面为放置随葬品之处。墓室内壁长 530、宽 115～124 厘米。砖皆素面，体积为 40×22×5 厘米。被盗严重，未见棺木。未见人骨。随葬品在填土中见有一些残片，其中以夹云母灰陶为主，也有少量褐陶和泥质灰陶片，选择编号 3 个。

标本 M120∶1，陶罐　夹云母灰陶。直口，矮领，沿面内高外低。口外径 15.2 厘米（图二四四，1）。

标本 M120∶2，陶罐　夹云母灰陶。盘口，口部残片。口外径 17.5 厘米（图二四四，2）。

标本 M120∶3，陶罐　夹云母褐陶。直口，口部残片。沿面外低内高呈斜坡形，肩上有细旋纹。口外径 24 厘米（图二四四，3）。

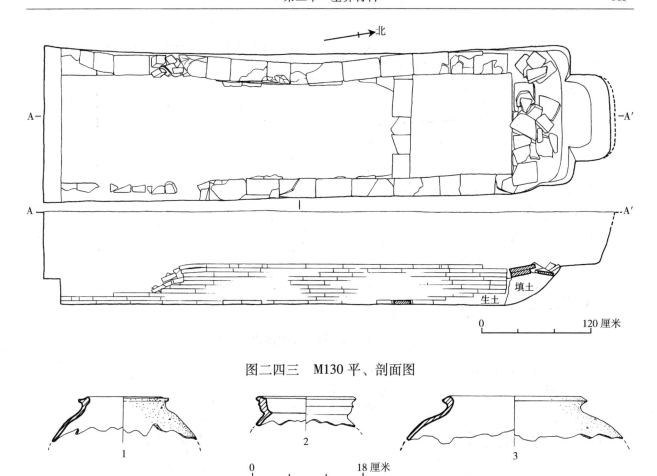

图二四三 M130 平、剖面图

图二四四 M130 出土器物

1. 陶罐（M130：1） 2. 陶罐（M130：2） 3. 陶罐（M130：3）

二〇 M131

刀形砖室墓，位于Ⅱ区北部 T78 内，2006 年 7 月下旬至 9 月 18 日发掘，盗扰（图二四五）。填土由黄褐土、红褐土、砂礓石和灰白土混合而成。墓道偏向一边砖室墓，近似刀形墓，墓道方向 0°，通长 745 厘米。墓道大致呈斜坡形，坡面不规整，近墓室处趋平，南北长 305、宽 80～105 厘米。墓室土圹大致呈长方形，东北角与墓道呈弧形连接，长 440、宽 200～210、底距口 150 厘米。砖壁和铺地砖已不存，填土中亦未见一块完整的砖，只在墙基处残留有平铺砖的痕迹，素面砖之间用白灰抹缝。被盗严重，未见棺木。填土中见有很小的人骨碎块。随葬品在填土中，有夹云母红陶罐、灰陶罐、灰陶碗、灰陶盘、耳杯、灶、方案等的残片，故选择性地进行了编号。

标本 M131：1，陶罐 夹云母红陶。小平沿，矮领，鼓腹，沿面外侧一周凹旋纹。口外径 12 厘米（图二四六，1）。

标本 M131：2，陶罐 夹云母灰陶。只有底部残片，平底内凹。内外底皆有旋纹，底

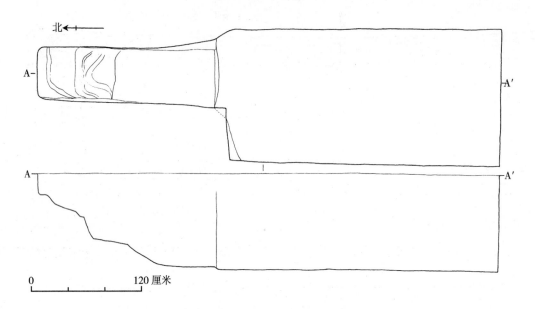

图二四五　M131 平、剖面图

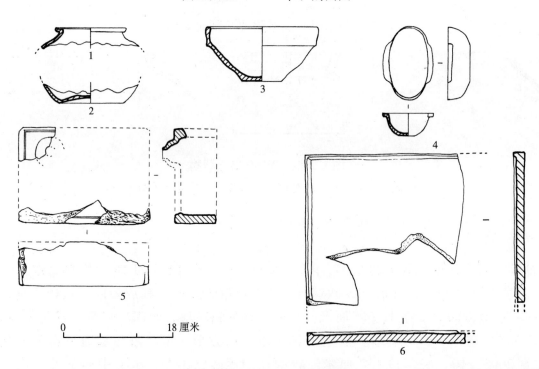

图二四六　M131 出土器物

1. 陶罐（M131：1）　2. 陶罐（M131：2）　3. 陶碗（M131：3）　4. 陶耳杯（M131：4）
5. 陶灶（M131：5）　6. 陶方案（M131：6）

径 10.5 厘米（图二四六，2）。

　　标本 M131：3，陶碗　灰陶。直口微敞，下腹弧内收，外壁口下有深凹旋纹一道。口径约 18.6、底径 9.6、高 9 厘米（图二四六，3）。

标本 M131：4，陶耳杯　灰陶。基本可复原。口、底皆椭圆形，两侧有扁长条形耳。口长径 11.5、连耳宽 8.4、高 3.6 厘米（图二四六，4）。

标本 M131：5，陶灶　灰陶。残存一侧面和灶面及火眼局部，灶面外边模印有两道凸棱。长约 21.6、宽约 15、灶面高 7 厘米（图二四六，5）。

标本 M131：6，陶方案　灰陶。平板状，周边有凸起的断面呈三角形的边。厚 1.2～1.7、周边高 1.8～2.2 厘米（图二四六，6）。

第四节　北朝—隋代墓葬

共 6 座，即 M18、M19、M21、M22、M24、M26。分别介绍如下。

一　M18

位于 I 区东中部 T14 内，2006 年 6 月发掘，盗扰严重（图二四七）。填土松软，由黄褐土和黑胶土组成。填土中出有残铁片、大石块 10 多个和黄褐色陶碗残片。南北向单墓道单室砖墓（凸字形），墓道方向 183°，南北通长 460 厘米。墓室大致方形，边长 280、深 270 厘米。墓道斜坡，南北长 188、东西宽 120 厘米。应有木棺，皆扰乱。人骨皆扰乱在填土中，均为碎块。

标本 M18：1，陶碗　黄褐陶。圆唇，弧腹，假圈足，足下部外撇，足外底内凹。腹中部有凹旋纹一道，凹底上刻划有较乱的符号。口径 12.8、高 6.8 厘米（图二四八）。

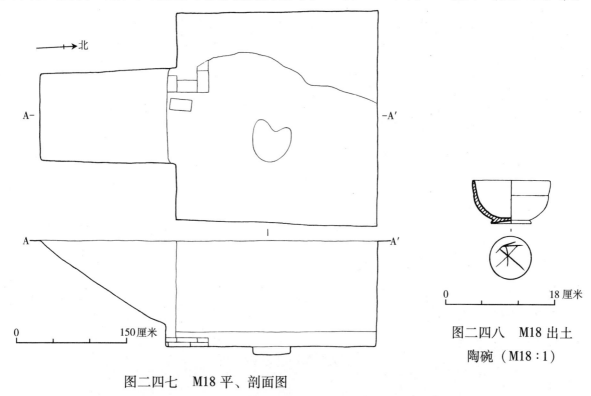

图二四七　M18 平、剖面图

图二四八　M18 出土
陶碗（M18：1）

二　M19

位于Ⅰ区偏东部 T17 内，2006 年 6 月初、6 月 24 日至 6 月 30 日发掘，被盗严重（图二四九）。填土为红褐土和黑褐色胶土为主混合成的五花土。南向单墓道砖室和洞室混合之墓，墓道方向 188°，南北通长 510 厘米。墓道南北长 115、东西宽 66 厘米，下部有低缓的台阶一道。墓室土圹大致呈圆角长方形，南北长 272、东西宽 200、深 174 厘米。砖残剩无几，一面有绳纹，体积为（28～28.5）×14×（6～6.5）厘米。在北圹壁上还掏有一窄长的洞室，洞室南北长 134、宽 45～58、洞高 50～70 厘米。应有木棺。在砖室发掘填土中出有凌乱的骨头碎块。洞室内有较凌乱的骨架一具，头南脚北，是一约不足 10 岁的小孩骨架，清理时洞中和骨架被淤土填满，故有理由认为该小孩可能是二次葬入的。这是该墓地这一时期的特有葬俗。填土中出有少量的陶片。该墓未见明显有年代特征的遗物，砖室与洞室可能是一回事，至少二者年代相距不会太远。该墓不远处有 M22 与此相近，也是砖室和洞室混合。M22 中出有"五行大布"和"隋五铢"。

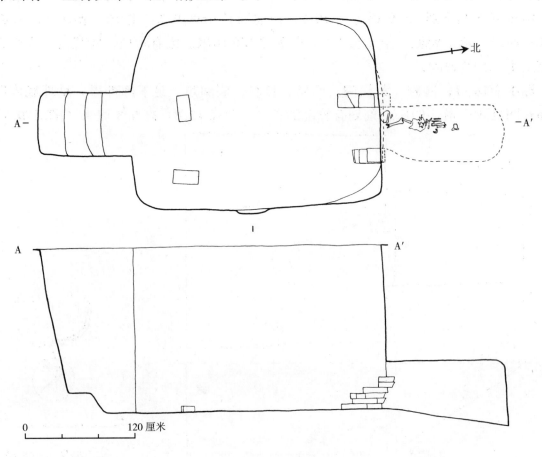

图二四九　M19 平、剖面图

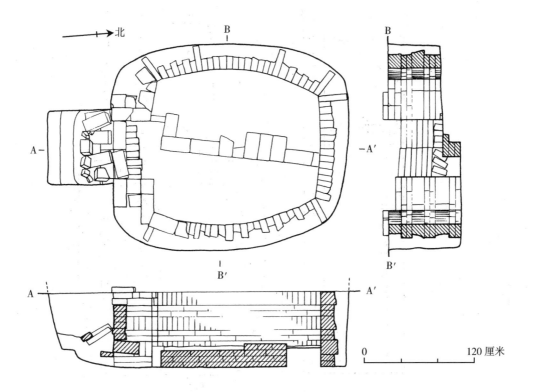

图二五〇　M21 平、剖面图

三　M21

位于 I 区约东部 T22 内，2006 年 6 月上旬、6 月 26 日至 6 月 29 日发掘，被盗严重（图二五〇；图版七七）。填土为黄褐土、红褐土和黑胶土混合而成。南向单墓道单室砖墓，墓道方向 185°，南北通长 330 厘米。墓道长方形，南北长 72、东西长 78 厘米，下部有一低缓的台阶。短甬道，南北长 40、东西宽 60 厘米，其南的封门砖已经扰动。墓室土圹大致呈圆角长方形，南北长 258、东西宽 216、深 200 厘米。砖室呈弧边长方形，内径南北长 185、东西最大径 164 厘米，残高 86 厘米。墓壁砌法有别，东壁为二顺一丁，西壁从下往上分别是三顺一丁和二顺一丁。整个墓壁丁砖多半头砖，并有意识在适当的地方加入整砖，形成长短参差，起到了加固的作用。墓底分为东西两块，西面是棺床部分；东面是墓底，未见铺地砖，底平面低于棺床面 12 厘米。砖的一面有绳纹，体积为（28～28.5）×14×（6～6.5）厘米。未见棺木等。在填土中发现有凌乱的人骨碎块。填土中发现有厚的红陶片和灰陶片。

四　M22

位于 I 区约中部 T21 内，2006 年 6 月上旬、6 月下旬至 7 月 6 日发掘，被盗严重（图二五一）。填土为黄褐土、灰褐土和黑胶土混合的花土，未经夯打。南向单墓道砖室和洞

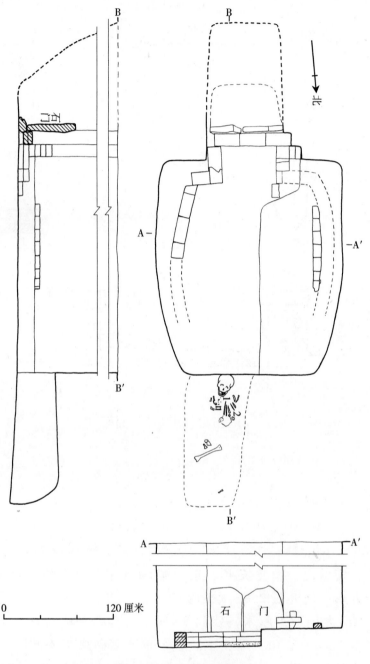

图二五一　M22平、剖面图

1. 铜钱　2. 铜指环

室混合之墓，南北通长550厘米。墓道方向184°，斜壁，上口南北长140、东西宽88、距地表深20厘米。底长70、宽80、深226厘米。短甬道，南北长42、内宽62厘米。甬道南有封门两层：北面一层是平砖砌起，残高18、厚15厘米；南面是两块立石封门，西面立石高68、宽88、厚8厘米；东面的立石高56、宽36、厚8厘米。墓室土圹南宽北窄，圆角，南北为直边，东西为外弧边。南北长244、南壁宽210、北壁宽140、深225厘米。

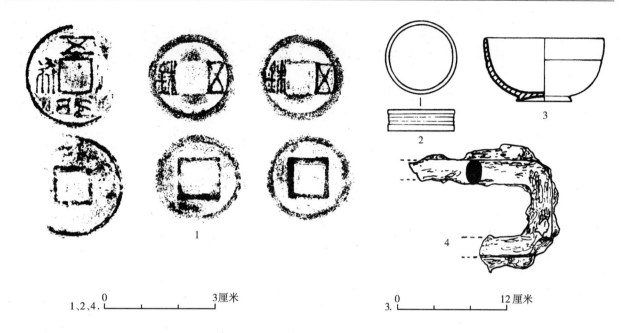

图二五二　M22 随葬品

1. 铜钱（M22：1）　2. 铜指环（M22：2）　3. 陶碗（M22：3）　4. 铁带扣（M22：4）

砖室随圹壁形状而建，南北直边，东西亦外弧。墓壁由单砖顺砌而成，内径南北长约190、东西宽100～150厘米。墓底分两部分：西面为生土棺床，上面用平砖铺面，南北长约190、东西宽70、高于墓底26厘米；东面墓底未见铺地砖。在北圹壁上还掏有一窄长的洞室，南北长150、宽约70、洞高44～54厘米；未见棺木痕迹。前室发掘填土时发现一些人骨碎块，但未见头骨。洞室内人骨凌乱，且缺失不少，为20～30岁青年女性。洞中人骨被淤土淹埋，近期不可能被扰动过，故很可能是和砖室同时的二次葬。砖室因盗扰严重，只在发掘时出土有红陶假圈足碗和残铁带扣等。洞室内死者口中有铜钱6枚，凌乱的骨头中间出1铜戒指，保存完好。

标本 M22：1，铜钱　计出土6枚，其中标本 M22：1－1为五行大布，残，两面有内外郭，钱文篆书。直径2.7厘米。标本 M22：1－（2～3）为五铢钱，锈蚀较重，正面无内郭，背面有内外郭，"五"字较瘦长，交笔较直，"金"头不正，四点较长，"朱"字上方折，下圆折，也有上下方折的。直径2.3、穿0.8厘米（图二五二，1）。

标本 M22：2，铜指环　宽扁形，环面上有数道凹凸旋纹。环径2、面宽0.6厘米（如二五二，2；图版七六，2）。

标本 M22：3，陶碗　红陶。圆唇，弧腹，假圈足，足下部外撇，足外底内凹。腹外壁有凹旋纹一周。口径13.2、高6.7厘米（图二五二，3；图版七六，3）。

标本 M22：4，铁带扣　单股铁棍制成，残存部分成"L"形。残长4、宽3.1厘米（图二六〇，4；图版七六，4）。

另外填土中还发现一个白色的蚌壳，最宽处6.3厘米。

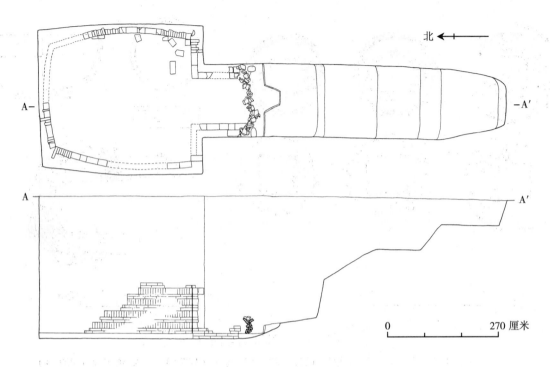

图二五三　M24 平、剖面图

五　M24

位于 I 区约中部，主要位于 T2、T16、T15 内，2006 年 6 月上旬、6 月 28 日至 7 月 22 日发掘，被盗严重（图二五三；图版七八，1）。填土以黄褐土和黑土粒混合为主。南向单墓道砖室墓，南北通长 1136 厘米。墓道方向 183°，南北长（连甬道）738、宽约 100～168 厘米。墓道分三个较高的台阶，阶面较平缓。甬道长方形，南北长 175、内宽 104 厘米。甬道于第一级台阶处有一"内凹"，似一较大的脚窝。墓室土圹长方形，南壁稍宽于北壁，东、西两壁稍外弧。砖室南面直壁，其余三面微外弧。墓壁为单砖顺砌，为常见的两顺一丁形式。南北长 400、东西宽 320～348、深 332 厘米。墓底原应有铺地砖，现基本不存。壁砖完整、残半者皆有，一面有较规矩的竖绳纹。未见棺木。发掘时出土有人骨碎块，性别等无法鉴定。填土中出一些陶片，器形有灰陶小口罐、灰陶宽平折沿盆、红陶碗、红陶宽平折沿盆、红陶厚胎罐以及铁器残件等。

标本 M24∶1，陶碗　红陶。圆唇，弧腹，假圈足较高而直，足外底内凹。口径 14、高 7.5 厘米（图二五四，1）。

标本 M24∶01，陶盆　红陶。口沿残片，厚胎方唇，宽平折沿，沿面内侧有凸棱一周。沿面宽 3.3、唇部厚 1.6 厘米（图二五四，2）。

标本 M24∶02，陶盆　红陶。口沿残片。厚胎方唇，宽平折沿，沿面内侧凸棱不明显。沿面宽 3.1、唇部厚 1.4 厘米（图二五四，3）。

标本 M24∶03，陶盆　红陶。口沿残片，厚胎方唇，宽平折沿，沿面外侧有凹旋纹一

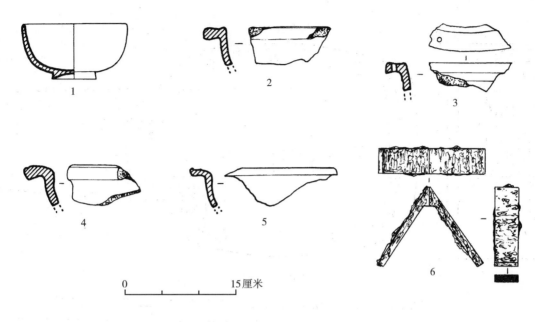

图二五四　M24 出土器物

1. 陶碗（M24∶1）　　2. 陶盆（M24∶01）　　3. 陶盆（M24∶02）　　4. 陶盆（M24∶03）

5. 陶盆（M24∶04）　　6. 铁构件（M24∶05）

周。沿面宽 3.8、唇部厚 1.6 厘米（图二五四，4）。

标本 M24∶04，陶盆　红陶。口沿残片，宽平折沿，沿面外缘有凸棱一周。沿面宽 3、胎厚 0.8 厘米（图二五四，5）。

标本 M24∶05，铁构件　为两个长方形直板一端作锐角连接，连接处已断。直板长 12.5、宽 3.7、厚 1.2 厘米（图二五四，6；图版七八，2、3）。

六　M26

位于 I 区中部偏北 T19 及其扩方中，2006 年 6 月上旬、7 月 1 日至 7 月 6 日发掘，被盗严重（图二五五；图版七九）。填土由黄沙土、红褐土和红胶土组成。南向单墓道砖室墓，南北通长 545 厘米。墓道方向 175°，南北长 200、宽 100～135 厘米，南端上部有一窄的台阶。甬道砖砌，南北长 80、东西内径宽 74、残高 106 厘米。甬道南端有平砖砌成的外弧形封门。墓室土圹为圆角外弧边，南北长 310、东西最宽处 254、深 230 厘米。砖室随土圹形而建，南为直壁，其余三面外弧。墓壁砌法为常见的两顺一丁。内径南北长 230、东西 156～210 厘米。墓底西半块为棺床，砖包边，床面未见砖。棺床南北长 200、东西宽 80～106、高于东面墓底 26 厘米。未发现棺木痕迹。填土中出有少量碎骨。填土中出有五铢铜钱、红陶碗、红陶片、白瓷片等。

标本 M26∶1，铜钱　1 枚。钱文篆书。正面无内郭，背面有内外郭，"五"字较瘦长，交笔直，"金"字不清，"朱"字上方折，下圆折。直径 2.2、穿 0.7 厘米（图二五六，1）。

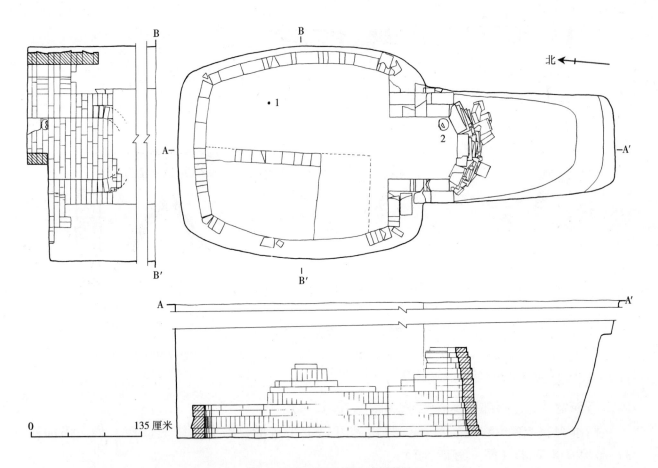

图二五五　M26 平、剖面图

1. 铜钱　2. 红陶碗

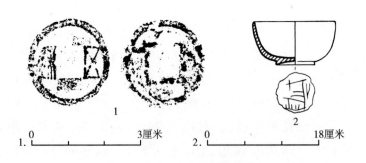

图二五六　M26 出土器物

1. 铜钱（M26：1）　2. 陶碗（M26：2）

标本 M26：2，陶碗　红陶。圆唇，弧腹，假圈足下部外撇，足外底内凹。口径 13.6、高 6.9 厘米（图二五六，2）。

第五节　宋代墓葬

共 1 座，即 M112。介绍如下。

一　M112

位于 I 区西南 T69 内，2006 年 9 月 3 日至 9 月 7 日发掘，严重被盗（图二五七；图版八〇）。南向单斜坡墓道圆形砖室墓，南北通长 640 厘米。墓道方向 186°，长 234、

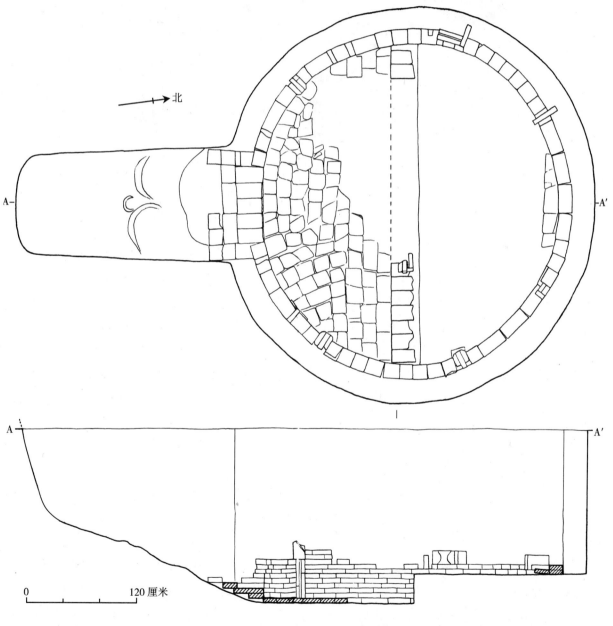

图二五七　M112 平、剖面图

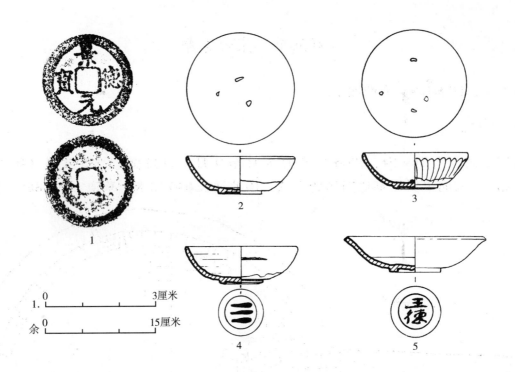

图二五八　M112 出土器物

1. 铜钱（M112：1）　　2. 瓷碗（M112：2）　　3. 瓷碗（M112：3）　　4. 瓷碗（M112：4）　　5. 瓷碗（M112：5）

宽 102～120 厘米。短甬道，南北长 30、东西内宽 82 厘米。甬道南端有封门砖两道。墓圹近似圆形，直径 415～422、墓底据现地表 185 厘米。砖室内壁南北 325、东西 338、残高 65 厘米。墓内北半部为棺床，生土台状，砖覆面，南北宽 185、高 32 厘米。棺床前用一层半头砖铺底，不太规矩。墓砖素面，有两种，体积一种为 34×16×5.5 厘米，另一种 32×15×5 厘米。扰乱未见棺椁，估计应有木棺。人骨只在棺床和其南面填土中发现残块，未见完整的大块骨头。在扰乱土中出有"景德元宝"铜钱 1 枚，另有较多的瓷器碎片，清洗黏对后共编号 5 个，另还有未编号的细白瓷高足碗、唇口碗、刻划花白瓷枕和酱釉瓷缸残片等。

标本 M112：1，铜钱　景德元宝，顺读。楷书。窄内郭，宽外郭。径 2.4、穿 0.5 厘米（图二五八，1）。

标本 M112：2，瓷碗　白瓷。圆唇，敞口，圈足低矮而较宽，内底有三支钉痕。釉白中泛青，釉下施化妆土，外壁半施釉和化妆土。口径 16.5、圈足径 6.1、高 5 厘米（图二五八，2）。

标本 M112：3，瓷碗　白瓷。圆唇，敞口，圈足低矮，内底有四支钉痕。外壁胎上施竖条纹。釉白中泛青，釉下施化妆土，外壁施釉不及底。口径 14.5、圈足径 6.1、高 4.8 厘米（图二五八，3；图版八一，1）。

标本 M112：4，瓷碗　白瓷。圆唇，敞口，圈足低矮，内底有不规则支钉痕。釉白中泛青，釉下施化妆土，外壁施釉不及底。外底心有墨书"三"字。口径14.5、圈足径6.1、高4.8厘米（图二五八，4；图版八一，2）。

标本 M112∶5，瓷碗　白瓷。圆唇，敞口，宽圈足低矮。釉白中泛黄，釉下施化妆土，外壁施釉不及底。外壁及底心各墨书有"王德"二字。口径18.8、圈足径6.8、高4.8厘米（图二五八，5；图版八一，3）。

瓷碗　细白瓷。高足薄胎，深腹，里外满釉。

唇口碗　口外壁加厚形成唇口。釉白中泛青，釉下施化妆土。

瓷枕　白瓷枕面刻划阴纹图案，再在里面填黑色瓷泥，上面覆以透明釉。

酱釉缸　不能复原。卷圆唇，弧肩，下腹斜直内收，平底。口部及外底无釉，釉面有细碎开片。口外径约23、底径21.8厘米。

第六节　清代墓葬

共1座，即M47。介绍如下。

一　M47

位于 I 区东北 T33 内，打破 M46。2006年6月中旬至7月12日发掘。保存完好（图二五九；图版八二，1）。长方形竖穴土坑墓，南北长270、东西宽114～120厘米。木棺已朽，但形状基本清晰：前高后低，前大后小，棺盖长于棺底，且侧板在前部超出头前立板呈弧形。棺盖长230、底长206、宽46～80、高约44～56、板厚6厘米。人骨保存基本完好，头向10°，仰身稍向右侧，头侧有一镇墓瓦。瓦正面墨书，上部中间为"敕令"，下中为合体字"除邪"，右边为"生者福寿"，左边为"亡者安宁"。瓦中部还用红颜色写有"日"、"奉"等字及图案，多已不清。瓦上窄下宽，稍呈梯形，高18、宽14～15.7、厚1.2厘米。瓦内面为细布纹，切口在里面，其制作工艺与现在手工同类瓦完全一致（图版八二，2）。死者为30～35岁左右女性。随葬品编号9个，都在头部出土。

标本 M47∶1，银簪　宽扁体，两端呈桃尖形，中部稍窄，侧视为弯弓形，长9.8、最宽处1.8厘米（图二六〇，1；图版八三，1）。

标本 M47∶2，银簪　两端皆为细圆柱体，簪头为小耳挖形，耳挖下是2.5厘米长的一段呈缠丝形，缠丝以下是一段经锤碟、雕刻、焊接成的扁体花边簪身，长约6.6厘米、宽0.5～1.5厘米。此段簪身两面皆涂有一层浅蓝色的珐琅类物质，中部系一金属蝈蝈。通长22.8厘米（图二六〇，2；图版八三，2）。

标本 M47∶3，银簪　大花叶头，花头外面涂有一层蓝色珐琅类物质，里面有锤牒形成的珍珠地、云纹、草叶纹等。长11.7、花头横宽6.2、竖宽4.7厘米（图二六〇，3；图版八三，3）。

标本 M47∶4，银发卡　鎏金。弓形，两端各有一系绳的小环用以拴系在头上。发卡

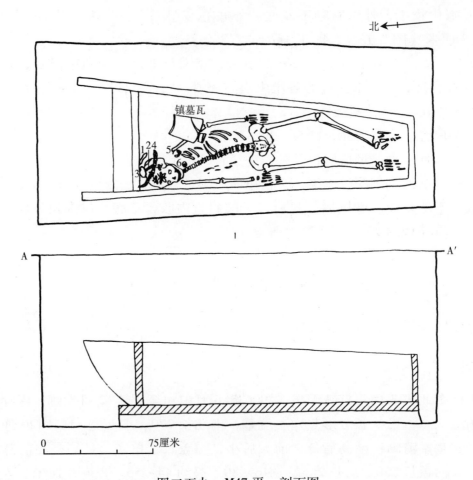

图二五九　M47 平、剖面图

1. 银簪　2. 银簪　3. 银簪　4. 鎏金银发卡　5. 银耳钳　6. 铜钱　7、8. 鎏金银头饰
9. 铜饰件（7～9 在 4 下）

可分两层，地层是一根扁体细丝连接的花叶，上层分别用细丝拴系有一蝶一瓜间隔的鎏金银制物，共有三蝶四瓜 7 个个体，寓意为多子多福。弓形高约 7、长约 20、宽 1～2.5 厘米（图二六○，4；图版八三，4）。

　　标本 M47：5，银耳钳　蝴蝶结形，圆形活环。径约 3、宽 0.9、坠饰长 3 厘米（图二六○，5；图版八三，5）。

　　标本 M47：6，铜钱　道光通宝。直径 2.2 厘米。

　　标本 M47：7，银饰件　鎏金。由一上一下蝴蝶和牡丹花组成，蝴蝶触须顶端系有一穿孔小珠，牡丹花下细丝拴系一扁体铜棍，已残，应为锸头用的。蝴蝶与牡丹花的组合也意味着富贵、多福。长 8、最宽处 5 厘米（图二六○，6）。

　　标本 M47：8，银饰件　鎏金。为一前锋呈锸状锸头的装饰，地层为花叶图案，其上系一蝴蝶和一瓜，寓意同上。长 5.5、最宽处 2.8 厘米（图二六○，7）。

　　标本 M47：9，银饰件　为一近似方形的银质薄片，一端是一蝙蝠，一端是并排的两

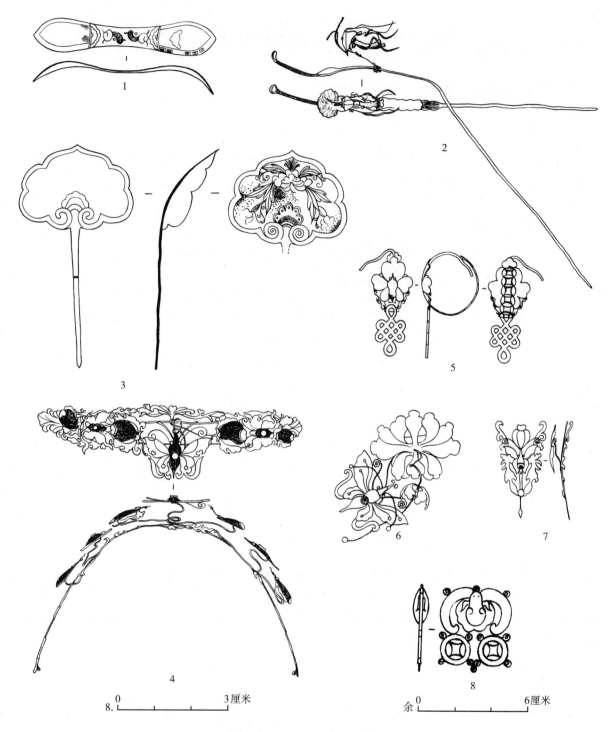

图二六〇　M47 出土器物

1. 银簪（M47：1）　2. 银簪（M47：2）　3. 银簪（M47：3）　4. 银发卡（M47：4）　5. 银耳钳（M47：5）

6. 银饰件（M47：7）　7. 银饰件（M47：8）　8. 银饰件（M47：9）

个方孔钱，其周边有 8 个小环，当为系挂之用。钱和蝙蝠的组合同样是福禄、富贵之意。长宽各约 2 厘米（图二六〇，8）。

第七节　年代不明墓葬

共 4 座，即 M44、M110、M111、M119。分别介绍如下。

一　M44

位于 I 区东北 T33 内，保存完好，介于 M43 和 M45 之间，2006 年 6 月上旬和 7 月 9 日发掘，（图二六一）。长方形竖穴土坑墓，南北长 215、东西宽 90、深 74 厘米。一木棺

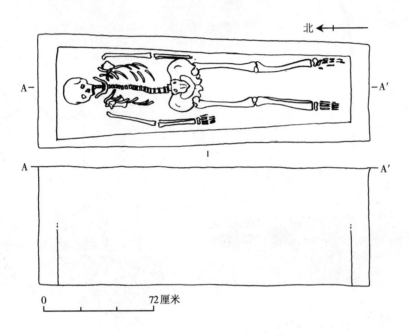

图二六一　M44 平、剖面图

已朽，长 190、宽 60、残高 34 厘米。人骨保存完好，头向 1°，仰身直肢，头下枕土坯，骨头较硬，身高约 170 厘米，为 30 左右岁的男性。无随葬品。该墓正介于汉代土坑墓 M43 和 M45 之间，应为单身葬，推测这是有意识埋在原来的死者中间，不用花钱而做的 "阴间配"（或者也可以叫 "第三者插足"）。

二　M110

位于 II 区西南部 T69 内，2006 年 9 月 3 日发掘，保存完好（图二六二；图版八四，1）。长方形竖穴土坑墓，南北长 260、东西宽 90、深 66 厘米。一木棺已朽，长 215、宽 66、残高 12 厘米。人骨保存完好，头向 10°，侧身屈肢，面向东，为老年男性。未见随葬品。

三　M111

位于 II 区西南部 T69 内，2006 年 9 月 4 日发掘，应已迁出（图二六三）。长方形竖穴

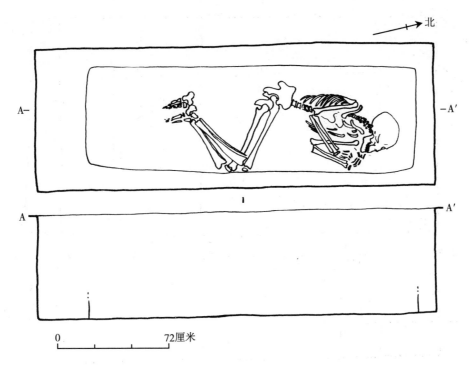

图二六二　M110 平、剖面图

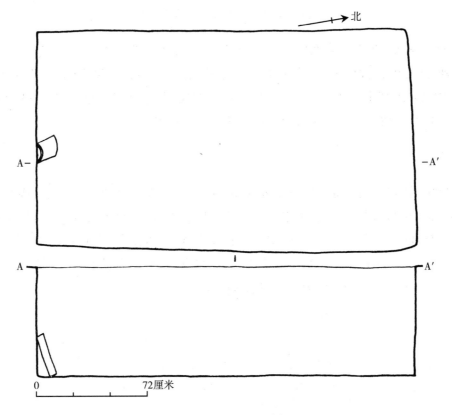

图二六三　M111 平、剖面图

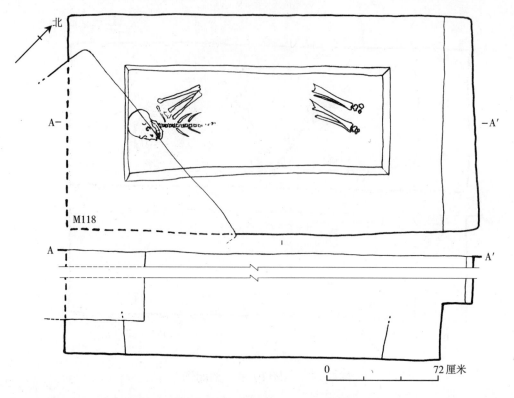

图二六四　M119 平、剖面图

土坑墓，南北长 264～270、东西宽 154、深 76 厘米。发现一铁棺钉，上面有朽木痕。填土中见有一小块人骨，方向 9°。填土中出一素面瓦片，墓底北壁竖立一素面板瓦，长 28、宽 17～19、厚 1～2 厘米，在宽的一端正面墨书有符号，墨迹不清。无年代证明，从板瓦看可能为清代或之后的墓葬，且与西邻的 M110 关系紧密。

四　M119

位于 Ⅱ 区西南 T73 内，被 M118 打破，2006 年 9 月 9 日发掘。被盗，盗洞在中部，长约 110、宽约 60 厘米（图二六四；图版八四，2）。长方形竖穴土坑墓，长 260、宽 136、深 110 厘米。底部一端有生土台宽约 20、高 36 厘米。木棺朽成黑灰，长 170、宽 70、板灰厚 3～5 厘米。人骨一具，头骨方向 225°。只见胸骨以上和小段下肢骨，可能为侧身屈肢葬，大致为 30 多岁的青年男性。未见任何随葬品。

第三章 初步研究

第一节 墓地综述

高昌墓地 131 座墓葬为不同时期墓葬的混合，从布局看，墓葬皆分散在石丘周围，分布范围广大。除北朝至隋代墓葬外，其他时期墓葬既无单个家族的排列次序，也看不出家族墓之间的明确界限，应是《周礼》所说的"邦墓"，也就是"万民墓地"。

从几次发掘的情况证实，高昌墓地中最早的成员是战国中期前后葬入的。从已发掘的早期墓看，多分布在阴坡或距石丘稍远处的东部、东北部，以单个埋葬为主，且数量有限，反映出早期小规模的村庄和有限的居民。这时的墓葬形状、规模以及棺、椁、壁龛、随葬陶器的有无、随葬品放置位置等方面有相同之处，但不相同的地方更多更明显，可以想象当时这里还是地广人稀，石丘周围大片土地不宜农耕，因而成为开阔的墓地，但可能还没有统一的规划和管理。

进入西汉以后，墓地规模明显扩大了许多，特别是石丘的阳坡几乎都被墓穴所占据，甚至还出现了西汉墓打破战国墓以及隋代墓打破西汉墓的情况。西汉时期墓葬是发掘区的主体，从局部成片、成排的布局看，有了一定的布局，但不很明显，是多个家族共同使用而且界线不分明的墓地。西汉时期墓葬以长方形土坑墓为主：土坑规模大小相差不太悬殊，填土大多经夯打；夫妇并穴合葬是该时期的特色之一，并穴合葬多为南北向的，也有东西向的，但基本都采取了男右女左的埋葬方法；一棺一椁最为常见，少数为一棺墓，但有一部分墓葬使用了一面至四面不等的生土二层台，我们称之为"土椁"，成为该墓地特色之一；一部分墓葬棺椁下有两个垫木槽，也有的使用了多个横向土条，土条间或堆放一些木灰，推测这些土条和木灰既有垫棺椁的作用，也有防潮的功能，是该时期该墓地的又一特色；由于木质棺椁皆朽成灰，细部结构皆不明；随葬品放置不同于战国时期，多放置在头前或身侧的棺椁之间或棺、壁之间，放置在脚部的现象极少；一些陶鼎内放置鸡、鱼骨，陶罐、瓮等容器中普遍放置粮食，还有口中含钱和手握钱币的现象较为普遍等既是该墓地特色之一，也是中国传统埋葬习俗的延续；随葬品高档且精美的很少，甚至连该时期其他墓地中常见的铜镜都没有发现一个（只发现一镜纽残部），这种现象不仅和《洛阳烧沟汉墓》[①] 的 118 面铜镜、9 面铁镜无法相提并论，即便是和《西安

---

① 中国科学院考古研究所：《洛阳烧沟汉墓》，科学出版社，1959 年。

龙首原汉墓》[①] 42 座西汉早期墓出土 14 面铜镜也不能同日而语；人骨大多朽烂成灰，除四例为侧身屈肢葬外，其余皆仰身直肢葬，普遍存在一只手或双手屈放腹上或盆骨上的习俗。从统计结果看，当时的墓主人普遍在青壮年时期，进入老年的不多，发现的第三后臼齿也很少。以上这些都反映出当时人们较低的生活水平和有限的医疗条件。

两汉时期砖室墓的使用是传统埋葬制度的重大变革，它主要是解决了两人或多人合葬时的多次使用问题。从此，沿用了一千多年的棺椁制开始走向灭亡，是埋葬制度的进步和发展。该墓地从战国、西汉时期土坑墓到较早时期的 M42 墓底出现铺底砖到 M84、M91 等出现无顶砖框墓（砖椁），再到 M78、M93 等的平顶砖墓的运用，继而再发展成为墓道、甬道、墓门、墓室和各种墓顶齐全的砖室墓，可以说向我们展示了一幅汉代墓葬发展的序列图，是难得的墓葬资料。北朝以降，砖室墓从原来的长条形发展到宽短形再到唐以后的圆形、方形等，不同时期墓葬都明确反映出各个时代普遍的墓葬特色，但高昌墓地作为长期的墓地使用已没有太多的空间，所以墓葬越来越少。到了清代，我们推测原墓地上一部分坟丘已不存在，所以人们并不知道有无墓葬的情况下又开始埋葬死者，就出现了清代墓打破早期墓的现象。

第二节　墓葬形制及出土器物组合

一　战国时期墓葬

共 7 座。分布在 II 区，耕土下开口，皆为土坑墓葬，除 M105、M106 外，皆被西汉时期土坑墓打破。墓葬方向不很一致，有南北向的，有偏东北 - 西南向的，也有偏西北 - 东南向的。土坑大小不一，大的如 M105，南北长 346、宽 230 厘米。小一些的如 M82，南北长 250、东西宽 160 厘米。深浅差别不大，墓底距地表深 150～184 厘米不等。

该时期墓葬填土皆原土回填，五花土由红褐、黄褐、灰白土组成，含少量礓石。填土皆经夯打，但夯层夯面情况不清。

葬具有一棺、一棺一椁、一棺二椁几种，可见的人骨都是单个的，皆仰身直肢葬，与西汉时期基本一致。

7 座墓中，M102、M105、M106 被严重破坏，M128 被汉代墓 M123 打破，未出土任何随葬品，从墓葬形状和打破关系上推测为该时期墓。M65、M77、M82 未被扰动过，其中以 M65 出土随葬品较为丰富。根据整体形状不同分两种。

第一种，为口大底小的覆斗形，壁面斜直，有 M105、M106。墓内被盗严重，只在 M105 南壁约中部发现一龛，龛内放一大口陶罐。

第二种，其余 5 座为竖穴式，口、底大小基本一致。

随葬品放置位置比较常见的是在棺外和棺内死者脚端，也有放置棺内体侧、腿侧、

---

① 西安市文物保护考古所：《西安龙首原汉墓》，西北大学出版社，1999 年。

头部的，说明当时随葬品放置位置并不是很固定。从 M65 随葬品分析，大致可分三个层次：棺内为墓主人喜欢的较贵重的常用品，为第一档次；第二档放在棺外头前，多为装饰品；棺外脚部放置的随葬品是第三档，一般为陶器。四座墓中只有 M65 出有组合陶器，为鼎、豆、壶、匜、盆、罐。陶器之外还有铜璜形饰，如铜带钩、铜铃、铜镦、绳索状双股铜环、铁带钩、滑石璧、玛瑙环、嵌贝片料珠、贝壳、骨器、骨管等。

二　西汉时期土坑墓葬

共 92 座。墓葬主要集中在两个区的南半部，其中未被盗扰和破坏的墓葬 40 座，其余 52 座墓被盗或遭后期破坏。形制上皆口、底大致相同的竖穴式。分布上有的局部成排，有的局部成片、成堆，但整体上的分排、分片都不很明显。而其中以单个的和两两成对的最为常见。两两成对的如 M3 和 M4、M9 和 M10、M49 和 M50 等，也就是我们所说的并穴合葬或叫同坟异穴葬。92 座墓葬中只有 M14、M15 和 M54、M55、M56、M57 两组存在打破关系，其中 M14 打破 M15，M57 打破 M55 和 M56，同时 M54 也打破 M56。

墓葬填土都是原土回填，最多见的是红褐土、黄褐土和灰白色沙土夹杂礓石的混合，或黄褐土、红褐土、黑胶土和沙土中夹杂礓石的混合，或靠近石丘处黄褐土与红黄色的基岩颗粒混合。从发掘现象看，稍大些的墓葬填土一般经粗夯过，夯层厚 15～20 厘米。这种填土经夯打的现象是砖室墓出现前的一个特有的现象，是商周以来土坑墓填土夯打习俗的遗留和延续，其作用大致有三，一是防水渗透，二是防塌陷，三是防盗，而实际上的作用都是非常有限的。

墓葬以南北方向的居多，其中I区头向多向北，且以北稍偏西的为多；II区头向南北皆有，且以北稍偏东或南稍偏西的多。推测两个区相当一些墓的头向和墓地中部的石丘有关。另外东西向的墓葬约占总数的1/5，其分布和形制上与南北向的相比并没有太大区别（表一）。

表一　高昌墓地西汉时期土坑墓葬人骨性别和墓向

墓号	性别	保存情况	头向	墓号	性别	保存情况	头向
M1		朽成粉	265°	M56	男	朽，缺失	285°
M2	女	朽甚	2°	M57		朽成粉	186°
M3	（男）	朽甚	0°	M58		朽烂	99°
M4	（女）	朽成粉	4°	M59	女	朽，缺失	17°
M5		朽甚	350°	M60	男	朽，易碎	9°
M6		朽成粉	352°	M62		朽成粉	180°
M7		朽成粉	351°	M63		少，碎块	0°
M8	女	朽，易碎	357°	M66	未成年	朽，易碎	263°
M9	女	朽甚	358°	M67	男	朽，易碎	9°
M10	男	朽甚	355°	M68		无存	279°
M11	女	朽，易碎	355°	M69		朽，缺失	10°

（续表一）

墓号	性别	保存情况	头向	墓号	性别	保存情况	头向
M12	女	朽，易碎	280°	M71	女	朽，易碎	95°
M13	男	朽，易碎	3°	M72		朽成粉	15°
M14	女	朽，易碎	10°	M73		朽，缺失	14°
M15	男	朽，易碎	0°	M74		朽成粉	14°
M16	女	朽甚	352°	M75	男	朽，易碎	14°
M17		朽，易碎	7°	M76		朽成粉	12°
M20		朽成粉	87°	M81		缺失	7°
M23	男	朽，易碎	3°	M83	女	乱，缺失	2°
M25	女	朽甚	352°	M86	女	完好	9°
M27		朽成粉	0°	M87	女	完好	352°
M28		朽成粉	0°	M89	男	完好	94°
M29		朽成粉	274°	M95		朽成粉	3°
M30		朽，缺失	357°	M96		朽成粉	9°
M31	女？	朽甚	30°	M97		朽，缺失	3°
M32	（女）	朽，缺失	3°	M98		朽成粉	14°
M33	男	完好	356°	M99		朽成粉	10°
M34		朽甚	274°	M101		朽成粉	9°
M35		朽成粉	6°	M103		朽成粉	5°
M36		朽甚	90°	M104		朽成粉	（4°）
M37		朽甚	357°	M106		少，粉末	（4°）
M38	男	朽成粉	0°	M107	男？	朽，缺失	182°
M39	男	完好	10°	M108	男	朽	2°
M40	（男）	朽成粉	87°	M109		朽成粉	6°
M41	女	朽	87°	M113		朽成粉	14°
M42	男	朽	187°	M115	男	较好	5°
M43		朽乱	3°	M116		未见	（6°）
M45		朽成粉	0°	M117		缺失	6°
M46		朽，缺失	6°	M118	男	朽，缺失	9°
M48		朽成粉	6°	M121	（男）	朽，缺失	95°
M49	（女）	朽乱	103°	M122	（女）	朽，缺失	95°
M50	男	完好	95°	M123	（男）	朽乱	9°
M51	男	朽	11°	M124	（女）	朽甚	13°
M52	（女）	朽成粉	13°	M125		朽甚	270°
M53	男	完好	10°	M126	（男）	朽，缺失	14°
M54	女	较好	180°	M127	女	朽，缺失	13°
M55	男	较好	88°				

该时期墓葬规模都不太大，一般长度 300～400、宽 150～200、深 140～360 厘米的最多见，其中最长的墓为 M29，东西长 514 厘米；最宽的墓为 M4，东西宽 220 厘米；最深的墓为 M27，墓口到墓底深 465 厘米；最窄小的墓为 M86，长 210、宽 66 厘米；最浅的为 M54，墓口到墓底深只有 54 厘米。

葬具，只有 M86 没有发现葬具，其余皆有木质棺椁，棺椁皆朽烂成灰，有一棺、一椁一棺和一椁二棺几种，稍大一些的都是一椁一棺或二棺，如 M1；小些的多为一棺，如 M55。从朽烂迹象看，木棺朽痕呈灰黑色，而椁的朽痕多呈黄色，也有呈灰黑色的，有的因棺椁混在一起而不好辨认。另外在 I 区还见有较多的有生土台的墓葬，这类墓葬都比较小，约在棺的高度以下墓壁内收，形成生土台，有几种情况：最常见的是墓的两长壁留生土台如 M11；另有少量的只在墓的其中一个长壁上留生土台如 M14；也有个别的在墓的一长壁和一短壁上留生土二层台如 M10；还有个别墓在两长壁和一短壁上留生土二层台如 M13。这些生土二层台都发生在小一些的墓葬中，生土二层台和墓壁围成的空间正是放置木棺和随葬品的地方，其空间和作用等都和椁有相似之处，所以推测古人就是把它当椁来使用的，故我们称之为"土椁"，很明显，这种方法既省力，又省去了制造木椁的费用和麻烦，一举两得，既是该地区一个时期内墓葬形制的真实再现，也是古代劳动人民聪明才智的反映。

人骨绝大多数朽烂，稍碰即碎，可能是该地区土中碱性含量大，长期腐蚀人骨的原因。发掘时对所有的人骨都做了现场鉴定，因为朽烂人骨比例很大，所以没有留取标本。没有人骨和人骨扰乱不清的除外，加上年代不清的墓葬共有 4 座墓为侧身或半侧身屈肢葬，其余的可辨别的都属仰身直肢葬，只是有一部分死者一只手或双手放腹上，上肢稍显弯曲而已。92 座墓都是单人葬，这其中，大致为成年男性的 26 个，成年女性 23 个，未成年 1 个，因骨朽烂或缺失不清的 43 个。

随葬品，从发掘结果看，92 座墓葬都或多或少的有随葬品（其中 M56、M63、M101、M104、M107、M121 被破坏的面目全非，或未见随葬品残片，或残片太小而未进行编号），最少的 1 件（M8、M53、M71、M83 等），最多的 20 件（M29），以陶器为主。未经后期破坏过的墓共 40 座，其中 I 区 25 座，II 区 15 座，分别是 M1、M2、M5、M8～M17、M20、M23、M29～M31、M34～M36、M40～M42、M45、M53～M55、M66、M71、M74、M75、M83、M86、M87、M89、M95、M115、M124、M125。相比之下，I 区未被盗的墓稍多，其很重要的原因之一是 I 区位于石丘的阳坡，距村和大路较近，对于盗墓分子来说太惹眼，太光天化日了。

随葬品中以陶器为主要特色，器形种类有鼎、壶、罐、碗、盆、瓮、奁、俑、马、狗几种以及泥胎的俑，其中以形式多样的陶罐最为常见。陶器外，还有铁器、铜器、玉石器、漆器、骨器、玻璃器等。铁器有带钩、刀、镐、镢、镧钉、工具、双股铁器等。铜器有带钩、半两钱、五铢钱、印、铃、指环等。玉石器有玛瑙环、玛瑙珠两种。漆器可辨有盘、耳杯、盒。骨器有六博棋子、骨珠、条形饰件等。

随葬陶器鼎、罐内常见有放置食物的习俗，所见一般是在鼎内盛放鸡、鱼，在较大的罐内有粮食朽痕。另外还偶见有羊头。

陶器中一般在鼎、壶、俑、马几种器物上饰有彩绘，彩绘大多脱落。这是一种后加彩，即陶器烧成后所施的装饰彩绘，很容易脱落。其程序大致是在器物上先施一层白色地衣，再在白衣地上绘制图案。图案可辨色彩以红色为主，少量的见有绿彩。鼎、壶及盖上的彩绘纹饰主要是三角纹、云气纹、间隔线、边廓线、弧线、圆圈纹等，俑身多绘以衣领、袖口等，马身绘出马具、绳套等。从以前的发现情况看，这种涂白衣再施彩绘的做法是西汉时期普遍存在的现象，而且多出现在稍大些的墓中，代表着一定的社会地位和经济实力。

随葬品放置位置有以下几种情况：最常见的是放置在死者头部的棺椁之间或棺前和墓壁之间；第二种是死者右侧的棺椁之间，如 M99；第三种是棺内死者两侧，如 M42；第四种是死者口中或头部；第五种是死者手中；第六种是放置在死者脚部，只有 M25 一例。前两种放置的随葬品主要是陶器，后面四种是铜质的带钩、钱币、铜剑、铁剑、铁带钩和各种小件饰物。

随葬品组合中以陶器为主要类型，其中又以各种陶罐为最多，有的再配以碗、瓮、鼎、壶、盆等。从未被盗的 40 座墓看，其陶器组合总的说比较简单（表二）。

表二　西汉土坑墓随葬品主要陶器组合统计表

墓号	陶鼎	壶	高领罐	折肩罐	穿孔罐	大口罐	其他罐	碗	盆	瓮	备注
M1	2	2		1						1	
M2			2	1		1		2			
M5	2	2				1		3		1	
M8			1								
M9			2				1	3			
M10			1				3	1			
M11			2		1						
M12			2	1	1	1		3			
M13			2	1	1			1			
M14			2	1	1	1		4			
M15			1			1					
M16			2								
M17			1	1							
M20			1	1	1	1		2			
M23			2	1		1		2	1		
M29	2	3						2	1		

（续表二）

墓号	陶鼎	壶	高领罐	折肩罐	穿孔罐	大口罐	其他罐	碗	盆	瓮	备注
M30			2	1			1				陶瓮1
M31			1	1							
M34			2		1		1	1			
M35			2	1	1			2			
M36			2		1	1	1	2			
M40			1	1							
M41			1			1					
M42			2	1				5			
M45			1			1					
M53											
M54								1	1		
M55					3			2			
M66			3					5			
M71						1					
M74			1	1		1					
M75	1	1	1	1				2			
M83						1					
M86						1					
M87											
M89							5				
M95			1	1	1			1			
M115			2	1	2			3	1		
M124			1	1					1		
M125						1					

1. 只出陶罐的墓有 M8、M11、M15、M16、M17、M31、M40、M41、M45、M71、M74、M83、M86、M89、M125 共 15 座，陶罐从 1~5 个不等，其中又以一两个罐为多。

2. 只有罐和碗组合的墓有 M2、M9、M10、M12、M13、M14、M20、M34、M35、M36、M42、M55、M66、M95 共 14 座。

3. 罐和碗、鼎、壶、瓮等组合的墓有 M1、M5、M29、M75 共 4 座。

4. 罐和盆组合或罐、碗、盆组合的墓有 M23、M115、M124 共 3 座。

5. 罐和瓮组合的只有 M30。

6. 盆和碗组合的只有 M54。

7. 只有 M53、M87 没有随葬陶器。

陶罐中最常见的组合是高领罐、折肩罐、穿孔罐，有的再配以大口罐或球腹罐等。高领罐成对出土较为常见，其他陶罐多单个出土。

三 两汉时期砖室墓葬

共 20 座。都集中在 II 区，其中只有 M78、M84、M91、M94 没有被盗扰过，其余皆被不同程度盗扰。这种墓葬最显著的特点是墓室呈窄长条形，墓壁和顶从两面砌砖到六面有砖不等。从墓道的有无和位置上分 20 座墓为 A、B、C、D 四种类型。

A 型砖墓为单墓道长条形砖室墓，最多，有 11 座，其中墓道基本为南向的 6 座，有 M78、M79、M80、M84、M85、M93；墓道基本为北向的 5 座，有 M88、M91、M92、M114、M130；墓道长短不一，长的超过 800 厘米，短的只有 45 厘米。

B 型砖墓墓道偏向一边即 "刀" 形或近似刀形墓，墓室为长条形，共 6 座，分别是 M61、M70、M90、M94、M120、M131，其中 M90 墓道东向，M94 大致南向外，余皆大致北向。

C 型砖墓无墓道，2 座，编号为 M64、M129，墓室为南北向长条形，被盗严重。

D 型砖墓为双墓道多室，1 座，编号 M100，北向墓道，被盗严重。

A 型砖墓（也就是通常说的 "凸" 字型）又可分为 Aa 型无顶砖墓和 Ab 型有顶砖墓两种类型。

Aa 型有顶砖墓有 M78、M93 两座。Ab 型无顶砖墓可确定的有 M84、M91、M130。其余 6 座墓被盗严重，残留砖很少，顶部情况不明。而砖墙的情况也不相同，M84 只有东、西两壁砌砖，北壁无砖，南面墓道与墓室结合部可能用木头封门。M79、M91、M130 可能有三面砖壁，其余几座墓被破坏得更是不知有几面砖墙了。

Aa 型有顶砖墓墓道向南，其中 M78 为台阶式，而 M93 为斜坡式，墓道和墓室顶以上填土皆经夯打。墓室为南北向长条形，长宽之比约为 2.5：1。与无顶砖墓最大的不同是顶、底和四壁共 6 面皆有砖。与传统意义上的砖墓不同，这种砖墓为平顶式，系在砖墓室两长壁上横搭木板或木棍作承托托，在其上直接压盖两层平砖，其中 M78 北面约 2/3 部分铺成 "人" 字形，南面约 1/3 部分下层铺成东西向，上层铺成南北向（复原示意图）。而 M93 上层除在北部有一排南北向平砖外，余皆东西向。下层北半部东西和南北平铺交错，南半部分东西向平铺（复原示意图）。另一个不同是没有真正意义上的墓门，四壁做成封闭式，甚至也没有甬道。对于墓中的木椁木棺来说，外面只是又多了一层外椁而已。

另外在 M93 墓道接近墓室封门处设一近方形的砖砌耳室，东有出口与墓道相通，底未铺砖。耳室内填土亦经夯打过。从耳室底部发现的一小块锡质的车马器残块来看，耳室主要是为放置车马器一类的随葬品而设置的。

Ab 型无顶砖墓，M84、M91、M130 三墓中，M84 墓道近乎竖穴式，外部有象征性台阶；M91 墓道为不规矩台阶形；M130 墓道为象征性的，小而短。与 Aa 型墓不同，墓葬填土未经夯打。墓室为南北向长条形，M84 只有东西墓壁砌砖，南、北面和底无砖，是一最为简单而不封闭的砖椁。M91 北面无封门砖，原可能有木质封门，无铺底砖。M131 南壁无砖，铺底砖也所剩不多。

A 型墓随葬品以陶罐、瓮、壶为最常见，器形种类简单，比如 M91，只有陶罐。M93，只有罐和瓮。M78 以陶罐为主，之外还有陶鼎、壶、盒以及铅车马器和五铢钱等。另在 M78 和 M93 两墓中还见有漆器残痕，M78 随葬品之间还发现鸡骨，陶鼎内有鸡蛋壳，陶罐内发现有粮食朽烂的黑灰痕和鱼骨头，这与早期土坑墓陶器内放置鸡、鱼和粮食的情况是一样的。

B 型砖墓（刀形墓），墓室亦长条形，共 6 座。M61、M70、M120、M131 四墓道皆北向，其中 M61 为台阶形墓道，不仅墓道偏向东壁，而且向东北方向倾斜；M70 墓道偏向东壁，呈台阶状；M120 和 M131 很近似，都是不规则形斜坡墓道，墓道偏向墓室东壁。另 M90 为台阶墓道向东，且偏向墓室南壁一边；而 M94 为南向斜坡和台阶结合的墓道，且偏向墓室东壁。和 A 型墓一样，B 型墓也存在有顶和无顶两种。

Ba 型有顶砖墓，只有 M94。该墓墓道和墓室填土大部分地方经夯打。墓室为砖石混筑结构，主体为砖筑，石头只在墙体上部和顶部。砖室砌法不同：东西墙基本贴土圹而建，北面距土圹稍有点距离，中间用土填实。墓壁砌法不同的是东、西、北三壁分别砌出竖砖槽 13 个，其中北壁中部一个，东北角、西北角各一个，然后是东、西壁各 5 个相互对称，推测这些砖槽是放置木柱以承托顶子用的，但未见朽木痕。墓顶已不存，推测应和 M78、M93 有相似之处，原应该是在木椁或木板上部平放砖和石头，使之成为六面有砖、四面有石的结构。从发掘看，该墓设计中原应有椁，其范围紧贴砖室内壁，原本应该是用木头或木板盖顶再平铺砖和石头的，但发掘中只见有少量朽木，原本放置木柱的砖槽内未见木痕，所以推测该墓可能未及完全使用木板盖顶就填土埋葬了，且填土又经粗夯，以至于北面的陶罐等随葬品被砸得较碎。

随葬品，从墓底结构和随葬品位置看，可依中间的砖槽和朽木分东西两部分，且随葬品也分属东西两个死者。东面死者头部有绿松石管，棺北葬有漆方案，案上放置耳杯、勺子等漆器，东北角放置陶罐 5 个。属西面死者的有头部的铜钱、玉琀，左肱骨处一铜带钩，棺北面有两个铜铺首的漆盒类器物、圆案和耳杯等漆器、铜钱以及西北角的两个大陶瓮和陶罐等。在清理大陶瓮时，皆在里面发现有粮食朽痕，每个瓮旁边还分别放置一狗骨架。

Bb 型无顶砖墓，只有 M90。墓室北、南、东三面有砖墙，西为土壁。随葬品组合为灰陶罐、红陶盆和漆器。随葬品之西靠棺的位置出有鸡骨头。

其余 4 座墓被破坏严重，顶和壁情况不知。

C 型砖墓即无墓道墓有 M64 和 M129 两座，被毁严重。两座墓室都呈南北长条形，

M64 打破战国时期墓葬 M65，一端方向 13°，只发现有墙基础部分的砖砌痕迹和填土中的砖块、陶片。M129 一端方向 4°，墓室为单砖顺砌，"人"字形铺底砖，出土有陶罐、陶壶等。

D 型砖墓即双墓道多室墓只有 M100。两墓道东西并列，墓道方向 9°。整个墓葬共有两墓道、两前室、两后室、两耳室组成。

墓道较短，坡面不太规整，大致呈有低矮台阶的斜坡形。甬道不甚明显，亦不很规则。

东面墓室应该是前后室和一耳室的结构，后室地面稍高于前室，铺地砖残存一部分。西耳室只残存土圹。

西室可能是前、中、后加一耳室的结构，后面也残存一部分铺地砖。东耳室在东西两部分之间，有土圹和东西两部分相连。该部分主体是一占据了耳室大部分空间的棺床。耳室东墙已不存，只余经过夯打的较硬的基础，推测应有门与东前室相通。

随葬品主要出自西墓室，残存组合有陶罐、盆、盘、楼、仓、灶、井、院落、案、耳杯、釜、奁、勺、灯架以及五铢钱等，其中陶楼屋檐上的圆形云纹瓦当和假窗等模型构件制作较细，反应了该时期的一些特点。

四　北朝至隋代砖室墓葬

共 6 座。该时期墓葬共同特点是：被盗严重，单室，有南向单墓道，短甬道。从墓室土圹形状上分为三型。

A 型：墓室土圹大致呈南宽北窄的梯形，有 M22、M24 两座。

该型墓土圹和砖室皆两或三面外弧，墓道长度不同，又可分为 Aa 型长墓道和 Ab 型短墓道两种。

Aa 型长墓道墓，M24 墓道长（连甬道）738 厘米，墓道分三个较高的台阶，阶面较平缓。墓室土圹东、西两壁稍外弧。砖室南面直壁，其余三面外弧。填土中出一些陶片，器形有灰陶小口罐、灰陶宽平折沿盆、红陶碗、红陶折沿盆、红陶厚胎罐以及铁器残件等。

Ab 形短墓道墓，M22 墓道长 140 厘米，墓道为斜壁，近竖穴式。土圹和砖室皆东、西两面外弧，土圹四角作弧形拐角。墓底西面为棺床，平砖铺面，东面墓底未见铺地砖。随葬品只见有铜钱、铜指环和铁带扣等。

B 型：墓室土圹大致为弧边长方形，有 M19、M21、M26 三座。

该型墓土圹和砖壁皆两或三面外弧，墓道长度有所区别，有宽窄不一的台阶，整体又像斜壁的竖穴式墓道。M19 墓道长 102 厘米，墓室土圹四面外弧，四角作弧形拐角，砖室不存。M21 墓道长 76 厘米，土圹和砖室皆三面外弧，土圹四角作弧形拐角。M26 土圹四面外弧，砖室三面外弧，四角作弧形拐角。三墓室因盗扰严重，只出土有红陶假圈足碗、五铢钱和五行大布铜钱等。

C 型：墓室土圹大致为方形，M18 一座。短斜坡形墓道，填土含较多的黄褐土和黑褐色胶土。墓室四面直壁。随葬品只发现有黄褐色假圈足碗片。

另 M19、M22 两座墓还有一特别的现象，即分别在北圹壁上还掏有一窄长的洞室，洞室内人骨凌乱，其中 M19 洞室内为一未成年者，M22 洞室内为二次葬的年轻女性。

五　宋代墓葬

共一座，M112。该墓为南向单斜坡墓道圆形砖室墓，台阶墓道，短甬道。墓圹近似圆形，墓圹和砖室之间填土夯实的做法较为少见。墓内北半部为生土棺床，砖覆面。随葬品皆瓷器，以白瓷碗为主，另有白瓷枕、酱釉缸等，还在扰乱土中发现"景德元宝"铜钱 1 枚。

六　清代墓葬

共一座，M47。该墓为传统的长方形竖穴土坑墓。值得一提的是，首先，棺的形状基本清晰，前高后低，前大后小，棺盖长于棺底，且侧板在前部超出头前立板呈弧形。其次，死者头侧有一镇墓瓦，正面两边墨书"生者福寿，亡者安宁"，上部墨书"敕令"，下部墨书"除邪"，中间红字书写有文字和符号，漫漶不清。这种头前放置镇墓瓦和瓦上墨书文字和除邪符号的做法为清墓中常见。

随葬品编号 9 个，都在头部出土，共有 3 个铜簪、一个鎏金发卡、一个铜耳钳、3 头饰和"道光通宝"铜钱一枚。

第三节　出土器物

131 座墓葬中，汉代随葬品占有较大比重，特别是西汉土坑墓葬中陶器所占比例最高。北朝—隋时期墓葬被盗严重，随葬品出土不多。宋、清时期墓葬数量少，已基本不见陶器。由于战国墓葬出土陶器少，器物种类和形态与两汉差别很大，所以单独列出叙述。而两汉时期正是墓葬形制发生重大变化的时期，土坑墓与砖室墓中的随葬品也有很大的不同，所以我们采取了不同的叙述方式，把形态基本相同的随葬品归类，统一划分型式，其他的则分别单独叙述。

一　战国时期墓葬

该时期 6 座墓葬共出土编号随葬品 35 件套，有陶、铜、铁、滑石、玛瑙、料、骨、贝器等。

（一）陶器

共出土 10 件，其中 M65 出土有鼎、豆（大、小各 1）、壶、盆、匜、罐 7 件，M82、M105、M106 各出土 1 件陶罐。除 M65、M105、M106 出土的 3 件陶罐为泥质灰陶外，其余陶器皆为夹细云母的灰黄褐色陶器，颜色不纯正。这些陶器皆为轮制而成，个别再经手工修理加工，器耳、足等手制成后黏附在器壁上。在鼎、豆、壶及其器盖上都有装饰用的凹凸旋纹。

鼎　1件，见标本 M65：10。

豆　2件，皆出自 M65。豆柄上有宽旋纹，柄下外撇呈喇叭形，上有盖。豆盖、豆口和上腹不同，分两型。

A 型　大口盖豆，见标本 M65：9。

B 型　小口盖豆，见标本 M65：7。

壶　1件，见标本 M65：8。

盆　1件，见标本 M65：6。

匜　1件，见标本 M65：12。

罐　4件，M65、M82、M105、M106 各出 1 件，分三型。

A 型　鼓腹小罐，2件，分别出自 M65 和 M82。个体小。平折沿、圆唇，有领，平底（图二六五，1、2）。

B 型　大口折腹罐，1件，出自 M105。个体较大（图二六五，3）。

C 型　直口鼓腹罐，1件，出自 M106。个体小（图二六五，4）。

（二）铜器

10 件套，除 M105 外，其余 4 座都有出土，M65、M77、M82 和 M102 四墓分别出有 1、2、5、2 件套，器形有环、带钩、镦、璜形饰、铃、柱形器。

铜环　1件，见标本 M65：3，为两股拧成的绳索状圆环。

铜带钩　3件。琵琶形。其中标本 M77：3 为短琵琶形，鸟头形钩头，纽距尾部稍近，钩身上部有旋纹；标本 M82：7、标本 M82：9 为窄长琵琶形，纽距尾部较近。前者钩头残缺，钩身正面用细浅的阴线饰满花纹，上下是一串用双线圆圈连接的由小到大的菱形方格，里外再填以云纹等图案。后者钩头兽头形，钩身素面。

铜镦　1件，见标本 M77：1。

铜璜形饰　约31 个，其中 M82 约出土 30 个，M102 出土 1 个。厚多不足 0.1 厘米，模制而成，大多有边廓，多已残碎。分 8 型。

A 型，约 15 个。菱形。如标本 M82：2 - 6（图二六五，5）。

B 型，2 个。弧顶三角形，顶中心一半圆穿，如标本 M82：2 - 2（图二六五，6）。

C 型，5 个。弧顶三角形。与 B 型不同之处是顶中心半圆穿孔较大，如标本 M82：2 - 3（图二六五，7）。

D 型，3 个。弧顶拱底。顶中心一圆穿，两端分别有一长方形缺口，如标本 M82：2 - 5（图二六五，9）。

E 型，1 个，残。钝角顶拱底，顶中心一圆穿，残缺，标本 M82：2 - 7（图二六五，10）。

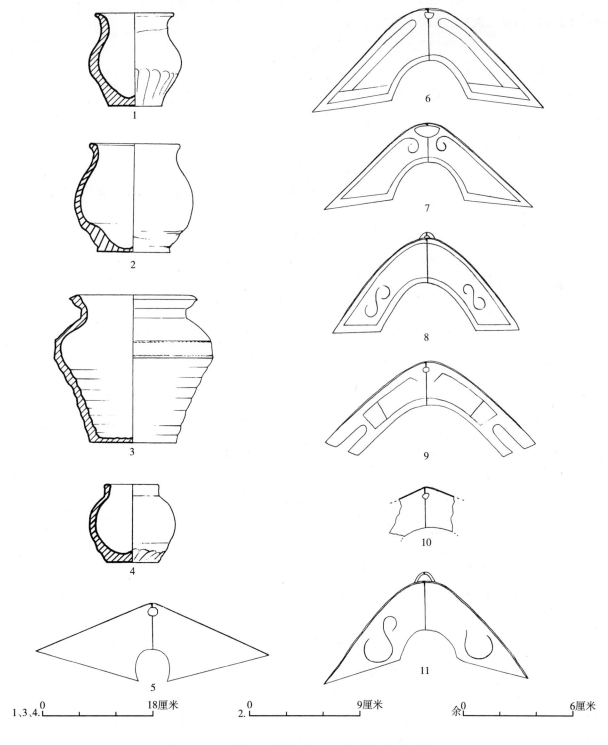

图二六五 战国时期墓葬出土陶罐和铜璜形饰

1. A 型陶罐（M65：5） 2. A 型陶罐（M82：1） 3. B 型陶罐（M105：1） 4. C 型陶罐（M106：1） 5. A 型铜璜
（M82：2－6） 6. B 型铜璜（M82：2－2） 7. C 型铜璜（M82：2－3） 8. G 型铜璜（M82：2－4） 9. D 型铜璜
（M82：2－5） 10. E 型铜璜（M82：2－7） 11. F 型铜璜（M82：2－1）

F 型，3 个。弧顶三角形。顶上另铸有一个半圆形的小纽，两底边斜内收，如标本 M82：2－1（图二六五，11）。

G 型，1 个。与 F 型不同之处是两底边平直，饰 "S" 形云纹，标本 M82：2－4（图二六五，8）。

H 型，1 个。弧顶拱底，两端上翘，面饰云纹，残缺，标本 M102：1。

铜铃　2 件套共 7 个，4 个完整，皆为上窄下宽，上为平顶，顶上有半圆形纽，下缘为内弧形，中空无舌，分两型。

A 型，1 件。大纽体短，残甚，见标本 M102：3。

B 型，1 件套。体细长，半圆形纽，一侧有长条形缺口，大小不同。见标本 M82：3－（1～4）。

铜棍　1 件残，见标本 M82：8。

（三）铁器　1 件，铁带钩，出自 M65，朽残。

（四）玉石器

出有滑石璧和玛瑙环两种。

滑石璧　4 件套共 40 多个，分别出自 M65、M82、M102、M106。大多完整或可复原，大小不甚一致，直径 6～10 厘米，厚 0.1～0.3 厘米。好不同，一种是好大而不规矩，系单面凿成，大小不一，直径 1.5～2.5 厘米不等，如标本 M82：5－1 和标本 M65：1－1；另一种是璧中心只有一很小的圆孔，数量很少，如标本 M82：5－2，圆孔径 0.4 厘米。

玛瑙环　6 个，基本完整。形状相同，断面近似三角形，颜色白中泛黄或泛青，大小不甚一致，最大的标本 M65：2，似白玉；最小的标本 M82：12，似青玉。

（五）玻璃珠　1 件。见标本 M65：4。

（六）骨器、饰　2 件，出自 M82。分别是簪形器和骨管串饰。

（七）贝　1 件，见标本 M77：2。

二　两汉时期墓葬

西汉土坑墓 92 座，两汉砖墓 20 座。共出土编号随葬品 710 件，有陶、铜、铁、铅锡、玉石、玻璃、骨、漆器等几类。

（一）陶器

陶器是该时期墓葬中的最重要的一类器物，其中除 3 件泥质红陶和少数陶俑因烧制原因呈红褐色外，皆灰陶，大多数为泥质，一些陶器中夹有云母。由于被扰乱，少量墓葬只出土有陶器残片而不能复原器物，故有的未编号。随葬品中瓮、折肩罐和大壶个体较大，最大的陶瓮腹径 58 厘米，最高的壶通高 65 厘米。最小的碗口径不足 15、高 5 厘米多一点。虽然陶器种类上大小相差悬殊，但从整体看，两汉墓随葬品中一些器物是专为墓葬制作的明器，而相当一部分应是日常生活中的实用器。器形种类较多，有陶鼎、壶、罐、盆、碗、盘、盒、瓮、俑、马、狗以及奁、樽、勺、方案、耳杯、院落、灶、井、灯等多种，基本完整和可复原的共约 456 件个体。

鼎　残片除外，完整和可复原的共计 30 件。盆形腹，子母口，附耳，圜底或中心为小平底，三蹄形足，有盘形盖。分三型。

A 型　5 件。皆泥质灰陶，个体相对高大，口外径超过 20 厘米，做工较精致。附耳上有长方形孔，上腹直或稍内敛，子母口处凹槽较明显，下腹弧内收。三足上部模印出兽面，下部外撇。整体白衣地上红彩绘出纹饰包括兽面、足部等。如标本 M99：6（图二六六，1；彩版四，6；图版四七，1），标本 M38：3（图二六六，2），标本 M122：1（图二六六，3）。

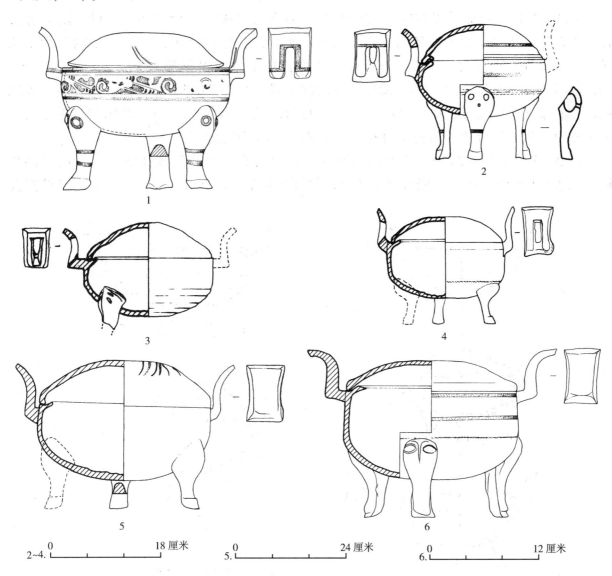

图二六六　西汉时期墓葬出土陶鼎

1. A 型（M99：6）　2. A 型（M38：3）　3. A 型（M122：1）　4. B 型 I 式（M29：14）　5. B 型 I 式（M1：8）
6. B 型 I 式（M75：6）

B 型　18 件。形制基本同上，器形稍小，口外径在 20 厘米以下。附耳上有长方形孔或无孔，盆形腹下腹弧内收。足上部模印的兽面不明显，有的用彩绘出，足下部外撇。整体白衣地上红彩绘出纹饰包括兽面、足部等。口、上腹、足部稍有不同分两式。

Ⅰ式　13 件。皆泥质灰陶，盆口外壁上部较直或稍内敛，子母口处凹槽较明显。附耳与盆口外壁黏结面较小，且立耳下部直或稍内收，上部外翻。腹外壁有的有纹饰或彩带。部分盖也为母口和下面的子口扣合。如标本 M1∶8，附耳上无孔（图二六六，5）；标本 M29∶14，小平底（图二六六，4）；标本 M75∶6，耳上无孔，足上部模制出兽面，盖及鼎腹、耳上皆涂白衣，腹上有褐色彩带，盖上浅绿彩绘出云纹（图二六六，6）。

Ⅱ式　5 件。皆加云母灰陶，盆口外壁上部直或稍侈，子母口凹槽较浅。附耳皆无孔，与盆口外壁黏结面普遍较大。立耳基本上刚超出口沿即外翻。足上部模制兽面不明显，足下部外撇不甚明显。腹上有旋纹的不多，且未见红黑彩带等装饰。如标本 M78∶20，附耳与腹壁黏结面大，耳上无孔，耳内侧有模印留下的细条纹，腹上壁外侈，腹底相接处有细浅的凹旋纹，周身涂白衣（图二六七，1）。标本 M57∶1，耳内侧有模印留下的细条纹，腹上壁外侈，周身涂白衣（图二六七，2；图版四三，1）。

C 型　7 件。泥质灰陶。与上两型不同之处是折腹，腹和圜底相接处有一明显的折棱，上腹直壁或稍内收。如标本 M117∶1，附耳与腹壁黏结面较大，耳上无孔，腹壁斜直

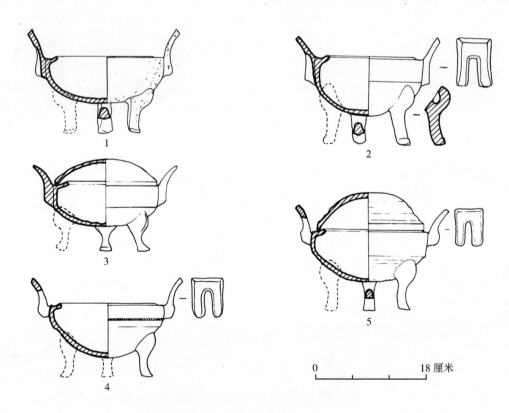

图二六七　西汉时期墓葬出土陶鼎
1. B 型Ⅱ式（M57∶1）　2. B 型Ⅱ式（M78∶20）　3. C 型（M117∶1）　4. C 型（M50∶4）　5. C 型（M32∶1）

内敛，与圈底相接处转折较明显（图二六七，3）。标本 M50：4，周身涂白衣，耳上无孔，上外翻较甚，子母口明显，腹壁上稍内敛，足上模印眼睛明显（图二六七，4）。标本 M32：1，立耳上有长方孔，腹、底相接处转折明显，底外圈而中心为小平底，圈底处有凹旋纹，周身涂白衣（图二六七，5）。

壶　基本完整和可复原的共出土 50 件，整体上为侈口，鼓腹，圈足。分三型。

A 型　32 件。皆泥质灰陶。小壶，长颈，圈足。大多周身涂有白衣，一部分再在白衣上绘红、黑或浅绿色彩绘纹饰。分三式。

Ⅰ式　6 件。浅盘明显。盘下颈最细，往下渐粗。整体腹扁，最大腹径偏上。上、下腹之间有明显的分界。圈足上有明显的折棱一条，似一倒置的盘，盘形盖。标本 M48：1，口缺失。周身涂有白衣，颈上红彩绘三角形纹，上腹亦绘有变形云纹（图二六八，1）。标本 M75：3，浅盘形盖，近乎平顶。颈和上腹有凹旋纹、云纹。圈足以上涂白衣，颈上用浅绿彩绘一周三角形纹，盖上浅绿彩绘有变形云纹（图二六八，2）。标本 M7：2，圈足以上涂白衣，再饰红彩，已不清（图二六八，3）。

Ⅱ式　24 件。浅盘不甚明显。盘下颈变粗，上下粗度变化不大。上腹稍鼓，下腹弧内收，部分壶上下腹之间有明显界限。圈足为敞口形，无折棱。弧顶盘形盖。标本 M62：1，腹较扁，中腹有绳圈印纹一周和红黑彩带纹。颈上饰红彩三角纹和彩带纹，上腹饰变形云纹。盖上亦绘红彩云纹（图二六八，4）。标本 M29：19，盘口，圆唇，长颈。上腹扁，下腹鼓，圈足下部外侈。周身涂白衣，颈上饰红彩三角形纹饰，其余大多脱落不清（图二六八，5）。标本 M5：12，周身涂白衣，再于颈上黑彩饰交叉正、倒三角纹，腹上饰红黑彩带。盖上饰勾连云纹（图二六八，6）。标本 M99：4，高圈足，周身涂白衣，之上再饰红彩纹饰，颈上饰倒三角形纹，腹上有彩带纹、云纹，盖上亦有红彩纹饰，大多脱落不清（图二六八，7）。

Ⅲ式　2 件。盘口不明显。颈上下粗度变化不大。腹部约呈球形，最大腹径位于腹中部。标本 M32：7，周身涂白衣多已掉（图二六八，8）。

B 型　16 件。大壶，颈较长，圈足。有泥质灰陶和灰陶夹云母两种，周身涂白衣，再饰彩绘，彩绘多已脱落不清，可辨皆红彩。分二式。

Ⅰ式　8 件。皆泥质灰陶，个别为黑皮陶。盘形盖。口外壁一凸棱靠上，盘口较浅。鼓腹。圈足较高，圈足上多有一折棱，似一倒置的盘。标本 M99：2，颈上为红彩三角形纹饰，内填云纹，上腹饰彩带和云纹等（图二六九，1）。标本 M52：2，颈上饰红彩三角形纹，中腹有凹旋纹一道，盖上饰云纹（图二六九，2）。标本 M29：2，黑皮灰陶，圈足。颈上饰红彩三角形纹饰，腹部纹饰不清（图二六九，3）。标本 M28：1，圈足上有一不甚明显的折棱，颈上饰三角形纹，中腹有不规则绳圈印纹三道（图二六九，4）。

Ⅱ式　8 件。分出于两座墓中，皆两大两小成组出土。灰陶夹云母胎质。口外壁凸棱下移，盘口部分变深，腹变扁。圈足较矮，无折棱。其中大壶有模制的博山盖，腹部分别有两个模制的铺首衔环，小壶无博山盖和铺首衔环。标本 M57：2，颈、腹部旋纹明显，

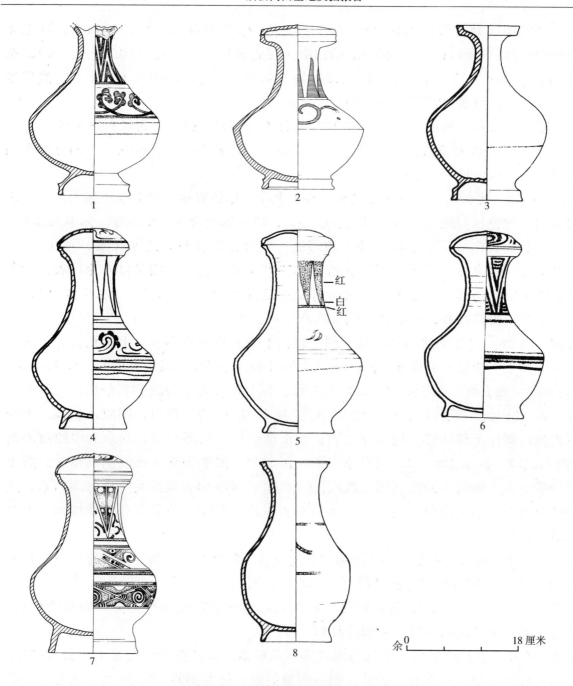

红
白
红

图二六八　西汉时期墓葬出土 A 型陶壶

1. I 式（M48：1）　　2. I 式（M75：3）　　3. I 式（M7：2）　　4. Ⅱ式（M62：1）　　5. Ⅱ式（M29：19）
6. Ⅱ式（M5：12）　　7. Ⅱ式（M99：4）　　8. Ⅲ式（M32：7）

颈上有彩绘三角形纹（图二六九，5）。标本 M78：7，腹部有凹旋纹（图二六九，6）。标本 M78：4，腹部有两组凹旋纹供粘贴铺首衔环用（图二七〇，1）。标本 M57：5，形制同上，颈上有彩绘三角形纹（图二七〇，2）。

C 型　1 件。标本 M78：10，夹云母灰陶。厚唇，沿面上有浅凹槽，球形腹，圈足。

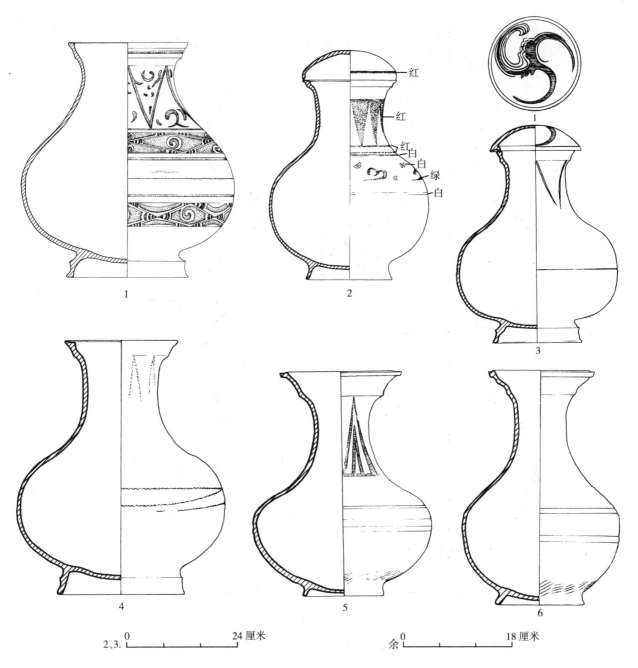

图二六九　西汉时期墓葬出土 B 型陶壶

1. I 式（M99∶2）　　2. I 式（M29∶2）　　3. I 式（M52∶2）　　4. I 式（M28∶1）　　5. II 式（M57∶2）　　6. II 式（M78∶7）

上腹部竖刻"北张"二字（图二七〇，3）。

D 型　1 件。标本 M120∶4，灰陶。体瘦，厚胎。近似盘口，腹下部折内收，平底稍外凸（图二七〇，4）。

另 M120、M100 等出有灰陶。盘口，束颈，垂腹，高圈足的陶壶残片未计入型式划分。

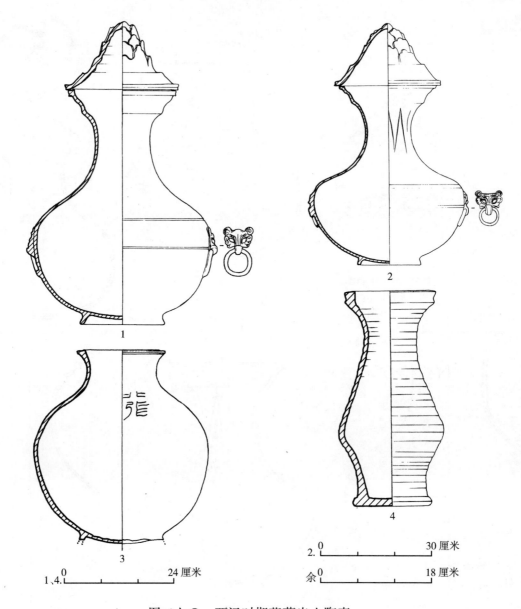

图二七〇　两汉时期墓葬出土陶壶

1. B 型 Ⅱ 式（M78：4）　　2. B 型 Ⅱ 式（M57：5）　　3. C 型（M78：10）　　4. D 型（M120：4）

　　罐　不计被盗墓葬出土的残片，完整和可复原的共 195 件，是出土最多的随葬品。依据大小、形状不同，分 14 型。

　　A 型　侈口鼓腹有领罐，完整和可复原计的 63 件，分出自 41 座墓葬。其总体特征是有领，鼓腹，小平底或稍内凹，下腹及底大多饰拍印纹饰。分三式。

　　Ⅰ式　19 件，出于 19 座墓葬。皆泥质灰陶质。腹扁或呈球形，小平底大多稍大。个例无纹饰和个例拍印雷纹的除外，下腹至底部皆有横向旋拍的绳纹，底上有交叉拍印绳纹。标本 M75：2，高直领，上腹一道凹旋纹和两道绳圈印纹（图二七一，1）。标本 M40：1，

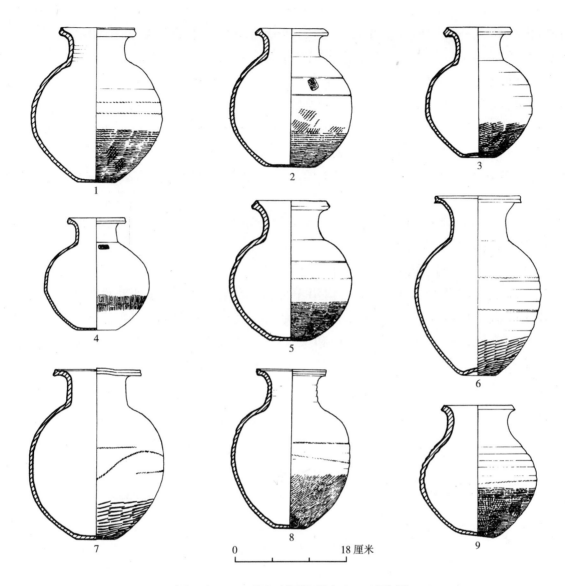

0　　　　　　　　　　　　　18 厘米

图二七一　西汉时期墓葬出土 A 型陶罐

1. I 式（M75：2）　2. I 式（M40：1）　3. I 式（M48：2）　4. I 式（M16：1）　5. I 式（M41：3）
6. II 式（M30：2）　7. II 式（M12：2）　8. II 式（M14：7）　9. II 式（M36：1）

方唇上有折棱一道，高直领，大平底。上腹有凹旋纹两道，中腹有少量斜拍绳纹，下腹有规矩的横向旋拍绳纹，底上有交叉拍印绳纹（图二七一，2）。标本 M48：2，底心稍内凹。横向旋拍绳纹中间杂有竖向或斜向拍印绳纹（图二七一，3）。标本 M16：1，唇下有折棱，腹呈扁球形，平底大，底上无纹饰，下腹一周拍印雷纹（图二七一，4）。标本 M41：3，上腹饰一道凹旋纹，下腹绳纹细而规矩（图二七一，5）。

II 式　44 件，出于 22 座墓葬，多成对出土。皆泥质灰陶质。腹稍长，小平底大多较小。下腹至底皆拍印有纹饰，纹饰以横向旋拍为主，也有斜拍和交叉拍印纹饰，纹饰有绳纹和篮纹两种。标本 M30：2，方唇上有凹旋纹一道，小平底内凹。中腹有宽凹旋纹数道和绳圈印纹两道，下腹拍印绳纹，底上拍印交叉绳纹（图二七一，6）。标本 M12：2，方唇和口内侧皆有一道凹旋纹。中腹有不规则绳圈印纹，下腹及底饰拍印篮纹（图二七一，7）。标本 M14：7，方唇和口内侧皆有凹旋纹一道。中腹有凹旋纹和绳圈印纹，下腹饰斜向拍印绳纹，底饰拍印交叉绳纹（图二七一，8）。标本 M36：1，整体器矮，肩和上腹饰多道凹旋纹和绳圈印纹。下腹及底皆饰交叉绳纹（图二七一，9）。

B 型　穿孔小罐，完整和可复原的共 25 件，分出于 23 座墓。泥质灰陶，个别夹少量云母。侈口，沿面上对称两组共四个穿孔。可分为 Ba、Bb 和 Bc 三个亚型。

Ba 型　侈口垂腹罐，21 件，出于 21 座墓。圜底，器形低矮，腹部大都有旋纹数道。分二式。

Ⅰ式　4 件。口沿稍宽而高，形成矮领。腹下部明显大于上腹。标本 M95：3，腹部饰旋纹数道，底拍印交叉绳纹（图二七二，1）。标本 M33：1，灰陶夹少量云母。腹部旋纹规矩而清晰，底部饰拍印细绳纹（图二七二，2）。

Ⅱ式　17 件，分别出于 17 座墓。口沿窄而低，沿面上形成一周浅的凹槽。腹部上下差别不如Ⅰ式大。标本 M20：3，腹部有多道旋纹，底饰旋拍篮纹（图二七二，3）。标本 M14：2，腹部有旋纹痕，底饰横向旋拍和交叉拍印篮纹（图二七二，4）。标本 M12：5，中腹饰凹旋纹六道，底无纹饰（图二七二，5）。标本 M115：1，腹部有多道旋纹，底饰绳纹和交叉绳纹（图二七二，6）。

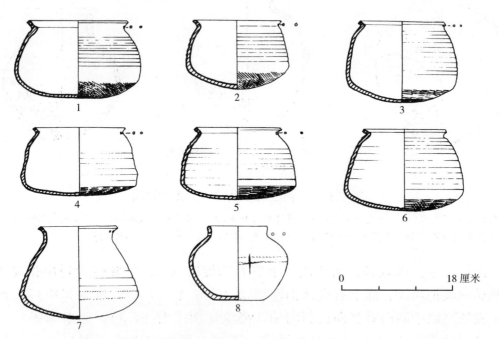

图二七二　西汉时期墓葬出土 B 型陶罐

1. Ba 型Ⅰ式（M95：3）　2. Ba 型Ⅰ式（M33：1）　3. Ba 型Ⅱ式（M20：3）　4. Ba 型Ⅱ式（M14：2）　5. Ba 型Ⅱ式（M12：5）　6. Ba 型Ⅱ式（M115：1）　7. Bb 型（M55：3）
8. Bc 型（M28：5）

Bb 型 侈口有领垂腹罐，3 件，皆出自 M55。口沿和领都高于上型，腹上有旋纹。标本 M55：3，腹部饰弦纹和绳圈印纹，底饰细绳纹和交叉细绳纹（图二七二，7）。

Bc 型 直口鼓腹罐，1 件。最大腹径约在中部，平底。标本 M28：5，泥质灰陶，中腹饰绳圈印纹两周（图二七二，8）。

C 型 直口折肩罐，基本完整和可复原的共 31 件，分出于 30 座墓。少数除外，大多为泥质灰陶，直口，折肩，圜底或小平底，下腹及底有拍印纹饰。分三式 。

Ⅰ 式 15 件，分出于 14 座墓。直口，折肩，弧腹，最大腹径约在中部或稍靠下，下腹及底部多拍印绳纹。标本 M31：1，圜底，肩腹交接处有一周浅槽，腹部有绳圈印纹和旋纹痕，底饰细绳纹和交叉绳纹（图二七三，1）。标本 M58：1，口外壁饰凹旋纹三道，

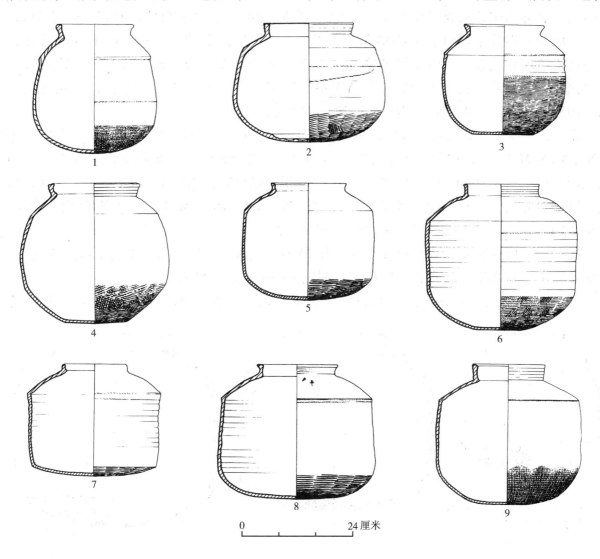

0   24 厘米

图二七三 西汉时期墓葬出土 C 型陶罐

1. Ⅰ式（M31：1） 2. Ⅰ式（M58：1） 3. Ⅰ式（M40：2） 4. Ⅰ式（M74：3） 5. Ⅱ式（M2：1）
6. Ⅱ式（M20：1） 7. Ⅱ式（M14：9） 8. Ⅱ式（M115：2） 9. Ⅱ式（M117：2）

腹部饰有旋纹和绳圈印纹，底部外圈饰旋拍绳纹，中心饰交叉绳纹（图二七三，2）。标本 M40：2，直口稍外侈，沿面内低外高，球形腹，最大腹径约在中部，平底。肩腹交接处和中腹分别饰一周绳圈印纹，上腹饰数道宽窄不一的旋纹，下腹饰较规整的横绳纹，底饰交叉绳纹（图二七三，3）。标本 M74：3，直口微侈，沿面上一周浅凹槽，口外壁饰四道凹旋纹，肩腹交接处不甚明显，球形腹，最大腹径靠下，平底。腹下部饰旋拍绳纹和交叉绳纹，底饰竖绳纹（图二七三，4）。

Ⅱ式　12件，分出于12座墓。泥质灰陶。直口，折肩，肩腹转折明显，腹壁上下较直，下腹及底大多饰拍印篮纹。标本 M2：1，圜底，底部拍印交叉篮纹（图二七三，5）。标本 M20：1，圜底。口外壁有四道凹旋纹，肩及腹壁上皆有旋纹或轮旋痕，上腹一道绳圈印纹，底部饰交叉绳纹（图二七三，6）。标本 M14：9，肩腹交接处有绳圈印纹两周，圜底，底部外圈旋拍篮纹，中心拍印交叉篮纹（图二七三，7）。标本 M115：2，圜底。口外壁饰清晰轮旋痕，肩腹交接处饰两周绳圈印纹，底外圈饰旋拍篮纹，中心饰交叉篮纹（图二七三，8）。标本 M117：2，圜底中心近平。口外壁饰四道凹旋纹，肩腹交接处饰一周绳圈印纹，腹下部及底饰交叉绳纹（图二七三，9）。

Ⅲ式　4件。泥质灰陶。直口，弧腹，腹下部变小，最大径上移，圜底，底上饰拍印篮纹。标本 M109：3，肩部转折不明显。肩和腹部有数道凹旋纹，底部拍印交叉篮纹（图二七四，1）。标本 M30：4，肩部弧形无折棱，肩和腹部有数道凹旋纹和一道绳圈印纹，底外圈旋拍篮纹，中心拍印交叉篮纹（图二七四，2）。标本 M13：1，下腹内收，圜底，底部外圈拍印篮纹，中心拍印交叉篮纹（图二七四，3）。

D型　直口球腹罐，完整和可复原的共15件，分出于11座墓。以夹云母灰陶为主，有少数夹云母黄褐陶。矮直领，球形腹，圜底或小平底。分两式。

Ⅰ式　7件，分出于7座墓，皆夹云母灰陶。直口，矮直领，沿面中间稍高或外侧稍

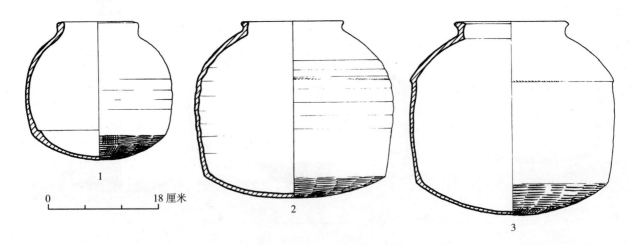

图二七四　西汉时期墓葬出土 C 型Ⅲ式陶罐

1. M109：3　2. M30：4　3. M13：1

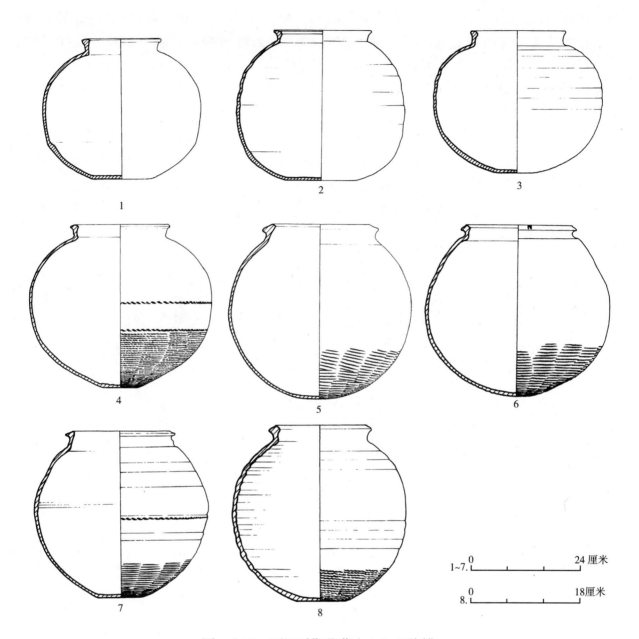

图二七五　西汉时期墓葬出土 D 型陶罐

1. Ⅰ式（M9：1）　2. Ⅰ式（M36：7）　3. Ⅰ式（M10：8）　4. Ⅰ式（M68：3）　5. Ⅱ式（M90：5）
6. Ⅱ式（M93：6）　7. Ⅱ式（M93：7）　8. Ⅱ式（M94：15）

高于内侧，球腹或稍扁。标本 M9：1，小平底，素面无纹饰（图二七五，1）。标本 M36：
7，小平折沿，沿面内侧有一周浅凹槽，小平底，腹部有凹旋纹数道（图二七五，2）。标
本 M10：8，直口，沿面外高内低，小平底，扁球形腹（图二七五，3）。标本 M68：3，近
平折沿，小平底。肩、腹部有绳圈印纹两道和凹旋纹数道，腹下部旋拍绳纹，底拍印竖
绳纹（图二七五，4）。

　　Ⅱ式　8件，大小不一致，分出于4座墓。1件为夹云母黄褐陶，其余为夹云母灰

陶。矮直领，沿面内高外低，球腹稍高，圜底。标本M90：5，腹下部横向旋拍篮纹，底中心有交叉篮纹（图二七五，5）。标本M93：7，夹云母黄褐陶，腹下部横向旋拍篮纹，底中心为交叉篮纹（图二七五，6）。标本M93：6，小平底。腹部饰有不规则旋纹和绳圈印纹，下腹及底饰粗篮纹（图二七五，7）。标本M94：15，腹部有旋纹痕，下腹及底饰粗绳纹（图二七五，8）。

　　E型　矮领鼓腹小罐，10件，出于5座墓，其中2件为夹云母灰陶，其余为泥质灰陶。方唇，圜底或小平底，底上素面或有拍印纹饰。标本M10：5，夹云母灰黄陶，腹稍垂，小平底，底和下腹间界限不明显，素面（图二七六，1）。标本M10：6，夹云母灰陶，垂腹，小平底，底和下腹间界限不明显，素面（图二七六，2）。标本M94：9，小平

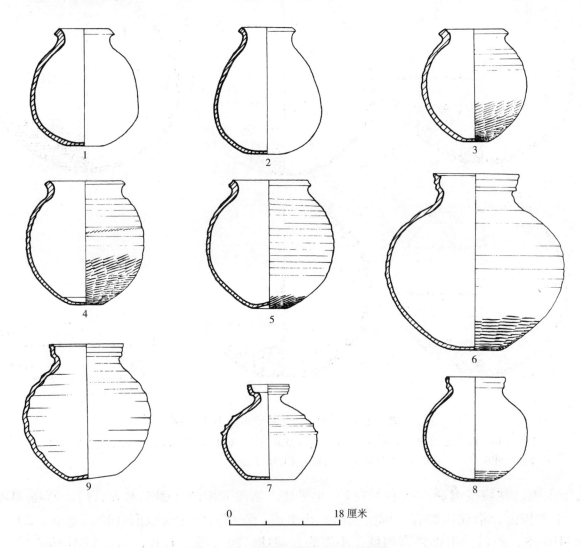

0　　　　　　　　　　18厘米

图二七六　西汉时期墓葬出土陶罐

1. E型（M10：5）　2. E型（M10：6）　3. E型（M94：9）　4. E型（M89：2）　5. E型（M90：8）
6. F型（M84：4）　7. F型（M89：3）　8. F型（M93：3）　9. F型（M94：8）

底。上腹有旋纹痕，下腹饰横向旋拍篮纹，底饰竖篮纹（图二七六，3）。标本 M89：2，小平底。中腹有旋纹和绳圈印纹，下腹及底饰篮纹（图二七六，4）。标本 M90：8，小平底内凹。腹部有多道旋纹，腹下部旋拍斜向篮纹，底饰交叉篮纹（图二七六，5）。

F 型　盘口鼓腹罐，5 件，出于 4 座墓，1 件为夹云母黄褐陶，4 件为夹云母灰陶，大小不一。口内壁有凹槽一道形成盘口，矮领，小平底，底旋拍篮纹。标本 M84：4，夹云母黄褐陶，肩、腹部有旋纹痕，下腹及底饰篮纹（图二七六，6）。标本 M89：3，细颈，盘口明显，平底，腹最大径靠上。肩、腹部有三道凸旋纹（图二七六，7）。标本 M93：3，口外壁下部有凸棱一周，底饰篮纹已不清晰（图二七六，8）。标本 M94：8，肩、腹部有宽旋纹，下腹及底饰篮纹，纹饰不清晰（图二七六，9）。

G 型　双唇鼓腹罐，4 件，出于 2 座墓中，皆泥质灰陶。口沿上因有凹旋纹一周形成里高外低的双唇。标本 M94：11，圜底，腹近球形。肩、腹部饰较多旋纹，中腹有两道绳圈印纹，下腹及底饰交叉篮纹（图二七七，1）。标本 M84：3，圆鼓腹，平底。腹饰两周不甚清晰绳圈印纹（图二七七，2）。标本 M84：5，圆鼓腹，平底。腹部有旋纹和绳圈印

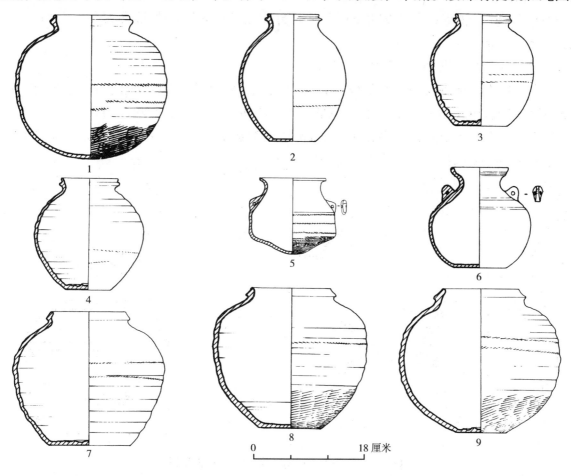

图二七七　西汉时期墓葬出土陶罐

1. G 型（M94：11）　　2. G 型（M84：3）　　3. G 型（M84：5）　　4. G 型（M84：6）　　5. H 型 I 式（M99：5）
6. H 型 II 式（M93：11）　　7. I 型（M91：1）　　8. I 型（M91：2）　　9. I 型（M91：5）

纹两周（图二七七，3）。标本 M84：6，圆鼓腹，平底。腹部有旋纹痕和绳圈印纹一周（图二七七，4）。

H 型　双耳罐，2 件，分出于 2 座墓。泥质灰陶。腹较扁，肩上粘贴有两对称鸡冠形耳，耳上有穿孔。分二式。

Ⅰ式　1 件。标本 M99：5，侈口，折肩，直腹，圜底，腹与底间有较明显拐折。鸡冠形耳稍长而低平，穿孔小，腹上有三道绳圈印纹，底上饰横向旋拍绳纹和交叉绳纹（图二七七，5）。

Ⅱ式　1 件。标本 M93：11，盘口，束领，鼓腹，平底。鸡冠形耳稍高，穿孔稍大。肩上饰两组凹旋纹（图二七七，6）。

Ⅰ型　敛口球腹罐，5 件，出于 M91。斜方唇，平底。腹部皆有数道旋纹和两道绳圈印纹。标本 M91：1，保存完好，最大腹径偏上（图二七七，7）。标本 M91：2，中腹凹旋纹宽而清晰，下腹饰篮纹，平底上拍印斜向交叉篮纹（图二七七，8）。标本 M91：5，圆鼓腹，中腹凹旋纹较宽而深，下腹及底饰篮纹（图二七七，9）。

J 型　大口平底罐，基本完整的 21 件，分出于 21 座墓。皆泥质灰陶。大口，矮领，平底。分二亚型。

Ja 型　大口曲腹平底，17 件。分三式。

Ⅰ式　1 件。整体较高，直领较高，造型与战国时期大口罐基本相同。上腹有一段直壁分别使肩和腹壁形成转折，下腹曲内收。标本 M83：1（图二七八，1）。

Ⅱ式　5 件。领稍高或翻沿稍宽，腹部无明显转折，平底相对稍小。标本 M41：2，

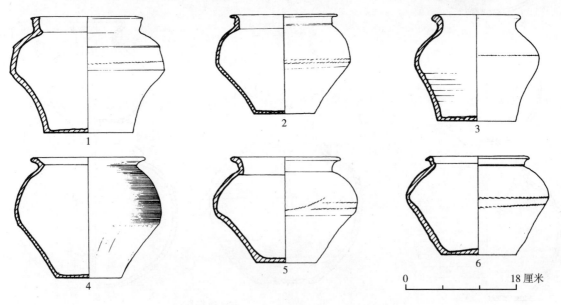

图二七八　西汉时期墓葬出土 Ja 型陶罐

1. Ⅰ式（M83：1）　2. Ⅱ式（M41：2）　3. Ⅱ式（M20：4）　4. Ⅱ式（M45：2）　5. Ⅱ式（M74：2）
6. Ⅱ式（M125：1）

沿近平，圆唇，中腹饰有旋纹和绳圈印纹（图二七八，2）。标本 M20：4，卷沿，圆唇，领稍高，中腹饰两周绳圈印纹（图二七八，3）。标本 M45：2，小平折沿，圆唇，上腹有暗旋纹。外底上有戳印"曲逆"二字，印痕深浅不一，字迹不清（图二七八，4）。标本 M74：2，平沿，矮直领。中腹饰有两周绳圈印纹（图二七八，5）。标本 M125：1，矮直领，曲腹。中腹饰有两道绳圈印纹（图二七八，6）。

Ⅲ式　11 件。多低直领或窄翻沿，平底相对较大。标本 M14：8，直口，圆唇，上腹鼓并饰有一周绳圈印纹（图二七九，1）。标本 M37：1，直口，圆唇，肩、腹部旋纹痕较多（图二七九，2）。标本 M60：5，腹部饰两周绳圈印纹（图二七九，3）。标本 M23：3，肩下饰不明显绳圈印纹一周（图二七九，4）。标本 M2：2，小平沿，矮领，曲腹，腹饰旋纹和绳圈印纹（图二七九，5）。

Jb 型　大口弧腹，4 件。侈口，矮领，最大腹径偏上。标本 M86：1，上腹较鼓，下腹斜直。上腹饰三道宽凹旋纹，下腹有多道旋纹痕（图二七九，6）。标本 M71：1，圆唇，上腹鼓，下腹斜直内收。肩上划有一周连续的"N"形纹，上腹饰有两道绳圈印纹和数道旋纹（图二七九，7）。标本 M15：2，小平沿，上腹鼓，下腹弧内收。肩上有"十"字划痕，中腹饰两道凹旋纹（图二七九，8）。

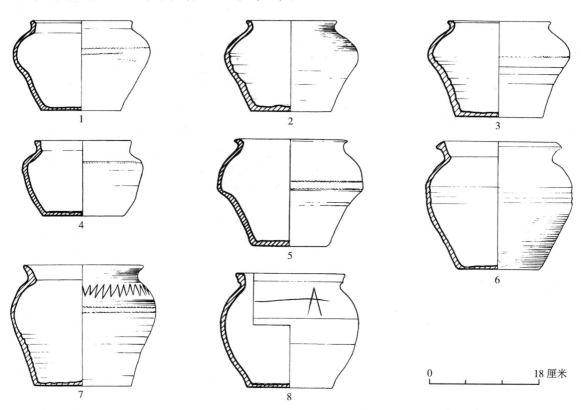

图二七九　西汉时期墓葬出土 J 型陶罐

1. Ja 型 Ⅲ 式（M14：8）　2. Ja 型 Ⅲ 式（M37：1）　3. Ja 型 Ⅲ 式（M60：5）　4. Ja 型 Ⅲ 式（M23：3）
5. Ja 型 Ⅲ 式（M2：2）　6. Jb 型（M86：1）　7. Jb 型（M71：1）　8. Jb 型（M15：2）

　　K 型　侈口弧腹平底罐，3 件，出于 3 座墓。泥质灰陶。侈口，方唇，沿面内侧有浅凹槽，弧腹，小平底。标本 M78：15，腹部有绳圈纹和旋纹痕（图二八○，1）。标本 M38：1，器小，胎薄（图二八○，2）。标本 M4：10，残缺（图二八○，3）。

　　L 型　球腹带纹罐，4 件，出于 3 座墓。夹云母灰陶。厚胎，直口，沿面内高外低，呈斜方唇，矮领，球形腹，圜底。肩、腹部分别有两条凸旋纹组成两周带纹。标本 M89：4，凸旋纹内为斜向绳纹带，下腹及底拍印篮纹（图二八○，4）。标本 M84：2，凸旋纹

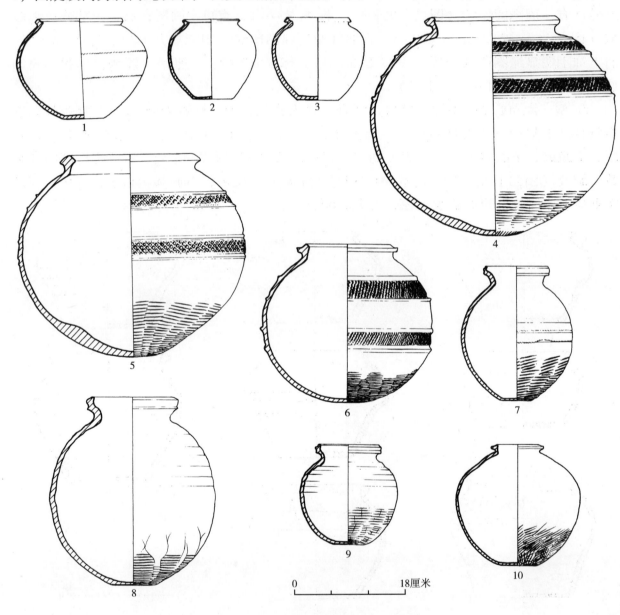

图二八○　西汉时期墓葬出土陶罐

1. K 型（M78：15）　2. K 型（M38：1）　3. K 型（M4：10）　4. L 型（M89：4）　5. L 型（M84：2）
6. L 型（M93：8）　7. M 型（M78：12）　8. M 型（M90：9）　9. M 型（M78：14）　10. N 型（M93：9）

内印斜线交叉成的菱形方格纹，下腹及底拍印篮纹（图二八〇，5）。标本 M93：8，凸旋纹内印斜向绳纹，下腹及底饰篮纹（图二八〇，6）。

M 型　盘口重唇鼓腹罐，5 件，出自 M78 和 M90，其中 1 件为夹云母灰陶，4 件为泥质灰陶。口内侧有凹槽形成浅盘形口，口外壁有凹或凸旋纹形成重唇。下腹及底拍印篮纹，小平底。标本 M78：12，中腹有不规则旋纹和绳圈印纹，下腹及底饰粗篮纹（图二八〇，7）。标本 M78：14，上腹饰旋纹，下腹及底饰粗篮纹（图二八〇，8）。盘口稍明显。标本 M90：9，夹云母灰陶。口外壁一道凸棱，下腹及底饰篮纹（图二八〇，9）。

N 型　小口球腹罐，2 件，出自 M93，泥质灰陶。大小形制完全相同。标本 M93：9，小平底与下腹分界不明显。下腹饰斜拍篮纹，底饰交叉篮纹（图二八〇，10）。

另 M100 还出有夹云母红陶罐，小平沿，沿面外侧一周凹旋纹。

盆　完整和复原 10 件。分三型。

A 型　窄沿曲腹盆，8 件，出于 4 座墓。折沿较窄，上腹较直，约在中部形成折曲或弧曲内收。分二式。

Ⅰ式　5 件，泥质灰陶。折曲腹，小平底。标本 M23：7，方唇（图二八一，1）。标本 M124：2，方唇。上腹饰数道凹旋纹（图二八一，2）。标本 M46：1，方唇（图二八一，3）。

Ⅱ式　3 件，弧曲腹，圜底。标本 M57：3，泥质灰陶。方唇，底心稍内凹（图二八一，4）。标本 M90：1，夹云母红褐陶。圆唇，腹至底饰竖的细绳纹，内底有凸棱一周（图二八一，5）。标本 M90：2，夹云母红褐陶。圆唇，腹至底饰竖细绳纹，内底有凸棱一周（图二八一，6）。

B 型　敞口宽沿直腹盆，1 件。标本 M115：3，泥质灰陶。宽沿弧折，斜方唇，唇下

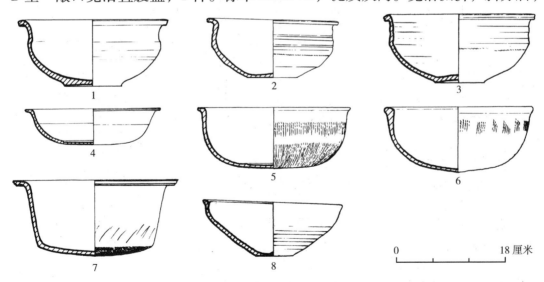

0　　　　　　　　　　　　18 厘米

图二八一　西汉时期墓葬出土陶盆

1. A 式Ⅰ式（M23：7）　2. A 型Ⅰ式陶盆（M124：2）　3. A 型Ⅰ式（M46：1）　4. A 型Ⅱ式（M57：3）

5. A 型Ⅱ式（M90：1）　6. A 型Ⅱ式（M90：2）　7. B 型（M115：3）　8. C 型（M54：1）

缘下垂，腹壁斜直，圜底（图二八一，7）。

C 型 敞口窄沿曲腹盆，1 件。标本 M54：1，泥质灰陶。圆唇，窄沿，沿面一周凹槽，小平底（图二八一，8）。

另外 M100 还出有尖唇、平折沿、弧腹的夹云母红陶盆和方唇、卷沿、折腹处有凸棱一条的泥质灰陶盆片。

碗 出土较多，完整和可复原的共 100 件，皆泥质灰陶。分三型。

A 型 91 件，出自 46 座墓。一般不单个出土。直口，折腹，小平底。大小不一，口外径 10.7~20.5、高 3.7~8.7 厘米之间。标本 M39：3，个体最小的一个（图二八二，1）。标本 M95：2，个体较大的一个（图二八二，2）。标本 M50：2，直壁部分较高，下有很低的假圈足（图二八二，3）。标本 M36：4，平底（图二八二，4）。标本 M9：4，直壁部分较高，平底（图二八二，5）。标本 M14：5，下腹有旋纹，做工规整（图二八二，6）。

B 型 7 件，出自 4 座墓。敛口，弧腹，小平底。大小差别不大。标本 M14：4，腹上有旋纹痕（图二八二，7）。标本 M29：16（图二八二，8）。标本 M49：7（图二八二，9）。标本 M122：2（图二八二，10）。

C 型 2 件，出自 M52。器形低矮。直口，弧折腹，小平底。标本 M52：7，最低矮的碗。口外径 14.5、底径 4.9、高 3.7 厘米（图二八二，11）。

盘 皆泥质灰陶，出自 M100。一种敞口，唇部加厚，上腹壁斜直，腹内壁约中部刀削一周使下部稍凸起成圆底。另一种为敞口，圆唇，外壁刀削痕迹明显，内壁约中部有一周低旋纹带使下部呈稍凹下的一个圆。

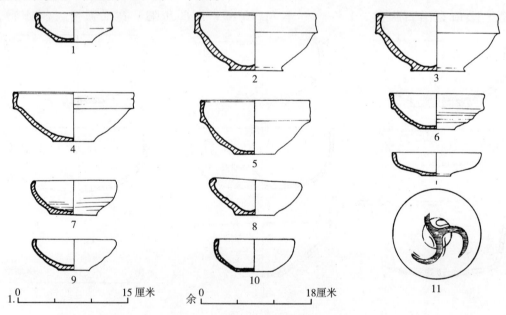

图二八二 西汉时期墓葬出土陶碗

1. A 型（M39：3） 2. A 型（M95：2） 3. A 型（M50：2） 4. A 型（M36：4） 5. A 型（M9：4） 6. A 型（M14：5）
7. B 型（M14：4） 8. B 型（M29：16） 9. B 型（M49：7） 10. B 型（M122：2） 11. C 型（M52：7）

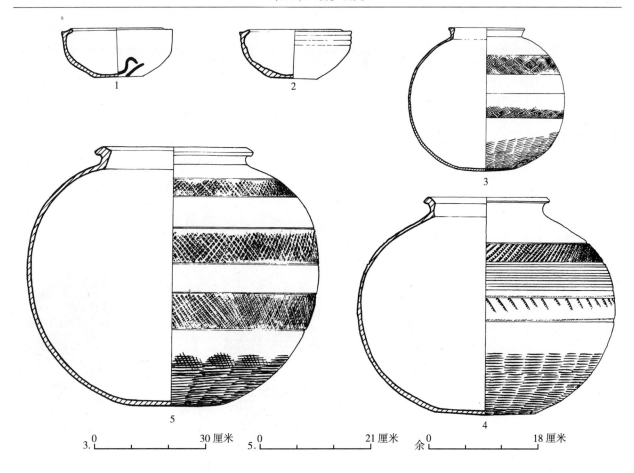

图二八三　西汉时期墓葬出土陶盒、A 型陶瓮

1. 陶盒（M78：18）　2. 陶盒（M78：19）　3. 陶瓮（M116：4）　4. 陶瓮（M108：1）　5. 陶瓮（M32：5）

盒　4 件，出自 M78，皆夹云母灰陶，周身涂白衣，形制相同。沿面较宽平，内缘上凸，形成子母口。弧腹，小平底，未见盖，可能两两相扣而成。标本 M78：18，完整，外壁及底彩绘云纹（图二八三，1）。标本 M78：19，完整（图二八三，2）。

瓮　计出 22 件，分出于 20 座墓，个体较大。以泥质灰陶为主，也有夹云母灰陶。分三型。

A 型　3 件，直口，球腹，印纹，小平底。标本 M108：1，上腹和中腹各印一周宽带锯齿形纹，间隔以数道凹旋纹，下腹饰篮纹，底为素面（图二八三，4）。标本 M116：4，泥质灰陶。沿面外侧高于内侧，矮领。上中腹用旋纹间隔以两组菱形方格纹带，腹下部饰横拍篮纹，底饰交叉篮纹（图二八三，3）。标本 M32：5，泥质灰陶。卷沿，沿面中间稍高。上、中、下腹部用旋纹间隔以三组印方格纹带，腹下部饰横拍篮纹，底上素面（图二八三，5）。

B 型　6 件，分出自 4 座墓，夹云母灰陶或夹云母灰褐陶。直口微敞，领上有凸棱，圜底，素面。器形较大。分二式。

Ⅰ式　2 件，口相对较小，腹相对较短圆。标本 M4：1，夹云母灰陶（图二八四，

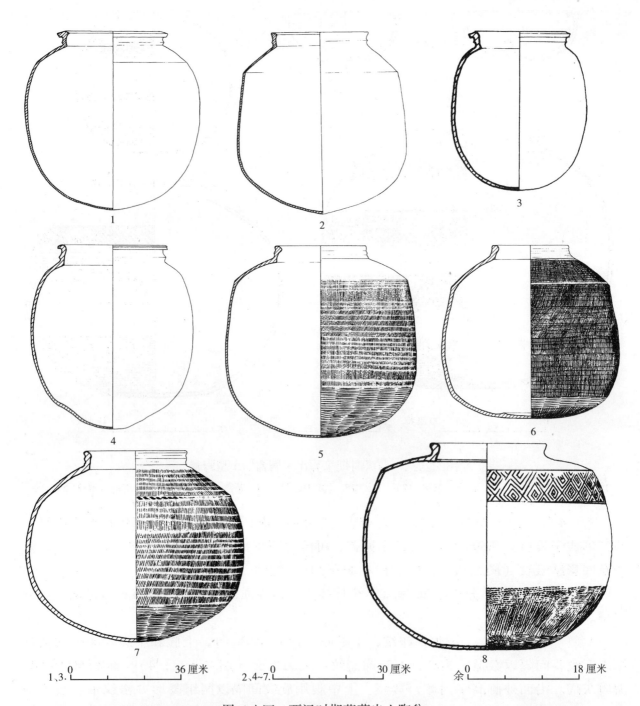

图二八四　西汉时期墓葬出土陶瓮

1. B 型 I 式（M4：1）　2. B 型 I 式（M5：13）　3. B 型 II 式（M93：5）　4. B 型 II 式（M94：13）
5. C 型（M28：2）　6. C 型（M52：1）　7. C 型（M118：5）　8. C 型（M123：5）

1）。标本 M5：13，夹云母灰褐陶。直口，领上有两道凹旋纹，中间夹一道凸棱，肩部转折明显（图二八四，2）。

　　II 式　4 件，成对出土。口大，领稍高，腹较长，最大腹径约在中部。标本 M93：5，沿面内高外低，方唇，领上有凸棱一周（图二八四，3）。标本 M94：13，大口，方唇，折沿，领稍高，折肩不明显，深腹，最大径在腹中部（图二八四，4）。

C 型 13 件，皆单个出土。直口，折肩，圜底，印纹，最大腹径多偏下。标本 M28：2，泥质灰陶。领上有两道宽的凹旋纹，中间夹一道凸棱。折肩以下饰旋断竖条纹，腹下部饰横向旋拍篮纹，圜底中心饰交叉篮纹（图二八四，5）。标本 M52：1，泥质灰陶。领稍高，领上分别有凹、凸旋纹四道和三道。肩、腹部满饰旋断细绳纹，圜底外部饰横向篮纹，中心饰不规则交叉篮纹和交叉细绳纹（图二八四，6）。标本 M118：5，泥质灰陶。领上有两道宽凹旋纹，中间夹一道凸棱。肩及腹上饰旋断细绳纹，圜底外部饰横向篮纹，中心饰交叉篮纹（图二八四，7）。标本 M123：5，泥质灰陶。矮领，腹较扁。肩下一周菱形方格纹带，腹下部及底饰交叉细绳纹（图二八四，8）。

陶尊 泥质灰陶，出于 M100 和 M114。其中 M100 的一件可复原，直口，直壁，平底。下部与底作内凹形连接，平底上有三乳形矮足。腹壁内外皆有清晰旋纹，外壁下部还有印竖条纹。M114 的一件只有平底和足部，三足为首面形。

奁 3 件。筒形，直壁，平底，分别出自 M100、M30、M32。前两件为泥质灰陶，后者为红陶。第一件壁底相接处有刀削棱一周。第二件内壁有轮旋纹，外底饰交叉篮纹。第三件内壁有轮旋痕，外壁有三组凹旋纹。

耳杯 泥质灰陶残片，出自 M100、M114、M131。杯口椭圆形，两侧有扁长条耳，底为稍凸起的椭圆形。

陶勺 泥质灰陶残片，出自 M61、M100。深腹，圜底，柱形柄上有不少削棱。

方案 泥质灰陶，出自 M100、M114、M131。其中 M100 的一件可复原，长方形，周边有凸起的断面呈三角形的边。

院落 泥质灰陶，出自 M100。只有一些残构件，有云纹瓦当滴水、瓦垄的屋顶、菱形方格纹窗和几个外方内圆并斜向"十"字交叉组成的窗、斗栱和粘贴有圆形花纹装饰的转角等。

陶灶 泥质灰陶灶台残部，出自 M100、M120、M131。见有山形挡火墙、小釜等构件。

陶灯 泥质灰陶，出自 M61、M100、M120。皆残件，其中 M100 出土的灯座为倒置的盘，灯柱上下分别有两组每组三根斜向的枝杈。

陶俑 共出土 24 件，有男侍俑、女侍俑、驭手俑几种。其中灰陶 19 件，红褐陶 5 件。俑分前后两片模制后再黏接而成，烧制后周身涂白衣，再饰以红彩绘，彩绘大多已脱落。

男侍俑 4 件，皆灰陶。脸部宽扁，五官不甚清晰。身着交衽长衣，双手拱于腹前，腰部有一鼓起，可能表示为臀部。足蹬靴。发髻和两腿站立姿势不同，分三种。分腿而脑后无发髻 2 件，个体小，长衣至膝。标本 M29：6，左足残（图二八五，1）。标本 M99：11，完整（图二八五，2）。并腿而脑后有螺旋髻 1 件，标本 M62：8，个体稍大，长衣不过膝（图二八五，3）。分腿而脑后有螺旋髻 1 件，标本 M42：10，个体较大，长衣不过膝（图二八五，4）。

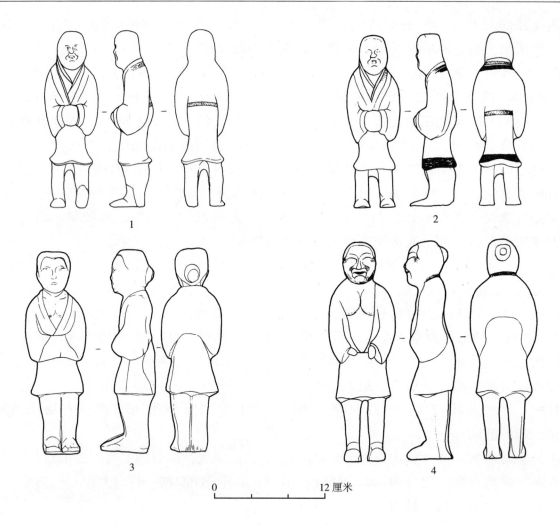

图二八五　西汉时期墓葬出土男侍俑
1. M29∶6　2. M99∶11　3. M62∶8　4. M42∶10

　　女侍俑　16 件，其中 3 件为红褐陶，余皆灰陶。16 件中的 14 件个体较大，高23.4～
25.8 厘米。2 件个体较小，高 17.7～18 厘米。形制基本相同，皆脸部扁平，五官不甚清
晰，披肩长发于颈后挽成髻。身着交衽深衣，宽袖，双手拱于腹前，衣下部呈燕尾式，
其中 1 件足尖露出。标本 M99∶9，个体最小（图二八六，1）。标本 M29∶11，最高的一
个（图二八六，2）。标本 M1∶10（图二八六，3）。标本 M62∶4，完整无缺，发上的黑色
还未脱落（图二八六，4）。

　　驭手俑　4 件，其中灰陶和红褐陶各 2 件。周身先涂白衣地再施红彩绘。形制基本相
同。跪坐形，头大，顶中间平，两侧或后侧有小发髻，脑后一较大发髻。脸较宽扁，个
别较圆润丰满。身着交衽长衣，覆盖整个腿、足。两上肢于体侧前伸，作持物或驾驭状。
其中 1 件双手处有一小圆孔，意为持物。标本 M99∶12，灰陶质。头顶两侧有小发髻，两
手处各有一小圆形孔（图二八七，1）。标本 M5∶3，灰陶质。头顶后侧一小发髻（图二
八七，2）。标本 M62∶7，红褐陶质。头顶后侧有小发髻（图二八七，3）。标本 M29∶5，

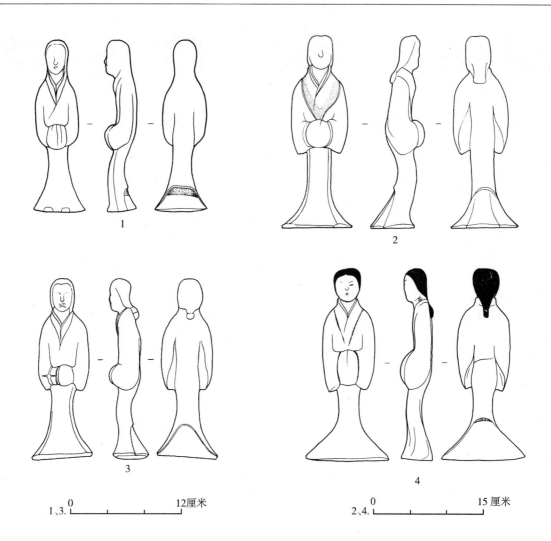

图二八六　西汉时期墓葬出土女侍俑
1. M99：9　2. M29：11　3. M1：10　4. M62：4

红褐陶质。头顶后部有小发髻（图二八七，4）。

泥俑　发掘中还见有一些墓中同时出有泥胎的俑，其种类也与陶俑一致，有男、女侍俑、驭手俑，从残存痕迹看其形制也与同类陶俑基本相同，推测也应是模制而成。但因为是泥胎，大多只存泥块一堆或碎成若干小块，变形较重，无法提取，也多未编号。其中 M125 出两个泥俑稍显完整，编号并现场绘了图。标本 M125：2，女侍俑，头和腹部变形，五官不清，其他部位则与上面陶女侍俑形状一样：披肩长发于颈后挽成髻。身着交衽深衣，宽袖，双手拱于腹前，衣下部呈燕尾式。

陶狗　1 件，见标本 M42：4，左右两片模制而成。

陶马　6 件，皆泥质灰陶，分左右两片模制再经黏接而成，形制相同。健壮，勾头，凸睛，短耳或耳处有圆孔，立颈，短尾上翘，无腿，似卧姿，只在腿根部各有一小圆孔可能用以装木质的腿。周身先涂白衣地再施红彩绘，从个别残留痕迹看，在头部原来绘

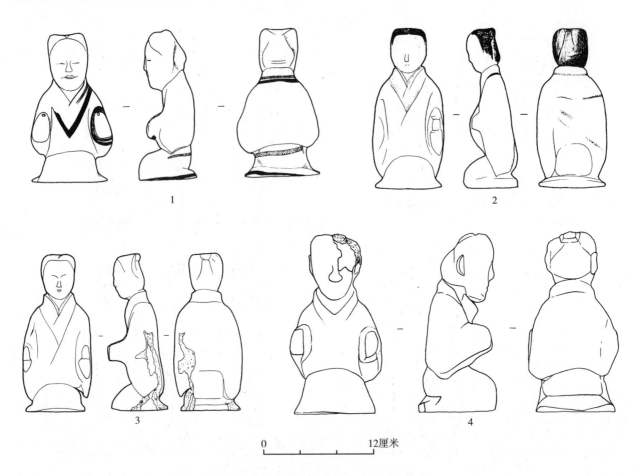

图二八七 西汉时期墓葬出土驭手俑
1. M99：12 2. M5：3 3. M62：7 4. M29：5

有马笼头等。大小有差异，最大的为标本 M62：3，耳处有一圆孔。最小的标本 M29：4，短耳，头顶中心有一小圆孔。其他有标本 M1：2，短耳，短尾上翘。标本 M5：1，耳处有圆孔。标本 M29：3，短耳。标本 M42：11，耳处有圆孔。

陶车轮 共 10 件个体，分别出自 M5、M32、M62、M67、M72，成对出土。皆泥质灰陶，有的残存有红彩绘。手工制作后经刀等修整而成，断面不甚规则，有的一面平，一面中部削出中脊，有的两面皆有中脊。轮内侧皆有装辐的小孔 16 个。标本 M62：3-2，一面平，一面出中脊，尚存红彩绘。标本 M62：3-3，两面皆有中脊，有红彩绘。标本 M5：2，两面皆有不明显中脊，无彩绘。

（二）铜器

该时期共有 41 座墓出土有铜器，皆小型器。其中以钱币为主，另有少量带钩、铃、铺首、指环、镜钮、铜印等。

钱币 两汉墓共出土钱币 150 枚以上，有大小半两、榆荚半两、大小五铢、磨郭五铢、剪轮五铢、货泉等，大多字迹锈蚀不清，钱币统计见表三。

表三 两汉墓葬钱币统计表

（单位：厘米）

墓号	墓葬形制	钱币编号	钱文	数量	字号、特征、尺寸	子编号及钱文特点	内外郭
M3	土坑竖穴	6	半两	3	锈成碎块	不清	无郭
M5	土坑竖穴	16	半两	1	锈残	不清	无郭
M10	土坑竖穴	4	半两	1	径2.3、穿0.8	锈蚀，两字竖笔超出穿框	无郭
M11	土坑竖穴	1	五铢	1	径2.5、穿1.0	五字瘦长，交笔稍弧，金头为等腰三角形，朱字头方折，下稍圆折	穿上一横郭，穿下一星，背有内外郭
M12	土坑竖穴	9	半两	1	径2.4、穿0.9	锈残不清	无郭
M13	土坑竖穴	6	半两	1	残	不清	
M14	土坑竖穴	1	半两	1	径2.4、穿0.6	锈蚀，半两二字较大，超出穿	
M16	土坑竖穴	3	半两	10	3-1, 径2.4、穿1.0 3-(2~10)径2.6~3.1、穿0.8~1.0	3-1，体薄，半两二字较大而凸起，字不规整；3(2-10)，体薄，半两二字较大，字不规整	无郭，整体做工不规整
M17	土坑竖穴	1	榆荚	1	径1、穿0.4	锈残字不清	半两无郭
M23	土坑竖穴	8 9	半两	2	8，径2.1、穿0.8 9，径2.2、穿1.0	8，半字超出穿；9，字迹不清	无郭，轮廓不圆整
M25	土坑竖穴	2	半两	4	2-1, 径2.3、穿0.82 (2~4), 径2.6、穿0.6-0.9	2-1字迹模糊不清；2-(2~4)，字大，半上出穿，两下出穿	无郭，轮廓皆不圆整，有边凸
M29	土坑竖穴	20	半两	5	径2.3~2.4、穿0.8~1.0	锈蚀不清	无郭
M34	土坑竖穴	6	半两	1	碎成粉状	不清	不清
M37	土坑竖穴	3	半两	1	径2.4、穿1.0	字形方正	无郭
M42	土坑竖穴	13	半两	1	径2.4、穿0.8	锈蚀不清	无郭
M49	土坑竖穴	8	半两	1	径2.4、穿0.8	不清	无郭
M52	土坑竖穴	5	半两	1	径2.4、穿0.9	锈蚀不清	无郭
M55	土坑竖穴	7	半两	1	径2.3、穿0.7	稍残，字较方，两字竖划稍超出穿	无郭
M57	土坑竖穴	6	五铢	1	径2.6、穿0.8	锈残，五字交笔稍弧，铢字不清	面无内郭，背锈层厚
M59	土坑竖穴	7	半两	1	径2.4、穿0.9	锈字迹不清，半下出穿	无郭
M61	砖室	1	五铢	7	1-1，磨郭，径2.4、穿0.9；1-(2,3)，径2.5、穿1.0；1-4，径2.5、穿1.0；1-(5~7)，径2.5、穿0.9；皆锈蚀不清	1-1，五字交笔弯曲，上下两横稍长，金三角较大，四点较长，朱头上下弧折；1-(2,3)五字交笔弯曲，金三角较大，四点较长，朱头上方折，下弧折；1-4，五交笔弯曲，金三角较大，四点较长，朱头上下弧折	1-1，外郭所剩很少，正背无内郭；1-(2,3)，面无内郭，背内外有郭；1-4，正面无内郭，背内外有郭

（续表三）

墓号	墓葬形制	钱币编号	钱文	数量	字号、特征、尺寸	子编号及钱文特点	内外郭
M64	砖室	1	五铢	3	1-（1、2），径2.5~2.6、穿0.9~1.0；1-3，磨郭，径2.4、穿0.9	1-（1、2），五字交笔稍弯曲，铢字较长，下超出穿，朱头方折，下弧折；1-3，字迹不清	1-（1、2），面无内郭，背内外有郭；1-3，穿下一星
M66	土坑竖穴	1	五铢	1	径2.7、穿1.1	五字交笔稍弧，朱头方折，下弧折	面无内郭，背有内外郭
M67	土坑竖穴	1	半两	1	径2.4、穿0.9	锈蚀不清	无郭
M70	砖室	1	五铢	10	1-（1~3），剪轮，径1.7~1.9、穿1.0；1-4，磨郭，径2.3、穿1.0；1（5~10），径2.5、穿0.9~1.0	1-（1~3），五字宽，交笔弯曲，朱字方折弧折皆有；1-4，五字交笔弯曲，朱上下方折；1-（5~10），五字交笔弯直皆有，朱有方折弧折	1-（1~3），2背有内郭，另一无郭；1-4，背有内郭稍磨；1（5~10），面无内郭，背内外皆有郭
M73	土坑竖穴	1	半两	1	径2.4、穿0.8	锈蚀不清	无郭
M78	砖室	1 21	五铢 五铢	1 12	1，径2.5、穿0.9；21，径2.5~2.6、穿0.9~1.0	1，五较瘦长，交笔稍弧，朱上下弧折21，可辨者五多较瘦长，交笔稍弧，金头呈箭镞形的较多，朱头方折，下弧折或上下皆弧折	1，穿上一横21，穿上一横者2枚，穿下半星者3枚，面无内郭，背有内外郭
M79	砖室	1	五铢	1	径2.5、穿1.0	五字瘦长，交笔直，金头等腰三角形，朱头方折，下稍弧折。	穿下半星，面无内郭，背有内外郭
M81	土坑竖穴	1	五铢	1	径2.5、穿1.0	五字瘦长，交笔直，金头等边三角形，四点较长，朱头方折，下弧折	面无内郭，背有内外郭
M84	砖室	8	五铢	2	径2.6、穿0.9	锈蚀不清	
M89	土坑	6	五铢	2	6-1，径2.4、穿0.9；6-2，径2.6、穿0.9	6-1，朱头方折，下弧折，余不清；6-2，五字较窄，交笔较直，朱字上下方折，金字不清	6-2，穿上横郭
M94	砖室	2 7	五铢 五铢	2 9	2，径2.6、穿0.9；7-（1、2），径2.5、穿1.0；7-（3~9），径2.5~2.6、穿1.0	2号2枚钱币锈残不清；7-（1、2），五字稍曲，金头等边三角形，朱头方折，下弧折；7-（3~9），五字交笔稍曲或稍直，金头三角形，朱头方折下弧折，个别上下弧折	7-（1、2），穿下半星；7-（3~9）穿上横郭
M100	砖室	15	五铢	20+好12	15-1、2，剪轮，径1.8~2.0、穿0.9；15-3、4，磨郭，径2.2~2.4、穿0.9~1.0；15-（5~12），五铢，径2.5~2.6、穿0.9~1.0	15-（1、2），五字宽，交笔弯曲，朱头上下弧折；15-（3、4），字迹不清15-（5~12）五字交笔弯曲，金头为等边三角形，朱头上下弧折	面无内椁，背有内外椁

（续表三）

墓号	墓葬形制	钱币编号	钱文	数量	字号、特征、尺寸	子编号及钱文特点	内外郭
M103	土坑竖穴	1	半两	1	残成碎块	可辨字较大	
M108	土坑竖穴	3	半两	1	径2.4、穿0.9	锈残不清	无郭
M114	砖室	1	货泉1 五铢6	7	1－1，货泉，径2.2、穿0.7；1－2，剪轮，径1.7、穿1.0；1－3，径2.5、穿1.0；1－4，磨郭，径2.2、穿0.9；1－5，磨郭，径2.2、穿0.9；1－6，磨郭，径2.5、穿0.9；1－7，磨郭，径2.2、穿0.9	1－1，字较规整，泉字上面较宽圆，货字上超出穿；1－2，字不甚清；1－3，五字交笔稍弧，朱上方折下弧折；1－4，五字较宽，交笔弯曲，金四点较长，朱上下弧折；1－5，五字较宽，交笔弯曲，金四点较长，朱字上下弧折；1－6，字不清；1－7，锈蚀不清	1－1，里外有较宽的郭；1－2，背有内郭；1－3，面无内郭，背郭稍磨；1－5，穿上四星
M120	砖室	1	五铢	30	1－（1～4），径2.5、穿1.0；1－（5～8），磨郭，径2.15～2.4、穿0.9～1.0；1－（9～30），径2.5～2.6、穿0.9～1.0	1－（1～4），五字交笔弯曲，金字四点较长，朱头上下弧折；1（5～8），锈蚀而字多不清；1（9－30），锈残不清	1－（1～4），面无内郭，背内外有郭；1－（5～8），内外皆无郭；1－（9～30），可辨认者面无内郭，背有内外郭
M122	土坑竖穴	7	半两	1	残剩一小块	不清	不清
M127	土坑竖穴	6	半两	1	径2.4、穿0.8	锈蚀，两字不清，半字上低于穿框	无郭

半两钱皆无郭，以每座墓中出土一枚最为常见，大小和钱文不同，大致可分四型。A型，"榆荚半两"，只M17出土一枚，径1、穿0.4厘米，字迹不清，做工粗糙。B型，是最大的一种，只有M16出土，径2.6～3.1、穿0.8～1.0厘米，形状不圆整，字大而不规整。C型，是最多的一种，直径大部分为2.3～2.4厘米，穿0.6～1.0厘米，大部分因锈蚀而字迹不清，可辨认的字较大，大多上或下超出穿框。D型，很少，是最小的一种，径2.1～2.2、穿0.8～1.0厘米，字迹不清，"两"字竖划超出穿框。

对照以上四种半两钱与陕西龙首原汉墓①和汉代钟官铸钱遗址②等出土的半两钱看，A型"榆荚半两"是最次的一种，B型当为"八铢半两"，C型和D型当为"四铢半两"。《汉书·食货志下》："汉兴，以为秦钱重难用，更令民铸荚钱。孝文五年，为钱益多而轻，乃更铸四铢钱。"其文为"半两"。除盗铸钱令，使民放铸。又："令县官销半两钱，更铸三铢钱，重如其文。盗铸诸金钱罪皆死，而吏民之犯者不可胜数。"这次发现的半两钱多为钱径不一，穿宽不一，钱文类体不一，铜质优劣明显，铸工有好有坏。这种不规

① 西安市文物保护考古所：《西安龙首原汉墓》，西北大学出版社，1999年。
② 西安文物保护修复中心姜宝莲、秦建明：《汉钟官铸钱遗址》，科学出版社，2004年。

则的半两钱，也正是汉初这种地方（吏民）私铸普遍造成货币紊乱的反映。

五铢钱正面无内郭，背有内外郭，大小和文字不同，个体区别较大，大致可分五型。A 型，径 2.5~2.7、穿 0.8~1.1 厘米，"五"字较瘦长，交笔直或稍曲，"铢"字多不甚清晰，"金"头有箭镞形和三角形，"朱"字头方折，下弧折（标本 M11：1、标本 M79：1、标本 M81：1），也有少数上下皆弧折或方折的（标本 M78：21－4、标本 M94：7－5），一些有穿下半星、一星或穿上横郭（标本 M79：1、标本 M78：1）。B 型，与 A 型唯一不同之处是"五"字交笔弯曲较甚，但整体上"五"字多较窄（标本 M94：7－1、6，标本 M66：1）。C 型，径 2.5~2.6、穿 0.8~1.0 厘米，"五"字大多较宽，交笔弯曲程度不一，"金"字头三角形，四点较长，"朱"头上下弧折（标本 M64：1－1、标本 M61：1－4、标本 M70：1－6、标本 M120：1－3、标本 M100：15－5 等），少数为上方折下弧折（标本 M61：1－2）。D 型，为"磨郭五铢"，径 2.2~2.4、穿 0.9~1.0，因磨郭而文字有较多不清的，可辨字形以"五"字较宽，交笔弯曲，"金"四点较长，"朱"字上下弧折的为多见（标本 M114：1－4、标本 M61：1－1），也有上下方折的（标本 M70：1－4），还见一枚穿上四星的（标本 M114：1－5）。E 型，为"剪轮五铢"，径 1.7~2.0、穿 0.9~1.0 厘米，可辨"五字"较宽，交笔弯曲，"朱"头上下弧折（标本 M70：1~1、标本 M100：15－1）、上下方折（标本 M114：1－2）的都有。从文字风格上看，D 型磨郭五铢和 E 型剪轮五铢大多使用的是 C 型五铢。

"货泉"只 M114 出有一枚，小篆工整，和 C、D、E 型五铢同出。

带钩　单个出土，共 7 件，其中 2 件锈蚀、残断形状不明。其余有铲形、曲棒形、琵琶形、兽面形几种。

铲形带钩　2 件。铲形前部为弧边，后端平齐，钩纽位于铲中部。标本 M53：1，纽面小。标本 M93：1，钩头残，纽面稍大。

琵琶形带钩　1 件。标本 M94：4，短小琵琶形，钩较长，纽面稍大。

曲棒形带钩　1 件。标本 M29：12，窄长形，纽面较大，下端残。

兽面形带钩　1 件。标本 M118：1，兽面部分呈葫芦形，正面模印有纹饰，多已不清晰，约中部有一弯月形镂空。

铜铃　2 件，出自 M10，形制相同。

铺首　2 件，出自 M94，鎏金，形制相同，为漆器上的附件。

指环　3 件，出自两座墓，分别见标本 M87：1、标本 M87：2 和标本 M6：1。

铜镜纽　1 件。标本 M78：25，只存半球形纽残部。

铜印　1 件。标本 M72：1，上下两层，中间四根柱子相连，似一亭子。上层为顶，中心一桥形纽。下层为印面，正方形，篆书四字，不识。

（三）铁器

共编号 14 件，皆锈蚀严重。其中随葬用的 9 件，器形有带钩、刀、臿、镢、镞、铜钉、铁工具、双股铁器几种。另有 4 件应非随葬品，有臿、钉两种。

铁带钩　2件，琵琶形，皆短小。标本M55：6，纽较大。标本M95：5，纽稍小。

铁刀　2件，一大一小，皆残断。环首，单面刃。标本M42：12，体较大。标本M60：9，体小。

铁臿　3件，基本完整，形制相同。正视约呈横长方形，下端为刃，銎口长条形，銎断面"V"字形。分别见标本M76：1、标本M42：01和标本M78：01。

铁镞　1件，捆状放置在棺内，锈甚，未提取。见标本M3：7。

铁镢　1件，见标本M123：1。

铁铺钉　1件，见标本M28：01。

铁工具　1件，残断，见标本M29：13。

双股铁器　1件，残断，见标本M84：7。

铁钉　2件，形制相同，见标本M78：2。

（四）铅锡器

只在M57和M78两座墓中出有铅锡器物残件，皆为明器模型车马器上的装饰等用品，可辨认有残断的细柱、盖弓帽、花瓣形装饰等。M78还出土一罕见的明器模型——弩机，非常小巧，长不足3厘米，只可惜已残碎。

（五）玉石器

出土不多，共5件，分别是口琀、绿松石、玛瑙环、玛瑙珠。

口琀　1件，见标本M94：3。

绿松石　2件，分别见标本M94：1和标本M10：3-2。

玛瑙环　1件，见标本M41：1。

玛瑙珠　1件，见标本M30：6。

（六）玻璃器

3件，皆为耳塞，其中M59出2件，色黑，八棱体，一端有圆形帽，断面约呈"T"形。M25出1件，蓝色柱状，表面有白色锈层。

（七）骨器

编号3个，分别是棋子、骨珠和骨饰件。

棋子　标本M40：3，原应有12枚，现完整的6枚，拼对出5个个体，个别腐朽较重，大小基本一致。单个棋子为长方形，六面皆磨制而成。

骨珠　共4枚，大小不一致，编为一个号。中间皆有一圆形穿孔。标本M87：3（1～4）从小到大排列。

骨饰件　1件，为串饰上的一个，见标本M10：3-1。

（八）漆器

从痕迹看，出土漆器的墓葬有一定数量，但多是残迹，很多根本就清不出形状，故多未编号，一件也未取回。大概知其形状的器形有盘、耳杯、盒等几种。M94发掘现场绘出漆器残部一个，可能是盒或壶的底部，只存红色漆皮，胎骨已朽不存。漆器为圈足，弧腹，其上有对称的两个鎏金铜铺首（见标本 M94：5、6）。

三　北朝至隋代墓葬

该时期 6 座墓葬被毁严重，一些残片多出自填土中。器形有红陶碗、红陶宽平折沿盆、红陶厚胎罐，灰陶宽平折沿盆、瓦片等，还出有少量铜钱、戒指和铁构件等。

红陶碗　5 件，形制基本相同，分出自 4 座墓。其中 4 件可复原，圆唇，弧腹，假圈足，足外底内凹，分别见标本 M18：1、标本 M22：3、标本 M24：1 和标本 M26：2。其中标本 M24：1 假圈足较高而直。

红陶盆　皆口部残片，有夹云母和不夹云母两种，皆厚胎方唇、宽平折沿，其形制大同小异。标本 M24：01，沿面内侧有凸棱一周。标本 M24：02，沿面内侧凸棱不明显。标本 M24：03，沿面外侧有凹旋纹一周。

灰陶盆　口沿残片 1 件，见标本 M24：04。

铜钱　共 7 枚，分别见标本 M22：1 – 1 "五行大布"、标本 M22：1 –（2～6）"五铢" 和 M26：1 "五铢"。

铜指环　1 件，见标本 M22：2。

铁带扣　1 件，见标本 M22：4。

铁构件　1 件，见标本 M24：05。

四　宋代墓葬

1 座，即 M112，被盗严重，扰乱土中出有一些汉代陶片。近墓底时出土有不少瓷片，推测相当一部分应是随葬品。经拼对整理，其中的 1 枚钱币和 4 个碗可复原，共编为 5 个号，其余皆残片，未予编号。详见 M112 随葬品部分。

五　清代墓葬

1 座，即 M47，保存基本完好，出土随葬品 9 件，除 1 枚钱币外，余皆为头部的装饰品。详见 M47 随葬品部分。

第四节　战国、汉代陶器装饰

高昌墓地出土陶器年代为战国和汉代的较为完整和集中，完整和可复原器物达到 450 件以上。特别是到了汉代，排除盗扰因素，每座墓都随葬陶器。随葬品中陶瓮、折肩罐和壶个体较大，最大的陶瓮腹径 58 厘米，最高的壶通高 65 厘米。最小的碗口径不足 15、高 5 厘米。陶器种类和大小相差悬殊，从整体看，除陶俑、动物模型和鼎等少数器物是专为墓葬制作的明器外，相当一部分应是日常生活中的实用器。

器物口沿部造型中有直、敞、侈、敛、曲、盘形、子母口、平折沿、卷沿等；唇部有方、尖、圆、加厚、下垂或凸起等；颈部有高直领、矮领、弧形领、束领、无领、细长颈等；腹部多为球形、椭圆、扁圆、卵形、垂腹、桶形、折腹、曲腹等；底部多为平、圜和圜底内凹等。这些不同形状相互搭配在器物的相应部位，就组成了陶器的基本形状。

除陶俑、动物模型和小的陶器外，余皆为轮制而成，制作上使用了人工拉坯、修坯、拍打、整形、黏结等制作方法。有的器物还和模制方法相结合，比如器物的耳、铺首、足、博山器盖等，讲求整体上的比例、对称和美观。陶俑和动物模型明器皆为模制成形，人俑分前后两片分别模制成形再黏结一起，而动物模型则是分左右两片模制后黏结的。

大多数陶器表面使用了装饰，有旋纹和拍印成的绳纹、篮纹、方格纹、短线纹、回纹，另有一部分器物使用了绳圈印纹，一种或几种纹饰混合使用较为常见。部分陶俑、动物模型和鼎、壶及盖等器物上还见有白衣地上再上红、绿、褐等彩，以红彩为常见。因为是后加彩，容易脱落或漫漶不清。红彩纹饰可辨有彩带纹，如标本 M99：6、标本 M75：3 等；三角纹，如标本 M75：3、标本 M72：2 等；卷云纹，如标本 M99：2、标本 M5：12；变形云纹，如标本 M48：1、标本 M48：5 等。

陶器破碎较多，装饰精美的并不多见，但细细观察、品味，经过装饰的陶器，有的似微风抚过，荡起层层涟漪，有的像条条织网，让人迷惘困惑，有的像回字、似方格，透着古朴和庄重，还有的似锯齿、似云朵、似彩带、似漩涡……

旋纹　是最常见的纹饰，基本上都是凹旋纹。旋纹多是在轮制时使用的，所以其制作方便、简单，除使用在器物腹部和肩、颈部装饰外，有的还起到定位纹饰或部件的作用，故常见和其他纹饰共存的现象。单独的旋纹或多或少，以浅浅的旋纹为常见，多而密的旋纹不多。旋纹的使用给人带来的感觉是凹凸一体，具有较强的流动感，如标本 M33：1（图二八八，1）。

绳纹　用在罐、瓮类器物下腹及底部装饰，以横向旋拍为多见，也有在旋拍基础上斜拍和竖拍的形成交错绳纹。标本 M36：1（图二八八，2）。

篮纹　用在罐、瓮类器物下腹及底部装饰，和绳纹相似，以横向旋拍为主，也有其他方向拍后和横向篮纹形成交错的。标本 M9：2（图二八八，3），标本 M34：5（图二八八，4）。

方格纹　带状使用在瓮肩、腹部，为阴方格纹，多与旋纹配合使用，形状有菱形方格和方格。M118 残片（图二八八，5），标本 M32：5（图二八八，6）。

回纹　带状使用在高领罐腹部和瓮肩、腹部，也多和旋纹配合使用。标本 M16：1（图二八九，1），标本 M123：5（图二八九，2）。

指甲纹　似用指甲在器物肩的局部划出横排的短线，旁边还有一刻划符号，从形状看更像是一种记号，只发现一例。标本 M27：3，折肩罐（图二八九，3）。

绳圈印纹　从纹饰特点看，应该是用两股制成的绳子圈绕在器物肩、腹部，在坯体还处在泥态时稍用力系一下，既可把一圈绳纹印到陶器表面，系时用力或大或小，所以印在陶器上的纹饰有深有浅。这种纹饰多使用在瓮、罐、鼎、壶肩下、腹部，成为西汉时期陶器的一种特色。标本 M28：1，盗洞出土（图二八九，4）。

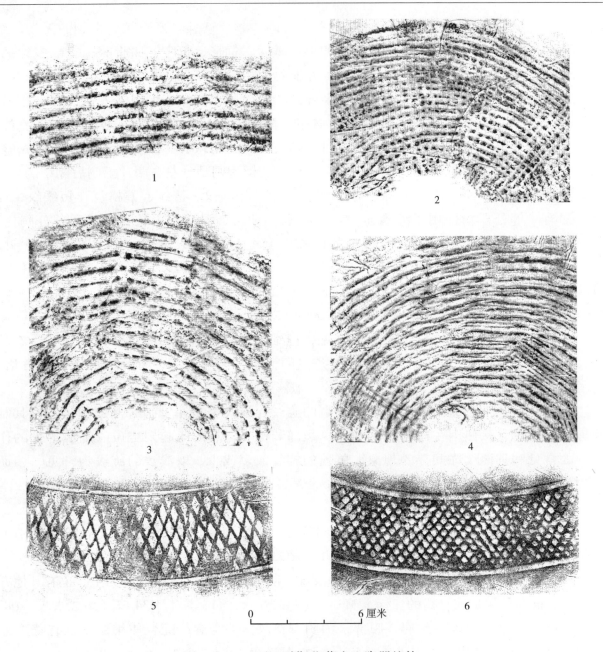

图二八八　西汉时期墓葬出土陶器纹饰

1. 弦纹（M33:1）　2. 绳纹（M36:1）　3. 篮纹（M9:1）　4. 篮纹（M34:5）　5. 方格纹（M118）
6. 方格纹（M32:5）

曲折纹　用尖状物在器物肩上横向浅浅的划出一周连续的曲折纹，也只见一例。标本 M71:1，大口罐（图二八九，5）。

旋纹、回纹、绳纹组合　装饰在瓮上，凹旋纹定位，回纹为带状排列于肩、腹部，绳纹位于下腹及底部。标本 M3:1，瓮（图二九〇，1）。

旋纹、方格、绳纹组合　装饰在瓮上，凹旋纹定位，方格纹为带状排列于肩、腹部，

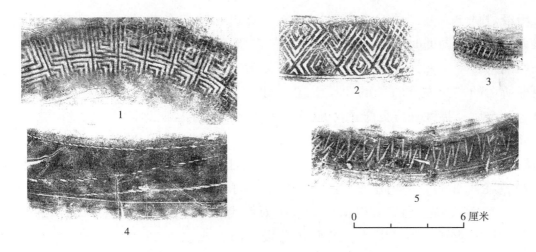

图二八九　西汉时期墓葬出土陶器纹饰

1. 回纹（M16：1）　2. 回纹（M123：5）　3. 指甲纹（M27：3）　4. 绳圈印纹（M28：1）
5. 曲折纹（M71：1）

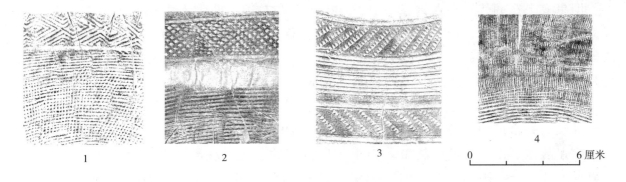

图二九〇　西汉时期墓葬出土陶器纹饰

1. 旋纹、回纹、绳纹组合（M3：1）　　2. 旋纹、方格纹、绳纹组合（M51：7）　　3. 旋纹、锯齿纹组合（M108：1）
4. 旋断绳纹、篮纹、绳圈印纹组合（M118：5）

绳纹位于下腹及底部。标本 M51：7，瓮（图二九〇，2）。

旋纹、绳纹、锯齿纹组合　装饰在瓮肩、腹部，底为绳纹，只见 1 例。标本 M108：1（图二九〇，3）。

旋断绳纹、篮纹和绳圈印纹组合　装饰在瓮肩下至底。标本 M118：5（图二九〇，4）。

第五节　西汉土坑墓葬中的异穴合葬

考古工作者在注重考古调查、发掘收集各种实物资料的同时，一直关注着与古人骨骼、种属、体质以及相关的性别、年龄、疾病等方面的资料收集和研究。墓葬作为一种文化，也是古代信息的重要载体，虽然我们今天已经无法想象古人在埋葬死者时的很多行为和活动程序，但至少从一些信息中还是可以了解古人的一些观念的。比如夫妇埋葬方面就历经过从单人葬到同穴合葬再到异穴合葬再到同穴合葬的过程，而且地域方面的差异很大，而且不同的时期性别的埋葬位置都有所不同。

夫妇同穴合葬早在大汶口、良渚、龙山文化时期已经普遍存在了，而通常是男在东女在西即所谓的"男左女右"的埋葬方式。而异穴合葬至少在商代后期也开始盛行起来。进入阶级社会后，男性一直处于主导地位，而女性则处于从属地位，"男尊女卑"的观念几乎贯穿始终，反映在埋葬上就是方位的高低上下决定男性和女性的头向和位置。

商周时期的异穴合葬墓仍较多延续了原始社会时期的同穴葬习俗，即夫墓在东（左），妻墓在西（右）。为此，《性别研究与中国考古学》①一书中根据《老子》、《荀子》、《礼记》等文献上的记载得出结论，认为古代观念是把左（或东）看作高于右（或西）的，左代表吉祥、阳、男性、东方和高贵，而右代表不幸、阴、低贱等。而在《史记》中也确有到战国时期仍以左为贵的记载，《史记》卷77《魏公子列传》第十七就有："魏公子于是乃置酒大会宾客。坐定，公子从车骑，虚左，自迎夷门侯生……于是罢酒，侯生遂为上客"。这里提到的"虚左"即是把高贵的位置留给客人之意。

但事实上在商代有殉人的墓葬中，墓主却多在右边，而殉人多在墓主人左下方位置，这样就成了右为上了，与"左贵右贱"的说法相左。西周、春秋时期的晋国除外，其他诸侯国高级贵族墓葬逐渐的都变成了"男右女左"的埋葬方式，而晋国早期的贵族墓葬先是夫西妻东，即"男右女左"，后来才变成了"男左女右"了。这也与《性别研究与中国考古学》中"左贵右贱"的结论不符。这种现象说明，春秋战国之前，左右的高低贵贱并没有完全反映在埋葬方式上，并存在一定的地域性。

到了战国、汉代时期，随着人们对方位认识的改变，埋葬上的夫妻位置也同时有了明显的变化。《史记》卷81《廉颇蔺相如列传》第21载："既罢归国，以相如功大，拜为上卿，位在廉颇之右。廉颇曰'我为赵将，有攻城野战之大功，而蔺相如徒以口舌为劳，而位居我上，且相如素贱人，吾羞不忍为之下。'"《史记》卷93《韩信、卢绾列传》第33："沛公立为汉王，韩信从入汉中，乃说汉王曰：'项王王诸将近地，而王独远居此，此左迁也。士卒皆山东人，跂而望归，及其锋东乡，可与争天下。'"又《史记》卷96《张丞相列传》第36载："周昌泣曰：'臣初起从陛下，独奈何中道而口之于诸侯乎？'高祖曰：'我极知其左迁。'"索引按："诸侯王表有左官之律。韦昭以为'左犹下也，禁不得下仕于诸侯王也'。然地道尊右，右贵左贱，故谓贬秩为'左迁'。"《汉书》卷四《文帝纪》第四："昔先王远施不求其报，望祀不祈其福，右贤左戚，先民后己，至明之极也。"《后汉书》卷一《光武帝纪·一·下》也有："武帝时有淮南、衡山之谋，作左官之律，设附益之法。前书音义曰：'人道尚右，言舍天子，仕诸侯为左官。左，僻也。'"《后汉书》卷二《显宗孝明帝纪》第二："商鞅为秦制爵二十级：一，公士；二，上造；三，簪口；四，不更；五，大夫；六，官大夫；七，公大夫；八，公乘；九，五

---

① （美）林嘉琳、孙岩主编：《性别研究与中国考古学》，科学出版社，2006年。

大夫；十，左庶长；十一，右庶长；十二，左更；十三，中更；十四，右更；十五，少上造；十六，大上造；十七，驷车庶长；十八，大庶长；十九，关内侯；二十，彻侯。"很显然，秦代爵级二十级由低到高，右高于左。他皆类此，数不胜数。可见，战汉时期世道风行以右为上的观念，右贵左贱几乎成了一时间不可动摇的整体认知。

高昌墓地汉代墓葬中男女墓位的存在现状，正是很长一段时间内这种观念的真实写照。据不完全统计，在至少34座两两成组的夫妻墓葬中，有一个基本一致的现象就是：男的在右边，女的在左边，即"男右女左"，如M9和M10，M116和M117等（表四）。

表四 高昌墓地西汉时期土坑墓葬夫妻并穴葬统计表

墓号	位置	头向	性别	年龄	备注
M3	I区南部偏西	北	（应为男）		人骨碎而凌乱
M4	M3东邻	北	（应为女）		人骨朽成粉
M6	I区南部偏西	北			人骨朽成粉
M7	M6东邻	北			人骨朽成粉
M9	I区南部	北	女	30~40岁	
M10	M9东邻	北	男	50岁左右	
M13	I区东南	北	男	40~50	基本完好
M14	M13东邻	北	女	40多岁	基本完整
M32	I区西南部	北	（女）	成年	
M33	M32西邻	北	男	老年	
M40	I区东部	东	（男）	成年	
M41	M40南邻	东	女	40多岁	
M43	I区东北部	北			人骨朽乱
M45	M43东邻	北			人骨朽成粉
M49	II区东南	东	（女）	成年	
M50	M49北邻	东	男	40多岁	
M51	II区东南	北	男	45~50岁	
M52	M51东邻	北	（女）	成年	
M59	II区南部	北	（女）	35~40岁	
M60	M59西邻	北	男		
M73	II区南中部	北			人骨朽成粉
M74	M73西邻	北			人骨朽成粉
M96	II区南部	北			人骨朽成粉
M97	M96西邻	北			人骨朽甚
M98	II区南中部	北			人骨朽成粉
M99	M98西邻	北			人骨朽成粉
M116	II区约中部	北			未见人骨
M117	M116东邻	北			只存股骨一段
M121	II区约中部	东	（男）	成年	
M122	M121南邻	东	女	40~50岁	
M123	II区约中部	北	（男）	成年	
M124	M123东邻	北	（女）	成年	
M126	II区北中部	北	（男）	成年	
M127	M126东邻	北	女	30岁以上	

　　从上表看，除了 M9、M10 外（不排除骨骼中的特殊现象或鉴定中的误差），其余夫妻葬应皆为男右女左的埋葬形式。另外即便是砖墓中的 M94 为夫妻同穴合葬，也符合这一规律。很显然，汉代这一区域的现实生活中实实在在存在着这种"右尊左卑"的现象，而且不仅是在这一地区，其他地区西汉时期已发现的夫妻同坟异穴合葬墓中也普遍存在这一现象，如山西朔县西汉木椁墓[①]，两死者皆头东脚西，男在北，女在南。山东临沂银雀山西汉早期墓[②]的 3、4 号墓皆头北脚南，西为男，东为女。江苏连云港海州西汉侍其繇墓[③]头东脚西，南北并列，男在北，女在南。还有夫妻同穴合葬的也是这样，如天津北郊发现的一座西汉墓[④]即为土坑竖穴内并列两个木棺，死者头北脚南，西棺为男性，东棺为女性。江苏仪征烟袋山汉墓[⑤]同穴内一椁并列两棺，墓主头南脚北，男在东，女在西等等，这些都足以说明西汉时期存在这种"男右女左"的历史现象和事实，可以说这是当时全社会很大范围内思想意识在埋葬上的真实体现。

第六节　　土坑墓葬向砖室墓葬的过渡

　　土坑墓葬是中国汉地从古至今传统的埋葬方式，"入土为安"作为一种范围广大的习俗也一直是活着的人对自己和亲人的一种心理抚慰，也可以说是向社会的一种思想情感和境界的展示，所以历经几千年长盛不衰。正由于此，不同时期墓葬在形制、大小、棺椁、葬品等方面都向我们展示了各自不同的特色，才成为我们判定墓葬年代等方面的重要因素。

　　从考古发现资料看，中原和关中一带战国时期开始出现用空心砖做墓，两汉时期普遍使用，小砖墓也至迟在西汉中期出现于中原和关中地区，延续了数千年的、几乎一统的土坑墓葬习俗至此进入土、砖并存的时期。但是由于经济发展和文化意识的差别，不同地区砖室墓葬的出现和大量使用是不同的。就河北地区来说，砖室墓的出现要稍晚于上述地区。不仅如此，河北地区土坑墓向砖室墓何时过渡，最初的砖室墓形制究竟怎样也一直模糊不清，而高昌墓地发现的一批几乎为初始阶段砖室墓的发现正好有助于这个问题的解决。

　　高昌墓地中最早出现有砖的墓葬当为土坑墓 M42，只有铺地砖一层，随葬品中见有一枚半两钱币，未见五铢钱，随葬陶器较早，其时代也应在五铢钱出现之前。之后就是砖圹墓的出现，即前述 Ab 型砖室墓 M84、M91、M130 和 Bb 型砖室墓 M90，这种砖墓特点是无墓顶，墓室为长条形，砖圹从两面到四面不等，多无铺地砖，填土未经夯打，是最简单和原始的砖室墓，也可以理解它是不封闭的砖椁，或者说是砖和土圹壁圈成的椁。

① 屈盛瑞：《山西朔县西汉并穴木椁墓》，《文物》1987 年 6 期。
② 山东省博物馆、临沂文物组：《临沂银雀山四座西汉墓葬》，《考古》1975 年 6 期。
③ 南波：《江苏连云港市海州西汉侍其繇墓》，《考古》1975 年 3 期。
④ 天津市文物管理处：《天津北郊发现一座西汉墓》，《考古》1972 年 6 期。
⑤ 南京博物院：《江苏仪征烟袋山汉墓》，《考古学报》1987 年 4 期。

因为无顶，很难第二次使用，与传统意义上的砖墓还是存在明显的不同。

再就是有顶砖墓，即前述 Aa 型墓 M78、M93 和 Ba 型墓 M94，其共同的特点是长条形墓室，平砖盖顶，有铺地砖。M78 四壁砌法独特，北壁几层立砖贴圹壁而起。南面为较厚的一道墙壁，没有甬道和墓门。东西两壁更是砌成台阶形，下部离开圹壁一定距离，中间填以夯土，上面墙壁压在下面的夯土和砖壁之上，形成一个上大下小的墓葬空间。顶部用木头横搭形成平顶，之上平盖两成砖，形成六面有砖的砖木结构的新型墓室（图二九一）。与此相比，M93 墓室四壁为传统的平砖叠砌，但砖室内放置有较大型的木椁，椁顶盖板清晰可辨，顶上也平盖两层砖，形成六面皆砖的砖木结构（图二九二）。这种砖墓与传统意义上的砖室券顶或穹隆顶墓显然不同，当然也与空心砖墓不同，它是依靠木椁或木质顶板的承托，在上面平铺一层或两层砖为顶，砖顶本身与墓壁是割裂开的，所以木顶朽烂后砖顶即塌毁。这种墓另一个特点就是墓道方向上不见墓门，只是和其他方向的墓壁一样，而成熟砖墓大都设有墓门，是把死者和葬品放置好后才封上的，所以会形成相对独立的封门砖，可以多次方便的打开。

类似上面的砖框墓发现较多，1978 年河北省文物管理处在邢台市南郊北陈村发掘清理了一西汉晚期的封土大墓，长方形墓穴，四壁平砌砖槽（砖椁），地面铺成"人"字形，木板盖顶[1]。1960 年天津市文化局在河北任丘县清理了两座竖穴砖圹墓 M4、M3，作者根据墓葬形制、随葬品和五铢钱等认为两墓年代分别为西汉中期和东汉早期[2]。1985 年河北阳原发现的汉墓中，M1 定为汉武帝时期，M2 为昭宣时期，其特色是在木椁外垒一周大小石块[3]。阳原汉墓发掘简报作者认为这类墓以木架构为主，顶亦用木构架，因朽塌而不明，而且已经注意到这种木架构的现象，为探讨汉代土圹木椁墓向砖室墓的演变，提供了很有价值的资料。另外在附近的定州[4]以及山东的容城[5]、威海[6]、青州[7]、湖北襄樊[8]等地都出土有西汉中晚期的砖圹墓，特别是山东威海的西汉中晚期封土墓（M3）为竖穴砖椁，原木顶、砖椁下部稍离开圹壁，之间用沙土填实，上部贴圹壁再横砌四层平砖，和下面椁壁形成二层台，原木即横搭在二层台上。这种砖椁的形状和做法和 M78 几乎如出一辙。

但是高昌墓在砖圹和大型木椁上再用平砖封顶的做法确属少见，可以说是这一区域的一个特点，它既保留了原来土坑竖穴木质棺椁的传统埋葬习惯，又揉进了新式的砖砌墓壁、铺地、盖顶等内容，这种形式上的明显变化昭示着砖室墓繁荣时期的即将来临。但就其砖室的结构和使用看，远不如空心砖墓搭建的结实、持久，更比不上小砖券顶墓

①　河北省文物管理处：《河北邢台南郊西汉墓》，《考古》1980 年 5 期。

②　天津市文化局考古发掘队：《河北任丘东关汉墓清理简报》，《考古》1965 年 2 期。

③　河北省文物研究所：《河北阳原县北关汉墓发掘简报》，《考古》1990 年 4 期。

④　河北省文物研究所、保定市文物管理处、定州市文物保护管理所：《定州市南关墓地发掘简报》，《文物春秋》2004 年 4 期。

⑤　烟台市文物管理委员会：《山东容城梁南庄汉墓发掘简报》，《考古》1994 年 12 期。

⑥　威海市博物馆：《山东威海市蒿泊大天东村西汉墓》，《考古》1998 年 2 期。

⑦　山东省文物考古研究所：《山东青州市戴家楼战国西汉墓》，《考古》1995 年 12 期。

⑧　襄樊市博物馆：《湖北襄樊市毛纺厂汉墓清理简报》，《考古》1997 年 12 期。

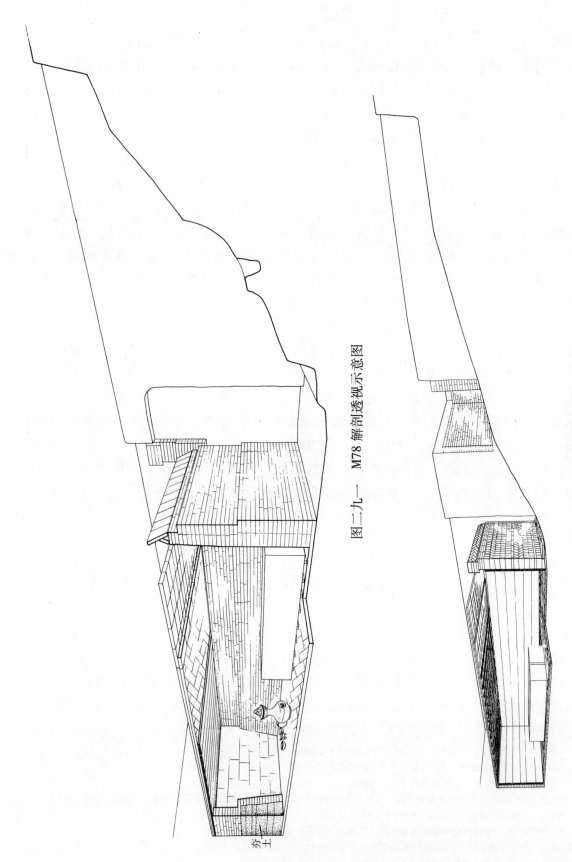

夯土

图二九一　M78 解剖透视示意图

图二九二　M93 解剖透视示意图

运用的科学，表现了非常原始的一面，应该说其平砖盖顶的做法同木椁顶没有多大区别，只是在砖圈墓上加盖平砖顶而已。

到了西汉末年，大片区域内已经可以较多见到砖券顶的墓葬了，如山西朔县秦汉墓中就发掘一座王莽前后的小砖券顶墓，有两层券顶和墓门[1]；陕西勉县也出有新莽时期的单砖券顶墓[2]等等。

综上所述，一段时期内，砖圹或砖圹平顶墓应是在砖券顶之前曾流行在一定区域内的墓葬形制，即土坑墓到砖室墓的一种过渡形式，其所处年代与上述诸多砖圈木顶墓所推断的时间也应相差不多，应在西汉中期以后，使用下限可能到东汉初期。

第七节　墓葬年代及墓主推测

131 座墓葬都没有出土确切纪年的东西，只有通过墓葬形制和随葬品的比较分析，大致判断出不同墓葬的相对年代。

一　战国时期墓葬

本期墓中的 M105、M106 墓壁斜直，口大底小，在以往发掘的战国墓葬中较为常见，如邯郸百家村战国墓[3]、中山国灵寿城外战国时期墓葬[4]和燕下都战国晚期平民墓[5]中就普遍存在，甚至燕下都战国时期的大型墓也是这样，石家庄、邯郸一带发掘的战国时期土坑墓也多见这种形状。另外 M105 南壁约中部有一龛，龛内放置一陶罐，这种设置壁龛且龛内放置随葬品的做法在战国墓中也较常见。

该时期墓葬与汉代墓葬相比长宽差别较小，人们常说的长 4 宽 3（4∶3）或长 3 宽 2（3∶2）即是战国时期墓葬土圹的大致概括，有的甚至几近方形。这种墓在河北及周边出土较多，如中山国灵寿城外战国中晚期墓葬中 M8007，土圹上口长 4.8、宽 3.94 米[6]。灵寿西岔头村的一座战国墓，长 2.1、宽 1.5 米，且口大于底[7]。河北迁西县大黑汀战国墓，M3 长 3.9、宽 3 米，M4 长 3.7、宽 2.4 米，并出有和高昌战国墓一样的玛瑙环[8]。山西潞城县，七号墓口南北长 6、东西宽 5.5 米，八号墓南北长 3.75、东西宽 2.90 米[9]。山西侯马战国、汉代墓，M1 长 2.78、宽 1.76 米，M3 长 3.54、宽 2.7 米[10]。而进入西汉时期，

① 平朔考古队：《山西朔县秦汉墓发掘简报》，《文物》1987 年 6 期。
② 郭清华：《陕西勉县金寨新朝墓葬》，《文物》1984 年 4 期。
③ 河北省文化局文化工作队：《河北邯郸百家村战国墓》，《考古》1962 年 12 期。
④ 河北省文物研究所：《战国中山国灵寿城——1975～1993 年考古发掘报告》，文物出版社，2005 年。
⑤ 河北省文物研究所：《燕下都》，文物出版社，1996 年。
⑥ 河北省文物研究所：《战国中山国灵寿城——1975～1993 年考古发掘报告》，文物出版社，2005 年。
⑦ 文启明：《河北灵寿县西岔头村战国墓》，《文物》1986 年 6 期。
⑧ 顾铁山、郭景斌：《河北省迁西县大黑汀战国墓》，《文物》1996 年 3 期。
⑨ 山西省考古研究所、山西省晋东南地区文化局：《山西省潞城县潞河战国墓》，《文物》1986 年 6 期。
⑩ 山西省考古研究所侯马工作站：《1990 年山西侯马战国、西汉墓发掘简报》，《文物》1993 年 7 期。

土坑竖穴墓葬逐渐变窄，而且愈晚愈窄长。高昌出土的土坑墓常见的长宽比在 2.5：1，小于 2：1 的很少。1998 年配合朔黄铁路建设在石家庄灵寿青廉战汉墓发掘中就出土了多座汉代的土坑墓，也有砖椁墓，其长宽之比多为 5：1，个别的达到 7：1。

随葬品有放置棺内体侧、腿侧、头部的，有放置棺外脚端的，还有放在壁龛内的，而放置在棺外脚端的为多见，这与中山国灵寿城外战国中、晚期墓葬和邯郸百家村战国墓一致，而与西汉土坑墓随葬品多放置在头前和身侧的现象有明显区别。

随葬品陶器组合是战国中晚期流行的鼎、豆、壶、匜、盆、罐等，器类相对于战国中期以前有简化趋势。器形上，鼎盖上无纽为战国中晚期作风；高领侈口平底壶在百家村、新乡杨岗①等战国墓中常见；陶匜流行手工随意捏成，口大致呈桃形，小口豆为直口、球形腹等这些都与中山国灵寿城战国中晚期随葬品相类似；另外出土的铜带钩、铜璜形饰、玛瑙环、镶嵌料珠等也是战国时期墓葬中的常见品。山东青州市戴家楼战国晚期墓②中出有三种铜璜形饰，分别是顶上加半圆形纽和顶身直接穿一孔的，一面皆模印有边廓线，有的有云纹图案，其形状和纹饰都能在 M82 璜形饰中找到同类。河北柏乡县曾出一战国中晚期墓葬③，墓中出有三种铜璜形饰。一种周缘凸起（有边廓），下端内角方折，顶有桥形纽，面饰卷云纹，高 6、下长 13 厘米。一种也有桥形纽，面饰几何纹，下面跨度小。另一种薄体，菱形，顶身上有圆穿。前两种见于高昌 M82 的璜形饰中，第三种未见。另外柏乡该战国墓中还出有一"圆角长方体"琉璃珠，中间一径 1 厘米的穿，珠身有多组"绿地蓝花"装饰。从其描述和照片看与 M65 出土的琉璃珠很相似，这种带穿且有镶嵌装饰的琉璃珠在中山王族"成公墓" M6 和"3 号墓"陪葬墓中皆有出土，虽然色彩不甚相同，但形状和装饰都大同小异。

综上，高昌 7 座战国墓下葬年代范围应该在战国中晚期。这 7 座墓分散埋葬，是该墓地最早一批居民。墓葬规模和随葬品上有所不同，但贫富差别不会很大，推测应是农村中有一定经济实力的贫民或小地主。

二 两汉时期墓葬

92 座西汉时期竖穴土坑墓和 20 座汉代砖室墓从墓葬形制和随葬品看基本涵盖了两汉时期的不同阶段，也是这次发掘的主体。随葬品中没有发现确切的纪年东西，所见文字有一枚铜印上的文字不能辨识；少数陶器口、肩、腹等部位刻划有单字和符号，多不能辨识，可辨识的字有"曲逆"、"北张"、"刑"、"火"、"石"等，应该说有地名有姓氏，推测主要和这些物品的制造地和制作者有关，其中特别值得一提的是"曲逆"二字，共出现 6 次，分别戳印在 5 个高领罐肩部和 1 个大口罐底部。"曲逆"一词，见于《唐县县

① 新乡市博物馆：《河南新乡杨岗战国、两汉墓发掘简报》，《考古》1987 年 4 期。
② 山东省文物考古研究所：《山东青州市戴家楼战国西汉墓》，《考古》1995 年 12 期。
③ 柏乡县文物保管所：《河北柏乡县东小京战国墓》，《文物》1990 年 6 期。

志》①："唐河至大洋（西大洋，今西大洋水库）南氾水西始分水东注开渠灌田曰广利渠，东流 70 里入完县曲逆河，唯沙久淤，今仅通 30 余里。又：禹分天下为九州，商周因之，至秦名为曲逆，隶上谷，以曲逆河得名也。汉文帝征韩王信溃白登围，至此登城叹曰：壮哉！城吾遍行天下，独见洛阳于是耳。嘉陈平计，盖封二千户，改封户牖为曲逆侯。汉章帝丑其名，改为蒲阴，取在蒲水之南也，隶幽州直隶完县。"又《完县县志》② 也有完县"秦时为曲逆，汉为蒲阴"的记载。由此可知，"曲逆"是完县秦汉时期一定阶段的称谓，亦即现在的顺平县的一部分。曲逆因河而得名，沿用时间从秦一直到汉章帝。很显然高领罐上的"曲逆"二字应是地名而非河名，在此可以理解为"曲逆造"，是当时的高昌人购买的曲逆产品。另有 M93 耳室的一块砖上划有"大富"二字，此应系窑工所为，与河北蠡县约东汉中期墓葬一砖上划有"贵人大寿"③ 一样，异曲同工，是吉祥用语，反映出普通百姓对未来生活的良好愿望。

两汉墓共出土钱币 150 枚以上，有"半两"、"五铢"和"货泉"三种。虽然钱币不能判定墓葬的确切年代，但是在两汉时期，钱币又是一个较为特殊的时期，它历经了从比较混乱到一统的时期，从汉初的"夹钱"、"八铢半两"到文帝的"四铢半两"，从汉武帝的"有榑半两"到削"半两"钱更铸"三铢"钱，再到元狩五年（前 118 年）的郡国"五铢"的大量使用等等，可以说每次钱币的兴废都成为考古墓葬年代判定中有力的佐证。

从出土的 150 多枚钱币看，大致分为半两（A、B、C、D 四型）、五铢（A、B、C、D、E 五型）、货泉三种。对照有关资料，从钱币铸造和流行时间上可分之为四个阶段：第一阶段即半两钱流行时期，即西汉早期；第二阶段是 A、B 型五铢共同流行时期，A、B 型五铢包含了《满城汉墓》中的 Ⅰ、Ⅱ、Ⅲ 型五铢钱④，同时又分别相当于《洛阳烧沟汉墓》⑤ 中的第一型和第二型。这两型五铢钱文以"五"字较窄，交笔直或弯曲，"朱"头方折，下弧折为主要特征，同时常见有穿下一星、半星或穿上横郭等记号钱。从大量出土资料看，这两种钱币从武帝元狩五年开始到王莽货币之前一直是墓葬随葬钱币的主流，《洛阳烧沟汉墓》也认为第一型是武帝时的，第二型则可能包含了西汉中期至王莽前各代。故其流行年代也当与西汉中晚期为伴；第三阶段是 C、D 型五铢或 C、D、E 型五铢和货泉共存时期，其钱文"五"字较宽，交笔弯曲，"金"头三角和箭头形并存，四点较长，"朱"字上下弧折为主要特征，当然也有少数"朱"字是上方折下弧折的，钱币正面除一枚上有穿四星外已很少看到穿上横郭、穿下半星、一星等类的记号了。其流行年代当在西汉末到东汉早期前后。第四阶段是 C、D、E 型五铢时期，大致年代为东汉中晚期。

---

① 唐县县志编辑委员会：《唐县县志》。
② 完县县志编辑委员会：《完县县志》。
③ 河北省文物研究所：《蠡县汉墓发掘记要》，《文物》1983 年 6 期。
④ 中国社会科学院考古研究所、河北省文物管理处：《满城汉墓发掘报告》，文物出版社，1980 年。
⑤ 中国科学院考古研究所：《洛阳烧沟汉墓》，科学出版社，1959 年。

从以上四个阶段钱币对应的墓葬形制、器物型式和有关发表资料看，其年代次序也基本符合，可分高昌两汉墓葬为五期：第一期即西汉早期，为出土"半两"墓葬为代表的时期，皆为土坑墓；第二、三期为西汉中、晚期，即出A、B型钱币墓葬为代表的时期，为土坑墓、砖室墓并存时期；第四期即出C、D型五铢或与"货泉"共存的墓葬，土坑墓已经很少；第五期即C、D、E型五铢的墓葬，数量很少。

从表中统计看，第一期出土"半两"的墓葬有M3、M5、M10、M12、M13、M14、M16、M17、M23、M25、M29、M37、M42、M49、M52、M55、M59、M67、M73、M103、M108、M122、M127，另M34中一枚粉碎钱币也应是半两钱，所以出半两钱的墓葬共有24座，钱43枚。再结合随葬品中最具代表性的陶器看，出半两钱的24座土坑墓中，有11座墓没有被盗扰，分别是M5、M10、M12、M13、M14、M16、M17、M29、M34、M42和M55，其中陶器组合有前述第一类只出陶罐的M16、M17；第二类罐、碗组合的有M10、M12、M13、M14、M34、M42、M55共7座；第三类罐、碗和鼎、壶、瓮等的组合有M5、M29共2座。第一类陶器型式组合为单独的AⅠ式罐或AⅠ式罐和CⅠ式罐同出；第二类组合中出土有AⅡ式罐、BaⅠ式罐、BaⅡ式罐、CⅠ式罐、CⅡ式罐、DⅠ式罐、EⅠ式罐、JaⅢ式罐、A型碗、B型碗以及少数墓的男女侍俑、驭手俑、马、狗、车轮等；第三类组合中出土有BⅠ式鼎、AⅡ式壶、BⅠ式壶、JaⅢ式罐、BⅠ式瓮、C型瓮、A型碗、B型碗以及男女侍俑、驭手俑和马、车轮等。

而未出土半两钱和五铢钱的所有墓葬中，出有以上陶器型式和组合，连同墓葬形制和排列可归入该期的墓葬有M1、M2、M4、M6、M7、M8、M9、M15、M20、M27、M28、M31、M33、M35、M36、M38、M39、M40、M41、M43、M45、M46、M48、M50、M51、M53、M54、M56、M58、M60、M62、M63、M68、M69、M71、M72、M74、M75、M76、M83、M86、M87、M95、M96、M97、M98、M99、M101、M104、M107、M113、M115、M116、M117、M118、M121、M123、M124、M125、M126计60座，再加上上面24座，共计84座。

84座汉代第一期墓中实际上也存在早晚关系，比如比较典型的侈口有领鼓腹罐（A型罐）就是从Ⅰ式的圆球形甚至扁球形腹发展到Ⅱ式的腹部稍长，侈口垂腹罐（Ba型罐）从口沿稍高而宽发展到口沿低而窄，折肩罐（C型罐）从腹部最大径偏下发展到直壁再到下腹变小，盘口壶（A型壶）从盘口明显、足似倒置的盘发展到盘口不明显和圈足外撇等等。器物纹饰也有变化，如侈口有领鼓腹罐、折肩罐、穿孔罐等下腹和底部的拍印纹饰早些的多稍细的绳纹，而晚些的多较粗的篮纹等。但我们觉得该期资料不容易再细分，有的是特征不明显，有的是不同的器物表现的早晚不甚一致，有的器物如碗从造型上就分不出早晚，所以第一期还是以不再细分为宜。

本期陶罐、碗是日常生活中最常用的器皿，以罐或罐、碗的组合随葬占去了墓葬总数的三分之二以上，若加上罐、盆或碗、盆组合则更是占到了墓葬总数的几近九成，可以说其随葬品趋向于简单而贴近生活。另一方面，代表一定身份和经济实力的鼎、壶类礼器组合却相对不多，40 座未被盗扰墓葬中只有 3 座出土，而同时期京城一带同类墓葬中却是大量继续着战国以来的传统，把鼎、豆、壶（钫）的礼器组合换成了鼎、盒、壶（钫）的礼器组合，如《龙首原汉墓》[①] 发表的 42 座西汉时期土坑墓或洞室墓中，随葬鼎、盒、壶（钫）或鼎、壶或盒、壶这种组合的墓就有 29 座之多，这还是墓葬大部分被盗情况下统计出的结果。《长安汉墓》[②] 报告中这种组合的墓葬比例也很大，报告把 139 座墓葬分为四期，出有上述组合的墓葬主要集中在前两期，计出鼎 90 件、盒 142 件、钫 44 件、壶 107 件等。这种现象一方面反映出该地区经济方面的相对落后，另一方面也说明了传统"礼制"在汉代这一地区进一步的弱化，代之的是简单实用的新形式。

第二、三期出土有 A、B 型钱币的墓葬有 M11、M57、M66、M78、M79、M81、M84、M89、M90 共计 9 座。9 座墓随葬品中的陶器组合可分以下几种情况，第一种是 M11 的 AⅡ式罐、BaⅡ式罐组合即罐与罐的组合；第二种是 M66 的 AⅡ罐与 A 型碗的组合即罐与碗的组合；第三种是 M32 的 C 型鼎、AⅢ式壶、A 型碗、A 型瓮等即鼎、壶、碗、瓮的组合；第四种是 M57、M78、M81 的 BⅡ式鼎、BⅡ式壶以及二者和罐、盆、盒、盘、瓮等的组合；第五种是 M79 的 BⅡ式瓮和壶、奁、瓿组合；第六种是 M84、M89 的 F 型罐、G 型罐、L 型罐或 E 型罐、F 型罐、L 型罐的罐类组合；第七种是 M90 的 DⅡ式罐、E 型罐、M 型罐和 AⅡ式盆的组合。

七种陶器组合中，前三种陶器组合是第一期墓葬常见的组合形式，但陶器型式有了部分变化，此外多了五铢钱。另外陶质和陶器组合与此三种相同或相近的未出 A、B 型五铢钱币的墓葬还有 M30、M109，加上前述 M11、M32、M66 共计 5 座。

后面四种陶器组合显与西汉早期及前三种诸陶器组合不一样，如第四种组合中虽然仍还见有鼎、壶、罐类的器物，但型式上明显发生了变化，而且加进了盒、盘、盆的内容；后面三种组合更是变化明显，出现了此前未曾有过的各种罐类；陶质上也有明显变化，原来清一色的泥质灰陶有相当一部分成了夹云母灰陶了，有焕然一新之感。另外陶器组合与后面四种相同或相近而未出 A、B 型五铢钱币的墓葬还有 M80、M85、M88、M91、M92、M93、M94、M129、M130，加上前述的 M57、M78、M79、M81、M84、M89、M90 共计 16 座。

综上，西汉中晚阶段墓葬之间从形制和陶器组合等方面看都不甚一致，而且比较容易区分早晚，故把更接近第一期即西汉前期陶器质地和组合的墓葬归入第二期，把陶质和陶器组合有了明显变化的一批墓葬归入第三期。

第二期墓葬有 M11、M30、M32、M66、M109 共 5 座，皆土坑墓葬，陶器质地和组合都基本同西汉早期，器物形态有了部分变化，而且还多了五铢钱，因此时间上应该是连续的，大约相当于西汉中期的武、昭、宣时期。

第三期墓葬有前述 16 座，其中 M57、M81、M89 为土坑墓，其余皆为砖室墓葬。砖

① 西安市文物保护考古所：《西安龙首原汉墓》，西北大学出版社，1999 年。
② 西安市文物保护考古所、郑州大学考古专业：《长安汉墓》，陕西人民出版社，2004 年。

室墓中多种型式都已出现和存在，有 Aa 型、Ab 型、B 型、C 型等。砖室墓中多用砖框和一木棺逐渐替代了原来的一棺一椁，前述土坑墓向砖室墓过渡的形制主要流行在本期，但它的发生似应早到中期前后。随葬品方面也发生了明显变化，种类更趋向简单化，虽还保留了一些早期器物罐、瓮下腹及底使用拍印纹饰的传统方法，但数量上明显减少，且拍印纹饰较粗。陶质上夹云母数量大增，平底罐明显增多，各种新式的罐或罐、瓮或罐、盆的组合较为普遍。型式上有 DⅡ 式直口球腹罐、E 型侈口鼓腹小罐、F 型盘口鼓腹罐、G 型双唇罐、M 型盘口重唇鼓腹罐、HⅡ 式双耳罐、Ⅰ 型敛口鼓腹罐、K 型侈口弧腹罐、L 型球腹带纹罐、AⅡ 式盆、BⅡ 式瓮等。当然仍有少数如 M57 还保留有早期的鼎、壶等器物组合和明显的器物形态上的承继关系，但很显然已非主流。

随葬品和第二期一样可资参照的资料不多，河北阳原三汾沟西汉晚期墓 M9 出土的 B 型铜铺首[1]、徐州石桥汉墓 M2 出土的铜铺首[2]以及山东济宁师专 M11 的漆器附件鎏金铜铺首[3]等都与本期 M94 出土的铜铺首基本一样。其埋葬时间上也应与西汉中期的 5 座墓是大致连续的，时间约当宣帝后的西汉晚期。

第四期皆为砖室墓，钱币主要是 C 型或 C、D 型五铢同出，个别墓中还出有货泉。结合墓葬形制和随葬品分析，该期墓葬有 M61、M64、M70、M114、M120、M131 共 6 座，以墓道稍偏于一边的"刀"形墓（B 型）为多见。墓顶情况皆不明，有的仍可能无顶，和第三期墓一样尚处于不成熟砖墓阶段。随葬品方面发生较大变化，第三期比较单一的陶罐、瓮的现象不复存在，代之的是罐、盆、盘、壶、镈、奁、耳杯、勺、案、灯、院落以及仓、灶、井等完全新式的一类陶质随葬品。

在襄樊毛纺厂曾清理过 5 座西汉晚期砖室墓葬，其中有一刀形墓，其余 4 座皆未见墓道，且墓顶多不明，地砖随意铺成，随葬品有仓、灶、井、磨、瓮、壶、猪等[4]；重庆巫山、永田湾两汉墓葬中的 M5 也是"刀"形墓，砖室木顶，墓中随葬有陶壶、罐、仓、灶以及"大泉五十"等钱币，原作者认为墓葬处于王莽或稍后时期[5]。洛阳五女塚也出有新莽时期墓葬，已是穹隆顶、券顶并用，随葬有耳杯、井、灶、奁、瓮等[6]。

从以上资料分析，第四期与第三期的年代上应是连续的，大致在西汉末至东汉早期。

第五期只有 M100，为双墓道砖墓。随葬陶器同第四期区别不大，也是罐、奁、耳杯、勺、案、灯、院落以及仓、灶、井等。这种双墓道砖墓所见不多，上世纪 50 年代石家庄北宋村曾出土过一座东汉晚期墓，编号 M2，该墓系东西并列的双室双墓道砖墓[7]，与高昌 M100 相比，北宋村 M2 坐北朝南，墓道在南，和高昌 M100 正相反，相同的是两

①　河北省文物研究所、张家口地区文化局：《河北阳原三汾沟汉墓群发掘报告》，《文物》1990 年 1 期。
②　徐州博物馆：《徐州石桥汉墓清理报告》，《文物》1984 年 11 期。
③　济宁市博物馆：《山东济宁师专西汉墓群清理简报》，《文物》1992 年 9 期。
④　襄樊市博物馆：《湖北襄樊市毛纺厂汉墓清理简报》，《考古》1997 年 12 期。
⑤　武汉市文物考古研究所、巫山县文物管理所：《重庆巫山永田湾东周、西汉墓发掘简报》，《文物》2005 年 9 期。
⑥　洛阳市第二文物工作队：《洛阳五女塚新莽墓发掘简报》，《文物》1995 年 11 期。
⑦　河北省文物管理委员会：《石家庄市北宋村清理了两座汉墓》，《文物参考资料》1959 年 1 期。

者东西两墓室皆各自独立，中间互不相通。只是 M100 墓道与墓室相接处多了一个横向的墓室，从残状看，有小门与其中一边墓室过道相通。北宋村墓内出土有陶鸡、陶狗、陶耳杯、陶方案、陶奁、陶楼以及铅车马饰件、铜带钩、铜剪轮五铢等，特别是陶耳杯、方案、奁等都与高昌 M100 的同类出土物相同，所以两者年代也应相去不远。另在山西离石出土的熹平四年墓①中出土有厚方唇，斜直壁，内壁约中部在轮制时用刀削出一周凹槽，使盘内底形成一凸起或凹下的圆形，这与 M100 中出土的盘一致。离高昌不远的定县43 号东汉晚期墓中②出土了陶质的盘、案、奁、耳杯、楼、鸡、狗、井、灶等，特别是其中的陶盘、方案等与高昌 M100 中出土的同类器如出一辙。河北迁安于家村的一座东汉晚期墓③中也出有陶楼、井、灶、陶连枝灯以及陶鸡、鸭、狗、猪等，这种陶器也是大面积范围内东汉中晚期墓中常见的随葬品组合。另外从墓中出土的 20 多枚铜钱看，大多锈蚀不清，钱币制作不甚精致，钱文不甚清晰，"五"字交笔弯曲，"铢"字的"金"字头三角较大，"朱"字的四点较长等，都是东汉时期五铢的特征，所以高昌 M100 的下葬年代应在东汉中晚期。

三　北朝至隋代墓葬

该时期墓葬共 6 座，坐北朝南，有南向墓道。M24 除外，皆为小型砖筑单室墓，方向一致，分布较集中在南区东半部，应是家族墓地的一部分，分布和形制上看其埋葬时间相距也不会太远。其形制上最大的特点是砖室两或三边墓壁外弧，这是流行在河北一带魏晋以降至隋唐之际常见的墓葬形制。墓中出土的假圈足足心内凹的红陶碗和红、灰陶宽平折沿盆和盆沿面外侧凸起形成沿面上一周凹槽等是北朝至隋唐时期陶盆口沿中流行的做法。

其中的 M21、M22、M24 三座墓室皆为南宽北窄的梯形，M19、M26 不甚明显，这种形制较多见于北朝至隋时期墓葬中，如山东济南马家庄北齐道贵墓④即墓道在南，墓室呈南宽北窄的梯形，不同的是墓道呈竖穴式。太原发现的北齐库狄业墓⑤墓道在南，墓室南宽北窄，墓中出土的红陶碗内凹的底足和整体造型都和高昌墓出土的红陶碗相似。太原西南郊的北齐纪年洞室墓⑥也是南向墓道，梯形墓室。墓中出土的陶碗为尖唇，敞口，深腹，实心足外撇足心内凹等都与高昌该时期墓中出土的红陶碗一致。较远的如宁夏固原也出有北周和初唐时期的梯形墓⑦等等。

6 座墓中 M22 出有北齐"五行大布"1 枚、隋"五铢"5 枚，M26 出隋"五铢"1

① 山西省考古研究所等：《山西离石再次发现东汉画像石墓》，《文物》1996 年 4 期。
② 定县博物馆：《河北定县 43 号汉墓发掘简报》，《文物》1973 年 11 期。
③ 迁安县文物保管所：《河北迁安于家村一号汉墓清理》，《文物》1996 年 10 期。
④ 济南市博物馆：《济南市马家庄北齐墓》，《文物》1985 年 10 期。
⑤ 太原市文物考古研究所：《太原北齐库狄业墓》，《文物》2003 年 3 期。
⑥ 山西省考古研究所：《太原西南郊北齐洞室墓》，《文物》2004 年 6 期。
⑦ 宁夏回族自治区博物馆、宁夏固原博物馆：《宁夏固原北周李贤夫妇墓发掘简报》，《文物》1985 年 11 期。

枚，结合上面墓葬形制看，这 6 座墓年代约在北朝后期至初唐。

另外 6 座墓中还存在一特殊埋葬现象，就是 M19、M22 两墓北壁上掏挖一洞室，也是不多见的现象。从骨架看，洞室墓中埋葬一未成年小孩，成为砖、洞混合的特殊合葬墓。这种现象反映出活着的人们对未成年人非正常死亡的一种同情，也是长者生前对后辈关怀、爱护的写照。上世纪 90 年代在石家庄岳村铺曾出一北齐时砖室墓葬①，墓中虽没有与之一样的洞室，但却是一男一女和一未成年孩子的合葬之地，和这种形式的合葬有着异曲同工之理。

该时期墓葬被盗严重，出土文物很少，更谈不上精美，墓葬规模除 M24 外都不大，且多有半头砖拼凑的现象，墓主人应是农村中有一定经济实力的平民。M24 墓葬规模稍大，墓道较长，呈三级台阶式，墓主人可能是下层官吏，寓意后人要"连升三级"。

四　宋代墓葬

M112 从出土瓷碗底部墨书看墓主为"王德"。圆形墓葬是隋唐以降至元代流行于河北、山西等地区的一种形式，墓底整个北半部设棺床也是唐宋时常见的做法。随葬品以瓷器为主，碗皆白瓷，圆唇，敞口，圈足，内底有三个或多个支钉痕，釉下多施有化妆土，外壁施半釉等都具有北宋时期北方瓷器的特征。墓中出土有北宋"景德元宝"钱币，可知墓葬年代上限当为北宋真宗时期。

五　清代墓葬

M47 为土坑竖穴墓，随葬有银饰件，头前放置镇墓瓦，瓦上墨书祭文和符号的做法为清代以来常见，"道光通宝"的出土说明该墓是不早于清代中期的平民墓葬。

第八节　结　语

这次发掘的 131 座墓葬虽然不是整个墓地的全部，但可以说基本代表和反映了高昌墓地的全部内容，从战国时期的第一批"零散居民"到西汉时期大批新"居民"的"入住"，从西汉时期开始出现的竖穴砖框墓到东汉时期的多室砖墓，跨越了两晋时期的空白，再到北朝、隋代颇有特点的砖室墓等等，都分别再现了该地区在埋葬方面不同时期的一些特点，可以说是不可多得的考古资料。

从总体分布上看高昌墓地最早的"居民"零散分布在阴坡，到西汉时期占据阳坡大部分地方的同时，阴坡的土地也被较多的占用，成为该墓地"居民"最多的时期。东汉时期因阳坡被占殆尽转而大多埋葬到阴面。到北朝、隋代再次进占阳面并和汉墓形成"杂居"。宋后墓葬更是零星"混居"其间，形成了一处围绕中部石丘的不同时期不同风

---

① 河北省文物研究所：《河北省考古文集》第一辑，燕山出版社，1998 年。

格墓葬混杂的大型墓地，墓葬之间没有明显的界限可寻，且墓主人绝大多数都是普通百姓，是一处典型的"万民墓地"。

高昌墓地中的几座战国时期墓葬是该地区常见的"宽短"型竖穴式土坑墓葬，也是商周以来北方地区传统竖穴式土坑墓葬形式的继承和延续，连同夯打的填土、木质棺椁结构、棺椁下使用垫木、随葬品多放置在棺椁之间，以及个别墓葬仍保留有壁龛等做法都为早期墓葬所流行。随葬品中的陶器是常见的鼎、豆、壶、盆、匜、罐之类，多非实用的随葬明器，其他如铜、铁带钩、铜璜形饰、铜铃、滑石璧、玛瑙环等都是战国时期平民墓葬所流行的随葬品，和中山国国都一带同时期墓葬相比，高昌墓葬随葬品种类偏少，陶器个体较小，色不纯正，且多见夹云母陶质等等。

两汉时期墓葬是高昌墓地的主体，共发掘112座，墓葬数量虽多，但由于除了钱币之外没有确切的纪年资料，故大致分之为西汉早期、西汉中期、西汉晚期、西汉末到东汉早期和东汉中晚期五个时期。两汉上承秦代，是中国大统一的开始，但和关中等地区相比，同时期同类墓葬形制和随葬品上都表现出较大的差异，即便与河北等相毗邻地区的同时期同类墓葬相比也存在很多不同之处，分期断代等也存在较大困难。究其原因，除了由于地域因素经济发展不平衡和各地不同传统的承继外，主要还有以下两方面因素：其一是随葬品中以陶器为主，古代陶器制作包括就地取材、拉坯成形、修坯、拍印纹饰、捏制等等主要都是手工制作，个性特点突出，而且陶器制作、运输、买卖都有很强的地域性，所以出现在不同地域的随葬陶器很不一致。另一个重要因素是西汉是由农民起义推翻秦王朝建立起的国度，这种由农民起义领袖成为最高统治者的事实结果打破了"王侯将相有种"的传统理念，给当时的社会和广大民众带来了思想观念的深刻变化，并深深地影响着汉后各朝代。表现在墓葬上是较多的个性化的墓葬形制和随葬品，所以汉代才会有"礼崩乐坏"和"僭越"现象的普遍存在。

同时西汉时期土坑墓葬同样也继承和延续了商周以来特别是战国时期墓葬的一些传统做法，比如夯打的填土、棺椁结构、棺椁下垫木、个别仍有保留的壁龛、棺椁之间放置的随葬品、死者口含钱币、随葬铜带钩以及传统的随葬陶礼器鼎、壶等等。但是更多的是融入了自己的特色——一种流行于广阔地域内的时代特色，比如土坑墓圹逐渐狭长而浅、棺椁下并列的数道垫土条、夫妇并穴埋葬的流行、随葬品大多放置在死者头前的棺椁之间；随葬品方面鼎、豆、壶、匜等的组合不再，尚存的还可见有鼎、壶等陶礼器，但已不是最盛行的组合形式，代之的是最普通的生活用具陶罐、碗、瓮、盆一种或几种的随意组合；还有在陶鼎和陶瓮、罐等器内普遍放置肉食和粮食的习俗以及随葬陶俑等模型明器的盛行等等。

约在西汉中期武帝前后，高昌墓地也跟随时代的潮流，进入了砖室墓盛行的时期。从最简单的只有铺底砖墓开始，经西汉晚期的砖框无顶墓、砖框平顶墓到东汉时期的券顶单室墓和券顶多室墓，可以说砖室墓从无到有，从初始逐渐走向成熟，高昌墓地的先民们给我们描绘了一幅生动形象的历史图卷。值得庆幸的是，高昌墓地历经两千多年风雨尘埃又屡遭盗掘、破坏，仍能以它独有的风姿展现在世人面前，让人们有机会重温那久远的记忆，去想象这块土地上曾经的故事。

东汉以后，高昌墓地长时间归于平静，只是偶有后来者插足其间，展示一下那个时代流行款式而已，可惜今天我们只能推断其大约的埋葬时代，却已经无法考察出他们和早先"入住"者存在的关系了。

附表

高昌墓地出土器物登记表

总序号	类别	型式及器物名称	保存状况	数量	墓葬及编号	出土时间	备注
1	灰陶	C 型瓮	好	1	06 高昌 M1：1	06.6.2	
2	灰陶	马	残	1	06 高昌 M1：2	06.6.2	
3	灰陶	C 型 II 式罐	残	1	06 高昌 M1：3	06.6.2	
4	灰陶	女侍俑	残	1	06 高昌 M1：4	06.6.2	
5	灰陶	A 型 II 式壶	残	1	06 高昌 M1：5	06.6.2	有盖
6	灰陶	A 型 II 式壶	残	1	06 高昌 M1：6	06.6.2	有盖
7	灰陶	B 型 I 式鼎	残	1	06 高昌 M1：7	06.6.2	有盖
8	灰陶	B 型 I 式鼎	残	1	06 高昌 M1：8	06.6.2	有盖
9	铜	带钩	残	1	06 高昌 M1：9	06.6.2	形状不明
10	灰陶	女侍俑	好	1	06 高昌 M1：10	06.6.2	
11	灰陶	C 型 II 式罐	好	1	06 高昌 M2：1	06.6.25	
12	灰陶	Ja 型 III 式罐	稍残	1	06 高昌 M2：2	06.6.25	
13	灰陶	A 型碗	残	1	06 高昌 M2：3	06.6.25	
14	灰陶	A 型碗	好	1	06 高昌 M2：4	06.6.25	
15	灰陶	A 型 II 式罐	好	1	06 高昌 M2：5	06.6.25	
16	灰陶	A 型 II 式罐	好	1	06 高昌 M2：6	06.6.25	
17	灰陶	C 型瓮	残	1	06 高昌 M3：1	06.6.25	
18	灰陶	B 型 I 式鼎	残	1	06 高昌 M3：2	06.6.25	有盖
19	灰陶	B 型 I 式鼎	残	1	06 高昌 M3：3	06.6.25	有盖
20	陶	B 型 I 式壶	残	1	06 高昌 M3：4	06.6.25	
21	灰陶	A 型 II 式壶	残	1	06 高昌 M3：5	06.6.25	
22	铜	钱币	残	3	06 高昌 M3：6	06.6.25	半两
23	铁	镞	锈烂	不清	06 高昌 M3：7	06.6.25	
24	灰陶	B 型 I 式瓮	残	1	06 高昌 M4：1	06.6.22	夹云母
25	灰陶	Ba 型 II 式罐	残	1	06 高昌 M4：2	06.6.22	

（续附表）

总序号	类别	型式及器物名称	保存状况	数量	墓葬及编号	出土时间	备注
26	灰陶	B型I式鼎	残	1	06高昌M4：3	06.6.22	
27	灰陶	A型碗	残	1	06高昌M4：4	06.6.22	
28	灰陶	A型II式壶	残	1	06高昌M4：5	06.6.22	
29	灰陶	女侍俑头	残	1	06高昌M4：6	06.6.22	
30	灰陶	B型I式壶	残	1	06高昌M4：7	06.6.22	
31	灰陶	A型II式壶	残	1	06高昌M4：8	06.6.22	
32	灰陶	B型I式鼎	残	1	06高昌M4：9	06.6.22	
33	灰陶	K型罐	残	1	06高昌M4：10	06.6.22	
34	铜	带钩	残	1	06高昌M4：11	06.6.22	形状不明
35	灰陶	马	残	1	06高昌M5：1	06.6.25	
36	灰陶	车轮	残	1	06高昌M5：2	06.6.25	
37	灰陶	驭手俑	残	1	06高昌M5：3	06.6.25	
38	灰陶	女侍俑	残	1	06高昌M5：4	06.6.25	
39	灰陶	俑（泥胎）	碎	1	06高昌M5：5	06.6.25	未取
40	灰陶	车轮	残	1	06高昌M5：6	06.6.25	
41	灰陶	Ja型III式罐	残	1	06高昌M5：7	06.6.25	
42	灰陶	A型碗	残	1	06高昌M5：8	06.6.25	
43	灰陶	B型I式鼎	残	1	06高昌M5：9	06.6.25	
44	灰陶	A型碗	残	1	06高昌M5：10	06.6.25	
45	灰陶	A型II式壶	残	1	06高昌M5：11	06.6.25	
46	灰陶	A型II式壶	有裂缝	1	06高昌M5：12	06.6.25	
47	灰陶	B型I式瓮	碎	1	06高昌M5：13	06.6.25	夹云母
48	灰陶	B型I式鼎	碎	1	06高昌M5：14	06.6.25	
49	灰陶	A型碗	碎	1	06高昌M5：15	06.6.25	
50	铜	钱币	残	1	06高昌M5：16	06.6.25	半两
51	铜	指环	好	1	06高昌M6：1	06.6.25	
52	灰陶	A型碗	残	1	06高昌M6：2	06.6.25	
53	灰陶	C型I式罐	残	1	06高昌M7：1	06.6.25	
54	灰陶	A型I式壶	残	1	06高昌M7：2	06.6.25	
55	灰陶	A型I式罐	残	1	06高昌M8：1	06.6.26	
56	灰陶	D型I式罐	好	1	06高昌M9：1	06.6.24	夹云母
57	灰陶	A型II式罐	好	1	06高昌M9：2	06.6.24	

（续附表）

总序号	类别	型式及器物名称	保存状况	数量	墓葬及编号	出土时间	备注
58	灰陶	A 型 II 式罐	好	1	06 高昌 M9：3	06.6.24	
59	灰陶	A 型碗	好	1	06 高昌 M9：4	06.6.24	
60	灰陶	A 型碗	好	1	06 高昌 M9：5	06.6.24	
61	灰陶	A 型碗	残	1	06 高昌 M9：6	06.7.11	
62	铜	铃	好	1	06 高昌 M10：1	06.6.26	
63	铜	铃	好	1	06 高昌 M10：2	06.6.26	
64	骨	串饰	缺	1	06 高昌 M10：3	06.6.26	
65	铜	钱币	好	1	06 高昌 M10：4	06.6.26	半两
66	灰黄陶	E 型罐	好	1	06 高昌 M10：5	06.6.26	夹云母
67	灰陶	E 型罐	好	1	06 高昌 M10：6	06.6.26	夹云母
68	灰陶	C 型 I 式罐	好	1	06 高昌 M10：7	06.6.26	
69	灰陶	D 型 I 式罐	好	1	06 高昌 M10：8	06.6.26	夹云母
70	灰陶	A 型碗	好	1	06 高昌 M10：9	06.6.26	
71	漆器		朽烂	1	06 高昌 M10：10	06.6.26	
72	泥	俑	烂	1	06 高昌 M10：11	06.6.26	未提取
73	铜	钱币	好	1	06 高昌 M11：1	06.6.23	五铢
74	灰陶	Ba 型 II 式罐	好	1	06 高昌 M11：2	06.6.23	
75	灰陶	A 型 II 式罐	好	1	06 高昌 M11：3	06.6.23	
76	灰陶	A 型 II 式罐	好	1	06 高昌 M11：4	06.6.23	
77	灰陶	C 型 III 式罐	残	1	06 高昌 M12：1	06.6.29	
78	灰陶	A 型 II 式罐	好	1	06 高昌 M12：2	06.6.29	
79	灰陶	A 型 II 式罐	好	1	06 高昌 M12：3	06.6.29	
80	灰陶	A 型碗	残	1	06 高昌 M12：4	06.6.29	
81	灰陶	Ba 型 II 式罐	残	1	06 高昌 M12：5	06.6.29	
82	灰陶	A 型碗	残	1	06 高昌 M12：6	06.6.29	
83	灰陶	A 型碗	残	1	06 高昌 M12：7	06.6.29	
84	灰陶	Ja 型 III 式罐	残	1	06 高昌 M12：8	06.6.29	
85	铜	钱币	好	1	06 高昌 M12：9	06.6.29	半两
86	灰陶	C 型 III 式罐	残	1	06 高昌 M13：1	06.7.1	
87	灰陶	A 型 II 式罐	残	1	06 高昌 M13：2	06.7.1	
88	灰陶	A 型 II 式罐	好	1	06 高昌 M13：3	06.7.1	
89	灰陶	Ba 型 II 式罐	残	1	06 高昌 M13：4	06.7.1	

（续附表）

总序号	类别	型式及器物名称	保存状况	数量	墓葬及编号	出土时间	备注
90	灰陶	A 型碗	好	1	06 高昌 M13：5	06.7.1	
91	铜	钱币	残	1	06 高昌 M13：6	06.7.1	半两
92	铜	钱币	锈	1	06 高昌 M14：1	06.6.25	半两
93	灰陶	Ba 型 II 式罐	好	1	06 高昌 M14：2	06.6.25	
94	灰陶	A 型碗	好	1	06 高昌 M14：3	06.6.25	
95	灰陶	B 型碗	好	1	06 高昌 M14：4	06.6.25	
96	灰陶	A 型碗	好	1	06 高昌 M14：5	06.6.25	
97	灰陶	A 型碗	好	1	06 高昌 M14：6	06.6.25	
98	灰陶	A 型 II 式罐	好	1	06 高昌 M14：7	06.6.25	
99	灰陶	Ja 型 III 式罐	好	1	06 高昌 M14：8	06.6.25	
100	灰陶	C 型 II 式罐	好	1	06 高昌 M14：9	06.6.25	
101	灰陶	A 型 II 式罐	好	1	06 高昌 M14：10	06.6.25	
102	灰陶	A 型 I 式罐	好	1	06 高昌 M15：1	06.6.27	肩部横向戳印“曲逆”
103	灰陶	Jb 型罐	好	1	06 高昌 M15：2	06.6.27	肩部有二对称刻划符号
104	灰陶	A 型 I 式罐	好	1	06 高昌 M16：1	06.6.26	肩部有横向戳印“曲逆”
105	灰陶	A 型 I 式罐	残	1	06 高昌 M16：2	06.6.26	肩部有横向戳印“曲逆”
106	铜	钱币	残	10	06 高昌 M16：3	06.6.26	半两
107	铜	钱币	残	1	06 高昌 M17：1	06.6.26	榆荚半两
108	灰陶	A 型 I 式罐	好	1	06 高昌 M17：2	06.6.26	
109	灰陶	C 型 I 式罐	好	1	06 高昌 M17：3	06.6.26	
110	黄褐陶	碗	残	1	06 高昌 M18：1	06.6.26	底刻有符号
111	灰陶	C 型 II 式罐	残	1	06 高昌 M20：1	06.7.4	
112	灰陶	A 型 I 式罐	残	1	06 高昌 M20：2	06.7.4	
113	灰陶	Ba 型 II 式罐	好	1	06 高昌 M20：3	06.7.4	
114	灰陶	Ja 型 II 式罐	残	1	06 高昌 M20：4	06.7.4	
115	灰陶	A 型碗	残	1	06 高昌 M20：5	06.7.4	
116	灰陶	A 型碗	残	1	06 高昌 M20：6	06.7.4	
117	铜	钱币	好	6	06 高昌 M22：1	06.7.1	五铢 5 枚，五行大布 1 枚
118	铜	指环	好	1	06 高昌 M22：2	06.7.1	
119	红陶	碗	残	1	06 高昌 M22：3	06.7.1	
120	铁	带扣	残	1	06 高昌 M22：4	06.7.1	
121	灰陶	A 型 II 式罐	残	1	06 高昌 M23：1	06.7.5	

（续附表）

总序号	类别	型式及器物名称	保存状况	数量	墓葬及编号	出土时间	备注
122	灰陶	A 型 II 式罐	好	1	06 高昌 M23：2	06.7.5	
123	灰陶	Ja 型 III 式罐	好	1	06 高昌 M23：3	06.7.5	
124	灰陶	C 型 II 式罐	好	1	06 高昌 M23：4	06.7.5	
125	灰陶	A 型碗	好	1	06 高昌 M23：5	06.7.5	
126	灰陶	A 型碗	好	1	06 高昌 M23：6	06.7.5	
127	灰陶	A 型 I 式盆	裂缝	1	06 高昌 M23：7	06.7.5	
128	铜	钱	好	1	06 高昌 M23：8	06.7.5	半两
129	铜	钱	好	1	06 高昌 M23：9	06.7.5	半两
130	红陶	碗	可复原	1	06 高昌 M24：1	08.7.17	
131	红陶	盆	口沿	1	06 高昌 M24：01	08.7.17	半两
132	红陶	盆	口沿	1	06 高昌 M24：02	08.7.17	半两
133	红陶	盆	口沿	1	06 高昌 M24：03	08.7.17	半两
134	灰陶	盆	口沿	1	06 高昌 M24：04	08.7.17	半两
135	铁	构件	局部	1	06 高昌 M24：05	08.7.17	半两
136	玻璃	耳塞	残	1	06 高昌 M25：1	06.7.7	蓝色
137	铜	钱壁	1 残	4	06 高昌 M25：2	06.7.7	半两
138	铜	钱币	残	1	06 高昌 M26：1	06.7.5	五铢
139	红陶	碗	残	1	06 高昌 M26：2	06.7.5	
140	灰陶	A 型 I 式壶	残	1	06 高昌 M27：1	06.7.5	
141	灰陶	B 型 I 式鼎	残缺	1	06 高昌 M27：2	06.7.5	
142	灰陶	C 型 I 式罐	残缺	1	06 高昌 M27：3	06.7.5	肩部有指甲纹和刻划符号
143	灰陶	B 型 I 式壶	残	1	06 高昌 M28：1	06.7.7	
144	灰陶	C 型瓮	残	1	06 高昌 M28：2	06.7.7	
145	灰陶	A 型 II 式壶	残	1	06 高昌 M28：3	06.7.7	
146	灰陶	A 型 II 式壶	残	1	06 高昌 M28：4	06.7.7	
147	灰陶	Bc 型罐	残	1	06 高昌 M28：5	06.7.7	
148	灰陶	B 型 I 式鼎	残	1	06 高昌 M28：6	06.7.7	
149	铁	铆钉	好	1	06 高昌 M28：01	08.7.15	
150	灰陶	C 型瓮	残	1	06 高昌 M29：1	06.6.29	
151	灰陶	B 型 I 式壶	残	1	06 高昌 M29：2	06.6.29	黑皮
152	灰陶	马	残	1	06 高昌 M29：3	06.6.29	
153	灰陶	马	残	1	06 高昌 M29：4	06.6.29	

（续附表）

总序号	类别	型式及器物名称	保存状况	数量	墓葬及编号	出土时间	备注
154	红褐陶	驭手俑	残	1	06 高昌 M29：5	06.6.29	
155	灰陶	男侍俑	残	1	06 高昌 M29：6	06.6.29	
156	红褐陶	女侍俑	残	1	06 高昌 M29：7	06.6.29	无头
157	红褐陶	女侍俑	残	1	06 高昌 M29：8	06.6.29	残碎
158	灰陶	女侍俑	残	1	06 高昌 M29：9	06.6.29	
159	灰陶	女侍俑	残	1	06 高昌 M29：10	06.6.29	
160	灰陶	女侍俑	残	1	06 高昌 M29：11	06.6.29	
161	铜	带钩	好	1	06 高昌 M29：12	06.6.29	琵琶形
162	铁	工具	残	1	06 高昌 M29：13	06.6.29	
163	灰陶	B 型 I 式鼎	残	1	06 高昌 M29：14	06.6.29	
164	灰陶	B 型 I 式鼎	残	1	06 高昌 M29：15	06.6.29	
165	灰陶	B 型碗	好	1	06 高昌 M29：16	06.6.29	
166	灰陶	A 型碗	残	1	06 高昌 M29：17	06.6.29	
167	灰陶	A 型 II 式壶	残	1	06 高昌 M29：18	06.6.29	
168	灰陶	A 型 II 式壶	残	1	06 高昌 M29：19	06.6.29	
169	铜	钱币	2 好	5	06 高昌 M29：20	06.6.29	半两
170	灰陶	A 型 II 式罐	好	1	06 高昌 M30：1	06.7.4	
171	灰陶	A 型 II 式罐	好	1	06 高昌 M30：2	06.7.4	
172	灰陶	奁	残	1	06 高昌 M30：3	06.7.4	
173	灰陶	C 型 III 式罐	残	1	06 高昌 M30：4	06.7.4	
174	灰陶	D 型 I 式罐	残	1	06 高昌 M30：5	06.7.4	夹云母灰陶，肩上有刻划符号
175	玉石	玛瑙珠	好	1	06 高昌 M30：6	06.7.4	
176	灰陶	C 型 I 式罐	好	1	06 高昌 M31：1	06.7.2	
177	灰陶	A 型 I 式罐	好	1	06 高昌 M31：2	06.7.2	
178	灰陶	C 型鼎	残	1	06 高昌 M32：1	06.7.7	
179	灰陶	C 型鼎	残	1	06 高昌 M32：2	06.7.7	
180	灰陶	A 型碗	残	1	06 高昌 M32：3	06.7.7	
181	红陶	奁	残	1	06 高昌 M32：4	06.7.7	泥质红陶
182	陶	A 型瓮	残	1	06 高昌 M32：5	06.7.7	
183	陶	A 型 III 式壶	残	1	06 高昌 M32：6	06.7.7	
184	陶	A 型 III 式壶	残	1	06 高昌 M32：7	06.7.7	

（续附表）

总序号	类别	型式及器物名称	保存状况	数量	墓葬及编号	出土时间	备注
185	陶	车轮	残	1	06 高昌 M32：8	06.7.7	
186	陶	A 型碗	残	1	06 高昌 M32：9	06.7.7	
187	灰陶	Ba 型 I 式罐	残	1	06 高昌 M33：1	06.7.6	夹砂灰陶
188	灰陶	A 型 I 式罐	残	1	06 高昌 M33：2	06.7.6	
189	灰陶	A 型碗	残	1	06 高昌 M33：3	06.7.6	
190	灰陶	A 型碗	残	1	06 高昌 M33：4	06.7.6	
191	灰陶	C 型 I 式罐	残	1	06 高昌 M33：5	06.7.6	
192	灰陶	D 型 I 式罐	残	1	06 高昌 M34：1	06.7.3	夹云母
193	灰陶	Ba 型 II 式罐	残	1	06 高昌 M34：2	06.7.3	
194	灰陶	A 型碗	好	1	06 高昌 M34：3	06.7.3	
195	灰陶	A 型 II 式罐	残	1	06 高昌 M34：4	06.7.3	
196	灰陶	A 型 II 式罐	残	1	06 高昌 M34：5	06.7.3	
197	铜	钱币	碎	1	06 高昌 M34：6	06.7.3	半两
198	灰陶	C 型 II 式罐	残	1	06 高昌 M35：1	06.7.5	
199	灰陶	A 型碗	好	1	06 高昌 M35：2	06.7.5	
200	灰陶	Ba 型 II 式罐	好	1	06 高昌 M35：3	06.7.5	
201	灰陶	A 型碗	好	1	06 高昌 M35：4	06.7.5	
202	灰陶	A 型 II 式罐	残	1	06 高昌 M35：5	06.7.5	
203	灰陶	A 型 II 式罐	残	1	06 高昌 M35：6	06.7.5	
204	灰陶	A 型 II 式罐	残	1	06 高昌 M36：1	06.7.7	
205	灰陶	A 型 II 式罐	残	1	06 高昌 M36：2	06.7.7	
206	灰陶	A 型碗	好	1	06 高昌 M36：3	06.7.7	
207	灰陶	A 型碗	好	1	06 高昌 M36：4	06.7.7	
208	灰陶	Ba 型 II 式罐	基本好	1	06 高昌 M36：5	06.7.7	
209	灰陶	Ja 型 III 式罐	好	1	06 高昌 M36：6	06.7.7	
210	灰陶	D 型 I 式罐	好	1	06 高昌 M36：7	06.7.7	夹云母
211	灰陶	Ja 型 III 式罐	残	1	06 高昌 M37：1	06.7.9	
212	灰陶	A 型碗	残	1	06 高昌 M37：2	06.7.9	
213	铜	钱币	残	1	06 高昌 M37：3	06.7.9	半两
214	灰陶	Ba 型 I 式罐	残	1	06 高昌 M37：4	06.7.9	
215	灰陶	K 型罐	残	1	06 高昌 M38：1	06.7.9	
216	灰陶	A 型 II 式壶	残	1	06 高昌 M38：2	06.7.9	

（续附表）

总序号	类别	型式及器物名称	保存状况	数量	墓葬及编号	出土时间	备注
217	灰陶	A 型鼎	残	1	06 高昌 M38：3	06. 7. 9	
218	灰陶	A 型鼎	残缺	1	06 高昌 M38：4	06. 7. 9	
219	灰陶	A 型碗	残	1	06 高昌 M38：5	06. 7. 9	
220	灰陶	A 型碗	残	1	06 高昌 M38：6	06. 7. 9	
221	灰陶	A 型碗	残	1	06 高昌 M38：7	06. 7. 9	
222	灰陶	C 型瓮	残	1	06 高昌 M38：8	06. 7. 9	
223	灰陶	C 型 I 式罐	残	1	06 高昌 M39：1	06. 7. 10	
224	灰陶	C 型 I 式罐	残	1	06 高昌 M39：2	06. 7. 10	
225	灰陶	A 型碗	好	1	06 高昌 M39：3	06. 7. 10	
226	灰陶	A 型碗	好	1	06 高昌 M39：4	06. 7. 10	
227	灰陶	A 型碗	残	1	06 高昌 M39：5	06. 7. 10	
228	灰陶	A 型 I 式罐	好	1	06 高昌 M40：1	06. 7. 9	肩部有竖向戳印"曲逆"
229	灰陶	C 型 I 式罐	好	1	06 高昌 M40：2	06. 7. 9	
230	骨	六博棋子	6 好	11	06 高昌 M40：3	06. 7. 9	应有 12 枚
231	玉石	玛瑙环	残	1	06 高昌 M41：1	06. 7. 9	
232	灰陶	Ja 型 II 式罐	好	1	06 高昌 M41：2	06. 7. 9	
233	灰陶	A 型 I 式罐	好	1	06 高昌 M41：3	06. 7. 9	
234	灰陶	A 型 II 式罐	残	1	06 高昌 M42：1	06. 7. 13	
235	灰陶	A 型 II 式罐	好	1	06 高昌 M42：2	06. 7. 13	
236	灰陶	C 型 II 式罐	残	1	06 高昌 M42：3	06. 7. 13	
237	灰陶	A 型碗	好	1	06 高昌 M42：4	06. 7. 13	
238	灰陶	A 型碗	残	1	06 高昌 M42：5	06. 7. 13	
239	灰陶	A 型碗	残	1	06 高昌 M42：6	06. 7. 13	
240	灰陶	A 型碗	残	1	06 高昌 M42：7	06. 7. 13	
241	灰陶	A 型碗	残	1	06 高昌 M42：8	06. 7. 13	
242	灰陶	陶狗	残	1	06 高昌 M42：9	06. 7. 13	
243	灰陶	男侍俑	残	1	06 高昌 M42：10	06. 7. 13	
244	灰陶	马	残	1	06 高昌 M42：11	06. 7. 13	
245	铁	刀	残	1	06 高昌 M42：12	06. 7. 13	
246	铜	钱币	好	1	06 高昌 M42：13	06. 7. 13	半两
247	铁	臿	基本完整	1	06 高昌 M42：01	08. 7	
248	灰陶	A 型 I 式罐	残	1	06 高昌 M43：1	06. 7. 13	肩部有竖向戳印"曲逆"

（续附表）

总序号	类别	型式及器物名称	保存状况	数量	墓葬及编号	出土时间	备注
249	灰陶	A 型 I 式罐	残	1	06 高昌 M45：1	06.7.13	
250	灰陶	Ja 型 II 式罐	残	1	06 高昌 M45：2	06.7.13	外底戳印"曲逆"
251	灰陶	A 型 I 式盆	好	1	06 高昌 M46：1	06.7.11	
252	灰陶	Ba 型 II 式罐	残	1	06 高昌 M46：2	06.7.11	
253	灰陶	A 型 I 式盆	残	1	06 高昌 M46：3	06.7.11	
254	灰陶	A 型 I 式盆	残	1	06 高昌 M46：4	06.7.11	
255	灰陶	A 型碗	残	1	06 高昌 M46：5	06.7.11	
256	灰陶	A 型碗	好	1	06 高昌 M46：6	06.7.11	
257	银	发卡	好	1	06 高昌 M47：1	06.7.12	两端匕形
258	银	耳瓦头细长形簪	好	1	06 高昌 M47：2	06.7.12	簪头系一金属蝈蝈
259	银	花叶头簪	好	1	06 高昌 M47：3	06.7.12	
260	银	鎏金发卡	残	1	06 高昌 M47：4	06.7.12	弓形
261	银	耳钳	好	1	06 高昌 M47：5	06.7.12	蝴蝶结
262	铜	钱币	好	1	06 高昌 M47：6	06.7.12	道光通宝
263	银	鎏金头饰	残	1	06 高昌 M47：7	06.7.12	蝴蝶、牡丹
264	银	鎏金头饰	好	1	06 高昌 M47：8	06.7.12	蝴蝶、瓜
265	铜	饰件	好	1	06 高昌 M47：9	06.7.12	蝙蝠、钱币
266	灰陶	A 型 I 式壶	残	1	06 高昌 M48：1	06.7.18	
267	灰陶	A 型 I 式罐	好	1	06 高昌 M48：2	06.7.18	
268	灰陶	A 型 I 式壶	残	1	06 高昌 M48：3	06.7.18	
269	灰陶	C 型 I 式罐	残缺	1	06 高昌 M48：4	06.7.18	
270	灰陶	B 型 I 式鼎	残缺	1	06 高昌 M48：5	06.7.18	
271	灰陶	A 型 II 式罐	残	1	06 高昌 M49：1	06.7.16	
272	灰陶	A 型 II 式罐	残	1	06 高昌 M49：2	06.7.16	
273	灰陶	C 型瓮	残	1	06 高昌 M49：3	06.7.16	
274	灰陶	Ja 型 III 式罐	残	1	06 高昌 M49：4	06.7.16	
275	灰陶	B 型碗	残	1	06 高昌 M49：5	06.7.16	
276	灰陶	A 型碗	残	1	06 高昌 M49：6	06.7.16	
277	灰陶	B 型碗	残	1	06 高昌 M49：7	06.7.16	
278	铜	钱币	残	1	06 高昌 M49：8	06.7.16	半两
279	灰陶	C 型 I 式罐	残	1	06 高昌 M50：1	06.7.19	

（续附表）

总序号	类别	型式及器物名称	保存状况	数量	墓葬及编号	出土时间	备注
280	灰陶	A 型碗	好	1	06 高昌 M50：2	06.7.19	
281	灰陶	B 型 I 式鼎	残	1	06 高昌 M50：3	06.7.19	
282	灰陶	C 型鼎	残	1	06 高昌 M50：4	06.7.19	
283	灰陶	Ja 型 III 式罐	残	1	06 高昌 M50：5	06.7.19	
284	灰陶	C 型鼎	残	1	06 高昌 M50：6	06.7.19	
285	灰陶	B 型 I 式鼎	残	1	06 高昌 M50：7	06.7.19	
286	灰陶	A 型 II 式壶	残	1	06 高昌 M51：1	06.8.6	
287	灰陶	C 型 II 式罐	好	1	06 高昌 M51：2	06.8.6	折肩罐肩部刻划"刑"字
288	灰陶	A 型碗	好	1	06 高昌 M51：3	06.8.6	
289	灰陶	B 型 I 式鼎	残	1	06 高昌 M51：4	06.8.6	
290	灰陶	A 型碗	好	1	06 高昌 M51：5	06.8.6	
291	灰陶	A 型碗	好	1	06 高昌 M51：6	06.8.6	
292	灰陶	C 型瓮	残	1	06 高昌 M51：7	06.8.6	
293	灰陶	A 型 II 式壶	残	1	06 高昌 M51：8	06.8.6	
294	灰陶	B 型 I 式鼎	残	1	06 高昌 M51：9	06.8.6	
295	灰陶	C 型瓮	残	1	06 高昌 M52：1	06.8.5	
296	灰陶	B 型 I 式壶	残	1	06 高昌 M52：2	06.8.5	
297	灰陶	A 型 II 式壶	残	1	06 高昌 M52：3	06.8.5	
298	灰陶	A 型 II 式壶	残	1	06 高昌 M52：4	06.8.5	
299	铜	钱币	残	1	06 高昌 M52：5	06.8.5	半两
300	灰陶	C 型碗	残	1	06 高昌 M52：6	06.8.5	
301	灰陶	C 型碗	残	1	06 高昌 M52：7	06.8.5	
302	铜	带钩	好	1	06 高昌 M53：1	06.8.7	铲形
303	灰陶	C 型盆	残	1	06 高昌 M54：1	06.8.6	
304	灰陶	A 型碗	残	1	06 高昌 M54：2	06.8.6	
305	灰陶	Bb 型罐	残	1	06 高昌 M55：1	06.8.7	
306	灰陶	Bb 型罐	残	1	06 高昌 M55：2	06.8.7	
307	灰陶	Bb 型罐	残	1	06 高昌 M55：3	06.8.7	
308	灰陶	A 型碗	残	1	06 高昌 M55：4	06.8.7	
309	灰陶	A 型碗	残	1	06 高昌 M55：5	06.8.7	
310	铁	带钩	残	1	06 高昌 M55：6	06.8.7	琵琶形，锈
311	铜	钱币	残	1	06 高昌 M55：7	06.8.7	半两

（续附表）

总序号	类别	型式及器物名称	保存状况	数量	墓葬及编号	出土时间	备注
312	灰陶	B 型 II 式鼎	残	1	06 高昌 M57：1	06.8.21	夹云母
313	灰陶	B 型 II 式壶	残	1	06 高昌 M57：2	06.8.21	夹云母
314	灰陶	A 型 II 式盆	残	1	06 高昌 M57：3	06.8.21	
315	灰陶	B 型 II 式壶	残	1	06 高昌 M57：4	06.8.21	夹云母
316	灰陶	B 型 II 式壶	残	1	06 高昌 M57：5	06.8.21	夹云母
317	铜	五铢钱	残	1	06 高昌 M57：6	06.8.21	五铢
318	灰陶	B 型 II 式鼎	残	1	06 高昌 M57：7	06.8.21	夹云母
319	灰陶	B 型 II 式壶	残	1	06 高昌 M57：8	06.8.21	夹云母
320	漆	盒	残	1	06 高昌 M57：9	06.8.21	未取
321	漆	盘	残	1	06 高昌 M57：10	06.8.21	未取
322	铅锡	车马器	残	1	06 高昌 M57：11	06.8.21	残碎较重
323	灰陶	C 型 I 式罐	好	1	06 高昌 M58：1	06.8.21	
324	灰陶	A 型 I 式罐	残	1	06 高昌 M58：2	06.8.21	
325	灰陶	A 型碗	残	1	06 高昌 M58：3	06.8.21	
326	灰陶	Ba 型 II 罐	好	1	06 高昌 M58：4	06.8.21	
327	灰陶	C 型 II 式罐	好	1	06 高昌 M59：1	06.8.7	
328	灰陶	A 型 II 式罐	好	1	06 高昌 M59：2	06.8.7	
329	灰陶	A 型碗	好	1	06 高昌 M59：3	06.8.7	口外和腹刻划"石"字
330	灰陶	Ba 型 II 式罐	好	1	06 高昌 M59：4	06.8.7	
331	灰陶	A 型碗	残	1	06 高昌 M59：5	06.8.7	
332	灰陶	A 型碗	残	1	06 高昌 M59：6	06.8.7	
333	铜	钱币	好	1	06 高昌 M59：7	06.8.7	半两
334	玻璃	耳塞	1 好	2	06 高昌 M59：8	06.8.7	黑色
335	灰陶	A 型 II 式罐	残	1	06 高昌 M59：9	06.8.7	
336	灰陶	C 型 II 式罐	好	1	06 高昌 M60：1	06.8.8	
337	灰陶	A 型碗	好	1	06 高昌 M60：2	06.8.8	
338	灰陶	A 型碗	残	1	06 高昌 M60：3	06.8.8	
339	灰陶	A 型碗	好	1	06 高昌 M60：4	06.8.8	
340	灰陶	Ja 型 III 式罐	好	1	06 高昌 M60：5	06.8.8	
341	灰陶	Ba 型 II 式罐	好	1	06 高昌 M60：6	06.8.8	
342	灰陶	A 型 II 式罐	残	1	06 高昌 M60：7	06.8.8	
343	灰陶	A 型 II 式罐	好	1	06 高昌 M60：8	06.8.8	

（续附表）

总序号	类别	型式及器物名称	保存状况	数量	墓葬及编号	出土时间	备注
344	铁	刀	残	1	06 高昌 M60：9	06.8.8	
345	铜	五铢钱	好 5 残 2	7	06 高昌 M61：1	06.8.8	五铢
346	红陶	壶	残缺	1	06 高昌 M61：2	06.8.8	
347	灰陶	勺	残缺	1	06 高昌 M61：3	06.8.8	
348	灰陶	井	残缺	1	06 高昌 M61：4	06.8.8	
349	灰陶	耳杯	残缺	1	06 高昌 M61：5	06.8.8	
350	灰陶	耳杯	残缺	1	06 高昌 M61：6	06.8.8	
351	灰陶	灯	残缺	1	06 高昌 M61：7	06.8.8	
352	红陶	罐	残缺	1	06 高昌 M61：8	06.8.8	夹云母
353	灰陶	案	残缺	1	06 高昌 M61：9	06.8.8	
354	灰陶	A 型 II 式壶	残	1	06 高昌 M62：1	06.7.28	
355	灰陶	A 型 II 式壶	残	1	06 高昌 M62：2	06.8.8	
356	灰陶	车马	残	1	06 高昌 M62：3	06.8.8	一马二轮
357	灰陶	女侍俑	残	1	06 高昌 M62：4	06.8.8	
358	灰陶	女侍俑	残	1	06 高昌 M62：5	06.8.8	
359	灰陶	女侍俑	残	1	06 高昌 M62：6	06.8.8	
360	红褐陶	驭手俑	残	1	06 高昌 M62：7	06.8.8	
361	灰陶	男侍俑	残	1	06 高昌 M62：8	06.8.8	
362	漆	耳杯	残	1	06 高昌 M62：9	06.8.8	未取
363	漆	耳杯	残	1	06 高昌 M62：10	06.8.8	未取
364	漆	盘类器	残	1	06 高昌 M62：11	06.8.8	未取
365	陶	B 型 I 式壶	残	1	06 高昌 M62：12	06.8.8	
366	灰陶	C 型瓮	残	1	06 高昌 M62：13	06.8.8	
367	灰陶	B 型 I 式鼎	残	1	06 高昌 M62：14	06.8.8	
368	灰陶	B 型 I 式鼎	残	1	06 高昌 M62：15	06.8.8	
369	铜	钱币	残朽	3	06 高昌 M64：1	06.8.8	五铢
370	石	滑石璧	9 好 9 残	18	06 高昌 M65：1	06.8.22	
371	玉石	玛瑙环	好	1	06 高昌 M65：2	06.8.22	
372	铜	铜环	好	1	06 高昌 M65：3	06.8.22	双股
373	玻璃	料珠	好	1	06 高昌 M65：4	06.8.22	
374	灰陶	A 型陶罐	好	1	06 高昌 M65：5	06.8.22	
375	灰陶	盆	好	1	06 高昌 M65：6	06.8.22	

（续附表）

总序号	类别	型式及器物名称	保存状况	数量	墓葬及编号	出土时间	备注
376	灰皮红褐陶	B 型陶豆	残	1	06 高昌 M65：7	06. 8. 22	夹细云母
377	灰皮红褐陶	壶	残	1	06 高昌 M65：8	06. 8. 22	夹细云母
378	灰皮红褐陶	A 型陶豆	残	1	06 高昌 M65：9	06. 8. 22	夹细云母
379	灰皮红褐陶	鼎	残	1	06 高昌 M65：10	06. 8. 22	夹细云母
380	铁	带钩	残	1	06 高昌 M65：11	06. 8. 22	锈残
381	灰陶	匜	残	1	06 高昌 M65：12	06. 8. 22	
382	铜	钱币	好	1	06 高昌 M66：1	06. 7. 21	五铢
383	灰陶	A 型碗	残	1	06 高昌 M66：2	06. 7. 21	
384	灰陶	A 型碗	残	1	06 高昌 M66：3	06. 7. 21	
385	灰陶	A 型碗	残	1	06 高昌 M66：4	06. 7. 21	
386	灰陶	A 型碗	残	1	06 高昌 M66：5	06. 7. 21	
387	灰陶	A 型碗	残	1	06 高昌 M66：6	06. 7. 21	
388	灰陶	A 型 II 式罐	残	1	06 高昌 M66：7	06. 7. 21	
389	灰陶	A 型 II 式罐	残	1	06 高昌 M66：8	06. 7. 21	
390	灰陶	A 型 II 式罐	残	1	06 高昌 M66：9	06. 7. 21	
391	铜	钱币	残	1	06 高昌 M67：1	06. 7. 21	半两
392	灰陶	C 型鼎	残	1	06 高昌 M67：2	06. 7. 21	
393	灰陶	C 型鼎	残	1	06 高昌 M67：3	06. 7. 21	
394	灰陶	A 型碗	残	1	06 高昌 M67：4	06. 7. 21	
395	灰陶	A 型碗	残	1	06 高昌 M67：5	06. 7. 21	
396	灰陶	A 型碗	残	1	06 高昌 M67：6	06. 7. 21	
397	灰陶	壶	残缺	1	06 高昌 M67：7	06. 7. 21	未分型式
398	灰陶	壶	残片	1	06 高昌 M67：8	06. 7. 21	
399	灰陶	壶	残片	1	06 高昌 M67：9	06. 7. 21	
400	灰陶	车轮	残	2	06 高昌 M67：10	06. 7. 21	
401	灰陶	B 型 I 式瓮	残	1	06 高昌 M67：11	06. 7. 21	
402	灰陶	A 型 II 式罐	好	1	06 高昌 M68：1	06. 8. 12	
403	灰陶	A 型 II 式罐	好	1	06 高昌 M68：2	06. 8. 12	
404	灰陶	D 型 I 式罐	好	1	06 高昌 M68：3	06. 8. 12	夹云母
405	灰陶	D 型 I 式罐	残	1	06 高昌 M68：4	06. 8. 12	夹云母
406	铜	钱币	好 5	10	06 高昌 M70：1	06. 8. 11	五铢
407	红陶	罐	残	1	06 高昌 M70：2	06. 8. 11	夹云母

（续附表）

总序号	类别	型式及器物名称	保存状况	数量	墓葬及编号	出土时间	备注
408	灰陶	瓮	残	1	06 高昌 M70：3	06.8.11	
409	红陶	盆	残	1	06 高昌 M70：4	06.8.11	
410	灰陶	Jb 型罐	好	1	06 高昌 M71：1	06.8.22	肩上划一周"之"字形纹
411	铜	钗	残	1	06 高昌 M71：01	08.7.10	
412	铜	印	好	1	06 高昌 M72：1	06.8.24	字不识
413	灰陶	B 型 I 式壶	残	1	06 高昌 M72：2	06.8.24	
414	灰陶	B 型 I 式瓮	残	1	06 高昌 M72：3	06.8.24	
415	灰陶	A 型 II 式壶	残	1	06 高昌 M72：4	06.8.24	
416	褐陶	车轮	残	2	06 高昌 M72：5	06.8.24	
417	灰陶	C 型鼎	残	1	06 高昌 M72：6	06.8.24	
418	铜	钱币	残	1	06 高昌 M73：1	06.8.11	半两
419	灰陶	A 型碗	残	1	06 高昌 M73：2	06.8.11	
420	灰陶	A 型碗	残	1	06 高昌 M73：3	06.8.11	
421	灰陶	A 型 II 式罐	完整	1	06 高昌 M73：4	06.8.11	
422	灰陶	A 型 II 式罐	好	1	06 高昌 M73：5	06.8.11	
423	灰陶	Ba 型 II 式罐	好	1	06 高昌 M73：6	06.8.11	
424	灰陶	B 型 I 式瓮	残片	1	06 高昌 M73：7	06.8.11	
425	灰陶	Ja 型 III 式罐	残	1	06 高昌 M73：8	06.8.11	肩部有刻划"火"？
426	灰陶	A 型碗	残	1	06 高昌 M73：9	06.8.11	
427	灰陶	AI 式罐	好	1	06 高昌 M74：1	06.8.18	
428	灰陶	Ja 型 II 式罐	好	1	06 高昌 M74：2	06.8.18	
429	灰陶	C 型 I 式罐	好	1	06 高昌 M74：3	06.8.18	
430	灰陶	C 型 I 式罐	残	1	06 高昌 M75：1	06.8.12	
431	灰陶	A 型 I 式罐	残	1	06 高昌 M75：2	06.8.12	
432	灰陶	A 型 I 式壶	残	1	06 高昌 M75：3	06.8.12	
433	漆	耳杯	残	1	06 高昌 M75：4	06.8.12	未取
434	灰陶	A 型碗	好	1	06 高昌 M75：5	06.8.12	
435	灰陶	B 型 I 式鼎	残	1	06 高昌 M75：6	06.8.12	
436	灰陶	A 型碗	好	1	06 高昌 M75：7	06.8.12	
437	铁	臿	基本完整	1	06 高昌 M76：1	06.8.13	
438	灰陶	A 型 I 式罐	残	1	06 高昌 M76：2	06.8.13	
439	灰陶	A 型 I 式壶	残	1	06 高昌 M76：3	06.8.13	

（续附表）

总序号	类别	型式及器物名称	保存状况	数量	墓葬及编号	出土时间	备注
440	红褐陶	女侍俑	残	1	06 高昌 M76：4	06. 8. 13	
441	灰陶	A 型Ⅰ式壶	残	1	06 高昌 M76：5	06. 8. 13	
442	铜	镦	好	1	06 高昌 M77：1	06. 8. 29	
443	蚌	蚌片	残	1	06 高昌 M77：2	06. 8. 29	根部有小孔
444	铜	带钩	好	1	06 高昌 M77：3	06. 8. 29	
445	铜	钱币	好	1	06 高昌 M78：1	06. 9. 2	五铢
446	铁	钉	好	1	06 高昌 M78：2	06. 9. 2	
447	铁	钉	好	1	06 高昌 M78：3	06. 9. 2	
448	灰陶	B 型Ⅱ式壶	残	1	06 高昌 M78：4	06. 9. 2	夹云母
449	灰陶	B 型Ⅱ式壶	残	1	06 高昌 M78：5	06. 9. 2	夹云母
450	灰陶	盒	残	1	06 高昌 M78：6	06. 9. 2	夹云母
451	灰陶	B 型Ⅱ式壶	残	1	06 高昌 M78：7	06. 9. 2	夹云母
452	灰陶	B 型Ⅱ式壶	残	1	06 高昌 M78：8	06. 9. 2	夹云母
453	灰陶	盒	残	1	06 高昌 M78：9	06. 8. 2	夹云母
454	陶	C 型壶	残	1	06 高昌 M78：10	06. 8. 2	夹云母，上腹竖刻“北张”
455	灰陶	D 型Ⅱ式罐	残	1	06 高昌 M78：11	06. 8. 2	夹云母
456	灰陶	M 型罐	残	1	06 高昌 M78：12	06. 8. 2	
457	灰陶	M 型罐	残	1	06 高昌 M78：13	06. 8. 2	
458	灰陶	M 型罐	残	1	06 高昌 M78：14	06. 8. 2	
459	灰陶	K 型罐	残	1	06 高昌 M78：15	06. 8. 2	
460	灰陶	M 型罐	残	1	06 高昌 M78：16	06. 8. 2	
461	灰陶	B 型Ⅱ式鼎	残	1	06 高昌 M78：17	06. 8. 2	夹云母
462	灰陶	盒	残	1	06 高昌 M78：18	06. 8. 2	夹云母
463	灰陶	盒	残	1	06 高昌 M78：19	06. 8. 2	夹云母
464	灰陶	B 型Ⅱ式鼎	残	1	06 高昌 M78：20	06. 8. 2	夹云母
465	铜	钱币	残	12	06 高昌 M78：21	06. 8. 2	五铢
466	铅锡	车马器	残	X	06 高昌 M78：22	06. 8. 2	有盖弓帽、花瓣等
467	铅	弩机	残	1	06 高昌 M78：23	06. 8. 2	
468	灰陶	C 型瓮	残	1	06 高昌 M78：24	06. 8. 2	
469	铜	镜钮	残	1	06 高昌 M78：25	08. 7. 10	
470	铁	臿	完整	1	06 高昌 M78：01	08. 7. 10	
471	铜	钱币	好	1	06 高昌 M79：1	08. 7. 10	五铢，穿下半星

（续附表）

总序号	类别	型式及器物名称	保存状况	数量	墓葬及编号	出土时间	备注
472	灰陶	B 型 II 式瓮	残缺	1	06 高昌 M79：2	08.7.10	夹云母
473	灰陶	甑	残	1	06 高昌 M79：3	08.7.10	
474	灰陶	壶	残缺	1	06 高昌 M79：4	08.7.10	
475	灰陶	壶	残缺	1	06 高昌 M79：5	08.7.10	
476	灰陶	奁	残缺	1	06 高昌 M79：6	08.7.10	
477	铜	钱币	好	1	06 高昌 M81：1	06.8.15	五铢
478	灰陶	B 型 II 式壶	残	1	06 高昌 M81：2	08.4	夹云母
479	灰陶	B 型 II 式壶	残	1	06 高昌 M81：3	08.4	夹云母
480	灰陶	B 型 II 式鼎	残	1	06 高昌 M81：4	08.4	夹云母
481	灰陶	A 型罐	好	1	06 高昌 M82：1	06.8.16	
482	铜	璜形饰	3 好	30 +	06 高昌 M82：2	06.8.16	
483	铜	铃	4 好 2 残	6	06 高昌 M82：3	06.8.16	
484	玉石	玛瑙环	好	1	06 高昌 M82：4	06.8.16	
485	玉石	滑石璧	15 好	25 +	06 高昌 M82：5	06.8.16	
486	玉石	玛瑙环	好	1	06 高昌 M82：6	06.8.16	
487	铜	带钩	残	1	06 高昌 M82：7	06.8.16	
488	铜	簪形器	残	1	06 高昌 M82：8	06.8.16	
489	铜	带钩	好（小）	1	06 高昌 M82：9	06.8.16	
490	骨	串饰	好	–	06 高昌 M82：10	06.8.16	70 多个体
491	骨	簪	残	1	06 高昌 M82：11	06.8.16	
492	玉石	玛瑙环	好	1	06 高昌 M82：12	06.8.16	
493	玉石	玛瑙环	好	1	06 高昌 M82：13	06.8.16	
494	玉石	玛瑙环	好	1	06 高昌 M82：14	06.8.16	
495	灰陶	Ja 型 I 式罐	好	1	06 高昌 M83：1	06.8.17	
496	灰陶	F 型罐	残	1	06 高昌 M84：1	06.8.15	夹云母
497	灰陶	L 型罐	残	1	06 高昌 M84：2	06.8.15	夹云母
498	灰陶	G 型罐	残	1	06 高昌 M84：3	06.8.15	
499	黄褐陶	F 型罐	残	1	06 高昌 M84：4	06.8.15	夹云母
500	灰陶	G 型罐	残	1	06 高昌 M84：5	06.8.15	
501	灰陶	G 型罐	好	1	06 高昌 M84：6	06.8.15	
502	铁	双股铁器	残	1	06 高昌 M84：7	06.8.15	
503	铜	钱币	残	2	06 高昌 M84：8	06.8.15	五铢

（续附表）

总序号	类别	型式及器物名称	保存状况	数量	墓葬及编号	出土时间	备注
504	灰陶	D 型 II 式罐	残	1	06 高昌 M85：1	06. 8. 23	夹云母
505	灰陶	E 型罐	残	1	06 高昌 M85：2	06. 8. 23	
506	灰陶	L 型罐	残	1	06 高昌 M85：3	06. 8. 23	夹云母
507	陶	Jb 型罐	残	1	06 高昌 M86：1	06. 8. 23	
508	铜	指环	好	1	06 高昌 M87：1	06. 8. 21	
509	铜	指环	好	1	06 高昌 M87：2	06. 8. 21	
510	骨	珠	好	4	06 高昌 M87：3	06. 8. 21	大小不一
511	灰陶	E 型罐	好	1	06 高昌 M89：1	06. 8. 17	
512	灰陶	E 型罐	好	1	06 高昌 M89：2	06. 8. 17	
513	灰陶	F 型罐	残	1	06 高昌 M89：3	06. 8. 17	夹云母
514	灰陶	L 型罐	好	1	06 高昌 M89：4	06. 8. 17	夹云母
515	灰陶	L 型罐	好	1	06 高昌 M89：5	06. 8. 17	夹云母
516	铜	钱币	好	2	06 高昌 M89：6	06. 8. 17	五铢
517	红褐陶	A 型 II 式盆	残	1	06 高昌 M90：1	06. 8. 20	夹细云母
518	红褐陶	A 型 II 式盆	残	1	06 高昌 M90：2	06. 8. 20	夹细云母
519	灰陶	E 型罐	好	1	06 高昌 M90：3	06. 8. 20	
520	灰陶	D 型 II 式罐	好	1	06 高昌 M90：4	06. 8. 20	夹云母
521	灰陶	D 型 II 式罐	残	1	06 高昌 M90：5	06. 8. 20	夹云母
522	灰陶	D 型 II 式罐	残	1	06 高昌 M90：6	06. 8. 20	夹云母
523	灰陶	E 型罐	好	1	06 高昌 M90：7	06. 8. 20	
524	灰陶	E 型罐	好	1	06 高昌 M90：8	06. 8. 20	
525	灰陶	M 式罐	好	1	06 高昌 M90：9	06. 8. 20	夹云母
526	灰陶	I 型罐	好	1	06 高昌 M91：1	06. 8. 22	
527	灰陶	I 型罐	残	1	06 高昌 M91：2	06. 8. 22	
528	灰陶	I 型罐	残	1	06 高昌 M91：3	06. 8. 22	
529	灰陶	I 型罐	残	1	06 高昌 M91：4	06. 8. 22	
530	灰陶	I 型罐	好	1	06 高昌 M91：5	06. 8. 22	
531	灰陶	D 型 II 罐	残片	1	06 高昌 M92：1	06. 8. 22	夹云母
532	灰陶	E 型罐	残片	1	06 高昌 M92：2	06. 8. 22	
533	铜	带钩	残	1	06 高昌 M93：1	06. 9. 15	铲形
534	灰陶	B 型 II 式瓮	残	1	06 高昌 M93：2	06. 9. 15	夹云母
535	灰陶	F 型罐	残	1	06 高昌 M93：3	06. 9. 15	夹云母

（续附表）

总序号	类别	型式及器物名称	保存状况	数量	墓葬及编号	出土时间	备注
536	灰陶	N 型罐	残	1	06 高昌 M93：4	06. 9. 15	
537	灰陶	B 型 II 式瓮	残	1	06 高昌 M93：5	06. 9. 15	夹云母
538	灰陶	D 型 II 式罐	好	1	06 高昌 M93：6	06. 9. 15	夹云母
539	黄褐陶	D 型 II 式罐	残	1	06 高昌 M93：7	06. 9. 15	夹云母
540	灰陶	L 型罐	好	1	06 高昌 M93：8	06. 9. 15	夹云母
541	灰陶	N 型罐	残	1	06 高昌 M93：9	06. 9. 15	
542	灰陶	D 型 II 式罐	残	1	06 高昌 M93：10	06. 9. 15	
543	灰陶	H 型 II 式罐	残	1	06 高昌 M93：11	06. 9. 15	双耳
544	砖	墓壁砖	好	1	06 高昌 M93：01	06. 9. 15	一面划有"大富"
545	玉石	绿松石管	好	1	06 高昌 M94：1	06. 9. 7	
546	铜	钱币	好	2	06 高昌 M94：2	06. 9. 7	五铢
547	玉石	珩	好	1	06 高昌 M94：3	06. 9. 7	
548	铜	琵琶带钩	好	1	06 高昌 M94：4	06. 9. 7	
549	铜	铺首衔环	好	1	06 高昌 M94：5	06. 9. 7	鎏金
550	铜	铺首衔环	好	1	06 高昌 M94：6	06. 9. 7	鎏金
551	铜	钱币	锈	9	06 高昌 M94：7	06. 9. 7	五铢
552	灰陶	F 型罐	好	1	06 高昌 M94：8	06. 9. 7	夹云母
553	灰陶	E 型罐	好	1	06 高昌 M94：9	06. 9. 7	
554	灰陶	E 型罐	好	1	06 高昌 M94：10	06. 9. 7	
555	灰陶	G 型罐	好	1	06 高昌 M94：11	06. 9. 7	
556	灰陶	E 型罐	好	1	06 高昌 M94：12	06. 9. 7	
557	灰陶	B 型 II 式瓮	残	1	06 高昌 M94：13	06. 9. 7	夹云母
558	灰陶	B 型 II 式瓮	残	1	06 高昌 M94：14	06. 9. 7	夹云母
559	灰陶	D 型 II 式罐	好	1	06 高昌 M94：15	06. 9. 7	夹云母
560	灰陶	C 型 I 式罐	好	1	06 高昌 M95：1	06. 9. 1	
561	灰陶	A 型碗	残	1	06 高昌 M95：2	06. 9. 1	
562	灰陶	Ba 型 I 式罐	好	1	06 高昌 M95：3	06. 9. 1	
563	灰陶	A 型 I 式罐	残	1	06 高昌 M95：4	06. 9. 1	
564	铁	带钩	好	1	06 高昌 M95：5	06. 9. 1	
565	灰陶	A 型碗	残	1	06 高昌 M96：1	06. 9. 1	
566	灰陶	C 型 I 式罐	残缺	1	06 高昌 M96：2	06. 9. 1	
567	灰陶	A 型碗	残	1	06 高昌 M97：1	06. 9. 1	

（续附表）

总序号	类别	型式及器物名称	保存状况	数量	墓葬及编号	出土时间	备注
568	灰陶	A 型 I 式罐	残缺	1	06 高昌 M97：2	06.9.1	
569	灰陶	C 型 I 式罐	残缺	1	06 高昌 M97：3	06.9.1	
570	灰陶	A 型碗	残缺	1	06 高昌 M98：1	06.9.1	
571	灰陶	A 型碗	残缺	1	06 高昌 M98：2	06.9.1	
572	灰陶	Ba 型 II 式罐	残缺	1	06 高昌 M98：3	06.9.1	
573	灰陶	C 型 I 式罐	残缺	1	06 高昌 M98：4	06.9.1	
574	灰陶	B 型 I 式壶	残	1	06 高昌 M99：1	06.9.6	
575	灰陶	B 型 I 式壶	残	1	06 高昌 M99：2	06.9.6	
576	灰陶	A 型 II 式壶	残	1	06 高昌 M99：3	06.9.6	
577	灰陶	A 型 II 式壶	残	1	06 高昌 M99：4	06.9.6	
578	灰陶	H 型 I 式罐	残	1	06 高昌 M99：5	06.9.6	双耳
579	灰陶	A 型鼎	残	1	06 高昌 M99：6	06.9.6	
580	灰陶	A 型鼎	残	1	06 高昌 M99：7	06.9.6	
581	灰陶	女侍俑	残	1	06 高昌 M99：8	06.9.6	
582	灰陶	女侍俑	残	1	06 高昌 M99：9	06.9.6	
583	灰陶	女侍俑	残	1	06 高昌 M99：10	06.9.6	
584	灰陶	男侍俑	好	1	06 高昌 M99：11	06.9.6	
585	灰陶	驭手俑	残	1	06 高昌 M99：12	06.9.6	
586	灰陶	C 型瓮	残	1	06 高昌 M99：13	06.9.6	
587	红陶	罐片	口沿	—	06 高昌 M100：1	06.9.8	夹云母
588	红陶	盆	口沿	—	06 高昌 M100：2	06.9.8	夹云母
589	灰陶	盆	口沿	—	06 高昌 M100：3	06.9.8	
590	灰陶	盘	口沿	—	06 高昌 M100：4	06.9.8	
591	灰陶	盘	口沿	—	06 高昌 M100：5	06.9.8	
592	灰陶	壶	口沿	—	06 高昌 M100：6	06.9.8	
593	灰陶	樽	口、底	—	06 高昌 M100：7	06.9.8	
594	灰陶	奁	腹片	—	06 高昌 M100：8	06.9.8	
595	灰陶	耳杯	残	—	06 高昌 M100：9	06.9.8	
596	灰陶	勺	残	—	06 高昌 M100：10	06.9.8	
597	灰陶	方案	可复原	1	06 高昌 M100：11	06.9.8	
598	灰陶	院落	残	—	06 高昌 M100：12	06.9.8	
599	灰陶	灶	残	—	06 高昌 M100：13	06.9.8	

（续附表）

总序号	类别	型式及器物名称	保存状况	数量	墓葬及编号	出土时间	备注
600	灰陶	灯	残	－	06 高昌 M100：14	06.9.8	
601	铜	钱币	朽	20＋	06 高昌 M100：15	06.9.8	皆五铢，其中较好 12 枚
602	铜	璜形饰	残	1	06 高昌 M102：1	06.9.5	
603	玉石	滑石璧	残	1	06 高昌 M102：2	06.9.5	
604	铜	铃	残	1	06 高昌 M102：3	06.9.5	
605	铜	钱币	残	1	06 高昌 M103：1	06.9.4	半两
606	灰陶	A 型碗	残缺	1	06 高昌 M103：2	06.9.4	内外底有刻划符号
607	灰陶	Ja 型 II 式罐	残缺	1	06 高昌 M103：3	06.9.4	
608	灰陶	C 型 I 式罐	残缺	1	06 高昌 M103：4	06.9.4	
609	灰陶	B 型罐	残	1	06 高昌 M105：1	06.9.2	
610	灰陶	C 型罐	残	1	06 高昌 M106：1	06.9.2	
611	玉石	滑石璧	残	1	06 高昌 M106：2	06.9.2	
612	灰陶	A 型瓮	残	1	06 高昌 M108：1	06.9.4	
613	灰陶	A 型碗	残	1	06 高昌 M108：2	06.9.4	
614	铜	钱币	残	1	06 高昌 M108：3	06.9.4	半两
615	灰陶	A 型 II 式罐	残	1	06 高昌 M108：4	06.9.4	
616	灰陶	Ba 型 II 式罐	残	1	06 高昌 M108：5	06.9.4	
617	灰陶	A 型碗	残	1	06 高昌 M109：1	06.9.4	
618	灰陶	A 型 II 式罐	残	1	06 高昌 M109：2	06.9.4	
619	灰陶	C 型 III 式罐	残	1	06 高昌 M109：3	06.9.4	
620	铜	钱币	好	1	06 高昌 M112：1	06.9.5	景德元宝
621	白瓷	碗	残	1	06 高昌 M112：2	06.9.5	
622	白瓷	碗	残	1	06 高昌 M112：3	06.9.5	条纹
623	白瓷	碗	残	1	06 高昌 M112：4	06.9.5	墨书"三"道
624	白瓷	碗	残	1	06 高昌 M112：5	06.9.5	墨书"王德"
625	灰陶	B 型 I 式鼎	残	1	06 高昌 M113：1	06.9.5	
626	灰陶	C 型 I 式罐	残	1	06 高昌 M113：2	06.9.5	
627	灰陶	A 型 I 式壶	残	1	06 高昌 M113：3	06.9.5	
628	铜	钱币	6 好	7	06 高昌 M114：1	06.9.7	五铢和货泉两种
629	灰陶	方案	残	1	06 高昌 M114：2	06.9.7	
630	灰陶	耳杯	残	1	06 高昌 M114：3	06.9.7	
631	灰陶	魁	残	1	06 高昌 M114：4	06.9.7	

（续附表）

总序号	类别	型式及器物名称	保存状况	数量	墓葬及编号	出土时间	备注
632	灰陶	器盖	残	1	06 高昌 M114：5	06.9.7	
633	灰陶	樽	残	1	06 高昌 M114：6	06.9.7	
634	灰陶	Ba 型 II 式罐	残	1	06 高昌 M115：1	06.9.7	
635	灰陶	C 型 II 式罐	好	1	06 高昌 M115：2	06.9.7	肩部有二刻划字符
636	灰陶	B 型盆	好	1	06 高昌 M115：3	06.9.7	
637	灰陶	A 型碗	残	1	06 高昌 M115：4	06.9.7	
638	灰陶	A 型碗	残	1	06 高昌 M115：5	06.9.7	
639	灰陶	A 型碗	残	1	06 高昌 M115：6	06.9.7	
640	灰陶	A 型 II 式罐	残	1	06 高昌 M115：7	06.9.7	
641	灰陶	A 型 II 式罐	残	1	06 高昌 M115：8	06.9.7	
642	灰陶	Ba 型 I 式罐	残	1	06 高昌 M115：9	08.4.30	
643	灰陶	A 型碗	残	1	06 高昌 M116：1	06.9.10	
644	灰陶	A 型碗	残	1	06 高昌 M116：2	06.9.10	
645	灰陶	A 型碗	残	1	06 高昌 M116：3	06.9.10	
646	灰陶	A 型瓮	残	1	06 高昌 M116：4	06.9.10	
647	灰陶	C 型鼎	残	1	06 高昌 M117：1	06.9.9	
648	灰陶	C 型 II 式罐	残	1	06 高昌 M117：2	06.9.9	
649	灰陶	A 型 I 式壶	残	1	06 高昌 M117：3	06.9.9	
650	铜	兽面带钩	好	1	06 高昌 M118：1	06.9.8	
651	灰陶	A 型碗	好	1	06 高昌 M118：2	06.9.8	
652	灰陶	A 型碗	残	1	06 高昌 M118：3	06.9.8	
653	灰陶	A 型 II 式罐	残	1	06 高昌 M118：4	06.9.8	
654	灰陶	C 型瓮	残	1	06 高昌 M118：5	06.9.8	
655	灰陶	A 型碗	残	1	06 高昌 M118：6	06.9.8	
656	灰陶	A 型 II 式罐	残	1	06 高昌 M118：7	06.9.8	
657	灰陶	A 型 II 式罐	残	1	06 高昌 M118：8	06.9.8	
658	铜	钱币	好、残	30	06 高昌 M120：1	06.9.8	五铢
659	灰陶	壶	残	1	06 高昌 M120：2	06.9.8	
660	灰陶	壶	残	1	06 高昌 M120：3	06.9.8	
661	灰陶	D 型壶	残	1	06 高昌 M120：4	06.9.8	
662	灰陶	灶	残	1	06 高昌 M120：5	06.9.8	
663	褐陶	炉	残	1	06 高昌 M120：6	06.9.8	

（续附表）

总序号	类别	型式及器物名称	保存状况	数量	墓葬及编号	出土时间	备注
664	灰陶	魁	残	1	06 高昌 M120:7	06.9.8	
665	灰陶	扁壶	残	1	06 高昌 M120:8	06.9.8	
666	灰陶	灯	残	1	06 高昌 M120:9	06.9.8	
667	红陶	罐	残	1	06 高昌 M120:10	06.9.8	夹云母
668	红陶	罐	残	1	06 高昌 M120:11	06.9.8	夹云母
669	红陶	盆	残	1	06 高昌 M120:12	06.9.8	夹云母
670	灰陶	盘	残	1	06 高昌 M120:13	06.9.8	
671	灰陶	A 型鼎	残	1	06 高昌 M122:1	06.9.10	
672	灰陶	B 型碗	残	1	06 高昌 M122:2	06.9.10	
673	灰陶	B 型碗	残	1	06 高昌 M122:3	06.9.10	
674	灰陶	残罐底	残	1	06 高昌 M122:4	06.9.10	
675	灰陶	B 型碗	残	1	06 高昌 M122:5	06.9.10	
676	灰陶	A 型 II 式壶	残	1	06 高昌 M122:6	06.9.10	
677	铜	钱币	残	1	06 高昌 M122:7	06.9.10	口内半两
678	铁	镢	锈	1	06 高昌 M123:1	06.9.8	
679	灰陶	A 型碗	残	1	06 高昌 M123:2	06.9.8	
680	灰陶	A 型 II 式罐	残	1	06 高昌 M123:3	06.9.8	
681	灰陶	A 型碗	残	1	06 高昌 M123:4	06.9.8	
682	灰陶	C 型瓮	残	1	06 高昌 M123:5	06.9.8	
683	灰陶	A 型碗	残	1	06 高昌 M123:6	06.9.8	
684	灰陶	A 型碗	残	1	06 高昌 M123:7	06.9.8	
685	灰陶	Jb 型罐	残	1	06 高昌 M123:8	06.9.8	
686	灰陶	C 型 I 式罐	好	1	06 高昌 M124:1	06.9.7	
687	灰陶	A 型 I 式盆	好	1	06 高昌 M124:2	06.9.7	
688	灰陶	A 型 I 式罐	残	1	06 高昌 M124:3	06.9.7	
689	灰陶	Ja 型 II 式罐	残	1	06 高昌 M125:1	06.9.5	
690	泥	女侍俑	残	1	06 高昌 M125:2	06.9.5	未取
691	泥	女侍俑	残	1	06 高昌 M125:3	06.9.5	未取
692	灰陶	Ba 型 II 式罐	好	1	06 高昌 M126:1	06.9.8	
693	灰陶	A 型 II 式罐	残	1	06 高昌 M126:2	06.9.8	
694	灰陶	D 型 I 式罐	残	1	06 高昌 M127:1	06.9.8	
695	灰陶	A 型 II 式罐	残	1	06 高昌 M127:2	06.9.8	

（续附表）

总序号	类别	型式及器物名称	保存状况	数量	墓葬及编号	出土时间	备注
696	灰陶	A 型碗	残	1	06 高昌 M127：3	06.9.8	
697	灰陶	A 型碗	残	1	06 高昌 M127：4	06.9.8	
698	灰陶	A 型碗	残	1	06 高昌 M127：5	06.9.8	
699	铜	钱币	好	1	06 高昌 M127：6	06.9.8	半两
700	灰陶	罐	残	1	06 高昌 M129：1	06.9.8	夹云母
701	灰陶	罐	残	1	06 高昌 M129：2	06.9.8	夹云母
702	灰陶	D 型 II 式罐	残片		06 高昌 M130：1	06.9.8	夹云母
703	陶	盘口罐	残片		06 高昌 M130：2	06.9.8	夹云母
704	陶	直口罐	残片		06 高昌 M130：3	06.9.8	夹云母
705	红陶	罐	残片		06 高昌 M131：1	06.9.8	夹云母
706	陶	灰陶罐	残片		06 高昌 M131：2	06.9.8	夹云母
707	灰陶	碗	残片		06 高昌 M131：3	06.9.8	
708	灰陶	耳杯	残		06 高昌 M131：4	06.9.8	
709	灰陶	灶	残		06 高昌 M131：5	06.9.8	
710	灰陶	方案	残		06 高昌 M131：6	06.9.8	

后　记

　　转眼之间，高昌墓地发掘已过去两年多了。按照河北省文物局南水北调办公室的要求，发掘工作结束后，我们立即投入了紧张的资料整理阶段。由于各种原因，最终还是没能在规定的时间内完成报告整理。这里不想强调什么原因，但还是不得不说：整理是一项繁重、枯燥、琐碎而又细致的工作，特别是出土时的随葬陶器残破严重，没有及时粘对、修复，以致后面成为整理时一项艰巨的工程；再者是其间加进了其他一些事情，使得整理时断时续，有时甚至长时间不能进库；第三是缺乏纪年和可对比的资料，给墓葬分期断代带来了困难；加之笔者水平等方面的因素等。可以说任何一个考古报告的出炉都不是简单说说的事。

　　高昌墓地发掘期间，适值南水北调河北省石家庄以北段进行到最繁忙的时期，河北全省同时进行的考古发掘项目多达40个以上，受制于专业人员的严重不足，高昌墓地考古勘探发掘工作进行得异常紧张，但高昌考古队全体队员发扬了吃苦耐劳的优良传统和密切协作的团队精神，较为圆满地完成了整个墓地的勘探和发掘任务。当然，这项考古工作的完成也离不开河北省文物局、河北省文物研究所以及保定、唐县、北高昌乡、村各级政府部门的大力支持。

　　参加勘探发掘的队员有：张晓仓、胡强、李少辉、耿大生、张纪增、高振海、陈杰、王刚、王国贤、王鹏辉、王会民；兼职绘图：胡强；兼职照相：张晓仓、王会民；后勤管理：王艳青。报告整理始于2006年10月份，到2009年8月结束，李少辉、王刚、胡强、王会民参加了器物的上架、黏对、修复和各种资料的逐一核对，线图由胡强完成，拓片由胡强、王刚完成，器物照相由王会民完成，文字部分由王会民、胡强完成，英文提要由南京大学文学院王涣若翻译。

　　另外，高昌墓地发掘期间，历经了2006年春、夏、秋三季，其中最长也是最完整的当然是夏季。那年的夏季带给考古队员的不仅仅是弥漫在所有人身边的滚滚热浪和发掘现场从墓坑内挥发出的阵阵臭气，印象同样深刻的是几乎彻夜的猪嚎犬吠、墓地周围桃树园内成串的飞虫，还有就是永恒艰辛的考古环境和无法回避的人情冷暖。为此，考古队队长王会民在考古现场发掘、工作之余，或行走在唐河岸边、桃树林中，或躺在农家夏日的屋檐下，有感而发，作小诗几首，在此选取四首以志。

初到高昌

（2006 年 5 月 11 日）

才历坝下四月雪，又见冀中槐花雨。

古人有幸看今朝，和谐盛世正当时。

待到戊子八月天，五州健儿京城聚。

不羁江水滚滚来，逆流北上笑大地。

高昌纪事（之一）

（2006 年 7 月 31 日）

风暖暮春寻胜迹，千年高昌对先民。

太行余脉庆都山，唐河岸边桃树林。

夜夜檐下吠犬闹，日日墓上臭气滚。

南水北调百年事，"苦大仇深"一群人。

高昌纪事（之二）

（2006 年 8 月 1 日）

晨练繁星里，暮归唐河沿。

放声低丘下，梦牵故山园。

本来平常地，古今坑连片。

桃林臭虫多，墓群白骨烦。

日日伴庆都，夜夜闻吠犬。

同窗再聚少，相逢应嫣然。

夜无眠

（2006 年 8 月 18 日）

小镇秋来早，细雨润尘嚣。

心系凡间事，充耳豕犬闹。

思妹形影只，空闺自妖娆。

苦短聚时日，去留肝胆照。

二〇〇九年八月十五日

编者

An Excavation Report on Gaochang Cemetery

(Abstract)

The "South – to – North Water Diversion Project" is another large – scale hydraulic engineering work following the "Three Gorgeous Projects", and also another startling move of Chinese government. The archaeological work, which coordinates with this project, has become an urgent and arduous task for the three provinces and one city along the line.

In the summer of 2002, from the end of 2003 to the beginning of 2004, and during the autumn season of the same year, Hebei Province – acting in concert with the water project – successively launched three archaeological investigation, exploration and primary excavation work, e-ventually fixing on 114 sites with abundant remaining relics. On the basis of importance and preservation conditions, all these sites were classified into "A, B, C, D" four levels as requested, a-mong which Gaochang cemetery was designated as Level B.

Lasting from May 11, 2005 to September 30, the exploration and excavation work at Gaochang cemetery was completed to explore an area of 5000 square metres, 131 tombs. Among all these tombs, there are 7 earthen – shafts of the Warring States Period, 92 earthen – shafts of the Western Han Dynasty, 20 brick – chambered tombs of the Western and Eastern Han Dynasties, 6 were from the Northern Dynasties to the Sui Dynasty, one from the Song Dynasty, one earthen – shaft of the Qing Dynasty, and four unknown tombs, unearthing more than 700 sets of numbered funeral objects such as pottery, copper, iron, agate , porcelain, bone, glass, paint, etc. All the relevant information of the 131 excavated tomb are covered by this report.

The report consists of three parts: Part I is an overview; Part II is the tombs' information; Part III is a preliminary study. The first part is divided into three chapters, each depicting the general situation of the cemetery and the working methods, profiles, contents as well as the collation and compilation of materials, etc. Part II starts with the tombs' era as a framework, then recounts them one by one in the order from small to big serial numbers. Each tomb, whether robbed or not, relies on raw material as its basis, then goes through indoor collation of materials and restoration and checking of objects, and then respectively depicted according to each tomb' s position, time of excavation, status quo of its preservation, filling' s color and composition, the tomb' s structure, the positions of coffins, bones, burial objects and the features of every burial object. Generally, each tomb has an attached profile, some of them also has photos. Burial objects has attached outline drawings based on the tombs, the better and more intact one is the choice from the same items.

Part Ⅲ of preliminary study involves seven chapters: cemetery overview; tombs' structure and the combination of burial objects; burial objects, decorative pottery of the Warring States Period and the Han Dynasty; co – burial of different graves among the earthen – shafts of the Western Han Dynasty; the transition from earthen – shafts to brick – chambered tombs; the tombs' era and the owner's speculation.

"Cemetery overview" summarizes how the tombs of different periods surround a rock mound, meanwhile generalizes the main burial customs. In the order of time periods, the chapter of "tombs' structure and the combination of burial objects" concludes the characteristics of tombs' struture, respectively from the filling, tombs' direction and size, tombs' furniture, skeleton, the combination of burial objects, etc. The conclusion, which is about the features of 92 earthen – shafts of the Western Han Dynasty, is particularly detailed. It divides the pottery of the burial objects into 7 combinations, among which the gallipots or the daily combination of gallipots and pottery bowls are the most common. The chapter of "burial objects" – also in the order of time – generalizes the burial objects of all periods, roughly describing according to such classifications as pottery, copper, iron, pewter, jade, glass, bone, lacquer, etc. The 7 tombs of the Warring States Period and the 112 of the Western and Eastern Han Dynasties vary greatly on the number and variety of burial objects, as a result, independent forms of narrations are adopted. The pottery is divided for their types and forms based on the traditional method, each one is marked with the unearthed number as well as the general characteristic of its type and form, moreover, each form is marked with the number of tombs containing such items, and descriptive examples are also provided.

Chapter four of "decorative pottery of the Warring States Period and the Han Dynasty" summarizes how the items were molded and the main shapes of their various parts as well as the main decoration methods and ornamental patterns. Furthermore, this chapter also provides description along with drawings of rubbings for the main patterns, such as whirling mark (旋纹), cord mark, chequer, impressed complex of looped cord (绳圈印纹), nail pattern, dancette and the combination of whirling mark (旋纹), fret pattern, cord mark; the combination of whirling mark (旋纹), chequer, cord mark; the combination of whirling mark (旋纹), cord mark, short – string pattern, the combination of whirling mark (旋纹), cord mark, impressed complex of looped cord (绳圈印纹). The "impressed complex of looped cord (绳圈印纹)" and its combination are rare patterns, which not only can decorate but also locate the "ear" and the handle of an item. It's one of the unique patterns that prevailed in certain areas during the Han Dynasty.

The chapter — "co – burial of different graves among the earthen – shafts of the Western Han Dynasty" — cites the 34 tombs of Western Han Dynasty of Gaochang cemetery as concrete demonstrations, every two tombs make up a group and are side by side, which clarifies the prevalent "husband and wife buried together" during the earthen – shafts period. This chapter also expounds that the idea of "male superiority" almost dominated the whole class society of China, the idea is also reflected in the burial position of men and women due to their different social status. "Right is superior, left is inferior" — such idea was widespread, especially in the Warring States Period and the Han Dynasty, in line with this idea, the social reality of "male left, female right" when burying has come into being in most of the areas.

Another significant accomplishment of the excavation in Gaochang Cemetery is the transition from earthen – shafts to brick – chambered tombs, by analyzing several tombs of special styles of this particular period such as brick – framed tombs and also brick – framed ones with flat tops, for the first time, however, this article has clearly claimed that such styles were of popularity in certain areas during the transition period from earthen – shafts to brick – chambered tombs. They still maintained the structure of wooden coffin of the earthen – shafts period, at the same time adopted brick frames and flat tops, even without evident tomb doors and passage ways, they are much more primitive than brick – spanned tops and domed tops of mature periods.

The last chapter involves the tombs' era and the owner's speculation, by making contrasts between tombs of major periods and recently – published materials on the same period, then leading to inference about the tombs' relative times, with particularly detailed classification on the most tombs of Han Dynasty according to different time periods. Based on the above – mentioned analysis about the structure of tombs and conclusions about the combination of burial objects as well as their types and forms, meanwhile taking the unearthed coins into consideration, this chapter divides the tombs of Han Dynasty into five periods: the early Western Han Dynasty, the mid – Western Han Dynasty, the late Western Han Dynasty, the end of Western Han Dynasty to the early Eastern Han Dynasty, the middle and late Eastern Han Dynasty.

彩版一　高昌墓地远景（西北－东南）

彩版二　Ⅱ区发掘后鸟瞰

（最上端为 M93，左边贯通上下的斜线为南水北调渠线西边线）

1. 滑石璧（M65：1）

2. 铜环（M65：3）

3. 夹云母 A 型陶豆（M65：9）

4. 夹云母陶鼎（M65：10）

5. 铜带钩（M77：3）

6. 铜带钩（M82：9）

7. 铜铃（M82：3）

8. B 型铜璜形饰（M82：2-2）

彩版三　M65、M77 及 M82 出土器物

1. A型Ⅱ式壶（M5：12）

2. B型Ⅰ式壶（M29：2）

3. 陶鼎（M32：1）内鸡骨

4. A型Ⅱ式壶（M38：2）

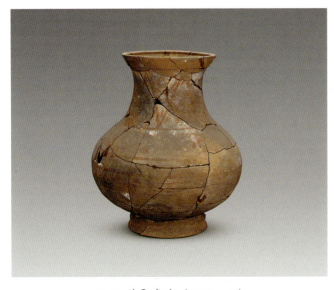

5. B型Ⅰ式壶（M99：2）

6. A型陶鼎（M99：6）

彩版四　M5、M29、M32、M38及M99出土器物

1. 男侍俑（M42：10）

2. 女侍俑（M62：4）

3. 驭手俑（M99：12）

4. "大富"砖（M93：01）

彩版五　M42、M62、M99 及 M93 出土器物

彩版六　M99墓底局部

1. M78 墓顶第一层砖塌毁现状

2. M93 朽烂的椁顶板

彩版七　M78、M93 局部

1. 铜铃（M10：1、2）

2. 铜曲棒形带钩（M29：12）

3. 骨六博棋子（M40：3）

4. 铜铲形带钩（M53：1）

5. 铜铲形带钩（M93：1）

6. 石口琀（M94：3）

7. 铜琵琶形带钩（M94：4）

8. 铜铺首衔环（M94：6）

彩版八　M10、M29、M40、M53、M93及M94出土器物

1. 开工前地表之一

2. 开工前地表之二

图版一　开工前地表

1. 清理墓底

2. 取出随葬品

图版二 墓葬清理

1. 清理夯层

2. 清理棺椁

图版三　夯层及棺椁清理

1. 照相

2. 绘图

1. 清理骨架

图版四　照相、绘图及骨架清理

1. 省文物局、文物研究所领导检查工地

2. 国家文物局专家组验收工地

图版五　领导和专家检查、验收工地

1. 普探

2. 卡边及记录

图版六　普探、卡边及记录

1. 开工前讲解要求及注意事项

2. 开工场景

图版七　开工场景

图版八 M65 全景（南—北）

1. 玛瑙环（M65：2）

2. 玻璃珠（M65：4）

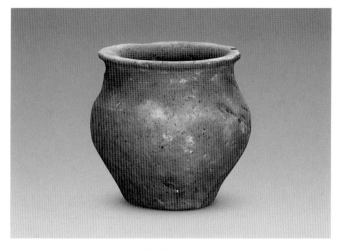

3. A型陶罐（M65：5）

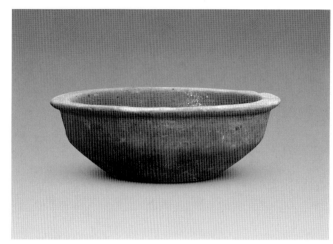

4. 陶盆（M65：6）

5. 陶豆（M65：7）

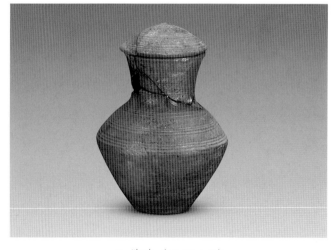

6. 陶壶（M65：8）

7. 铁带钩（M65：11）

8. 战国陶匜（M65：12）

图版九　M65出土器物

1. 铜镦（M77：1）

2. 陶罐（M82：1）

3. F 型铜璜形饰（M82：2-1）

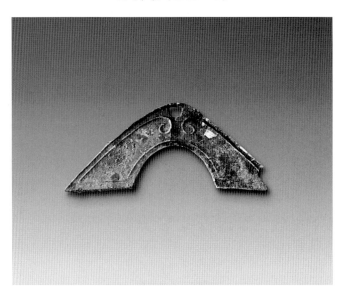

4. C 型铜璜型饰（M82：2-3）

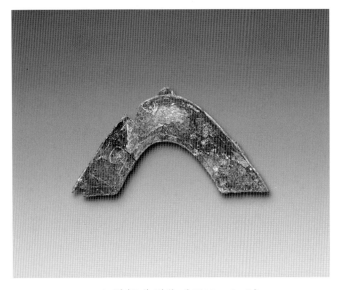

5. G 型铜璜形饰（M82：2-4）

6. A 型铜璜形饰（M82：2-6）

图版一〇　M77、M82 出土器物

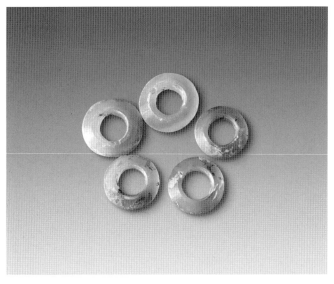

1. 玛瑙环（M82：4、6、12、13、14）

2. 滑石璧（M82：5）

3. 琵琶形铜带钩（M82：7）

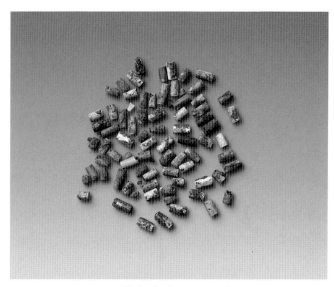

4. 骨串珠（M82：10）

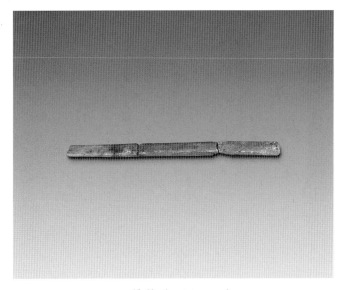

5. 骨簪（M82：11）

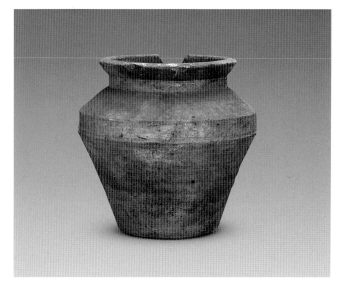

6. B型陶罐（M105：1）

图版一一　M82、M105 出土器物

1. 陶马（M1：2）

2. 女侍俑（M1：4、10）

3. A型Ⅱ式壶（M1：5）

4. B型Ⅰ式鼎（M1：8）

图版一二　M1出土陶器

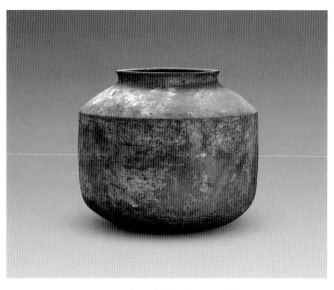

1. C 型 Ⅱ 式罐（M2∶1）

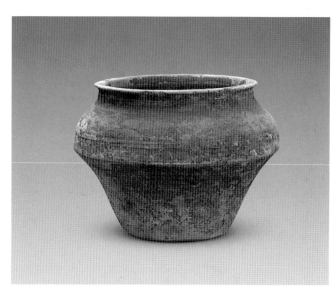

2. Ja 型 Ⅲ 式罐（M2∶2）

3. A 型 Ⅱ 式罐（M2∶5）

4. B 型 Ⅰ 式鼎（M3∶2）

5. B 型 Ⅰ 式壶（M3∶4）

图版一三　M2、M3 出土陶器

图版一四　M4全景（北－南）

1. B 型 I 式瓮（M4：1）

2. A 型碗（M4：4）

3. K 型罐（M4：10）

图版一五　M4出土陶器

1. 马（M5:1）

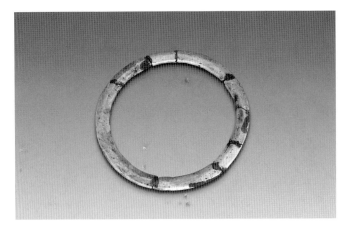

2. 车轮（M5:2）

3. 驭手俑（M5:3）

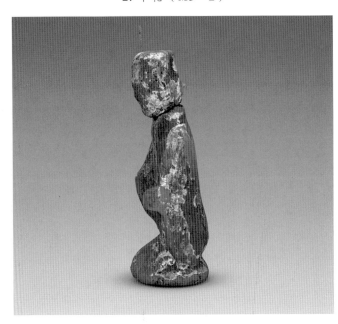

4. 驭手俑（M5:3）侧面

5. 女侍俑（M5:4）

6. B型 I 式鼎（M5:9）

图版一六　M5出土陶器

1. C 型 I 式罐（M7 : 1）

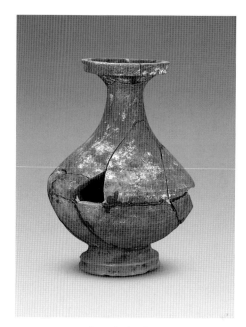

2. A 型 I 式壶（M7 : 2）

4. A 型 I 式罐（M8 : 1）

3. M8 全景（南－北）

图版一七　M7、M8 出土陶器及 M8 局部

图版一八　M9、M10全景（南－北）

1. D 型 I 式罐（M9：1）

2. A 型 II 式罐（M9：3）

3. A 型碗（M9：4）

图版一九　M9 出土陶器

1. 铜铃（M10：1）

2. 铜铃（M10：2）

3. E 型陶罐（M10：5）

4. E 型陶罐（M10：6）

5. C 型 I 式陶罐（M10：7）

6. D 型 I 式陶罐（M10：8）

图版二〇　M10 出土器物

1. M11局部

2. Ba型Ⅱ式罐（M11 : 2）

图版二一　M11局部及出土陶器

1. M12全景（东－西）

2. A型Ⅱ式罐（M12∶2）

3. Ba型Ⅱ式罐（M12∶5）

图版二二　M12全景及出土陶器

1. M13局部（南－北）

2. M14（上）打破 M15（下）（南－北）

图版二三　M13局部及 M14、M15 全景

1. Ba 型 Ⅱ 式罐（M14：2）

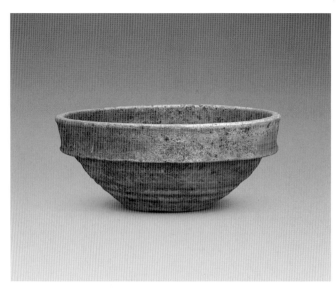

2. A 型碗（M14：3）

3. B 型碗（M14：4）

4. Ja 型 Ⅲ 式罐（M14：8）

5. C 型 Ⅱ 式罐（M14：9）

6. A 型 Ⅱ 式罐（M14：10）

图版二四　M14 出土陶器

1. A 型 I 式罐（M15：1）

2. A 型 I 式罐（M16：1）

3. M17 全景（南－北）

4. A 型 I 式罐（M20：2）

5. Ba 型 II 式罐（M20：3）

图版二五　M15、M16、M20 出土陶器及 M17 全景

1. M23局部

2. Ja型Ⅲ式罐（M23：3）

3. C型Ⅱ式罐（M23：4）

4. A型Ⅰ式盆（M23：7）

图版二六　M23局部及出土陶器

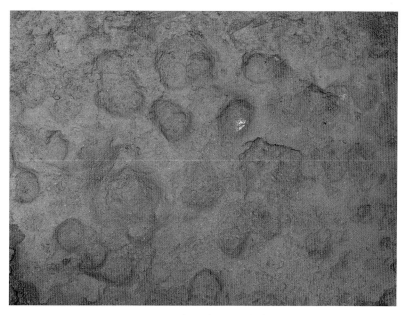

1. M27填土夯面、夯窝

2. B型Ⅰ式壶（M28:1）

5. M29随葬品局部

3. C型瓮（M28:2）

4. Bc型罐（M28:5）

图版二七　M27填土夯窝、M28出土陶器及M29局部

1. 马（M29：3）   2. 马（M29：4）

3. 男侍俑（M29：6）   4. 女侍俑（M29：7）   5. 女侍俑（M29：11）

图版二八　M29 出土陶器

1. B 型 I 式陶壶（M29：2）

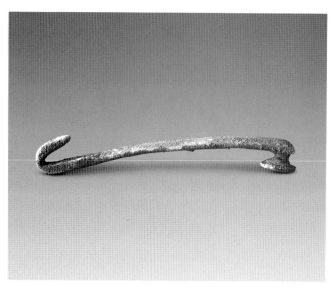

2. 曲棒形铜带钩（M29：12）

3. B 型 I 式陶鼎（M29：14）

4. B 型 I 式陶鼎（M29：15）

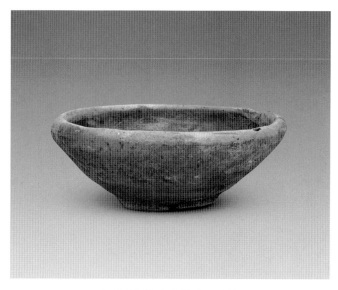

5. B 型陶碗（M29：16）

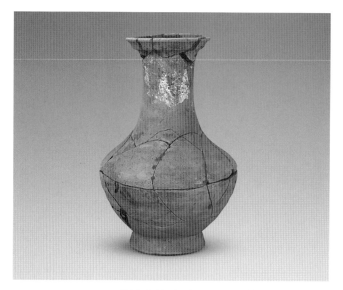

6. A 型 II 式陶壶（M29：18）

图版二九　M29 出土器物

1. A 型 Ⅱ 式罐（M30：2）

2. 奁（M30：3）

3. C 型 Ⅲ 式罐（M30：4）

4. C 型 Ⅰ 式罐（M31：1）

5. A 型 Ⅰ 式罐（M31：2）

图版三〇　　M30、M31 出土陶器

1. M32随葬品局部

2. C型鼎（M32：1）

3. 奁（M32：4）

4. A型瓮（M32：5）

5. A型Ⅲ式壶（M32：7）

图版三一　M32局部及出土陶器

1. Ba 型 I 式罐（M33：1）

2. C 型 I 式罐（M33：5）

3. D 型 I 式罐（M34：1）

4. M35 全景

图版三二　M33、M34 出土陶器及 M35 墓底全景

1. A 型 II 式罐（M36：1）

2. A 型碗（M36：3）

3. D 型 I 式罐（M36：7）

4. Ja 型 III 式罐（M37：1）

5. K 型罐（M38：1）

6. C 型瓮（M38：8）

图版三三　M36、M37 及 M38 出土陶器

1. M39墓底（南-北）

2. A型碗（M39：3）

图版三四　M39墓底及出土陶器

1. M40（左）、M41（右）并穴葬（西－东）

2. M40墓底

图版三五　M40、M41全景及M40局部

1. A 型 I 式陶罐（M40：1）

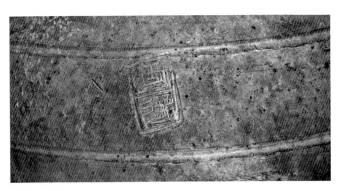

2. 陶罐（M40：1）肩部戳印"曲逆"

3. C 型 I 式陶罐（M40：2）

4. 骨六博棋子（M40：3）

5. 玛瑙环（M41：1）

6. Ja 型 II 式陶罐（M41：2）

7. A 型 I 式陶罐（M41：3）

图版三六　M40、M41 出土器物

1. M42墓底局部（北－南）

2. M42墓底铺底砖（南－北）

图版三七　M42墓室

1. A 型 II 式陶罐（M42：2）

2. 陶狗（M42：9）

3. 陶男侍俑（M42：10）

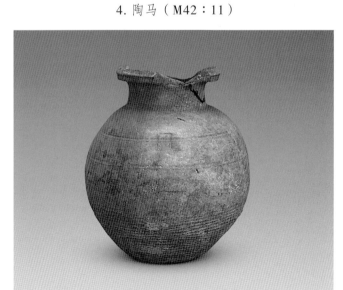

4. 陶马（M42：11）

5. 铁臿（M42：01）

6. A 型 I 式陶罐（M43：1）

图版三八　M42、M43 出土器物

1. M45 墓底（南－北）

2. Ja 型 II 式罐（M45：2）

3. A 型 I 式盆（M46：1）

4. A 型碗（M46：6）

5. A 型 I 式壶（M48：1）

图版三九　M45 墓底及 M45、M46、M48 出土陶器

1. C 型 I 式罐（M50：1）

2. A 型碗（M50：2）

3. A 型碗（M51：5）

4. C 型瓮（M52：1）

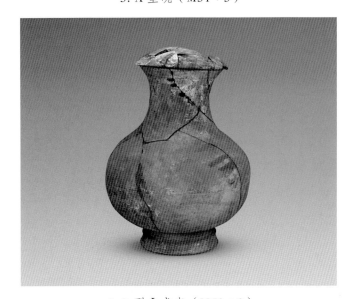

5. B 型 I 式壶（M52：2）

6. C 型碗（M52：6）

图版四〇　M50、M51、M52 出土陶器

1. M52墓底（南－北）

2. M53墓底（南－北）

图版四一　M52墓底及M53俯视

1. 铲形铜带钩（M53：1）

2. M54 墓底（北－南）

3. C 型陶盆（M54：1）

5. Bb 型陶罐（M55：3）

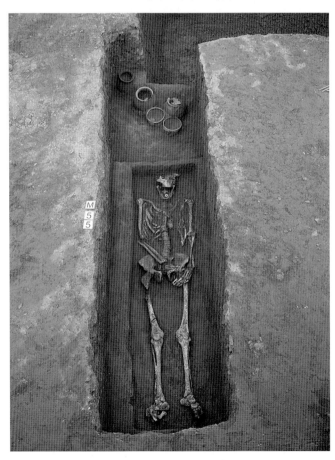

4. M55 墓底（西－东）

图版四二　M53、M54、M55 出土器物及 M54、M55 局部

1. B 型 II 式陶鼎（M57：1）

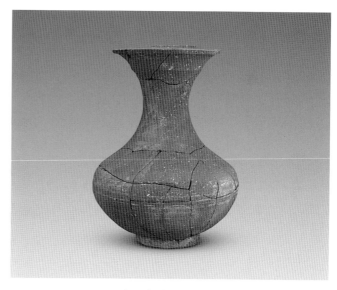

2. B 型 I 式陶壶（M57：2）

3. A 型 II 式陶盆（M57：3）

4. B 型 II 式陶壶（M57：4）

5. B 型 II 式陶壶（M57：5）

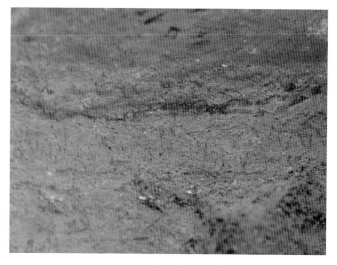

6. M57 出土漆器局部

图版四三　M57 出土器物

1. C 型 I 式罐（M58：1）

3. Ba 型 II 式罐（M59：4）

2. M59 墓底（南－北）

4. M60 墓底（南－北）

图版四四　　M58、M59 出土陶器及 M59、M60 墓底

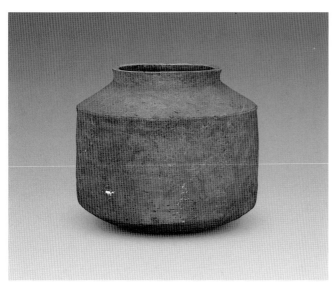

1. C 型 II 式罐（M60：1）

2. C 型 II 式（M60：1）罐底纹饰

3. Ba 型 II 式罐（M60：6）

4. Ba 型 II 式（M60：6）罐底纹饰

5. A 型 II 式罐（M60：7）

图版四五　M60 出土陶器

1. M62 随葬品局部

3. A 型 II 式壶（M62：1）

2. 车轮（M62：3-2）

4. C 型瓮（M62：13）

图版四六　M62 局部及出土陶器

1. 女侍俑（M62：4）

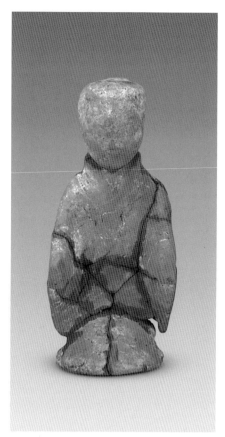

3. 驭手俑（M62：7）

5. 男侍俑（M62：8）

2. 女侍俑（M62：5）

4. 驭手俑（M62：7）侧面

6. 男侍俑（M62：8）侧面

图版四七　M62出土陶俑

1. A 型碗（M66：6）

2. D 型 I 式罐（M68：3）

3. D 型 I 式罐（M68：4）

图版四八　M66、M68 出土陶器

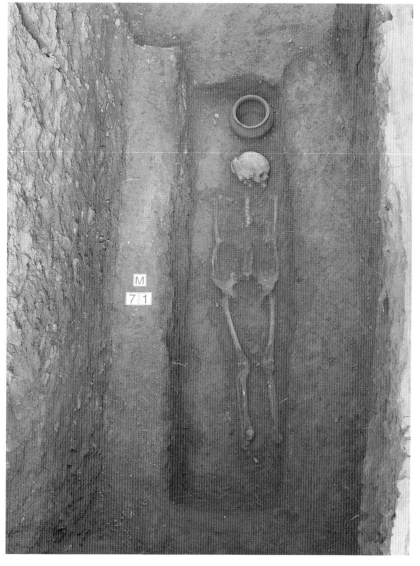

1. M71局部（西－东）

2. Jb型陶罐（M71：1）

3. 铜印（M72：1）

4. 铜印侧视（M72：1）

图版四九　M71局部及M71、M72出土器物

1. Ja 型 II 式陶罐（M74：2）

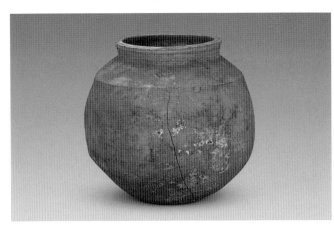

2. C 型 I 式陶罐（M74：3）

3. A 型 I 式陶罐（M75：2）

4. A 型 I 式陶壶（M75：3）

5. 铁臿（M76：1）

6. 陶女侍俑（M76：4）

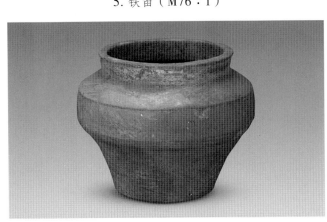

7. Ja 型 I 式陶罐（M83：1）

图版五〇　M74、M75、M76 及 M83 出土器物

1. M83墓底（南－北）

2. M86俯瞰（西—东）

图版五一　M83、M86局部

1. M87墓底（南－北）

2. M89墓室（西－东）

图版五二　M87、M89全景

1. E 型（M89：1）

2. E 型（M89：2）

3. F 型（M89：3）

4. L 型（M89：4）

5. L 型（M89：5）

图版五三　M89 出土陶罐

1. C 型 I 式罐（M95：1）

2. A 型碗（M95：2）

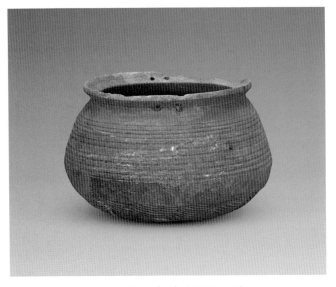

3. Ba 型 I 式罐（M95：3）

4. A 型 II 式壶（M99：4）

5. H 型 I 式罐（M99：5）

图版五四　M95、M99 出土陶器

1. 女侍俑（M99：9）　　　　　2. 男侍俑（M99：11）　　　　3. 男侍俑（M99：11）侧面

4. 驭手俑（M99：12）　　　　5. 驭手俑（M99：12）侧面　　　　6. A 型瓮（M108：1）

图版五五　　M99、M108 出土陶器

图版五六　M115墓底（南－北）

1. Ba 型 Ⅱ 式罐（M115：1）

2. C 型 Ⅱ 式罐（M115：2）

3. B 型盆（M115：3）

4. A 型 Ⅱ 式罐（M115：8）

图版五七　　M115 出土陶器

1. A 型碗（M116:3）

2. A 型瓮（M116:4）

3. C 型鼎（M117:1）

4. C 型 II 式罐（M117:2）

5. A 型 I 式壶（M117:3）

6. C 型 II 式（M117:2）罐底纹饰

图版五八　M116、M117 出土陶器

1. M118（南—北）

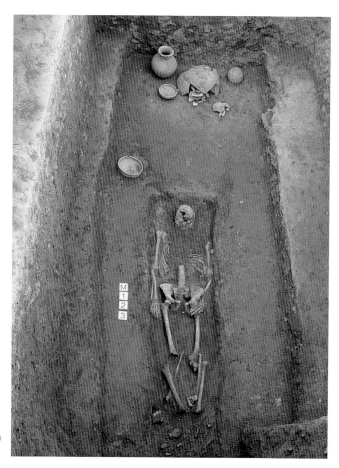

2. M123（南—北）

图版五九　M118、M123俯视

1. 兽面形铜带钩（M118：1）

2. A 型 II 式陶罐（M118：4）

3. C 型陶瓮（M118：5）

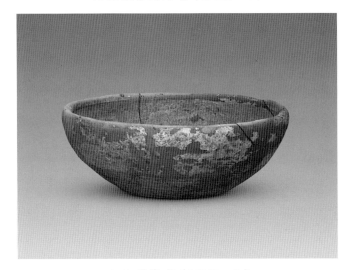

4. B 型陶碗（M122：2）

5. C 型陶瓮（M123：5）

6. Jb 型陶罐（M123：8）

图版六〇　　M118、M122 及 M123 出土器物

1. M124（南－北）

2. A 型 I 式盆（M124：2）

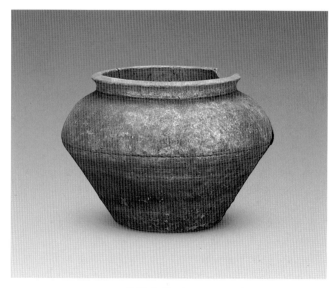

3. Ja 型 II 式罐（M125：1）

图版六一　　M124 全景及 M124、M125 出土陶器

1. M127局部（南－北）

2. D型Ⅰ式罐（M127：1）

图版六二　M127局部及出土陶器

1. M78局部（南－北）

2. M78随葬品局部（北－南）

图版六三　M78局部

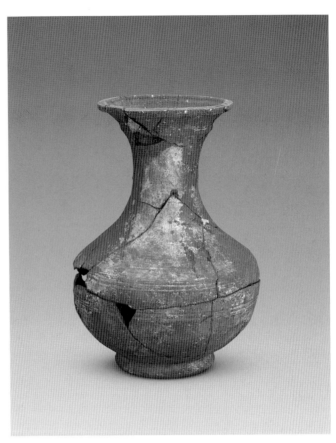

1. B 型 Ⅱ 式壶（M78：4）

2. B 型 Ⅱ 式壶（M78：7）

3. M 型罐（M78：12）

4. M 型罐（M78：14）

图版六四　M78 出土陶器

1. K 型陶罐（M78：15）

2. 陶盒（M78：18）

3. 陶盒（M78：18）

4. B 型 Ⅱ 式陶鼎（M78：20）

5. 铁臿（M78：01）

图版六五　　M78 出土器物

1. F 型（M84：1）

2. L 型（M84：2）

3. G 型（M84：3）

4. F 型（M84：4）

5. G 型（M84：5）

6. G 型（M84：6）

图版六六　M84 出土陶罐

图版六七　M90局部（西－东）

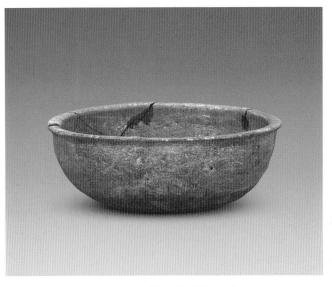

1. A 型 Ⅱ 式盆（M90：1）

2. E 型罐（M90：3）

3. D 型 Ⅱ 式罐（M90：5）

4. E 型罐（M90：8）

5. M 型罐（M90：9）

图版六八　M90 出土陶器

1. M91局部（北－南）

2. Ⅰ式罐（M91：1）

3. Ⅰ式罐（M91：5）

图版六九　M91局部及出土陶器

1. M93 第一层顶砖及南壁（北－南）

2. M93 墓底（北－南）

图版七〇　M93 墓室

1. 铲形铜带钩（M93:1）

2. F型陶罐（M93:3）

3. B型Ⅱ式陶瓮（M93:5）

4. D型Ⅱ式陶罐（M93:6）

图版七一　M93出土器物

1. D 型 II 式（M93：7）

2. L 型（M93：8）

3. N 型（M93：9）

4. H 型 II 式（M93：11）

图版七二　M93 出土陶罐

1. M94墓底局部（南－北）

2. 玉口琀（M94：3）

3. 琵琶形铜带钩（M94：4）

4. 铜铺首衔环（M94：6）

图版七三　M94局部及出土器物

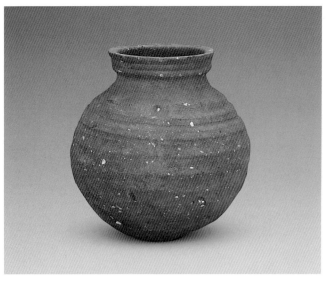

1. F 型罐（M94：8）

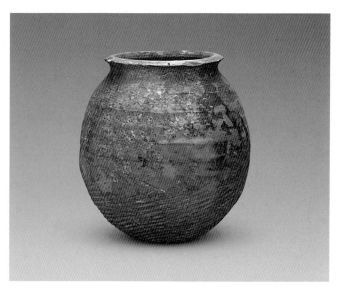

2. E 型罐（M94：10）

3. G 型罐（M94：11）

4. D 型 Ⅱ 式罐（M94：13）

5. B 型 Ⅱ 式瓮（M94：15）

图版七四　M94出土陶罐

1. M100 全景（北－南）

2. M100 出土的苇编席子痕迹

3. M100 圹壁上工具痕迹

图版七五　　M100 全景、出土的苇编席子痕迹及圹壁上工具痕迹

1. D 型陶壶（M120：4）

2. 铜指环（M22：2）

3. 红陶碗（M22：3）

4. 铁带扣（M22：4）

图版七六　M120、M22 出土器物

图版七七　M21局部（南 – 北）

1. M24 全景（北－南）

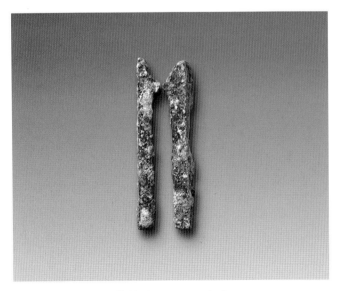

2. 构件（M24：05）之一

3. 构件（M24：05）之二

图版七八　M24 全景及出土铁器

图版七九　M26局部（南－北）

图版八〇　M112全景（南－北）

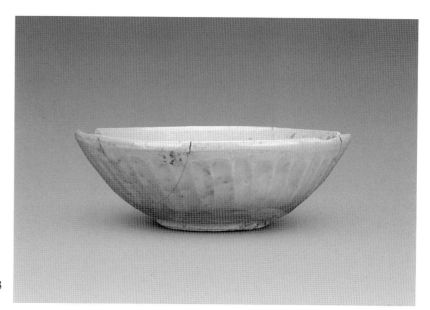

1. M112：3

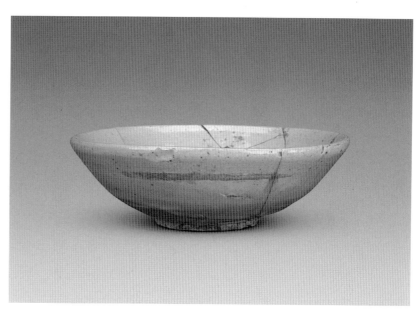

2. M112：4

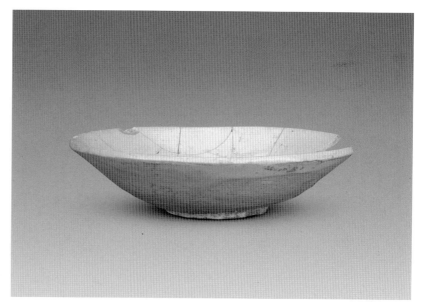

3. M112：5

图版八一　M112出土白瓷碗

1. M47全景（南－北）

2. M47出土墨书文字瓦

图版八二　M47全景及出土镇墓瓦

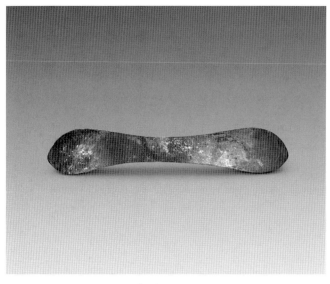

1. 簪（M47:1）

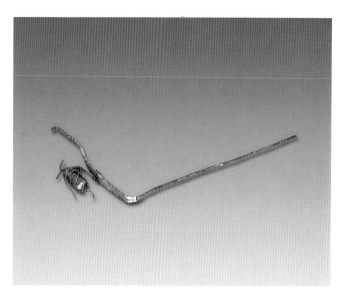

2. 簪（M47:2）

3. 花叶头簪（M47:3）

4. 鎏金发卡（M47:4）

5. 耳钳（M47:5）

图版八三　　M47 出土银器

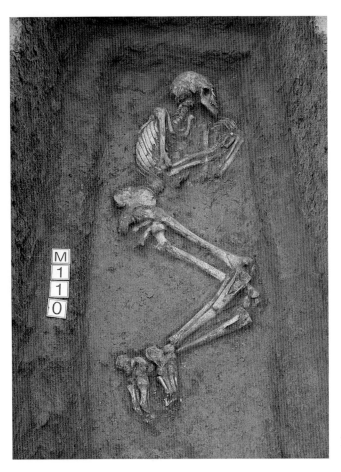

1. M110 屈肢葬（南－北）

2. M119 屈肢葬

图版八四　M110、M119葬式